Moritz Lazarus

Ideale Fragen in Reden und Vorträgen

Moritz Lazarus

Ideale Fragen in Reden und Vorträgen

ISBN/EAN: 9783743327047

Hergestellt in Europa, USA, Kanada, Australien, Japan

Cover: Foto ©ninafisch / pixelio.de

Manufactured and distributed by brebook publishing software
(www.brebook.com)

Moritz Lazarus

Ideale Fragen in Reden und Vorträgen

Ideale Fragen

in

Reden und Vorträgen

behandelt

von

Prof. Dr. M. Lazarus.

Dritte, durchgesehene Auflage.

Leipzig.

C. F. Winter'sche Verlagshandlung.

1885.

Vorwort

zur ersten Auflage.

———

Das Gemüth des deutschen Volkes ist seit einigen Wochen vergällt; „das Haupt ist krank und jedes Herz ist siech." (Jes. 1, 5.) Auch der Glaube an die Idealität ist meuchlings und tief verwundet. Das ist nicht die Stimmung, welche geeignet oder geneigt macht, „Ideale Fragen" zu studiren.

Hätte ich das seit Monaten im Druck befindliche Buch am Erscheinen verhindern sollen? Obgleich ich das einige Tage selbst geglaubt, habe ich dennoch anders entschieden. Von überall her tönt jetzt die Klage: wir haben die idealen Interessen verloren; im Hader der Parteien, über die Classeninteressen droht der Volksseele die Gefahr, daß sie verirrt und verarmt. Mit der bloßen Klage über den Schaden wird für seine Heilung Nichts gethan. Jeder an seiner Stelle muß sich den idealen Bestrebungen wieder zuwenden; die politischen und die socialen Kämpfe werden uns nicht erspart werden, aber die Kräfte, um sie gedeihlich zu führen, werden nur dann wachsen, wenn der Sinn für die idealen Güter wieder geöffnet wird, wenn freie, reine und edle Gesinnung in Arbeit und Muße wieder die Oberhand gewinnen, wenn die gute Sache der Idee wieder in der Tiefe des Gemüthes Wurzel schlägt.

Vielleicht ist es diesem Buche gegönnt, ein kleines bescheidenes Scherflein dazu beizutragen; vielleicht darf es einen und den andern edlen Geist auf eine Weile von dem Druck des Tages und von der Sorgen Last befreien; darf es ihn aus dem frostigen und fremden Gewirre der Zeit in die ewige Heimath der Idee blicken lassen.

Im Jahre 1872 in dem Vortrag „ein psychologischer Blick in unsere Zeit" habe ich mit Nachdruck auf die Bedeutung der Religion für die Volksseele hingewiesen (s. S. 29). „Das Herz", sagte ich, „ist ein ganz besonderer Muskel; verschieden von den meisten anderen Organen unseres Leibes, welche in Thätigkeit und Ruhe abwechseln, muß das Herz immer thätig sein. Von der ersten Secunde des Lebens bis zur letzten muß es schlagen; hört es zu schlagen auf, so ist auch das Leben ge= schieden. Die Religion ist das Herz im Organismus des Volksgeistes. Hört dieses Herz zu schlagen auf, so tritt auch hier Fäulniß, Verderbniß, Verwesung ein."

In diesen trüben und schweren Tagen ist aus der Tiefe des Herzens, aus der edelsten Besorgniß, aus reuevoller Scham und Schmach über die Entartung in einem Theile der Nation der Ruf nach Religion, nach Wiedergewinnung der religiösen Gesinnung erfolgt. Dadurch hat auch der Gegenstand der letzten Abhandlung dieses Bandes, die Frage der „Aufklärung", ein anderes Gewicht und Gesicht bekommen. Ich habe geschwankt, ob ich dem in der freiesten Stimmung, in der reinen Sehnsucht nach einer idealen Erhebung und Läuterung des Volksgeistes in der Religion und durch dieselbe entworfenen Gedankengang eine ausdrückliche Beziehung auf die gegenwärtige Lage hinzufügen sollte. Ich habe es unterlassen. Nicht im Sinne und nicht im Dienste des Tages sind diese Gedanken gedacht. Trübe Stimmung ist nicht geeignet, so stille und zarte Erwägungen, wie die über wahrhafte und wahrhaft fruchtbare religiöse Erziehung anzustellen; denn das erschütterte Gemüth kann weiten und tiefen Unter= suchungen nicht folgen; noch weniger kann es kurzen und knappen Sätzen durch eigenes Nachdenken die belebende Kraft einhauchen. Weder Freund noch Feind kann bei heftiger Erregung zur lebendigen Ueberzeugung geführt werden; zur Ueberzeugung auch davon, daß nur geläuterte, mit allen Elementen der Cultur und Wissenschaft harmonirende, über sie alle sich erhebende Religion in den Herzen der Kinder eine Kraft gewinnen kann, welche auch in den Männern und mitten in den Stürmen des Lebens sich bewährt. — Muß ich aber auch auf alle Begründung verzichten, unausgesprochen soll wenigstens der eine Gedanke nicht bleiben: **es sei denn, daß man die Religion um ihrer selbst willen sucht, sonst wird man sie nicht finden.**

Schönefeld, den 3. Juli 1878.

Der Verfasser.

Vorwort

zur dritten Auflage.

Ich müßte dieser neuen Auflage kaum etwas Anderes vorauszuschicken, als was ich im Nachwort zu dem wiederholten Abdruck des „Psychologischen Blick in unsere Zeit" (f. S. 36 f.) ausgesprochen habe. An vielen Stellen müßte die Betrachtung, wenn sie von Neuem angestellt werden sollte, zu einem neuen Werke führen. Statt dessen habe ich mich auf eine bloße Durchsicht beschränkt, welche nur hie und da schärfere Bestimmtheit, Hinweisung auf neuere wissenschaftliche Erscheinungen oder ein erleuchtendes Beispiel herbeibringt. Wenn ich neben diesen bescheidenen Verbesserungen des Buches des hinzugekommenen Registers als einer wirklichen Bereicherung desselben hier gedenke, so geschieht es besonders, um Herrn Dr. Alfred Leicht, welcher sich um die Herstellung desselben verdient gemacht hat, meinen herzlichen Dank dafür auszusprechen.

Das günstige Schicksal, welches die über Erwarten große und stetig gewachsene Theilnahme diesem Buche bereitet hat, bestärkt mich in der Zuversicht, daß die große Sache der Idealität, zu deren Vertiefung und Ausbreitung es einen kleinen Beitrag liefern wollte, alle alten und neuen Trübungen unserer Volksseele siegreich überwinden wird.

Schönefeld, den 15. September 1885.

Der Verfasser.

Inhalt.

Rede auf Herbart,

gehalten bei der Enthüllung des Denkmals in Oldenburg

zum 100=jährigen Geburtstage am 4. Mai 1876.

————•••————

Am heutigen Tage schließt sich der weitgespannte Ring eines Jahrhunderts, seit hier in Oldenburg der Mann geboren wurde, welchem dieses Denkmal errichtet ist.

Millionen und abermals Millionen Menschen haben vormals und in dieser Zeit das Licht der Welt erblickt; sie vollenden den langen oder kurzen Lauf des Lebens, dann verschwinden sie wieder, in engen Kreisen Spuren ihres Daseins und Wirkens hinterlassend, welche selbst wiederum nach kurzer Dauer verschwinden. Nach dem Maße ihres Wirkens wird ihres Lebens Werth gemessen. Stufenweise, in unendlicher Mannigfaltigkeit steigt der Umfang, die Dauer, der fortwirkende Einfluß und damit auch der Werth der Lebensthat empor. Wenige aber ragen weit hinaus und hinauf; durch Größe der Kraft, Stärke des Wollens, Ausdauer der Arbeit gelingt es ihnen, irgend eine Seite der menschlichen Bestimmung zu höherer Vollkommenheit zu bringen, als die große Masse neben, als die Reihe der Geschlechter vor ihnen erreicht hatte. Sie sind die Wohlthäter, denn sie sind die Bildner der Menschheit. Sei es, daß sie Werke der Kunst schaffen, welche die Zeitgenossen ergötzen und erheben: auch noch in späten und fremden Generationen und selbst aus dem Schutt der Jahrtausende gegraben, wirken sie als Norm wie als Zeugniß menschlicher Schöpfungskraft; sei es, daß sie Thaten des Heldenthums vollbringen, Freiheit und Ehre des Vaterlandes erringen und erhalten: auch nach einer langen und wechselvollen Geschichte gedenken die späten Enkel des ruhmbegründenden Ahnen und richten ihm zu Ehren ein Denkmal auf; sei es, daß sie In-

1*

stitutionen schaffen, welche dem vielgestaltigen Getriebe menschlicher Kräfte sichere Bahnen und fruchtbare Bewegung leihen: auch in späten Jahrhunderten bilden sie den festen Grund für reine Sitte, für maßgebendes Gesetz, für bindendes Recht und für spornende, auf edelste Ziele gerichtete Freiheit.

Die tiefste Wurzel und die edelste Frucht alles menschlichen Strebens aber ist das Wissen. Verständniß dessen, was da ist; Erkenntniß dessen, was da sein soll; alles Geschaffenen Kraft und Maß und Wirkungsart zu erforschen, der eigenen, menschlichen Geistesthätigkeit Gesetz und Regel zu ergründen und von allem Endlichen zum Unendlichen den Weg zu suchen, das ist Weisheit, das ist die unmittelbarste, aber auch die nothwendigste Form des geistigen Lebens, ist der Geist selbst und die Keimkraft für jede andere Schöpfungsthat des Menschen. Der Weisheit Einfluß ist der weiteste, ihre Wirkung ist die dauerndste: denn durch die naturgesetzliche Continuität des Geistes wirkt sie von Generation zu Generation in den Geistern fort; aber auch ihre bleibenden Erzeugnisse selbst werden immer wieder von Neuem ansetzen als bildende Kräfte. Nicht blos Werke sind es, die sie hervorbringt, sondern Werkzeuge.

Nicht als Einzelne, nicht als Individuen wirken die Heroen des Geistes; sie sind der Ausdruck des Nationalgeistes, das höchste Zeugniß und Erzeugniß der Volksseele; darum wird ein Volk im Verein der Menschheit und im Ablauf der Zeiten geschätzt nach den großen, nach den hohen und schöpfungsreichen Söhnen, welche sein Wirken, seinen Ruhm und seinen Glanz darstellen. Steigt aber ein Volk in der Reihe der Völker durch seine Genien auf, dann ist dieses Jahrhundert das Jahrhundert Deutschlands.

Wohl glänzte mancher Stern von gewaltiger Leuchtkraft auch schon in vergangenen Zeiten an seinem Himmel; wer nennt alle ihre Namen, und wer nennt sie ohne edlen Stolz; nur an Kepler und Copernicus will ich erinnern, die der Gestirne harmonische Bahn und gesetzlichen Lauf, Luther und Melanchthon, die den Weg der Sitte und Seligkeit gezeigt, und Leibnitz, dessen Geist, sich selbst betrachtend, den Gedanken fassen durfte, daß jede Seele das Universum in sich spiegele.

Und dennoch wird man, der Geschichte redlich folgend, sagen müssen, daß erst im letzten Jahrhundert, in welchem auch Herbart lebte und wirkte, das deutsche Volk, als das jüngste, in die Reihe der Völker ebenbürtig eingetreten, welche jenen höchsten Dienst der Menschheit durch Eigenart und Schöpfungs= drang verrichten. Seit einem Menschenalter etwa feiert die Gegenwart fast ein Jahr nach dem anderen, in einem deutschen Gau und Stamm nach dem anderen die Säcularfeier eines jener großen, jener leuchtenden und führenden Geister, welche, beides, durch Dichtungskraft oder Wahrheitsforschung die Höhen der Menschheit erstiegen. Als beglückte Enkel sehen wir Deut= schen der Gegenwart auch das politische Reich machtvoll ge= gründet und rechtlich geeinigt, nachdem, und ganz gewiß auch weil unsere Väter vorher das Reich, das nicht nur von dieser Welt ist, erstrebt, weil sie für die flüchtige Erscheinung das bleibende Gesetz, neben dem Zeitlichen das Ewige, und vor dem Wirken das Wissen zu erringen sich bemüht; dem Geiste der Realität ist die Realität des Geistes vorangegangen, für welche die Ahnen gelebt, gearbeitet, gerungen, gekämpft und Unsterbliches geschaffen haben. Nahe bei einander in dieser classischen Zeit der Deutschen wie vielleicht nie und nirgends in den Blättern der Geschichte stehen sie zahlreich, die schöpfungs= frohen Dichter, aber auch die weltumfassenden, in die innerste Tiefe dringenden Denker. So recht in ihrer Mitte steht auch Herbart. Neben Schelling und Hegel ein Nachfolger Fichte's, greift er besonnen und energisch auf Kant und auf Leibnitz zu= rück, um den deutschen Geist vor dem Verfolgen einer ein= seitigen Bahn zu schützen. — Bald wird die Hülle fallen, die uns das Abbild des verehrungswürdigen Hauptes noch verbirgt, in welchem ein Leben lang die erhabensten Gedanken mit aus= dauerndem Eifer erwogen wurden; wir werden die Augen sehen, die „über alle Maßen leuchtend" waren *), aus denen das Licht

*) Strümpell.

reinen Denkens sich ergoß, die Lippen, denen das gehaltreiche Wort mit einer in Deutschland nie gehörten Anmuth und Vornehmheit entströmte. Vorher aber lassen Sie uns im Geiste ein inneres Bild des gewaltigen Denkmeisters schauen, seine geistige Lebensthat, ob auch nur in flüchtigen Zügen erwägen.

Das natürliche Streben des Menschen ist auf Wahrheit gerichtet; aber vielartig und vielverzweigt ist die Erkenntniß derselben. Das Ziel des Wissens, seine höchste Bestimmung und die des Menschen selbst wird erst erreicht, wenn eine harmonische Vereinigung alles Erkennens mit Selbstbewußtsein gefunden wird. Der menschliche Geist als Gesammtheit trägt Widersprüche in sich; die verschiedenen Epochen in der Geschichte, in der gleichen Zeit die verschiedenen Parteien, die Nationen, die Religionen, die Wissenschaften, sie haben verschiedene, oft widersprechende Meinungen; der Philosoph sucht die Wahrheit in Allem und für Alle. Jeder Andere stellt sich auf den Stand der Seinigen mit ihren Voraussetzungen, mit ihren Formen, ihren Schranken des Denkens; der Philosoph sucht die allgemein menschlichen Voraussetzungen, erstrebt alle Formen ohne Schranken des Denkens als die der Wahrheit.

Aber im Geiste selbst, im Einzelnen entspringen aus der Thätigkeit des Denkens Widersprüche, Probleme, welche gelöst sein wollen. Der Mensch empfängt nicht die Wahrheit als ein Geschenk, er muß sie erkämpfen; die Begriffe, die er naturgemäß bildet, sind nicht vollkommen, er muß sie „bearbeiten"; er findet nicht in sich die Harmonie des Denkens, er muß sie erringen; sie ist der höchste Preis, der süßeste Lohn seiner inneren Arbeit. Von der Unruhe, von den Zweifeln, aus zwiespältigem aber beiderseitig nothwendigem Denken erzeugt, bleiben die meisten Menschen glücklich befreit; der Philosoph wird von ihnen mit unausweichlicher Gewalt ergriffen; sie sind die Zug- und Triebkräfte seiner vordringenden Forschung. Alle Menschen ersehnen ihr gesondertes Erkennen als einen Gewinn, eine Bereicherung, eine Zierde des Geistes; der Philosoph aber trägt die Last und das Leid der Probleme.

Dies vor Allem sollen wir am Fuße dieses Denkmals uns zu Gemüthe führen: die Sorge des Staatsmanns um das Wohlsein des Landes und seiner Bürger, die Sorge des Propheten und des Apostels um die Seele und Seligkeit der Gläubigen, sie sind nicht so hart und nicht so herb wie die Sorge des Denkers um die harmonische Wahrheit im Geiste der Menschheit. Und wie hat Herbart sie getragen, diese Last der Probleme! wie hat er sie, mit einem allmenschheitlich erregten Gewissen, geschärft und gesteigert, die Sorge um die harmonische Wahrheit in der menschlichen Erkenntniß.

Die Wahrheit ist einfach, lautet ein alter Spruch; ja die Wahrheit ist einfach, wenn sie gefunden ist; aber die Wege der Forschung sind vielfach und verschlungen. Diese Wege sicher zu zeigen, sucht Herbart vor Allem klare und feste Methoden. Durch reinliche, vielleicht allzustrenge, Sonderung der Forschungsgebiete, durch scharf gestellte Fragen sucht er zu Antworten zu gelangen, welche den strengen Forderungen unerbittlicher Logik und den Thatsachen der Erfahrung gleich sehr genügen.

Die Welt ist voller Wandel und Bewegung; aber die Wahrheit ist ewig, und ewig das reine wandellos Seiende; von allem Schein und dem Wechsel, von der Verneinung und der Vernichtung erlöst, beharrt das ewige Sein. Des Seienden ist Vieles; aber das Viele ist nicht getrennt und vereinzelt, es lebt und regt sich in wechselnden Verbindungen; die Art wie es sich verbindet und trennt, wie es sich flieht und sich sucht, bestimmt das Bild der Welt; aus den „Beziehungen" der wirklichen Wesen zu einander und für unser Denken gewinnen wir die Erscheinung ihrer Wirklichkeit.

Als eine schöpferische Kraft erscheint der Geist sich selbst mitten in den Erscheinungen der Natur. Daß er kein bloßer Widerschein der Materie, aber auch nicht der Schöpfer ihrer Bestimmungen; daß er ein selbstständiges Sein, aber Schranken in seiner Freiheit hat, bringt Herbart zur Erkenntniß, indem er das wahre von dem scheinbaren Geschehen im Geiste wie in der Natur unterscheidet.

Mannigfaltig sind die Bestrebungen der Menschen, viel=
gestaltig die Wünsche, die sie hegen, die Befriedigung, welche
sie suchen; aber völlig unserer Neigung, unserem Willen, der
erfinderischen und zwecksetzenden Phantasie entzogen und berufen,
sie alle in den Dienst zu nehmen, stehen dem Menschen die
ewigen Ideen als unentrinnbare Forderung gegenüber; in ihnen
ist das ursprüngliche, unwillkürliche und ewig gültige Urtheil
über jedes Willensverhältniß enthalten. Die Gestaltung und
Erkenntniß der Ideen ist in den Zeiten und Menschen ver=
schieden; in der Geschichte wechselnd und fortschreitend; aber
an sich sind sie ewig, die treibende Kraft aller Erkenntniß,
Grund und Ziel alles Fortschritts. Denn „das ewig Schöne,
das ewig Gefallende und Genügende sucht der Blick des Edlen".
— An die Stelle des Unvollkommenen soll das Vollkommene
treten; der Zug und Druck des begehrlichen, abspringenden,
widerstreitenden Wollens soll der inneren Freiheit des Ge=
müthes weichen; Streit und Hader soll die Gerechtigkeit
schlichten und gedeihliche Ordnung stiften; jede menschliche
Handlung soll nicht blos als Wirkung der Ursache, sondern
ihr wiederum soll lohnende und strafende Vergeltung folgen
nach dem Gesetz der Billigkeit; Wohlwollen soll den Eigen=
willen überwinden, Güte und Liebe soll Eigennutz und Eigen=
willen besiegen. Diese Lehren hat Herbart in einer wahrhaft
classischen, der hohen Würde des Gegenstandes entsprechenden
Form verkündet. Der Mensch aber ist nicht blos ein beseeltes
Individuum, er ist dies zugleich als Glied der beseelten Gesell=
schaft. In dem Aufbau, in der Ordnung und Bewegung, und
im geschichtlichen Lauf derselben soll die Macht der Ideen,
ihre schaffende und gestaltende Kraft sich bewähren.

Das Heil ist bei denen allein, welche der sanften Füh=
rung der Ideen folgen; der Gesetzmäßigkeit aber sind alle
Geister unterworfen.

Diese naturnothwendige Gesetzmäßigkeit alles inneren Lebens
zu behaupten, sie im Großen wie im Kleinen, im Ganzen wie
im Einzelnen, sie in ihrem Ursprung, in ihrem Fortgang und

in ihren Folgen zu erforschen, die Psychologie zu einer strengen Wissenschaft zu erheben; das war das wichtigste Anliegen, die größte That, die segensreichste Frucht im Leben Herbarts.

Der Triumph des Geistes, des Bewohners der kleinen Erde ist es, zu den Sternen aufzuschauen, fast unendliche Räume auf den Flügeln des Gedankens zu durchdringen, und die unveränderlichen Gesetze, welche das Universum beherrschen, in Gedanken zu fassen; auch in die Tiefe der Erde dringt der Mensch, um ihre Schätze heraufzuholen; der Psycholog aber lehrt die Schätze des Gemüthes kennen, er will die ewigen Gesetze des erkennenden Denkens selbst, er will die Gründe, Normen und Kennzeichen aller Wahrheitsforschung und aller Schöpfungskraft des Geistes enthüllen.

In aller Bescheidenheit sieht Herbart den Aufbau dieser Wissenschaft in der Zukunft; aber mit einer wahrhaft heiligen Sehnsucht und mit prophetischer Weihe faßt er das Ziel ins Auge, welches sie zu erstreben hat. „Dem menschlichen Geiste ist es möglich, seine wahre Natur zu erkennen, darum wird er sie erkennen: dann werden die Wege des Lebens sich erhellen; der Mensch wird wissen, was er thut, er wird seine Kräfte nutzen, und nicht mehr blindlings sein Heil zerstören."

Aber nicht auf die allmählige Verbreitung und Wirkung der psychologischen Erkenntniß soll gewartet werden; auf die unmittelbarste, die sicherste, die fruchtbarste Anwendung derselben hat er hingearbeitet. Psychologie ist die Mutter der Pädagogik. Wenn wir die Gesetze des Geschehens, die Normen des Werdens im inneren Leben des Menschen erkennen, dann sind wir auch im Stande, die gegebenen Kräfte zu gedeihlicher Entwickelung zu leiten. Aber nicht blos die wirksamsten Mittel, sondern vor Allem den e i n e n, den reinsten und edelsten Zweck der Erziehung einleuchtend zu machen, war Herbarts unermüd= licher und sieggekrönter Kampf. Nicht blos für den äußeren Nutzen, nicht zum Schein und Schmuck, nicht zur flüchtigen Befriedigung oder herrschenden Ueberlegenheit soll gelernt werden was gelernt wird; sondern aller Unterricht soll einen erziehen=

den Einfluß üben. Den Charakter zu bilden, den sittlichen Willen zu reinigen und befestigen, das Interesse des Menschen zu erweitern, zu erhöhen, und von der Enge und Dürre des Eigenlebens zu befreien; dem Geiste edle Nahrung und Regsamkeit zu geben, im Gemüthe Wärme und Tiefe zu erzeugen; jede Menschenseele durch die Erkenntniß ewiger Wahrheit zu veredeln, aber auch durch die Wahrheit des Ewigen, Unendlichen und Heiligen zu weihen und zu erheben; — dies Alles hat Herbart als den Gegenstand einer Erziehung erkannt, welche, in sich völlig geeinigt, auf die Bildung des ganzen, sittlichen und selbsttreuen Menschen gerichtet sein soll.

Von den besonderen Untersuchungen, die Herbart angestellt oder angebahnt, von dem rastlosen Eifer, mit dem er gelehrt hat, von der Zahl seiner Schüler, die zu seinen Füßen gesessen, aus seinen Schriften geschöpft und später selbst die Lehrkanzeln bestiegen; selbst von der Anzahl und den Namen seiner Bücher zu reden ist hier der Ort nicht.

Vom lebendigen Worte Herbarts berichten Viele, die den Segen desselben an sich erfahren, was wir an der bleibenden Schrift beobachten: überall treten seine Gedanken mit logischer Schärfe und Bestimmtheit zu Tage, überall mit ästhetischem Maß und mit Ordnung geschmückt, überall von sittlicher Reinheit und Hoheit durchweht; niemals in seinen Schriften — auch im Kampfe der Meinungen nicht — kommt die Leidenschaft zu Wort, niemals wird sie im Leser erregt. Fern ist aller formalistische Schein, fern jede sophistische Kunst; nirgends ein hastiges Drängen selbst zum edelsten Ziel, nirgends eine Uebereilung, noch Uebertreibung oder eine Schwärmerei selbst in der edelsten Absicht. Vielmehr eine wahrhaft olympische Ruhe waltet von der ersten Schrift bis zur letzten: lichte, krystallene Klarheit des Geistes, in sich gefestete, stetige Ruhe des Gemüthes stehen nicht nur neben einander, sie erzeugen, sie steigern, sie veredeln sich gegenseitig. Von Gluth wie von Kälte, von Sturm wie von Stille immer gleich weit entfernt, pulsirt in seinem Geiste eine gelind energische und gleichmäßig beherrschte Lebenswärme. Höchst charakteristisch sind die positiven Wissenschaften, denen Herbart für die philosophische Forschung Vorbilder, Gleichnisse und Kategorien entnimmt: die Mathematik, die Mechanik, die Musik. —

Ich habe versucht, Ihnen ein Bild von dem geistigen Schaffen Herbarts zu geben; freilich ein Bild so wenig wie etwa der kleine Lichtschein, der in unser Auge fällt, das Bild eines Gestirnes ist. Erst das bewaffnete Auge, der rechnende Verstand und die prüfende Analyse der Strahlen fügen zu jenem Lichtschein die Elemente, um ein wirkliches geistiges Bild des Gestirnes zu schaffen. Solches bewaffneten Auges, solcher inneren Arbeit bedarf es auch, um von dem Geiste Herbarts eine Anschauung zu gewinnen.

Denn er war ein Stern, ein Stern erster Größe am Himmel des menschlichen Denkens. —

„Nicht die Zeit, sondern das Unzeitliche ist der eigentliche Gegenstand des Philosophen" und dennoch wird es heute schon wenige Menschen in Deutschland geben, welche nicht, mehr oder minder vermittelt, einen Strahl von dem Lichte dieses Sternes in ihrer Seele empfangen haben. Denn ein Lehrmeister ist Herbart seit einem halben Jahrhundert für alle Erzieher und Lehrer und als solcher in immer weiteren Kreisen, immer freudiger anerkannt. Wer also irgendwie den Segen der Erziehung, von der höchsten Wissenschaft bis herab zum einfachsten Schulunterricht, genossen hat, ist ihm zu Dank verpflichtet.

Darum haben wir uns auch nicht genügen lassen, ihn im Geiste zu feiern, liebevoll sein Andenken im Gemüthe zu bewahren, sondern ein Zeugniß der Verehrung haben wir hier aufgerichtet, damit auch die Fernstehenden von dieser Verehrung eine zwingende Kunde erhalten, damit auch die künftigen Geschlechter erfahren, wem wir in unseren Tagen die Ehre gezollt haben.

In der Jugend der menschlichen Cultur galt das Graben eines Brunnens für ein wohlthätiges, segenspendendes Werk; fernhin sichtbare Zeichen wurden aufgestellt, um den Ort des

Brunnens zu künden; erhabene Lieder wurden gedichtet und gesungen, um die neue Quelle des belebenden Wassers zu feiern.

Die Heroen des Geistes aber graben Brunnen der Er= kenntniß, und die in dankbarer Begeisterung aufjauchzende Seele ruft den Genossen zu: Auf! Stimmet an das Brunnenlied: ein Brunnen, den ein Fürst des Geistes gegraben, den ein Edelster des Volkes gehöhlt hat.*)

Das Denkmal ist das Brunnenzeichen. Die Jünger ehren sich selbst, indem sie hier dem erhabenen Meister, die Stadt, indem sie ihrem großen Mitbürger, die Nation, indem sie einem ihrer edelsten Söhne dies Monument errichtet.

Ihnen, Königliche Hoheiten, erlaube ich mir deshalb im Namen des Comités unseren tiefgefühlten Dank für die huld= volle Theilnahme an der Aufrichtung wie an der feierlichen Enthüllung dieses Denkmals mit der Zuversicht auszusprechen, daß dasselbe Ihrer Residenz zur Zierde und Ihrer Hochedeln Gesinnung zur Befriedigung gereichen möge.

Ihr Freunde und Genossen aus der Schule Herbarts! Ihr Erben und Sendboten seines lichtvollen Geistes, deren Tagewerk von der Verbreitung und der Fortsetzung seiner ge= waltigen Gedankenschöpfung erfüllt ist! es ist ein Tag der Freude, es ist ein hohes Fest der Seele, das wir an dieser Stätte feiern; in unserem eigenen Leben nur ein Mal, aber auch in der Geschichte der Menschen nur selten wird ein Gefühl von solcher Eigenart, von solcher idealen Hoheit und Fülle empfunden, wie es in dieser Stunde unser Gemüth bewegt, da wir den Manen unseres Meisters diese Huldigung dar= bringen und von einer so edlen Versammlung dargebracht sehen.

Und mit uns verbunden sind in der tiefen Bewegung seine Schüler alle, die als Richter, als Lehrer, als Prediger oder Aerzte, von der Idealität seiner Gesinnung erfüllt, ihre Lebensthat vollbringen. — Die wir von fern her gekommen

---

*) 4. B. Mosis 21, 16 ff.

sind, wir kehren wieder heim, die Arbeit in seinem Geiste und zu seinem Ruhme fortzusetzen; hier aber bleibt das Andenken fest gegründet.

Ihr Frauen und Männer von Oldenburg! haltet die Ehre dieses Denkmals hoch und werdet froh der beglückenden Gemeinschaft seines Ruhmes. Erinnert Euch), daß die Namen jener Meister des Gedankens, welche vor mehr als zwei Jahr= tausenden gelebt und gelehrt haben, heute in der ganzen ge= bildeten Welt heimisch sind. Selbst wer wenig von der Geschichte des griechischen Volkes weiß und wessen Gedanken= kreis nur in seltener und entfernter Berührung mit dem der Philosophie sich befindet: die Namen Sokrates, Plato, Ari= stoteles schlagen als bekannte Klänge an sein Ohr. So wird künftigen Jahrtausenden und fernen Ländern neben Leibniß und Kant mit Fichte und Hegel, der Name Herbart ge= läufig sein.

Ihr werdet von hinnen und wieder den Geschäften und Freuden des Lebens nachgehen; aber wenn Euer Weg an diesem Denkmal vorüberführt, werde es Eurem Herzen eine Mahnung: der Arbeit des Geistes verehrungsvoll zu huldigen. Auch wer den Gedanken Herbarts in seinen Schriften nicht zu folgen vermag, aus dem bloßen Anblick dieses Denkmals wird die Thatsache in seine Seele dringen, daß ein Mensch sich hoch aufschwingen, daß er die Verehrung der Jahrhunderte gewinnen kann; und die Ueberzeugung von der Macht und dem Adel des Geistes wird den Beschauer selbst veredeln. — Und wenn Euch in Zukunft Eure Kinder fragen: was bedeutet dieser Stein und das Bild darauf? dann saget ihnen: ein Denkmal ist's, daß hier ein großer Geist seine Lebensarbeit begonnen, die er mit unentwegter Selbsttreue und mit nie verlöschendem Eifer vollendet hat, sich zur Ehre, uns zum Ruhme und der Menschheit zum Heil.

Ja, Ihr Kinder von Oldenburg! für Euch zumeist und in allen folgenden Zeiten für die Kinder sei dies Denkmal gegründet.

Vor Euren eigenen Augen, wie vor meinen liegt Eure Zukunft in tiefer Verhüllung; aber damals, als Herbart hier noch als Kind, als Schüler lebte, hat auch weder er, noch seine Eltern oder Lehrer ahnen können, daß einst ein Denkmal an dieser Stelle von ihm zeugen werde.

Das Ziel ist weit, aber die Bahn ist offen, und kein Schritt ist vergeblich! Niemand von Euch weiß, was Ihr er= reichen werdet, aber Jeder weiß und Jedem wird gelehrt, was er erstreben soll. Dem hohen Meister zu gleichen, sind nur Wenige, ihn zu verehren und seiner stolzen Landsmannschaft würdig zu werden, seid Ihr Alle berufen; den Ruhm derselben aber sollt Ihr nicht blos genießen, sondern durch aufstrebende Gesinnung verdienen und befestigen. Denket daran, daß Euer Landsmann Johann Friedrich Herbart ein großer Lehrer und ein Segen der Menschheit gewesen, weil er uns Alle gelehrt hat, wie wir, Jeder in seinem Kreise schaffensfreudig, mit Fleiß und mit Kraft, rein und frei und edel unser Leben gestalten; wie wir dem Vaterlande ergeben, uns selber treu, dem Heiligen gehorsam sein sollen. —

Und jetzt bitten wir: Ew. Königliche Hoheit möchte ge= ruhen, den Befehl zu ertheilen, daß die Hülle des Denkmals fallen soll.

Ein psychologischer Blick in unsere Zeit.

Vortrag,

im wissenschaftlichen Verein in der Singakademie

gehalten am 20. Januar 1872.

Seit Sokrates die Inschrift des Tempels von Delphi zum Führer seines Lebens gemacht hat, bildet die Selbsterkenntniß für denkende Geister nicht blos ein praktisches Interesse, sondern eine theoretische Aufgabe, welche fort und fort anregend auf die gesammte Wissenschaft gewirkt hat. Seit aber in unserem Jahrhundert das Nationalbewußtsein bei den Völkern der ganzen europäischen Völkerfamilie sich immer mehr geschärft und gestärkt hat, bildet nicht blos die Selbsterkenntniß des Einzelnen, sondern auch die der Gesammtheit eine wissenschaftliche Aufgabe, — eine Aufgabe freilich, welche schwerer noch als jene zu erfüllen ist. Die Begriffe, mit denen der denkende Geist hier zu operiren hat, sind weder so einfach noch so bestimmt, wie sie in irgend einem wissenschaftlichen Gebiete sonst zu Stande gebracht werden können; die Begriffe bilden hier nicht logisch befestigte Punkte, sondern psychologisch fließende Linien, begrenzt nur etwa wie ein schwingender Pendel an seinen äußersten Enden, im Innern aber in freier Bewegung. Wankend und fließend sind alle Begriffe, welche ein so Mannigfaltiges und Volles und Vielgestaltiges, wie der öffentliche Geist einer jeden Zeit und eines jeden Volkes, ausmachen. Nichts desto weniger sind es sowohl für den Historiker wie selbst für den praktischen Politiker nothwendige, vollgültige Begriffe, denen reale Thatsachen entsprechen.

Talleyrand sagte einmal: „Ich kenne Jemand, der klüger ist als Voltaire, ich kenne Jemand, der klüger ist als Bonaparte, ich kenne Jemand, der klüger ist als alle Weltpiloten, die gewesen sind und sein werden, nämlich die öffentliche Meinung." Und die öffentliche Meinung ist ein solcher

fließender Begriff. Wer wollte genau bestimmen, wo seine
Grenze in der Zeit, in der Person, in der Angabe des In=
halts, in der Richtung seiner Gestalt etwa wäre!? Und dennoch
muß auf die öffentliche Meinung gerechnet und mit ihr gerechnet
werden.

Wie schwankend diese Begriffe aber auch seien, sie sind
darum nichts desto weniger fest und unzweifelhaft und für die
Charakteristik eines jeden Volkes und einer jeden Zeit mit
Sicherheit zu erkennen, wenn das Auge dafür geöffnet ist. Ein
Beispiel aus der neuesten Zeit für viele.

Als vor Jahr und Tag das Deutsche Reich neu auf=
gerichtet wurde, da entstand nirgends und bei Niemandem die
Frage, ob es dazu auch eines vom Volke erwählten Parla=
mentes bedürfe. Noch vor dreißig Jahren etwa hätte das
vielfache und erregte Debatten mit zweifelhafter Entscheidung
gegeben. Vor einem Jahre entstand diese Frage bei Niemandem,
sage ich, auch bei denen nicht, welche das Ideal der politischen
Lebensgestaltung eines Volkes in weit zurückliegenden Jahr=
hunderten, in Zeiten sehen, in denen, umgekehrt, die Frage nach
einem Parlament unerhört gewesen wäre.

Einen psychologischen Blick also in unsere Zeit zu werfen,
ist die Aufgabe. Indessen unbestimmt bleibt seiner Natur nach
die Grenze dieses Begriffes der Zeit; und nicht einmal auf
die ganze Zeit, welche wir die unsere nennen, nicht auf den
ganzen Umkreis dessen, was in ihr sich bewegt, darf unser
Blick sich richten.

Wesentlich gilt unsere Betrachtung in unserer Zeit: un=
serem Volke. Denn, — dies wäre vielleicht das Erste aus
der psychologischen Signatur unserer Tage, was ich anzuführen
hätte, — denn in Wahrheit haben sich in den letzten Zeiten
die Verschiedenheiten der Nationalcharaktere auf dem ganzen
Erdtheil schärfer ausgeprägt als jemals vorher. Während auf
der einen Seite die Cultur ein gleichmäßigeres Niveau an=
genommen zu haben scheint, während unleugbar der Austausch

der Ideen viel mächtiger ist, als er jemals vorher hatte statt=
finden können, wird man nichts desto weniger seit jener Zeit
daß römische Cultur sich allgemein über Europa verbreitet
hatte, keine Epoche finden, in welcher die Verschiedenheiten der
Volksgeister so scharf ausgeprägt sind, in so entschiedenen
Gegensätzen, mit so verschiedenen Idealen und Zielen des Volks=
lebens sich bewegen als gerade in unseren Tagen.

Aber selbst wenn man nur auf ein einziges Volk, also
etwa auf das unsere blickt, so ist die Aufgabe in der That
eine so schwierige, daß sie beschränkt werden muß auf einzelne
Züge, welche hervorgehoben werden aus diesem Volksleben.
Einen psychologischen Blick darauf zu werfen, getraue ich mir
auch in der Eile einer flüchtigen Stunde; eine psychologische
Analyse des Ganzen zu geben, wäre auch in vielen Stunden
kaum möglich.

Welch eine unendliche Fülle des Stoffes tritt uns ent=
gegen bei der ersten Betrachtung, die wir auf das Gebiet
werfen! Bäte ich Sie, hochverehrte Anwesende, daß Sie für
einen Augenblick Ihre Phantasie anstrengen möchten, um ins
Auge zu fassen, was vom Aufgang eines rollenden Jahres bis
zu seinem Niedergang an Bewegung des Geistes, an Erregung
des Gemüthes, Anspannung des Willens durch seine Gesammt=
heit hindurchgeht; wie viel Gedanken, Entschlüsse, Gefühle, wie
viel Sehnen, Sinnen und Sorgen, wie mannigfaltige und
vielgestaltige Bestrebungen die Menschen beschäftigen, wieviel
in der Vollziehung des Berufs, wieviel in der Erfüllung der
Muße — ein Chaos: auf den ersten Blick, ein kaum durch=
dringliches Chaos tritt uns entgegen; ein Wallen und Wogen
psychischer Elemente, unzählig, undurchdringlich für den Blick;
und dennoch: unter der Führung der ordnenden Ideen wird
sowohl in der Praxis des Lebens, in seiner wirklichen Gestal=
tung, als auch in der wissenschaftlichen Betrachtung aus diesem
Chaos ein Kosmos; wohlgeordnet spinnt sich das Leben auch
des öffentlichen Geistes und eines ganzen Volkes ab; wohl=
geordnet, trotz all der Verschiedenheiten, welche in ihm walten.

Und von charakteristischer Bestimmtheit ist der Inhalt und seine Ordnung so sehr, daß man dadurch Jahrhundert von Jahrhundert, oft Jahrzehnt von Jahrzehnt genau unterscheiden kann.

Vorzugsweise dann, wenn gewisse Züge oder gewisse Zeiten in der Geschichte dergestalt sich ausprägen, daß herrschende Ideen, einzelne durchgeführte Gedanken in weit verbreiteten Organisationen das Volksleben durchziehen. Von solcher Art ist die politische Gestaltung eines Volkes, von solcher Art sein Rechtsleben in seinen Institutionen und Gesetzgebungen; von großen allgemeinen Gedanken geleitet und hinabgeführt bis in die Regionen des individuellen Handelns und der individuellen Bestrebungen einzelner Menschen, lassen diese Einrichtungen die Kräfte und Lebensweisen, also den Charakter der Zeit erkennen.

Insbesondere dann und in denjenigen Gebieten, in welchen es möglich ist, einen einzigen klar und scharf bestimmten Gedanken zum Mittelpunkt nicht blos, sondern zum Quellpunkt eines weithin verbreiteten, vielbewegten und dennoch wohlgefügten Lebens zu machen. Von solcher Art ist z. B. die Heeresorganisation in einem Lande; die Heeresorganisation vorzugsweise dann, wenn sie mit der Klarheit gedacht, mit der Schärfe geordnet, mit der Sicherheit und Festigkeit durchgeführt ist, wie wir sie gesehen und ihre Erfolge erlebt haben.

Oder aber wenn große Gedanken, wenn Principien philosophischen Geistes solche Macht über ein Volksgemüth gewinnen, daß sie, weithin verbreitet, im Innersten das Leben dieses Volkes gestalten oder doch gestalten helfen, — von solcher Art ist bei unserm Volke in der ganzen letzten Zeit der Grundgedanke des Kantischen Systems, der Kantischen Philosophie gewesen.

Seltsam! In innigster Verbindung mit jenem Beispiel, das ich eben genannt habe, mit der Heeresorganisation und der Entwickelung der Heeresmacht, hat auch die Kraft des Kantischen sittlichen Grundprincips gleichmäßig durchgreifend, be-

fruchtend über das gesammte Volksgemüth sich geltend gemacht.
Wie oft und vielfach ist im Laufe des letzten Jahres so Manchem
fast unwillkürlich das Wort auf die Zunge gelegt worden: es
sei der Geist des kategorischen Imperativs, der sich siegreich
erwiesen habe. In der That, es ist der Geist jener Auffassung
des sittlichen Lebens, wie er vorzugsweise in der Kantischen
Philosophie hervorgetreten war, kraft dessen nicht die Frage
gilt: welche Befriedigung wird irgend eine Handlung dir oder
Anderen gewähren, welch einen Zweck wirst du für dich oder
Andere durch dein Handeln erzielen? sondern — die Pflicht steht
dir gegenüber, die Pflicht fordert und du hast sie zu erfüllen!

Leicht ließe sich zeigen, wie der ganze Gegensatz Kantischer
und der französischen Philosophie des vorigen Jahrhunderts
nicht ein Spiegelbild blos, sondern ein wahrhaft quellenmäßiges
Gegenbild dessen gewesen ist, was beide Völker, dem unseren
zum Heil, in den letzten Jahren erlebt haben. Vielleicht erscheint es Manchem wunderbar, daß so der Gedanke eines einzelnen nachdenkenden Menschen Ausgangspunkt und Kraftquelle
sein sollte für die Leistungsfähigkeit eines ganzen Volkes. Es
wäre wunderbar, wenn nicht in der That die Sache sich anders
verhielte. Der Philosoph selbst in seinem einsamen Sinnen
und Denken denkt nichts Anderes, als was die Substanz des
Volksgeistes ist, nur klarer, schärfer, bestimmter zum System
ausgebaut; nur was der unterste Mann in seinem Gemüthe,
so er wirklich geeignet ist, ein Repräsentant dieser Volksseele
zu heißen — nur was der unterste Mann denkt und empfindet
und auf seinem Posten, in seinem Handeln verwirklicht, nur
das kann auch der Philosoph auf der Höhe seines Gedanken-
thrones denken, in geordnete, erleuchtete Begriffe fassen.

Ja, dies ist ein Kennzeichen, vielleicht das sicherste Kennzeichen des wahrhaften und des großen Philosophen, daß er
das nur denkt, was er in Einheit mit seiner eigenen Volksseele
denken kann, daß er der wahrhafte Repräsentant des öffentlichen
Geistes wird, welchen er durch seine eigene Schärfe und Klarheit auszubilden allerdings berufen worden ist.

Nicht auf eine analytische Entwickelung des öffentlichen Geistes unserer Zeit, auch nur unseres Volkes, kann ich eingehen wollen; das würde anderer, viel weiterer Voraussetzungen bedürfen, als wir in so flüchtiger Zeit erfüllen können. Freilich, wenn wir statt dessen bloße Bilder entwerfen wollten, es wäre ein leicht zu vollbringendes rhetorisches Kunststück, in anmuthiger Art im Laufe einer Stunde die Mannigfaltigkeit der Daseinsformen und Triebkräfte im öffentlichen Leben an unserer Seele vorüberzuführen. Wenig fruchtbar aber ist ein solches blos übersichtliches Bildgestalten. Käme es auf wirkliche Zerlegung an, so daß wir Einsicht gewinnen wollten in die wirkliche Natur und in die Gesetzmäßigkeit des Volksgeistes: dann würden andere Aufgaben an uns herantreten, von denen ich nur je durch ein Beispiel eine Andeutung geben möchte.

Es kann sich zunächst darum handeln, von dem Gesammtinhalt, welcher den Geist der Gesammtheit bewegt, eine Vorstellung zu gewinnen. Um ein Beispiel von der Charakteristik dieses Inhalts mit einem einzelnen Zuge zu geben, dürfte man etwa das Ideal des Menschen, wie man in dieser Zeit es sich vorstellt, zu zeichnen versuchen. Leicht würde man erkennen, wie das Ideal, das man etwa in den homerischen Zeiten von einem Menschen sich gemacht hat, wie das Ideal eines späteren Atheniensers, das eines Stoikers, das eines römischen Bürgers, das Ideal des frommen und festen Ritters im Mittelalter, des ehrsamen und wohlwaltenden Bürgers in derselben Zeit — überall und wesentlich verschieden ist, und wie jedes ganz andere Bildungen des Gesammtgeistes jeder dieser Zeiten einschließt und uns vorführt. Und in solcher Weise wäre es die Aufgabe, auch ein Ideal von einem Menschen, wie wir heute es uns machen, zu entwerfen. Das Ideal! — wir würden deren vielleicht viele haben und auch dies schon wäre charakteristisch für die verschiedenen Zeiten in der Geschichte der Menschheit, ob man in einem Volke und einer Zeit nur ein Ideal als das des ganzen Menschen in der Phantasie

erfaßt, oder ob man die menſchliche Geſellſchaft ſich ſo
geſchieden und geordnet denkt, daß man Vollkommenheit in
dann findet, wenn Verſchiedene verſchiedenen Idealen zuſtreben
ihr nur und nach ihrer Erfüllung ringen.

Dann aber könnten wir zur Charakteriſtik hiſtoriſcher
Epochen etwa auf die verſchiedenen Functionen achten, welche
der menſchliche Geiſt vollzieht; — wiederum würden wir er=
kennen, daß in den verſchiedenen Zeiten verſchiedene die Ob=
macht gewinnen: daß in der einen Zeit vielleicht die Menſchen
vorzugsweiſe dem Gefühlsleben hingegeben ſind, in dem Maße,
daß, was nicht zu gleicher Zeit der Erregung des Gefühls
dient, ihnen nicht werthvoll erſcheint; zu anderen Zeiten ein
unſicheres Taſten der Phantaſie in jener Art von Sturm und
Drang, wie wir dies im vorigen Jahrhundert erlebt haben;
oder aber es verleiht bald die Rüſtigkeit des Wollens, die Kraft
der That, bald das kalte Sinnen und Speculiren und Phan=
taſiren über die letzten Dinge — bald endlich das Aufſuchen
vor Allem der Klarheit und Feſtigkeit des Denkens — einem
Zeitalter ſeine eigenartige Signatur. —

Noch einen Schritt weiter könnte man gehen und nicht
blos die Frage, welche von den verſchiedenen Functionen des
Gemüthes vorwaltet, würde über den Charakter der Zeit ent=
ſcheiden, ſondern auch die Art, wie dieſelbe vollzogen wird.
Der pſychiſche Proceß als ſolcher, die Art und Form, wie der
einzelne Act des einzelnen Gemüthslebens ſich vollzieht, wird
in den verſchiedenen Zeiten ſich verſchieden geſtalten.

Ich hebe wiederum nur ein Beiſpiel anſtatt vieler hervor.
Im Laufe der Entwickelung der Menſchheit bei den verſchie=
denen Völkern, ſelbſt bei demſelben Volk in verſchiedenen Zeiten
hat ſich das Tempo des Denkens, das Tempo des inneren
Lebens überhaupt geändert. Es iſt früher langſamer geweſen,
es iſt ein immer ſchnelleres geworden. Zeugniſſe davon ſind
ſogar die Sprachen in ihren Lautbildungen. Wer jene vollen
breiten Formen im alten Gothiſchen ſich anſieht und wahr=
nimmt, wie ſie in der ſpäteren Zeit im Deutſchen bis herab auf

das Englische immer karger und knapper geworden sind, wie in immer schnellerer Weise der Begriff durch den Wortkörper hindurch sich schlingt; und wer auf die Stylarten ebenfalls achtet, der wird leicht sich davon überzeugen, daß wir ein anderes Tempo des Denkens angenommen haben. Wie fein und picant auch die Reize des Inhalts, die gesunden und krankhaften Reize, sein mögen in den Erzählungen des Boccaz: heute können wir dergleichen kaum noch lesen ob der Breite des Styls, weil wir an solche Art zu denken nicht mehr gewöhnt sind.

Kein Wunder! Wie mannigfaltig stürmt der Inhalt des bewegten Lebens heutigen Tages auf uns ein im Vergleich zu vergangenen Zeiten! An einem einzigen Zeitungsmorgen empfängt jeder Bürger dieser Tage mehr Nachrichten politischer Art, Nachrichten vom Culturleben der verschiedenen Völker auf der ganzen Erde, als in früheren Jahrhunderten vielleicht im Laufe eines ganzen Jahres zu seiner Kenntniß gekommen, auf sein Gemüth eingewirkt haben. —

Heben wir nun, ohne auf eine solche eigentliche Analyse einzugehen, wesentliche Gesichtspunkte, die den Geist unserer Tage in unserm Volke charakterisiren, hervor, so tritt uns vor Allem eines entgegen: das Streben, die mechanische Weltanschauung anzubauen, eine Weltanschauung, in welcher es sich vor Allem nur um das Verhältniß der Causalität, um die Feststellung von Ursache und Wirkung handelt, um die Zusammenstellung der Gesetze, welche die Ereignisse beherrschen.*) Darum steht im Vordergrunde aller geistigen Bestrebungen die Naturwissenschaft, — die Naturwissenschaft in ihrer mannigfachen Zerlegung. Allgewaltig ist ihre Herrschaft dergestalt, daß Alles, was auf irgend einem Gebiete zu einer wahrhaften Erkenntniß zu kommen strebt, in die Wege der Naturwissenschaft einbiegt.

Das Umstrickende der Naturwissenschaften, das Gewinnende, überall Einfließende, jede andere Betrachtungsweise mehr oder minder Zurückdrängende oder Einengende liegt in mannigfachen

---

*) Vgl. dazu weiterhin: „Ueber Aufklärung“, Nr. 37 ff.

Zügen derselben; der erste, am meisten hervorleuchtende besteht darin, daß sie in einem stetigen Wachsthum von Tag zu Tag sich befindet. Verglichen mit allen Arten geistiger und wissenschaftlicher Thätigkeit, welche man vormals betrieben hat und bis auf den heutigen Tag betreibt, bleibt dies ihr sicheres Kennzeichen, daß ihr Wachsthum stetig und fast gleich= artig ist.

Zugleich ist jedes einzelne Wissen, das erworben wird, im Sinne der Erfahrung exact; es ist bestimmt, es ist, sobald es von mehreren Forschern bestätigt wird, über jeden Zweifel er= haben. Dieser Vorzug freilich des exacten Wissens in der Naturwissenschaft führt zugleich den Mangel mit sich, daß wir zu einer Ueberschätzung des exacten Wissens gelangt sind; daß jene Sehnsucht im menschlichen Geist, auch das zu erkennen, was nicht unmittelbar und was nicht auf dem Wege exacter Forschung erreichbar ist, zurückgedrängt wird. Das Reich der idealen Interessen wie des idealen Wissens leidet darunter, wenn man gewaltsam ihm eine Signatur aufdrücken will, welcher es nun einmal der Natur der Sache nach nicht zu entsprechen im Stande ist.

Die Naturwissenschaften zeichnen sich ferner dadurch aus, daß sie einer gleichartigen, durch nunmehr zwei Jahrhunderte fortlaufend befestigten und durchgebildeten Methode folgen. Nicht als ob es dem Genie oder bei diesem selbst dem Glück an Gelegenheit fehlte, bahnbrechende oder vorzugsweise folgen= reiche Entdeckungen zu machen: aber wenn das Xenion dem Epigonen entgegenruft, daß die Sprache für ihn denkt und dichtet, so können wir dasselbe mit Fug von der naturwissen= schaftlichen Methode sagen. Und nur so ist es erklärlich, daß wir so oft bei den kleinsten Geistern, welche mitarbeiten an der Naturwissenschaft, jenen — wie sage ich gleich — jenen kind= lichen Hochmuth finden über die Ergebnisse ihrer Thätigkeit.*)

---

*) Wie viel Schein und Irrthum außerdem als Contrebande unter der Flagge der exacten Methode geführt werden kann, beweist die exacte Geschichte jeder Naturwissenschaft.

Mit der Sicherheit der Methode verbindet sich der andere
Zug im Charakter dieser Wissenschaften: daß sie eminent prak=
tische Wissenschaften sind. Vielleicht nicht jeder, aber doch fast
jeder Schritt, der gethan wird auf diesem Gebiet, fast jede
Entdeckung greift unmittelbar in das Leben hinein und hilft
zu dessen Umgestaltung; — ein Vorzug von unberechenbarem
Werth. Wenn man im Alterthum darüber klagen mußte, daß
in demselben Maße, als die Wissenschaften heraufgestiegen waren,
die Volkskräfte hinuntergingen, in demselben Maße, als die
Bildung sich verbreitet hatte, nichts desto weniger die innere
Natur des Volkes mehr und mehr gebrochen wurde, so dürfen
wir von der Zukunft ein Anderes und ein Besseres hoffen.
Heute haben wir von der Wissenschaft zu erwarten, daß sie in
der That praktisch gestaltend auf die Verbesserung des Gesammt=
lebens im Volke einwirkt.

Ausgeschlossen ist dadurch dennoch nicht, daß auch an diesen
wichtigsten und werthvollsten Zug im Charakter der Wissen=
schaften unserer Tage sich wiederum ein Mangel knüpft. Man
verlangt, daß die Wissenschaft überall und in all ihren Theilen
in derselben Weise praktisch sein solle. Was die Dichter denken,
was die Philosophen sinnen, man beachtet es in diesen Tagen
kaum. Freilich in derselben Weise praktisch wird es niemals
werden, in derselben Weise sofort, unmittelbar von Tag zu Tag
seine Verwirklichung, seine Anwendung finden, kann es nicht;
man läßt sich aber verführen, den Werth und den Reiz der
Thätigkeit in dem einen Gebiete zum Maßstab des andern zu
machen; man geräth in eine falsche Schätzung, fast in eine Ver=
achtung der Idealwissenschaften, weil man das für sie Uner=
reichbare von ihnen fordert.

Und alle diese Vollkommenheiten erreicht die Naturwissen=
schaft, erreicht die heutige Praxis des Lebens überhaupt vor=
zugsweise, weil es in diesem Gebiete am meisten möglich ist,
durch die Theilung der Arbeit. Theilung der Arbeit! — Ein
Princip, das wunderbarerweise, zugleich aber mit der innersten
Bewunderung des Gedankens selbst, den er gefunden hat, bereits

bei Plato in seiner Republik ausgesprochen ist. Wir sehen hier davon ab, daß innerhalb der Grenzen eines Werkes, das geschaffen werden soll, alles Künstlerische im höchsten Sinne der Theilung der Arbeit widerstrebt; alles Mechanische fordert sie.*)

Theilung der Arbeit! sie ist die Mutter aller Vollkommenheit in den Schöpfungen, welche die Menschen vollziehen, sie ist zu gleicher Zeit die höchste Gefahr für die Arbeit der Menschen, wenn es sich darum handelt, daß die Persönlichkeit, welche an derselben Theil nimmt, nicht daran zu Grunde gehen soll. Durch die Theilung der Arbeit siegt die Sache und unterliegt der Mensch, siegt der Gegenstand und das Object, aber die Persönlichkeit siecht dahin, wenn es nicht gelingt, Schutz und Hilfe in einem Gegengewicht zu finden.

Wo ist die Hilfe, welche wir suchen müssen, welche wir finden können gegen dieses fortwuchernde Princip der Theilung der Arbeit!

Auf allen Lebensgebieten: neben der Theilung wiederum Sammlung!

Bleiben wir zunächst wieder bei der Betrachtung der Wissenschaften. Daß es an Männern nicht fehle, welche aus den verschiedenen, gespaltenen Detailforschungen, aus der Zersplitterung der Thatsachen, die einzeln für sich betrachtet werden, wiederum eine Gesammtanschauung zu gewinnen im Stande sind; daß es an Männern nicht fehle, welche zu gleicher Zeit das Ganze des Menschenthums und zu gleicher Zeit das Ganze der Wissenschaft in sich zu erbauen vermögen, dies ist das Bedürfniß und die Hoffnung. Wäre es auch nur innerhalb der Naturwissenschaft als solcher, verließe man ihr Gebiet auch gar nicht, so würde der Geist der Sammlung allein im Stande sein, den Menschen heil zu erhalten und hoch ihn zu erheben durch die Schöpfungen, durch die Erkenntniß, welche die Natur-

---

*) Zwar an einem Bauwerk, an einem plastischen Monument, selbst an einem Drama können — wie die Erfahrung lehrt — Viele gemeinsam schaffen; die eigentliche Conception des künstlerischen Plans wird im Wesentlichen nur Einem zufallen.

wissenschaft zu Tage fördert. Nicht blos exacter, nicht blos bestimmter, sondern auch erhabener als sie vormals gewesen, würde die Naturanschauung werden, welche der Mensch dadurch gewönne.

Nur der Sammlung bedürfen wir und der Ergänzung! — Ergänzung durch das Eine, daß es sich fürder nicht blos um die Natur des Leiblichen und Materiellen, sondern daß es sich auch um die Natur des Geistigen handle. Stehen erst in der Zukunft wiederum beide Gebiete neben einander, ist der Sinn auch darauf gerichtet, die Thatsachen des geistigen Lebens mit derselben Fülle und Sicherheit zu erfassen, wie die der äußeren Natur, dann ist kein Schade zu fürchten von einer wissenschaftlichen Arbeit, welcher Art sie auch sei. Denn Eines wird nothwendig der Erfolg einer solchen Betrachtung sein; man wird die Richtung des Idealen und seine Gestaltung im Leben, man wird alle Lebenszüge des Idealen gleichfalls als Thatsachen, als eigenartige, gleichberechtigte Thatsachen erkennen. Sind die Thatsachen des idealen Lebens allein als solche nur erst gefunden, geborgen und anerkannt, dann ist nicht zu fürchten, daß es an idealen Triebkräften im Leben des Volkes fehlen werde. Und sie müssen gefunden werden. Wir müssen es lernen, uns wieder auch in uns selbst zu vertiefen, auch das Leben des Geistes zu erforschen, die Quellen seiner Schöpfungen zu entdecken; haben wir die Quellen erst gefunden, werden wir auch wieder aus ihnen schöpfen. — Vor wenigen Wochen ist in diesen Räumen die H-moll-Messe von Bach aufgeführt worden. Wer hätte sie gehört und wäre nicht erschüttert worden von dem mächtigen Eindruck eines solchen Kunstwerks! Es leuchtet aber wohl ein, daß auch die vollkommenste chemische Analyse der verschiedenen Körper, auch das sicherste Wissen von den physiologischen Processen, auch die reichsten Sammlungen botanischer, zoologischer Kenntnisse: daß mit all diesen Kenntnissen der geistige Boden nicht bereitet wird, um ein solches Kunstwerk zu erzeugen. Das fließt aus anderen Quellen, das stammt aus Kräften, welche anderen Gebieten entspringen,

sagen wir es mit einem Worte: aus jener idealen Kraft im Volks=
leben, die wir zusammenfassen unter dem Namen der Religion.

Religion! allerdings nicht im Sinne des tödtenden Buch=
stabens, sondern im Sinne des belebenden Geistes; denn in
Wahrheit, das Dogma des Materialismus und der Materialis=
mus des Dogma's, sie wachsen auf demselben Baume; und es
ist kein Baum des Lebens und ist kein Baum der Erkenntniß,
auf welchem sie wachsen.

Auch hier hat die Theilung der Arbeit viel zu weit ge=
griffen und am meisten die Mängel herbeigeführt. Wer die
Geschichte der Botanik und der Mineralogie des 16. und 17.
Jahrhunderts sich ansieht, der findet unter den Namen derer,
welche schöpferisch an diesen Naturwissenschaften mitgearbeitet
haben, sehr viele Geistliche, Prediger in Amt und Würden.
So viel fehlt, daß der Naturwissenschaft als solcher die Schuld
zugeschoben werden könnte ob des mangelhaften Idealismus in
unsern Tagen, daß, wer nicht blos die Religion kennt, sondern
auch die Geschichte ihrer Entstehung, die Geschichte ihrer inneren
Entwickelung, sich wohl erinnern wird, wie in jenem wunder=
baren Buch Hiob, wo die schwersten und tiefsten sittlichen
Probleme erwogen werden, gegen das Ende desselben diese durch
die Einführung großartiger Naturerscheinungen zu einer Lösung
gelangen. Die wahrhafte Erhebung der Naturwissenschaften auf
jenen Punkt der Sammlung des Ganzen, wo eine höhere An=
schauung von der Natur uns dargeboten wird, wo eine Einsicht
entspringt in die Harmonie der allwaltenden, Alles beherrschen=
den Gesetze, in den erhaltenden Wechsel und Wandel der Kräfte,
sie würde auch dahin führen, eine höhere Anschauung von dem,
was über die Natur geht, eine höhere Anschauung von allen
letzten Dingen, uns zu gewähren. Daraus ist unsere Hoffnung
auch für die Zukunft unseres Volksgeistes genährt, daß er nicht
aufhören werde, Neuschöpfungen zu erzeugen, welche die idealen
und die realen Lebensformen gleichzeitig beherrschen.

Das Herz ist ein ganz besonderer Muskel; verschieden
von den meisten anderen Organen unseres Leibes, welche in

Thätigkeit und Ruhe abwechseln, muß das Herz immer thätig
sein. Von der ersten Secunde des Lebens bis zur letzten muß
es schlagen; hört es zu schlagen auf, so ist auch das Leben ge=
schieden. Die Religion ist das Herz im Organismus des Volks=
geistes. Hört dieses Herz zu schlagen auf, so tritt auch hier
Fäulniß, Verderbniß, Verwesung ein.

Dem deutschen Volke war es vorbehalten, in die Ge=
schichte der Menschheit ein Phänomen einzuführen, welches bis
dahin in der Weise unerhört gewesen, das Phänomen: zu
gleicher Zeit Glaubenstiefe und Glaubensfreiheit zu schaffen;
nicht die düstere romanische Gluth des Glaubens, sondern die
lichte germanische Flamme, die Flamme, in welcher Licht und
Wärme mit gleichen Kräften spielen. Hoffen wir, daß es dem
germanischen Geiste vorbehalten bleibt, in gleicher Weise die
Flamme des idealen Lebens lebendig zu erhalten.

Es ist die Eigenart aller menschlichen Ideen, daß jede
nur in der Gemeinschaft mit den übrigen Kraft und Leben
gewinnt. Wenn in den Ideen eine Theilung der Arbeit sich
erzeugt und nirgends die Sammlung derselben im öffentlichen
Geiste zugleich sich vollzieht, so findet leicht eine Erstarrung
des Volksgeistes statt. Trachten wir, daß die verschiedenen
Ideen, welche das Leben des Volksgeistes beherrschen, gemein=
sam, gegenseitig sich unterstützend Leben gewinnen. Vor Allem
gehört dazu, daß eben die Selbstkenntniß des Geistes und des
Volksgeistes mehr vollzogen wird, daß sie tiefer dringe, daß sie
nicht blos in der Wissenschaft und in jenen Regionen, wo man
Anordnung zu treffen hat für die Gestaltung des Lebens, sich
finde, sondern daß in weiten, in allen Kreisen inmitten ihrer
vielgestaltigen Thätigkeit auch die Ideale, die Ziele des Lebens
und seine inneren Kräfte erkannt werden; daß Jedermann reich
und reif werde im Selbstbewußtsein, im Selbstbewußtsein seiner
selbst und der Gesammtheit, und dadurch fähig, beizutragen
zur idealen Gestaltung des öffentlichen Lebens.

Für die Wissenschaft unserer Zeit ist derjenige Zweig be=
sonders charakteristisch, welcher an der Erkenntniß des Volks=

lebens arbeitet, der ebenfalls auf das Reale, auf das Prak=
tische, auf das Exacte und Sichere des Wissens gerichtet ist:
die Statistik, die Nationalökonomie. Sie sind darum bemüht,
nicht wie vordem geschehen, blos in vagen Begriffen vom
öffentlichen Leben zu reden, sondern in bestimmten, zahlen=
mäßig ausgedrückten Thatsachen. Nicht hoch genug können wir
alle diese Bestrebungen schätzen, welche dahin gehen, eine solche
exacte Erkenntniß des Volkslebens zu schaffen. Nicht zu viel
können wir für die Zukunft von dem weiteren Ausbau dieser
Wissenschaften erwarten!

Aber auch hier wiederholt sich dieselbe Erscheinung. Es
bedarf der Sammlung nicht blos, es bedarf vor Allem der
Ergänzung, — der Ergänzung darin, daß eben auch die geistigen
Kräfte, daß die moralischen Mächte in derselben Weise zur Er=
kenntniß kommen.

Lassen Sie mich wiederum, verehrte Anwesende, ein Bei=
spiel statt vieler Ihnen vorführen. Die Statistik und die
Nationalökonomie in ihrer Gemeinschaft, sie unterscheiden bei
den lebenden Menschen in ihrer Lebensdauer das productive
Alter von dem unproductiven. Man bezeichnet den Menschen
nur etwa erst von seinem 13. oder 14. Jahre bis zu seinem
55. oder 60. als einen productiven. Das ist die Zeit, in
welcher er Arbeiten zu leisten im Stande ist. In der Kind=
heit ist der Mensch ein blos consumtives Wesen und ebenso
im hohen Alter. Dies ist die Betrachtung der Statistiker und
der Nationalökonomen, eine Betrachtung, welche in vielfacher
Beziehung sehr werthvoll ist; aber eine Betrachtung, welche an
dem tiefen Mangel leidet, daß sie den Menschen blos als ein
materielles Wesen ansieht; würde sie auch auf die psychischen,
würde sie auch auf die moralischen Kräfte achten, sie würde
finden, daß der Unterschied kein solcher ist, wie er hier ausge=
sprochen wird. Denken Sie sich das Kind, den Säugling an
der Mutterbrust; in den Augen der Nationalökonomen ein
reiner Consument! er zehrt von der Kraft seiner Mutter, viel=
leicht mehr, als sie bei dürftiger Nahrung wieder zu ersetzen

im Stande ist; er zehrt und leistet ökonomisch nichts. Aber in moralischer Beziehung eine gewaltige productive Kraft! Der Säugling schlägt seine Augen auf und blickt die Mutter an mit Lächeln; welch eine Süßigkeit des Werthes, welch eine Reinheit und Hoheit der Befriedigung in der bloßen Empfindung erfüllt das Mutterherz! — Ja sogar, welche physische Kraft wächst ihr aus solchem Wohlbehagen, das aus der Liebe von ihrem Kinde und zu ihrem Kinde ihr zufließt!

Und selbst wenn das Kind (was die Nationalökonomen als einen reinen baaren Verlust betrachten) etwa mit drei Jahren stirbt. Wochen, Monate lang hat vielleicht die Mutter sorgenvolle Tage, durchwachte Nächte am Bette des Kindes zugebracht — ein reiner ökonomischer Verlust. Es ist wahr, es ist ein beklagenswerther Verlust; wieviel aber an sittlicher Tiefe der Mutter vielleicht zugewachsen, welch eine Art von sittlicher Kraft ihr erzeugt worden ist, da sie zum ersten Male in so erschütternder Weise aus dem gaukelnden Spiel des Lebens emporgehoben und an die Pforten der Endlichkeit gestellt worden ist, das zählt kein Statistiker. Aus dem Tode sogar entsteht noch Leben für die sittlichen Kräfte. Wie die Tragik die tiefste und die höchste aller Künste ist, so ist auch der Schmerz im Leben des Einzelnen und der Gesammtheit Schöpferkraft der geistigen Vertiefung.

Und was sollen wir vom Alter sagen? Ich rede nicht von Jenen, die den Erfahrungssatz, als ob das Alter leistungsunfähig geworden wäre, einfach durch ihre Thaten widerlegen; ich rede nicht von dem, was das Alter noch Hohes und Besonderes zu leisten im Stande ist; sondern von seinem bloßen Dasein, von dem bloßen Leben. Ob ein Großvater oder eine Großmutter in jenem unproductiven Alter noch in der Familie lebt oder nicht lebt, macht für den moralischen Bestand der ganzen Familie und wenn es viele der Familien sind, der ganzen Stadt und des Volkes einen wesentlichen Unterschied. In jenem vortrefflichen Beitrag zu der nur noch spärlich bearbeiteten psychischen Statistik in dem Schriftchen „Die Volks seele von Berlin" (von Hrn. Schwabe, weil. Director des hiesigen statistischen Bürcau's) wird gezeigt, wie auch für die Bevölkerung einer ganzen Stadt gerade diese Bedeutung des Alters in seiner bloßen Existenz neben der Jugend sich geltend macht.

In Wahrheit, wenn die Vorsehung es mit einem Volke gut meint, dann läßt sie seine guten und seine großen Men= schen zu hohen Jahren kommen; sie sind ein Segen des Volkes nicht nur durch das, was sie in ihrem Alter noch so Gutes und Großes leisten, sondern durch das, was sie von der Jugend empfangen. Sie empfangen, was den gleichaltrig Mitstreben= den nur selten gewährt wird: neidlose Hingebung, dankbare Pietät.

Der Sinn für Pietät aber, der in einem Volke erzeugt wird, ist eine moralische Kraft, welche über viele ökonomische Werthe weit erhaben ist! Unser Volk hat es zu seinem Heile wohl erfahren; — daß die Kant und Goethe, die Humboldt und die Grimm, die Boeckh und Ritter und so viele Andere zu hohen Jahren gekommen sind, und die jüngeren Generationen ihnen eine so pietätvolle dankbare Hingebung zu beweisen ver= mochten, dies hat einen edlen Kern in den Gesinnungen des Volkes gepflegt. Und Friedrich der Zweite, der Einzige! er wäre ein großer König gewesen und hätte Friedrich der Große geheißen, auch wenn er bald nach dem siebenjährigen Kriege von den Lebenden geschieden wäre; daß er aber seinem Volke „der alte Fritze" geworden ist, das hat einen Schatz patrio= tischer Erbtugend erzeugt, wie er durch keine politische Theorie weder zu ersetzen noch zu entwerthen ist!

Die Zeit, welche mir vergönnt ist, neigt bereits zu Ende. Gern hätte ich noch davon gesprochen, weshalb wir von der Nationalliteratur, von den Künsten, von der Philosophie in diesen Tagen geschwiegen, sie wenigstens nicht als die charakte= ristischen Züge hervorzuheben haben; gern hätte ich davon ge= sprochen, welches die Aufgabe unserer Zeit sei, namentlich in Bezug auf jene große mächtige Frage, die uns entgegentritt,

die Frage der Gestaltung des Volkslebens in seiner unteren
Schicht; welches die Aufgabe oder die Seite der Aufgabe sei,
die uns gerade aus einer psychologischen Betrachtung des Volks=
lebens erwächst.

Entwickelt hätte ich lieber, anstatt blos, wie es jetzt nur
noch geschehen kann, anzudeuten, daß vor Allem ein Punkt ins
Auge zu fassen ist: wie nothwendig auch die reale Gestaltung,
wie nothwendig und wesentlich auch die Veränderung der mate=
riellen Beziehungen des Lebens seien, wie sehr unser Augen=
merk darauf gerichtet sein soll, daß die Mühseligen und Be=
ladenen erquickt werden, daß ihnen die freie Bewegung ihres
Lebens gestattet werde und sie an der freien inneren Erhebung
des Gemüths nicht gehemmt werden durch den Druck und durch
die Wucht materieller Sorgen: dennoch und dennoch handelt
es sich vor Allem darum, die geistigen Kräfte und damit die
geistigen Freuden und Befriedigungen im Volke mehr und mehr
zu verbreiten; fähig zu machen die Menschen, ihr wirkliches
Heil und ihre wahre Kraft zu suchen, also daß ihr Sinn nicht
blos darauf gerichtet bleibt, wie viel oder wenig die materielle
Seite ihrer Existenz gehoben wird, sondern daß sie innerlich
auf jenen Punkt gehoben, bis auf jenes Niveau gebracht wer=
den, aus eigener Freiheit persönlicher That sich die vollste Be=
friedigung des Lebens zu schöpfen. Denn wahrlich, nie und
nimmer dürfen wir zugestehen, daß jene materiellen Bedingungen
allein das Glück oder die Seligkeit des Menschen ausmachen;
fort und fort müssen wir und zwar wir Alle — denn die
sociale Frage dürfen wir nicht Diesem und Jenem zur Lösung
überlassen, sondern wir müssen Alle an ihr arbeiten — wir
müssen in Worten und Thaten beweisen, daß die Erhebung des
Geistigen, daß das Leben des Gemüths allein die wahrhafte
Befriedigung geben kann und weitaus nicht in dem Maße ab=
hängig ist von Verbesserung materieller Existenz, als man im
Allgemeinen heutzutage anzunehmen geneigt ist. —

Es ist heilsam, solche Thatsachen uns zu vergegenwärtigen
wie die, daß jenes wunderbare Lied, das Schiller'sche „Lied an

die Freude", jener eigentliche Hymnus der Freudigkeit inner=
halb des Menschenthums, unter leiblichen Bedingungen, in
einem Raume geschrieben worden ist, welchen wir heute kaum
als eine menschenwürdige Wohnung für den untersten Kohlen=
arbeiter ansehen würden.

Wir wollen weder auf ein zukünftiges Jenseits die unteren
Klassen vertrösten, noch auch wollen wir ihnen zumuthen, aus
freier innerer Kraft für sich allein jene zweifelhafte geistige
Höhe zu erreichen, daß sie zu einer Art von Gleichgültigkeit
gegen die Freuden des Lebens gelangen. Aber wir wollen,
daß sie nicht blos Rechte gewinnen innerhalb der Gesellschaft,
sondern auch Pflichten. Das weitaus Höhere, was man einem
Menschen geben kann, ist nicht sowohl ihm neue Rechte ein=
zuräumen, um solcher willen, als ihn würdig zu befinden und
zu machen, ihm neue Pflichten aufzuerlegen. Nur aus der
Erfüllung neuer Pflichten erwächst dem Menschen neue Kraft
und neue Befriedigung.

Und auch dieses Ziel werden wir erreichen, wenn der
Sinn für Idealität überhaupt sich unter uns wieder belebt:
wenn es unter uns an Menschen nicht fehlt, welche in sich die
vollkommene Sammlung des ganzen Menschenthums zu voll=
ziehen trachten; an Menschen, welche, fern von jener bloßen
Theilung und Zersplitterung in Detail=Kenntnissen, ihren Sinn
darauf richten, das Gesammte des Universums anzuschauen, ein
Bild des Naturlebens zu gewinnen nicht blos in einzelnen Er=
scheinungen, sondern aus der gesammten Gesetzmäßigkeit, welche
die Natur durchzieht; Menschen, welche ihr Auge richten auf
die Entwickelung menschlicher Cultur und nicht an dem Ein=
zelnen haften bleiben, sondern ihren Sinn offen behalten für
das ganze Menschliche, welche den Herzschlag der Geschichte
der Menschheit fühlen. Wir haben es erlebt im letzten Jahre,
wie ganz anders der Mensch sich verhalten kann als in ge=
wöhnlichen Tagen, wenn sein Herz offen ist für das Allge=
meine, für das öffentliche Ereigniß, für die Geschichtsbildung,
für das Gesammtleben. Und es muß Menschen geben, welche

das Gesammtleben nicht blos ihres eigenen Volkes, sondern das Gesammtleben der Menschheit in Idealen in ihren Herzen tragen. Gleich wie der Philosoph, wie ich Anfangs dieses Vortrages sagte, dann am meisten auf sein Volk zurückzuwirken im Stande ist, wenn in ihm mit der Festigkeit des Grundgedankens das Ideal des eigenen Volkes lebt, so wird auch ein Volk wiederum auf die gesammte Menschheit dann am meisten zurückwirken, wenn in ihm die Ideale der Menschheit Leben gewinnen.

<hr />

Nachwort.

Dem ersten Drucke dieses Vortrages hatte ich folgende „Vorbemerkung" vorangeschickt:

„Das Ohr ist gläubig und das Auge skeptisch; beim verweilenden Lesen einer Gedankenreihe treten die Lücken hervor, die das flüchtige Hören ihres Vortrages günstig bedeckt. Ich habe mich deshalb selten entschließen können, eine meiner Reden auch dem Druck zu übergeben. Der freundlichen Theilnahme aber, die meine Zuhörer dem folgenden Vortrag gewidmet haben, und der vielfachen Aufforderung, ihn sofort zu veröffentlichen, mochte ich nicht widerstehen. Ich übergebe Ihnen die unveränderte Nachschrift des Stenographen; die Mängel des Inhalts zu ergänzen, wird mir die Gelegenheit hoffentlich recht bald gegeben sein; für die Mängel der Form aber erbitte ich die Nachsicht, welche man dem freien Vortrage gern zu gewähren pflegt."

Wenn ich nun auch heute den Vortrag ohne jegliche Veränderung dargeboten habe, so geschah es, weil jene Ausführung der Gedanken, die ich im Sinne hatte, hier nicht am Ort und jetzt nicht an der Zeit wäre.

Zwar die Signatur „unserer Zeit" hat sich nicht so weit verändert, daß die von so hochliegenden Gesichtspunkten aufgefaßten Gedanken nicht dieselbe Geltung hätten, die sie vor fünf Jahren etwa gehabt haben. Dennoch ist mir unzweifelhaft, daß der Plan und die Richtung der Gedanken, von der jüngsten Gegenwart ausgehend und auf das letztverlebte Lustrum zurück= blickend, sich wesentlich anders gestalten würde.

Dürfte ich vollends hoffen, daß dieser Vortrag wie ein zeitgenössisches Zeugniß über die Tage, in denen er entstanden ist, wirken könnte: so würde eine Veränderung des Inhalts, selbst wenn sie eine Verbesserung wäre, schwerlich den subjectiven Werth um so viel erhöhen, wie sie seinen objectiven Werth schmälern müßte. —

In dem auf bescheidene Grenzen hingewiesenen Nachwort wage ich es kaum anzudeuten, geschweige auszuführen, daß viel= leicht alle Züge im Bilde der Zeit, das ich damals entworfen, nur schärfer, härter geworden.

Die materialistische Neigung in der gesammten Lebens= auffassung hat breiteren Boden gewonnen, Grund und Ungrund socialistischer Triebe sind deutlicher geworden, während wirth= schaftliche Leiden von oder wenigstens nach dem jähen Sturz von einem schwindelhaften Aufschwung den Volkskörper durch= wühlen.

Unsicher und fahrig ist die Bewegung der Künste und der Politik; neben hochbedeutsamen Schöpfungen — ich er= innere nur an die deutsche Rechtseinheit — verdrossenes Schwanken; in heftigen Gegensätzen, in gewaltsamen, bis zum Krankhaften verzerrten Versuchen stehen die Richtungen neben einander.

Der Hang zur Philosophie ist dem deutschen Geiste ent= schieden wiedergekommen; aber was dem großen Kreise der gebildeten Welt als Philosophie sich darbietet, ist, wie die Nei= gung der Gebildeten selbst, meist weit entfernt von dem red= lichen Fleiß der Schulen und ihren Erzeugnissen.

In den übrigen sogenannten Geisteswissenschaften überschätzt die herrschende Mehrheit noch immer die Erforschung und

Feststellung der bloßen „Thatsachen"; nicht nur der bauende, auch der schauende Gedanke gilt ihr wenig.*)

Von den Naturwissenschaften sagt einer ihrer hervor= ragenden Vertreter, Du Bois Reymond (Deutsche Rund= schau 1871):

„Die Gefahr, von der hier die Rede sein soll, ist keine den Bestand der Cultur unmittelbar bedrohende, sondern sie bezieht sich auf die bedenkliche Form, welcher die Cultur, nach der Richtung ihrer gegenwärtigen Entwickelung zu urtheilen, zustrebt. Diese Gefahr zu bezeichnen ist schwer, weil sie aus tausend kleinen Umständen sich zusammensetzt, in deren Mitte wir leben, und deren Wirkung uns so allmählig beschleicht, daß es einer gewissen Abstraction und geschärfter Beobachtung be= darf, um sich ihrer bewußt zu werden. Diese Gefahr ist übrigens schon oft mit Besorgniß angezeigt worden, ja man pflegt sehr allgemein die Sachlage, aus der sie hervorgeht, als eine Krankheit unserer Zeit zu beschreiben, ohne sich immer klare Rechenschaft davon zu geben, daß es um einen nothwendigen Folgezustand aus dem im Vorigen dargelegten Gange der Cultur= geschichte sich handelt.

Einseitig betrieben, verengt Naturwissenschaft, gleich jeder anderen so geübten Thätigkeit, den Gesichtskreis. Die Natur= wissenschaft beschränkt dabei den Blick auf das Nächstliegende, Handgreifliche, aus unmittelbarer Sinneswahrnehmung mit scheinbar unbedingter Gewißheit sich Ergebende. Sie lenkt den Geist ab von allgemeineren, minder sicheren Betrachtungen und entwöhnt ihn davon, im Reiche des quantitativ Unbestimmbaren sich zu bewegen. In gewissem Sinne preisen wir dies an ihr als unschätzbaren Vorzug; aber wo sie ausschließend herrscht,

---

*) Es darf nicht unerwähnt bleiben, daß Werke wie die „Welt= geschichte" des Altmeisters Ranke, Max Dunckers „Geschichte des Alter= thums", Ernst Curtius' „Geschichte der Griechen" einen höheren Geist offenbaren.

verarmt, wie nicht zu verkennen, leicht der Geist an Ideen, die
Phantasie an Bildern, die Seele an Empfindung, und das Er=
gebniß ist eine enge, trockene und harte, von Musen und Grazien
verlassene Sinnesart. Der Naturwissenschaft ist ferner eigen,
daß sie einerseits zu den höchsten Strebungen des Menschen=
geistes in Beziehung steht, anderseits durch eine Reihe unmerk=
licher Abstufungen in handwerksmäßiges, nur auf Erwerb ge=
richtetes Thun überführt. Bei den täglich sich steigernden An=
sprüchen an das Leben kann stetige Abweichung im letzteren Sinn
nicht ausbleiben. Die technische Seite der naturwissenschaft=
lichen Thätigkeit tritt unvermerkt immer weiter in den Vorder=
grund; Geschlecht um Geschlecht sieht sich immer mehr auf
Wahrnehmung materieller Interessen hingewiesen. Auch die
allgemeine Theilnahme an dem so sehr überschätzten politischen
Leben zieht vom Cultus der Idee ab. In der Unruhe, welche
sich der gesammten Culturmenschheit bemächtigte, leben die
Geister gleichsam nur noch aus der Hand in den Mund. Wer
hat noch Zeit und Lust, in den tiefen Schacht der Wahrheit
niederzusteigen, in das Meer des ewig Schönen sich zu ver=
senken? Aus fertigen, von der Wurzel gelösten Ergebnissen,
nützlichen, aber dürren Thatsachen, grobsinnlichen Anschauungen
baut sich heutige Bildung nur zu oft als unorganisches Stück=
werk auf. Wenige kümmert noch die Art, wie die Wahrheit
gefunden wurde, der nur im Werden erkennbare Zusammenhang
der Dinge geschweige der Reiz vollendeter Form. Kunst und
Literatur sinken herab zu Buhlerinnen des rohen, wechselnden
Geschmackes der Menge, den der Hauch der Tagespresse leicht
hier = und dorthin lenkt. Wo es nur noch Tagesberühmtheit
gibt, hört eine der edelsten Triebfedern der menschlichen Natur,
der Gedanke an Nachruhm, zu wirken auf. So versiegt die
geistige Production, welche nur in weltvergessener Hingebung
und geduldiger Treue Unvergängliches schafft; und, wenn nach
Fontenelle die Industrie ihre belebenden Anstöße vorzüglich der
reinen Wissenschaft verdankt, ist sogar sie durch Verhältnisse
gefährdet, welche zum Theil ihr Werk sind. Mit einem Wort,

der Idealismus erliegt im Kampfe mit dem Realismus, und es kommt das Reich der materiellen Interessen."

Trotz alledem habe ich die Zuversicht, daß die idealen Mächte sich inmitten der sie umwogenden Gefahren erhalten, und daß sie, unterstützt vor Allem durch eine steigende Selbst= erkenntniß im weitesten Sinne, nicht unterliegen, sondern siegen werden.

Berlin, am 20. Januar 1878.

L.

Das Herz.

Motto:

Als der Engel Adam aus Eden ließ,
Sprach er: Nun sei Dein Herz Dein Paradies.

Raphael Hanno.

— —•—— —

Mit Benutzung eines im „Wissenschaftlichen Verein (Singakademie)" in Berlin am 3. März 1877 gehaltenen Vortrags.

Von jeher haben denkende Menschen Gelegenheit gehabt, ihr Herz unmittelbar zu beobachten. Achtsame und erleuchtete Geister haben denn auch vielfache Beobachtungen und Belehrungen über diesen Gegenstand hinterlassen. Wir besitzen der Sprüche und Gedanken gar viele über das Herz, und glückliche Enkel genießen, was die fleißige Vorzeit gesammelt hat. Auf der anderen Seite finden wir, daß neben Allem, was Tiefes und Bedeutsames über das menschliche Herz überliefert worden, neben und in Allem, was Dichter und Denker darüber ausgesprochen, ein Gedanke gleichmäßig einhergeht, der Gedanke: das menschliche Herz ist unergründlich. Vom Worte des Propheten Jeremias: „Es ist das Herz ein trotzig und verzagt Ding; wer kann es ergründen?" bis herab auf Goethe, bei dem es heißt: „Es liegt um uns herum gar mancher Abgrund, den das Schicksal grub, doch hier in unserm Herzen liegt der tiefste" — zwischen diesen beiden Worten könnte man Bände mit den Aussprüchen füllen, welche das menschliche Herz für unergründlich erklären. Oefter, klarer, eindringlicher ist kein Gedanke über das Herz ausgesprochen worden, als dieser eine, daß es unergründlich sei.

Angesichts dieser historischen Thatsache, wer wollte es wagen, das menschliche Herz zu ergründen? wer wollte hoffen, daß ihm gelinge, was so viele vergeblich erstrebt haben?

Nein, nicht so hoch ist das Ziel dieser Betrachtung gestellt. Nur die Frage möchte ich beantworten: woher mag es kommen, daß unser Herz uns selbst unergründlich scheint oder ist? in wie fern und aus welcher Ursache ist uns verborgen, was wir in uns selbst erleben? warum können wir nicht in klare Gedanken fassen, was doch Quelle oder Erfolg unseres eigenen inneren Daseins ist?

Vielleicht begegnet uns auch auf dem Wege dieser bescheidenen Untersuchung ein oder der andere Gedanke über die Natur und Wirkungsart des Herzens, welcher zu einem Hoffnungsstrahle wird, daß es zukünftiger Arbeit des menschlichen Geistes dennoch gelingen werde, das menschliche Herz zu ergründen. Vielleicht auch finden wir, daß diese erfolgreiche Arbeit mindestens schon begonnen hat.

Vergegenwärtigen wir uns vor Allem also, was bedeutet es, wenn wir sagen: „das menschliche Herz"? Im Gegensatz zu den bloßen Vorstellungen, Gedanken von allen zeitlichen und ewigen Dingen, bedeutet es den persönlichen Antheil, den wir daran nehmen. Die Seele wäre ein bloßer Spiegel, an welchem die Bilder der Welt vorüberziehen; erst durch das Herz sind wir ein Centrum der Welt, in welches der Strom des Lebens hineingeht, von welchem er wieder hinausströmt. Vielleicht würde unserm Geiste das ganze Universum nur als ein großer Mechanismus von wirkenden Ursachen und deren Erfolgen erscheinen, und unser Geist würde sich befriedigen bei dieser Anschauung, wenn nicht das Herz andere Anforderungen stellte an die Erkenntniß alles dessen, was da ist und lebt. Wir verlangen zur Befriedigung unseres eigenen Herzens und dessen, was wir als ein innerlich Lebendiges im Universum betrachten, daß jeder Seele auch eine Beseligung gegeben sei in den Anschauungen, die sie vom Leben gewinnt, daß nicht blos wirkende Ursachen walten, sondern auch, daß Zwecke erfüllt werden in dem ganzen Getriebe von Ursachen und Wirkungen, Zwecke, welche erst dem Leben Werth und Würde verleihen.

Der Gedanke des Mechanismus ist unserem Zeitalter besonders nahe gelegt durch den Anblick der Maschinen, jener geheimnißvollen Gestalten, voll von Dasein und ohne Leben, welche mit Leichtigkeit und in einem Augenblick ausführen, was der Mensch nur mit Schwierigkeit und in Tagen bewerkstelligen kann. Eine Maschine ist ein Sklave, welcher weder sich noch Andere entwürdigt; es ist ein Wesen, welches mit dem höchsten Grade von Thatkraft und Thätigkeit unter dem höchsten Grade von Aufregung begabt, aber gleichzeitig frei von Leidenschaft ist. — Das Geheimniß der Geheimnisse aber, sagt Disraeli einmal, ist Maschinen zu sehen, welche Maschinen fertigen — ein Schauspiel, welches den Geist mit sonderbaren, ja fast unheimlichen Gedanken erfüllt. Wirklich unheimlich und schier unerträglich aber erscheint der Gedanke, daß der Mensch selbst, mit all' seinem Denken und Thun, mit seinem Schaffen und Wirken, nur eine andere, eine Maschine sein soll; welche Maschinen und Maschinen für Maschinen hervorbringt; ja, daß er genau genommen nur eine kleine Niete, eine Schraube in der großen Maschine des Universums ausmachen soll.

Die Köpfe werden noch lange und vielleicht immer darum streiten: ob die Welt und ihre Bewegung einen Zweck habe, ob die Befriedigung und Beseligung fühlender Wesen als das Ziel oder wenigstens als ein Ziel in den Weltplan eingefügt ist. Alle Herzen aber sind darüber einig, von des Lebens Arbeit einen Genuß, vom Dasein ein Behagen, von und in der ringenden That ein Wohlbefinden, aus dem geistigen Aufschwung eine Seligkeit zu suchen, zu hoffen, zu erwarten; und wäre die Befriedigung empfindender Gemüther nicht im Weltplan, wäre sie nur das glückliche Beiwerk, das zufällig der rollenden und treibenden Mechanik des Universums entfiele: jedes Herz würde die ganze Welt mit ihren Massen und Trieben, mit ihren Kräften und Gesetzen als ein leeres Nichts, und jenes Beiwerk allein als den achtenswerthen Gewinn des Daseins betrachten.

Unser Geist kann nicht anders, als denken, daß die Welt der Materie ohne ein Bewußtsein von ihr, die Welt des Stoffes ohne einen Gedanken, der sie geistig wiederspiegelt, eine dumpfe und stumpfe Masse ist, welche erst im Denken eines Geistes Licht und Leben gewinnt; er kann nicht anders, als denken, daß das Universum, — sei es sonst, wie es ist, — in aller Fülle und Festigkeit, in aller unendlichen Feinheit und

unbeugsamen Gesetzlichkeit der Erscheinungen, dennoch nur eine
blinde Gewalt und nur eine starre Last sein würde, wenn nicht
der Strahl eines denkenden Geistes sie erhellete. Regel und
Gesetz, Maß und Ordnung scheinen ihm — er kann nicht
anders — nur einen Sinn zu haben, wenn sie von einer Ge-
dankenthätigkeit erfaßt, von einem Geiste umspannt und durchdrungen werden.

Das Gemüth aber, das Herz des Menschen kann nicht anders
empfinden, als daß auch die Welt des Geistes, ob sie gleich die der
Materie vollkommen wiederspiegelte, ob sie auch alle Erscheinungen und Bewegungen des Daseins fest und klar, fein
und scharf ebenbildlich wiederholte, daß auch die Welt des
Geistes nur eine kalte und leere Wiederholung der fühllosen
Körperwelt, ein werth- und wesenloser Widerschein derselben
wäre, wenn nicht aus den Ereignissen der Welt und dem Wissen
davon eine Befriedigung, aus dem Denken eine Erhebung, aus
dem Anschauen eine Beseligung der Seele hervorginge. Erst
das reizvolle Streben der Seele, ihre sehnende Hoffnung, ihre
ringende und suchende Begeisterung verwandelt die kalten Krystalle des reinen Gedankens zur fließenden lebendigen Quelle
des inneren Lebens. Der wahrhafte Werth, der beglückende
Adel des Gedankens beruht auf der Erhebung und Befriedigung,
welche des Geistes aufstrebende Arbeit zugleich dem Herzen zuströmen läßt.

Einer höheren und freieren, auch die Thatsachen der inneren Erfahrung umspannenden Anschauung entsprechend, werden
wir deshalb sagen können: In den Mechanismus der Welt, in
welchem unsere Seele auch ihre Stelle hat, in welchem sie nur
ein Glied in der Kette ist, tritt das H e r z als ein eigenartiger
specifischer Punkt ein.

Durch dasselbe verändert sich das Bild der Welt, erzeugen
sich Bedürfnisse und findet eine Erhöhung des Geistes statt,
durch welche die Welt zunächst für ihn selbst eine andere wird,
eine andere Weltanschauung für ihn entspringt.

Aber wir empfangen nicht blos Bilder von der Welt, die menschliche Seele schafft sich neue Bildungen zur Bereicherung dessen, was ihr von der Natur und Wirklichkeit dargeboten wird. In mannigfachen Arten regt sich die eigene freie Thätig= keit des menschlichen Geistes; in verschiedenen Formen schafft er neben denen der Natur Gebilde der Kunst. Verschieden ist der Antheil, welchen das Herz an den verschiedenen Künsten nimmt, sowohl in Bezug auf ihren Ursprung, wie in Bezug auf ihren Erfolg, aber die Quelle und das Ziel der Wirkungen aller Künste sind einander darin gleich, daß sie das menschliche Herz auf die eine oder auf die andere Weise befriedigen. „Die Kunst", sagt Börne, „wohnt im Herzen."

Gegenüber einer kalten Urtheilskraft, einer spielenden und gestaltenden, aber dennoch nicht ergreifenden Phantasie unter= scheidet man jenen specifischen Antheil des Herzens an der Kunst, welcher ihren Gebilden eine eigene gesättigte Färbung verleiht, eine besondere Energie und Innigkeit, vermöge deren wir sie als die wahre und echte Kunst von dem bloßen Trug und Schein und täuschendem Nachbild derselben absondern.

Dies tritt als unläugbare Erfahrung vielleicht am deut= lichsten in derjenigen Kunst hervor, in welcher die begründende Theorie es bisher am wenigsten erklären kann, in der Musik. Denn man mag über die Ursache oder den inneren Erfolg derselben — um welche der wissenschaftliche Kampf noch un= aufhörlich wogt — denken, wie man wolle: dies gestehen Alle zu, daß nicht die bloße Vorstellung der Töne, auch nicht die verknüpfende Anschauung der Tongebilde, sondern erst die Ge= fühle die eigentliche Musik in unserer Seele sind.*)

Aber nicht die Kunst allein, auch die Art, wie wir unser ganzes, unser geselliges und unser gesellschaftliches Leben auf= bauen, ist vollkommen geleitet und erfüllt von den Trieben unseres Herzens; Alles, was groß, was edel, was ergreifend

---

*) Vgl. Leben der Seele. 3. Bd. „Ueber die Vermischung und Zusammenwirkung der Kräfte." S. 174 f.

und mächtig unter Menschen wirkt, das schreiben wir dem
Herzen als seiner letzten Quelle zu. „Das Herz", sagen wir,
„macht den Redner." „Große Gedanken kommen aus dem
Herzen" (Vauvenargues) einzig und allein deshalb, weil durch
„Herz" zugleich dies ausgedrückt wird, daß wir nicht blos ein
Bild der Welt empfangen und unseren persönlichen Antheil
daran mit Befriedigung oder ihrem Gegentheil wahrnehmen,
sondern daß wir uns auch wiederum mit dem so erfüllten und
bewegten Gemüthe hingeben, daß unsere Seele offen ist für
jede Sache und für jede Seele. Ein Ausfluß dieser Hingebung
ist Alles, was zum Aufbau und zur Lebensfülle der mensch=
lichen Gesellschaft führt, und darum erweist sich Alles, was
wir mit dem Namen des Sittlichen belegen, als ein Erfolg des
Herzens.

Wenn die Ideen im Menschen Macht gewinnen, wenn sie
das Band der Menschenseelen ausmachen, dann nehmen sie die
Gestalt aller jener erhebenden, veredelnden und beglückenden
Gefühle an, die unser Herz durchströmen; Gefühle der Achtung,
Verehrung und Bewunderung, der Dankbarkeit, der Billigkeit
und des Rechts, der Zuneigung, Hingebung, liebreichen und
freundlichen Wohlwollens, Gefühle der heilenden Reue um Ver=
gangenes, der Mahnung und Ahnung der Zukunft, Gefühle der
Zusammenschließung von der Liebe zur eigenen Mutter bis zur
Liebe des Vaterlandes, von der Sorge um das eigene Kind
bis zur Sorge für die Freiheit, das Heil und den Adel der
nachfolgenden Generation des Volkes.

Von den kleinsten Anfängen in momentaner Erregung bis
zur wirkungsreichen Ausdauer in den höchsten Schöpfungen
kann und muß das Herz sich offenbaren, um den Ideen Wärme,
Energie, schöpferische Macht, um in der Seele tiefste Sehnsucht
und höchste Befriedigung zu erzeugen. — Auch ohne die Fassung
in klare Gedanken, in selbstbewußte, deutliche Vorstellungen von
der idealen Bedeutung all' dieser Dinge, dennoch von dem ob=
jectiven Geist in diesen Dingen unmittelbar, aber stark,
willenskräftig und werkthätig ergriffen sein, heißt mit dem

Herzen leben. Und es ist ein natürlicher, wenn auch im Sinne der veredelten Natur: natürlicher und gedeihlicher Zustand, wenn die Wahrnehmung irgend einer Thatsache, sie mag unsere eigene Person betreffen oder nicht, von einer bestimmten, zweifellosen Erregung unseres Gefühls begleitet ist. Aus diesen Gefühlen stammt die Sicherheit und die willenbelebende Energie der Idealität im Menschen. Neben den idealen Vorstellungen, aber auch ohne dieselben, ist in den Gefühlen, wenn nur sie vorhanden sind, ein sicherer, unfehlbarer Grund des Guten und Schönen gegeben; während die bloßen Vorstellungen allen Zweifeln und allem Schwanken des Denkprocesses ausgesetzt sind. Selten auch sind die bloßen und blassen Vorstellungen im Stande, den Willen zu hemmen oder zu spornen.

Es ist also eine besondere Beziehung, welche zwischen dem Herzen und denjenigen Gebilden des Geistes besteht, die wir als die höchsten achten und die wir, wie Kant sich schon ausdrückt, mit dem „ehrwürdigen" Namen der Ideen bezeichnen: in dem Herzen ist die Geburtsstätte der Ideen, und ihre höchste Erfüllung finden sie dann erst, wenn sie in ihm wiederum sich als wirksam und heimisch, als persönlich mit ihm verbunden erweisen; wenn die Ideen nicht bloß als kalte, als theoretische Vorstellungen dem Geiste gegenüberstehen, wenn die Seele wahrhaft von ihnen ergriffen ist und sie gleichsam persönliche Gestalt in dem Herzen des Menschen gewinnen; dann erfüllt sich auch, was vergangene Zeiten mit dunkler Symbolik ausdrücken, wenn sie von „Incarnationen" der Ideen gesprochen haben.

An der Macht wie an der Würde der Ideen in unserem Gemüthe sind die Gefühle, ist das Herz betheiligt, wegen der größeren Gewalt, die ihm vor allen anderen Kräften des inneren Lebens zukommt. Furcht und Hoffnung ist stärker, als alle Gründe dafür oder dagegen; die Gefühle sind das frühere Unvermittelte, das nur langsam (historisch genommen in Generationen, persönlich in Lebensaltern) durch die Begriffe, Gedanken verändert wird.

Freilich nicht nur so in bejahender Weise, wie wir es bisher bezeichnet haben, sondern auch verneinend erfährt das menschliche Herz, daß es Mittelpunkt seiner Welt ist; der Magnetismus des Herzens hat ebenso seinen negativen, wie seinen positiven Pol; nicht Anziehung allein, auch Abstoßung erfahren und üben wir im Leben. Die Sprache freilich faßt dies in verschiedener Weise auf; bald nennt sie den Menschen, in welchem so das Abstoßende vorwiegt, einen herzlosen, bald nennt sie ihn eben hartherzig oder kalten Herzens.

Wie in „Verehrung und Verachtung" aus der gleichen Vorschlagssilbe entgegengesetzte Bedeutung des Stammworts, dem Redenden unbewußt aber unabweislich, hervorgeht: so schwankt das nur sprachlich belehrte Bewußtsein, ob Haß, Widerwille und Abschließung ein bloßer Mangel an Herz oder dessen in anderer Richtung wirkende Energie sei.

Sowohl an sich als auch in Beziehung zu den Ideen ist das Spiel dieser Polarität des Herzens durchaus nicht einfach. Vielmehr wird die Art, wie Fehler der Tugenden und Tugend der Fehler daraus fließen, einen anziehenden Gegenstand weit reichender Forschungen bilden, für welche Erfahrungen reichlich vorhanden, aber noch wenig verwerthet oder auch nur gesammelt sind. — Dieser Mann sieht ohne Neid, wie seine Alters- und Studiengenossen an ihm vorüber in höhere Stellen aufrücken; aber er hat wenig gethan, um mit ihnen gleichen Schritt zu halten. Neidlosigkeit ist eine Tugend, das ist gewiß; aber oft genug ist sie, wenn nicht ein Kind, so doch eine Schwester der Trägheit. Oder umgekehrt: er ist neidisch: aber er ist auch, aus Neid, unermüdlich, rastlos thätig und verdoppelt seine Kräfte durch verdoppelte Anstrengung.

Die sittliche Schätzung ist einfach, aber der sittliche Erfolg ist verwickelt. Sei der Mechanismus des menschlichen Wollens selbst auch noch so einfach gedacht: verschiedene Hebel mit gleicher Kraft können das Gleiche erzeugen.

Das Herz erweitert den Gesichtskreis und die Wirkungs-sphäre des Menschen am meisten, es beflügelt die Phantasie

und drängt und treibt den Denker in die Tiefen der Erkennt=
niß, und — doch zieht es ihn auch in die Enge der einzelnen
Gegenstände, von denen es erregt ist. — Ob dieser Zwiespältig=
keit des Herzens sind auch seine persönlichen Wandlungen nach
Zeit und Stunde größer als die des Verstandes oder der Ver=
nunft; denn der Kopf eines Menschen wird in besonderen
Lebenslagen nur dann sich selber ungleich, wenn das Herz ihn
verwirrt.

Auch über alle endlichen Beziehungen hinaus, welche unser
Gemüth bewegen, leitet uns der Gedanke vom Endlichen zum
Unendlichen. Aber nur indem das Unendliche mit dem Herzen
ergriffen wird, indem die Sehnsucht uns dahin treibt, hinaus=
zuragen über alles Endliche und Beschränkte, die unendliche
Vollkommenheit und die Vollkommenheit des Unendlichen zu
erfassen, entsteht im Inneren des Menschen die Religion, und
mit ihr entstehen die höchsten Formen seines Lebens und
Schaffens.

Alle Reize, aller Reichthum und alle Werthe des Lebens
sind so die Erfolge dessen, was wir als das Herz im Menschen
bezeichnen. Dennoch ist es für sich allein kein sicherer Führer
durch das Leben; denn neben aller Bereicherung, neben der
schöpferischen Fülle der inneren Welt, die ihm entstammt, ist
es die Quelle aller Widersprüche, der Ursprung des Wider=
streites auch im eigenen Inneren, bis hin zu den tragischen
Conflicten, welche es allein im Leben schafft.

Dies also ist der Allen bekannte, hier nur flüchtig um=
schriebene Sinn, welchen das Wort „Herz" in der Psychologie
der Sprache hat.

Ja, an der Hand der deutschen Sprache ist man sogar
immer in Gefahr, die Bedeutung des Herzens zu überbieten;
denn man schreibt dem Herzen das Ganze alles dessen zu,
worin es nur ein mitwirkendes Element ist, weil es den be=
lebenden Punkt im Ganzen ausmacht.

Was bedeutet es denn nun in der Sprache der Psycho=
logie? Was ist denn das, was wir bisher als besondere Func=

4*

tion oder als besondere Kraft in unserem Inneren gefunden
haben für die wissenschaftliche Ansicht von unserem inneren Leben?
— angedeutet ist es oben schon.

Die Psychologie unterscheidet sinnliche Anschauungen, Vorstellungen und Begriffe auf der einen und Willensthätigkeiten
auf der andern Seite, und beiden gegenüber stehen die Gefühle,
die Erregung unserer Seele, der Zustand, in welchem sie sich
befindet, während sie als wollendes oder als denkendes Wesen
thätig ist: den Zustand also, welcher unsere Seele erfüllt,
während sie irgend eine ihrer Functionen vollzieht, nennen wir
das Gefühl.*)

Je nach dem Inhalte des Denkens, welches unsere Seele
beschäftigt, und je nach der Art, wie die Thätigkeit von Statten
geht, sind wir zugleich von freudigen oder schmerzlichen, von
angenehmen oder peinlichen, von erhebenden oder beengenden,
von beglückenden oder bedrückenden Gefühlen erfüllt. Von dem
Wechsel des Inhalts oder der Form in der Thätigkeit unseres
Geistes hängt die Wahrnehmung des Zustandes ab, in welchen
unsere Seele dadurch versetzt wird; je heftiger der Wechsel, desto
energischer die Gefühle. Nur selten ist der Zustand unserer
Seele während ihrer Beschäftigung so gleichmäßig, daß wir uns
desselben gar nicht bewußt werden.

Nicht abtrennbar sind diese Zustände von dem, was den
Geist in seiner Thätigkeit erfüllt: wenn irgend ein Gedanke von
einem Gefühle begleitet ist, so heißt es nicht, daß das etwas
Abgesondertes ist, als ob es einem anderen Organe entstammte,
als ob es eine Thätigkeit für sich wäre, sondern eben in innigster
Verbindung begleitet es, als der durch die Thätigkeit erzeugte
Zustand der Seele, eben diese Thätigkeit. Es sind feine und
tiefgehende Untersuchungen, welche die Psychologie zu führen
hatte und theilweise bereits mit großem Glücke geführt hat
darüber, daß aus diesen Zuständen, in welchen die Seele sich
während ihrer Thätigkeit befindet, ihr ein neuer Zuwachs ge-

---

*) Vgl. Leben der Seele. 1. Bd. 3. Aufl., S. 284 ff.

kommen ist. Aus den Gefühlen, in welche sie versetzt ist, sei
es bei Anschauung der Natur, sei es bei irgend einer Regung
ihres Willens, aus diesen Gefühlen hat sie all das allmählig
in der Form von Vorstellungen, von Begriffen, von Ideen
kennen gelernt, was wir als die ideale Welt überhaupt be=
zeichnen. In Gefühlen hat die ideale Welt für uns ihre ur=
sprüngliche Quelle.*) Gleichwohl sind die Gefühle nicht etwa,
wie man früher wohl gemeint hat, eine niedrigere Stufe der
Erkenntniß; wären sie das, dann dürften, dann müßten sie ver=
schwinden, sobald der Mensch sich vom Standpunkte des Ge=
fühls, wie man es bezeichnet hat, zum Standpunkte einer
höheren Erkenntniß erhoben hat. Nicht so: zwar auf früheren
Stufen nur in der Form des Gefühls kommt dem Menschen
die ideale Richtung seines Geistes und der ideale Inhalt zum
Bewußtsein; aber wenn dann eben diese Idealität seines
Wesens zugleich in der Form von Begriffen, in der Form
von Vorstellungen zur Geltung gekommen ist, so ersetzen sie
das Gefühl nicht.

Gefühle bilden den Ursprung der Ideen im Individuum,
aber durch Entfaltung der Ideen, durch Entwickelung und An=
wendung idealer Gedanken veredeln sich wiederum die Gefühle,
dergestalt, daß eine fortlaufende Wechselwirkung beider stattfinden
kann und soll.

Wohl ereignet es sich, namentlich in späteren Generationen
entwickelter Cultur, daß der Geist angefüllt wird, indeß das
Herz leer bleibt; daß ein Wirken mächtig und vielseitig sich
gestaltet, ohne daß es vom Herzen geleitet wird. Allein dann
fehlt eben, trotz des Widerscheins der Idealität ihre Wesenheit
und Wirklichkeit im Gemüthe.

Denn wenn in der Auffassung idealer Gegenstände nicht
auch die wahrhafte Lebendigkeit des Gefühls fortdauert, dem
sind die abstracten und kalten theoretischen Vorstellungen von

---

*) Vgl. Leben der Seele. 3. Bd. 2. Aufl. „Ueber den Ursprung
der Sitten." S. 375.

diesen idealen Gegenständen leer und nichtig; die Vorstellung von dem idealen Werthe des Gegenstandes kann zutreffend sein, die wirkliche Idealität oder die ideale Wirklichkeit desselben in seiner Seele ist dann nicht vorhanden. Ich kann z. B. irgend einen ästhetischen Gegenstand, ich kann eine Musik, die ich höre, ein Bild, das ich sehe, ich kann eine Dichtung, die ich wahr= nehme, wohl auf diese ästhetischen Begriffe, auf die ästhetischen Gesetze, welche darin erfüllt sind, ansehen und mir so die ästhe= tischen Gesetze darin vergegenwärtigen: die wirkliche Schönheit darin habe ich nicht erlebt, wenn ich selbst auf diesem Stand= punkte gesetzmäßiger Erkenntniß nicht zugleich die Schönheit fühle, wenn meine Seele nicht von derselben bewegt und er= griffen, erhoben und befriedigt ist. Wie viel sittliche Begriffe können wir aussprechen, wie viel Maximen können wir nicht blos auf unseren Lippen, sondern auch in unserem denkenden Geiste haben, ohne daß wir dadurch wahrhaft sittlich sind, es sei denn, daß alle diese Ideen, Begriffe, Vorstellungen fort und fort begleitet sind von ihrer ursprünglichen, heimatlichen Quelle, von der eigentlichen Substanz der Idealität, aus der sie selber stammen, vom sittlichen Gefühle.

Wir begegnen übrigens hier zwischen Gedanke und Gefühl einem Verhältniß, welches demjenigen in sehr wesentlichen Stücken ähnlich ist, welches zwischen der sinnlichen Anschauung und der begrifflichen Erkenntniß der Natur stattfindet. Eine Analogie, welche zu verfolgen für eine erleuchtete Einsicht nach beiden Seiten hin gleich lehrreich sein würde. — —

Weshalb nun benennt man fast in allen Sprachen eben diese Idealität unseres Geistes, eben diese schöpferische Quelle aller ästhetischen, aller sittlichen Verhältnisse, diesen Ursprung alles Friedens und aller Befriedigung, wie alles Widerstreites und alles Leides, mit dem Namen „Herz"?

Daß unsere Gemüthsbewegung in einem gewissen Parallelis= mus und zwar in einem ursächlichen mit unseren Blutbe= wegungen, also mit der Thätigkeit unseres Herzens stehen, das hat von jeher die einfachste Erfahrung gelehrt. Die Freude, der Zorn röthet unser Antlitz; er treibt das Blut durch eine stärkere Bewegung des Herzens in's Gesicht; der Schrecken, der Aerger, der Kummer macht uns erbleichen; er hemmt die Thätigkeit unseres Herzens; der Blutstrom wird matter, die Wellen seltener oder schwächer; den physiologischen Forschungen unseres Jahrhunderts aber war es vorbehalten, die Gesetz= mäßigkeit dieses Parallelismus genauer zu erkennen, und man hat gefunden, daß vom Gehirn her zwei Nervenstränge sich herabsenken gegen das Herz hin, der eine durch das Rücken= mark in der Bahn des sogenannten sympathischen Nerven, der andere dem Halse entlang in der Bahn des sogenannten nervus vagus, des umschweifenden Nerven: beide, eingebettet in die Wandungen des Herzens, wirken die einen erregend auf die Herzthätigkeit und den Puls beschleunigend, die anderen ver= langsamend, die Thätigkeit des Herzens hemmend. Noch sind diese Entdeckungen in stetigem Fortschreiten begriffen: wir dürfen hoffen, daß sie uns allmählig feiner, zarter, fester und gesicherter gegenüber stehen werden. Seit die Gebrüder Weber die Hem= mungsnerven entdeckt haben, sind die Forschungen durch Claude Bernard, Bezold, Czermak, Ludwig, Wundt und Andere weiter geführt, unsere Erkenntniß ist schrittweise bereichert worden, aber noch sind die Meinungen vielfach von einander abweichend. Das Gemeinsame, allgemeine Gleiche in ihnen ist nur dies eine, daß wir erfahren: alle Thätigkeit des Geistes, jede Er= regung und Bewegung unserer Seele ist von Reizen und Regungen der Nerven zunächst des Gehirns begleitet; indem nun die vom Gehirn auslaufenden Nerven auch in den Wan= dungen des Herzens münden, pflanzen jene Reize und Regungen bis in dieses sich fort und üben einen bestimmenden Einfluß auf die Art seiner Bewegungen. Wir erfahren aber auch ferner: das Herz hat seine Bewegungen für sich ursprünglich auch völlig unabhängig von aller Nerventhätigkeit, von allen Nervenreizen, die ihm aus dem Gehirn zugeführt werden; das Herz ist das ursprünglichste Organ im Menschen; der Mensch fängt sein Leben damit an, daß er ein schlagendes Herz ist. Der Geist

ist das spätere, das sich entwickelt und das dann Einfluß auf die Herzthätigkeit gewinnt. Durch die Vorgänge im Gehirn wird die Thätigkeit des Herzens verändert, verändert aber nicht erzeugt; in dieser und mancher andern Beziehung findet zwar eine Wechselwirkung zwischen Herz und Gehirn statt, aber das Herz ist weniger abhängig vom Gehirn als umgekehrt. Wie schön ist das Symbol für diese Unabhängigkeit des Her= zens, für sein Sonderleben in jenen Worten der Geliebten im hohen Liede: „ich schlafe, und mein Herz wacht."

Zwar ist das Herz immer in Bewegung, dergestalt daß diese das Leben selbst bezeichnet, und auch die gleichgiltigsten, rein theoretischen Vorstellungen sind wie vom Herzschlag, so auch von Veränderungen desselben begleitet; aber die Bewegung des Herzens wird in specifischer Weise sowohl in Bezug auf das Tempo beschleunigt oder gehemmt, wie in Bezug auf die Energie verstärkt oder geschwächt, sobald die Vorstellungen, welche die Seele beschäftigen und das Gehirn in Mitschwingung versetzen, zugleich das Gefühl auf eine entsprechende Art erregen.

Ob die Physiologen jemals dahin kommen werden, die verschiedenen Arten der Gefühle genau wiederzuerkennen in den verschiedenen Graden und Arten der Nerventhätigkeit, welche die Functionen des Herzens verändern; ob die Feinheit der Unterschiede im Maße und der Art des veränderten Blut= umlaufs unendlich, ob sie so groß und doch so erkennbar wie die Verschiedenheit der Gefühle, welche unser Herz bewegen, das steht dahin. Vor der Hand ist es im höchsten Grade wahr= scheinlich, daß sehr verschiedene Gefühle darin gleich sein werden, daß sie auf gleiche Weise das Herz in Bewegung setzen und daß mehr der Grad als die Art der Gefühlserregung sich in dem Maße des veränderten Blutumlaufes individualisirt.

Wenigstens vom Nachdenken, das doch auch, wie gesagt, die Herzthätigkeit modificirt, behauptet Ludwig, daß es „jedes= mal, wie verschieden auch sein Inhalt sei, von derselben Bewegung der Gefäße begleitet werde".

Das einfache vorwissenschaftliche Bewußtsein des Menschen weiß allerdings nichts von diesen Veränderungen in der Bewegungsthätigkeit des Herzens und von dem Einfluß der Nerven auf dasselbe; noch mehr entzieht sich ihm die Rückwirkung, welche der veränderte Blutumlauf, er mag als solcher wahrgenommen werden oder nicht, auf das Gehirn und dadurch auch auf die Denkthätigkeit ausübt. Man weiß nur, daß bei gewissen Gemüthsbewegungen der Mensch roth oder blaß wird. Dennoch bedient man sich auf der anderen Seite vieler Ausdrücke, welche besondere Zustände des Herzens benennen, um besondere innere Zustände zu bezeichnen. Das Herz ist mir schwer oder leicht, Etwas drückt mir das Herz ab, gibt ihm einen Stoß, das Herz hüpft vor Freuden; auch: es wird Einem warm ums Herz oder „friert mir im Leibe"; u. s. w. u. s. w. Die Physiologen, insbesondere Bernard und Czermak, haben versucht, manche von den genannten Gemüthsbewegungen auf die wirklich entsprechenden Veränderungen der Herz= und Athmungsthätigkeit zurückzuführen. Ich sage zurückzuführen; dies aber ist nicht genau; vielmehr ist es die Frage und wird wahrscheinlich noch sehr lange eine offene Frage sein: ob die inneren Gefühle, denen physische Wahrnehmungen an dem eigenen Organismus thatsächlich parallel gehen, auch nur ursprünglich in diesen ihre Ursache haben? d. h. ob die besonderen Seelenzustände, welche sich an die Wahrnehmung einer gegebenen Lebenslage, eines bestimmten Ereignisses anschließen, nur die unbewußte Apperception der entsprechenden organischen Functionsänderung im Herzen zur Ursache haben. Unstreitig beobachten wir heute das Verhältniß als ein zweifaches: sowohl innere Gefühle, von der seelischen Seite selbstständig auftretend, haben Veränderungen der Herzthätigkeit zur Folge (— z. B. Beschwerung, Beängstigung, Bedrückung durch Furcht und Sorge, desgleichen Erleichterung und Aufathmen beim Schwinden derselben —); aber auch umgekehrt Gefühle unbestimmter und bestimmter Angst bei Athemnoth und manche andere Veränderungen des Vorstellungslaufs neben oder vermittelst gewisser

Seelengefühle als Folge von ursprünglich rein körperlichen
Zuständen. Allein die heute im Stande einer entwickelten
Cultur und geschichtlich erzeugter und vererbter Seelengefühle
gegebenen Thatsachen sind nicht zulänglich, eine unmittelbare
Aufklärung darüber zu gewähren: ob die ersten Anfänge
dieser inneren, geistigen Gefühle auf die Wahrnehmung ver-
änderter Körperzustände als ihre Ursache zurückgehen oder
umgekehrt. Jedenfalls hat die Psychophysik noch eine lange
und feine Arbeit vor sich, ehe sie diese Frage entscheiden kann.
Man würde aus den berührten sprachlichen Bezeichnungen der
rein innerlichen Seelenzustände durch äußere Herzthätigkeiten
und ihre Veränderungen einige Belehrung oder doch Anleitung
zu empfangen hoffen dürfen, wenn nicht dieses ganze Gebiet,
auf welchem seelische und sinnliche Functionen ohnehin in einander spielen, voll von bildlichen Denk- und Redeweisen wäre.
Treffen wir doch hier auf sehr alte Sprachbilder für innere
Gemüthsunterschiede, welche den organischen Zuständen durchaus
fern liegen und mit Umgehung derselben auf fremde Gleichnisse gegründet sind, welche sogar weniger poetisch als scholastisch
geartet erscheinen. Selbstverständlich ist „herzlos" ein Bild,
das nicht vom Herzen genommen ist. Aber nicht blos gehört
das „Herz von Stein", welches nach dem Prophetenwort hin-
weggenommen und durch ein Herz von Fleisch ersetzt werden
soll, ganz offenbar hierher, sondern auch solche Ausdrücke wie
ein „hartes und ein weiches" auch ein „kaltes und warmes"
Herz enthalten keinen Hinweis auf physiologische Unterschiede
desselben. Man sieht leicht, daß diese Ausdrücke aus fremden
und weiten Vermittelungen im Gleichniß stammen, sobald man
sie mit einem solchen wie das „leichte und schwere" Herz
vergleicht, in welchem die Beziehung zu physiologischen Wahrnehmungen wirklich gegeben ist. Daß ein „kleines" und ein
„großes" Herz, was ja überhaupt nur im Vergleich zum nor-
malen und im Verhältniß zur ganzen Leibesgröße zu denken
wäre, auf anatomisch-physiologischen Thatsachen beruhen sollte,
scheint mir höchst zweifelhaft; völlig unwahrscheinlich aber ist

es, daß in der sprachbildenden Urzeit bestimmte, wenn auch, irrige anatomische Erfahrungen, jene Metapher erzeugt haben sollten.

Dazu kommt noch Eins. Wenn ursprünglich das Herz zugleich als der Sitz des Geistes, als Werkstatt der Vor= stellungen gedacht wurde, so widerspricht diese Anschauung aller Erfahrung in so fern, als jedenfalls der Inhalt der Vorstel= lungen nicht Wirkung, sondern Ursache der veränderten Herz= bewegung ist. Höchstens in einzelnen Fällen, auf welche schon hingedeutet ist, wird auch die Vorstellungsmasse, und zwar durch Vermittelung von seelischen Gefühlen, eine mittelbare Ver= änderung erleiden.

Das Problem des Zusammenhangs von Leib und Seele kehrt in mannigfachen Formen wieder; nicht am wenigsten deutlich und interessant in Bezug auf all die Thatsachen, in denen mit dem Geiste auch das „Herz" bewegt erscheint.

„Der Wein erfreut des Menschen Herz" — gewiß nicht blos in der sinnlichen Bedeutung des Wortes; oder nehmen wir gleich alle drei Gegenstände sinnlich=geistiger Erregung, die zusammen genannt zu werden pflegen. Wein, Weib und Ge= sang haben das gemeinsame Typische für Alles, wovon des Menschen Herz ergriffen wird, daß sie eine erhöhte Stimmung des beseelten Organismus erzeugen. Wenn auch unstreitig mit der Erregung einzelner Nerven beginnend, schließen sich nicht nur daran (sowohl im Ablauf der Geschichte wie in der steigen= den Bildung des Einzelnen immer mehr) wahrhaft geistige Gefühle, sondern auch die höchsten und edelsten Functionen der Seele überhaupt erscheinen dadurch in Bewegung gesetzt. Die Phantasie nicht blos, sondern auch die eigentliche Denkthätig= keit, das Tempo, der Lauf und die Richtung der Vorstellungen wird eine andere, kurz die ganze Weltanschauung des Menschen erscheint als eine gehobene, gesteigerte, wenn das Nervensystem auf die eine oder andere Weise jene specifischen Reizzustände empfängt. Wie aber an die specifische Erregung der Sinne sich ein verändertes und gesteigertes Geistesleben anschließt, so

wird auch durch die reinsten und höchsten Gedanken, wenn sie
nur mit dem Gemüthe, mit dem Herzen in einer Verbindung
stehen, zugleich eine Mitschwingung des Nervensystems herbei=
geführt.

Und nicht blos gleichartig ist das wunderbare Ineinander=
spielen von Seele und Leib, von Geist und Nerven im Gesang,
in der Liebe und im Wein, sondern auch gemeinsam der Ein=
fluß, den sie in gegenseitiger Steigerung der psychophysischen
Zustände auf einander ausüben. Keines dieser Elemente ist
einfach; alle sind sie weit davon entfernt, die eigenartige geistige
Gefühlserregung und Gedankenbewegung unmittelbar aus den
physiologischen Reizen zu empfangen. Uebt doch selbst der
Wein seine geistsprühende Erregung allermeist nur da aus, wo
ihm Vorstellungsmassen begegnen, welche durch Geselligkeit in
Fluß gebracht sind. Wie aber vollends die sinnlichen Antriebe
— oder Erfolge — in der Musik und in der Liebe, und ähn=
lich in anderen Gemüthsbewegungen sich auf dem Wege bis
zu ihrer höchsten seelischen Erscheinung mit geistigen, selbst
schon mit einander verflochtenen und mit Sinnlichem verbun=
denen Elementen verweben, — das ist ein reizvolles Schau=
spiel, welches sich auszumalen der Phantasie jedes Einzelnen
überlassen werden muß.

Wenn es nun so begründet ist, daß wir das Herz im
inneren Sinne mit dem Namen des physischen Organs, jenes
Pumpwerkes, das eben den Blutumlauf in unserm körperlichen
Organismus besorgt, benennen, woher kommt es, daß gleich=
wohl die Psychologie, seit es eine solche Wissenschaft gibt, fast
niemals vom Herzen redet? Aus der Psychologie ist die Be=
zeichnung des Herzens fast gänzlich verschwunden, vielleicht
weil vor allem die Besorgniß gehegt wurde, es werde das leib=
liche Organ, wie im außerwissenschaftlichen Bewußtsein und
seiner Sprache, als der eigentliche Sitz unserer Gefühle, als
der Sitz der geistigen, der seelischen Herzthätigkeit angesehen
werden. Das ist es in der That nicht. Das Herz ist nicht das
Organ und nicht der Sitz der inneren Herzthätigkeit, sondern

es ist allenfalls, wie man es mit Recht genannt hat (Horwicz), der Resonanzboden für jene Regungen, welche innerhalb der Seele sich vollziehen und im Gehirn ihre erste körperliche Mit= schwingung erfahren.

Aber ein anderer Grund hat gewiß schon im Alterthume mitgewirkt. Wir sind daran gewöhnt, von Herz und Geist, von diesem Gegensatze als einem selbstverständlichen zu reden, und ihm zur Seite geht so zugleich die Bezeichnung der zwei Körpertheile, an welche diese seelische Verschiedenheit sich an= lehnt, Herz und Kopf.

Unter dem Einfluß der biblischen Sprache behält (oder erhält) das Wort Herz die weitere Bedeutung als: Sitz und Bild des Lebens überhaupt und des inneren Lebens mit seinen mannigfaltigen Erscheinungen im Besonderen. Allmählig aber bildet sich im Deutschen noch strenger als in den anderen modernen Sprachen der Gegensatz aus von Kopf und Herz, von Intelligenz sammt ihren dienenden Functionen auf der einen und Gemüth sammt seinen verschiedenen Bewegungen auf der andern Seite.

Nun aber ist folgende Thatsache bemerkenswerth: Alle alten Völker wissen nichts vom Kopfe; weder die Aegypter noch Inder, weder die Hebräer noch Griechen oder die Römer haben vom Kopfe in unserem Sinne, als dem Sitze geistigen Lebens, geredet. Während wir die Auffassung und Beurthei= lung, die Verbindung, die Erfindung und schöpferische Gestal= tung der Dinge dem Kopfe zuschreiben und sogar die verschie= denen Arten geistiger Begabung, die verschiedenen Grade der Erkenntniß und Einsicht als feinen oder groben, als tiefen oder seichten, als anschlägigen oder blöden, als einen hellen oder trüben, als einen schnellen oder schweren, als einen leichten oder harten Kopf bezeichnen, kommt solche Bedeutung des Kopfes in den Sprachen all der Völker, die ich genannt habe, nicht vor, sondern nur das Herz wird genannt, als Sitz geistiger Thätig= keit. Alles innere Leben, nicht blos das, was wir jetzt im Gegensatz zum Geiste als Herz benennen, wird dort in's Herz verlegt, oder in die benachbarten Organe des Rumpfes. Wie bei den Hebräern die Nieren zu der Ehre gelangt sind, als Sitz — wie es nach den wenigen Stellen im Alten Testament scheint — vorzugsweise des Gewissens, aber auch sonst des Gemüthes aufgefaßt zu werden, das entzieht sich einstweilen unserer Einsicht, wird ihr vielleicht, weil uns die Thatsachen fehlen, für immer verborgen bleiben.

Plato wird wohl der Erste sein, der auf die hervorragende Stellung des Kopfes hingewiesen hat; die Bedeutung des Gehirns ist auch ihm noch unbekannt. Auch Aristoteles ist wenig mit den Nerven und noch weniger mit dem Gehirn als Centrum derselben bekannt; er wird sogar durch eine Beob=achtung, welche angestellt zu haben seinem Forschergeiste zur Ehre gereicht, dennoch irre geführt. An Verwundeten im Kriege nämlich, deren Schädel verletzt ist, prüft er die Reiz=barkeit des bloßgelegten Gehirns; da es auf die Berührung offenbar nicht reagirt, schließt er voreilig, daß es also nicht Organ der Wahrnehmung sein könne. Erst Erasistratus und Herophilus (um die Wende des vierten Jahrhunderts v. Chr. zum dritten) kennen einigermaßen die Functionen der Nerven und des Gehirns.

Woher mag das kommen?

Ist das nicht erstaunlich, um so viel mehr, als ja doch alle edlen Organe, welche der geistigen Thätigkeit dienen, das Auge, das Ohr, selbst Geschmack und Geruch und das Organ der Sprache, alle im Kopfe sitzen? Vielleicht ist es dadurch allein erklärlich, daß wir eben von der Thätigkeit des Kopfes, oder vielmehr von der Thätigkeit des Gehirns, keine unmittelbare Wahrnehmung haben; in unserem Herzen dagegen, in den Ver=änderungen unseres Blutumlaufes nehmen wir alle geistige Be=wegung zu gleicher Zeit wahr, und zwar desto deutlicher und unmittelbarer, je stärker die Erregung der Seele oder die Ge=fühlsbegleitung der Vorstellung ist.

Die Menschen früherer Epochen aber bilden ihre Begriffe von den inneren Vorgängen vor allem nach den unmittelbar wahrgenommenen Veränderungen der eigenen Zustände, welche durch jene Vorgänge hervorgerufen werden. Im Herzschlag und in der Athmung geben jene Veränderungen sich deutlich zu erkennen; Wohl= und Uebelbefinden, Ruhe und Aufregung, Beklemmung und Freiheit sind Erfolge, welche unser Denken, unsere innere Thätigkeit, je nach ihrem Inhalte, begleiten. Diese Thätigkeit selbst also glaubte man da wahrzunehmen, wo nur ihre Erfolge sich kundgeben. Hat doch neuerdings ein blind= geborener Knabe, welcher geschickt zu drechseln gelernt hatte, auf die Frage: wo des Menschen Verstand seinen Sitz habe? geantwortet: „natürlich, in der Hand!" —

Physiologische Beobachtungen haben indessen gezeigt, daß auch heute noch beim Menschen in früher Jugend, und in je früherer Jugend, desto mehr, die Veränderungen des Blut= umlaufes und alle organische Mitschwingung des Körpers auch bei einfachen Vorstellungen eintritt; Vorstellungen, die das Ge= müth des Erwachsenen gar nicht in Bewegung setzen, gleichsam nur theoretische geistige Bilder ausmachen, bringen die Seele und den Leib des Kindes in Erregung; nur allmählig, indem der Mensch heranwächst, wird seine leibliche Herzthätigkeit mit ihrer Veränderung auf eine Erregung des geistigen Herzens oder der Gefühlsthätigkeit beschränkt. Ganz gewiß ist es im Laufe der Entwickelung der Menschheit ebenso gewesen; je weiter zurück in der Geschichte der Völker, desto mehr wird ihr ganzer Organismus auch von theoretischer Thätigkeit, auch bei bloßen und blassen Gedanken in Bewegung gesetzt worden sein. In diesem Sinne könnte man sagen, daß die alten Völker die Welt noch mehr mit dem Herzen aufgefaßt haben.

Oder, noch genauer gesagt: Je weniger allmählig die Vor= stellungen von Gefühlen begleitet, je mehr sie reine theoretische Vorstellungen sind oder sich diesen annähern, desto schwächer wird auch die Rückwirkung auf das Herz. In der Kindheit, sowohl des einzelnen Menschen wie der Nationen, sind noch alle Vorstellungen von Erregungen begleitet; für ein Kind gibt es schlechthin keine rein theoretische Vorstellung, deshalb äußern alle geistigen Acte lebhafte Einwirkungen auf den Körper. (Joh. Müller.)

Bei Homer und in der Bibel finden wir noch nirgends, daß das Wissen, reines theoretisches Erkennen eine Aufgabe, ein Beruf oder ein Erfolg des Menschen sei, denn „Weisheit" und „Erkenntniß", welche gefordert und gelehrt werden, sind ebenfalls nicht rein theoretischer, sondern sittlich-religiöser Art: sie sollen nicht reines Wissen, sondern sittliche und religiöse Erleuchtung, Führung und Erhebung bedeuten, auf welche allein auch der Hinweis auf Naturbetrachtung zielt — (Psalmen an vielen Stellen, Hiob, Jesaias 40, 26). Was uns so überaus geläufig ist: daß man irgend Etwas wissen will, nur um es zu wissen, dies ist jenen Zeiten trotz tiefgehender und hochstrebender Gedankenentwickelung durchaus fremd. Folglich haben alle Gedanken, alle Vorstellungen zugleich das Herz erregt und dieses konnte oder mußte deshalb als der Sitz alles geistigen Geschehens angesehen werden. Hiermit steht, beiläufig gesagt, im innigsten Zusammenhang, daß die jugendlichen Völker in den frühesten Zeiten eben so wie die eigene Thätigkeit auch die äußere Welt vorzugsweise nach den wahrnehmbaren Einwirkungen derselben auf die eigene Person auffassen. In der Schöpfung des Weltbildes überwiegen deshalb subjective, persönliche Apperceptionen. (S. Leben der Seele Bd. 2, S. 260 ff.) Das Herz ist subjectiv und der Kopf ist objectiv. In dem Maße, als die Objectivität sich entwickelt, steigt auch die Scheidung von Kopf und Herz und — die Processe des Denkens werden dann dem Kopfe zugeschrieben. In Sachen des Herzens haben die Begabten unter den jugendlichen Völkern deshalb eine fast erschöpfende Productivität gezeigt; sie schaffen die Religionen, die Sitten, die Staatsformen, die Verbindungen unter den Menschen in Freundschaft, Liebe und Ehe, sie schaffen die Künste und Kunstformen; sie berauben die späteren Zeiten und Völker fast aller Originalität.

Eben deshalb aber, weil nun das Herz damals die gesammte innere Thätigkeit bedeutete, konnte von ihm in der

Psychologie als einer Bezeichnung für ein besonderes Organ oder für eine besondere Art inneren Lebens nicht die Rede sein. Aber auch in späteren Zeiten, als wir Herz und Geist zu scheiden gewohnt waren, konnte deshalb das Herz für unsere Psychologie keine geeignete Kategorie mehr sein, weil jene beiden die Theilung des Ganzen nicht erschöpfen; Herz und Geist umspannt in unserer volksmäßigen und dichterischen Sprache den ganzen innern Menschen: wohin sollen wir die Willensthätigkeit setzen? Weder dem Herzen allein, noch dem Geiste allein können wir sie zuzählen.

Das Herz selbst umfaßt ferner im Sinne der Sprache nicht blos, wie ich es oben als eine besondere Kategorie der Psychologie bezeichnet habe, die Gefühle, sondern auch diejenigen geistigen und leiblichen Zustände, welche die Wissenschaft von den Gefühlen unterscheidet und als Affecte bezeichnet. Diesen Unterschied ausführlich darzulegen, darauf muß ich hier natürlich verzichten; es genüge daran zu erinnern, daß neben den einfachen Gefühlen von Lust und Leid, von Befriedigung und Unbehagen, neben den Gefühlen, welche idealen Anschauungen folgen und die Seele durch das Gute und Schöne und ihre Gegentheile erregen, daß neben diesen, sage ich, dem Herzen auch jene heftigeren und verwickelteren Erregungen zugeschrieben werden, welche das Gleichgewicht der Seelenthätigkeit mehr oder minder aufheben, die geistige Arbeit erhöhen oder hemmen, steigern oder stören. Hierher gehören Heiterkeit, Lustigkeit und Ausgelassenheit auf der einen Seite, Traurigkeit, Kummer und Schwermuth auf der andern, Entzücken und Bewunderung, Zorn und Grimm, Reue und Schreck, Verzweiflung und Begeisterung.

— — — —

Die Wissenschaft scheidet, was in der Sprache verbunden ist; sie lehrt uns in ihrer Sprache als ein Vielfaches und Gesondertes erkennen, was in den Worten der allgemeinen Sprache in Eins zusammenfließt. Und dies also ist der vor-

züglichste Grund, weßhalb die wissenschaftliche Psychologie
darauf verzichtet, vom Herzen zu reden. Sollten wir vielleicht
nur aus diesem Grunde, weil die Wissenschaft das Wort ver=
meidet, die Sache, nämlich das Herz, für unergründet oder für
unergründlich halten? Oder müßten wir, wenn nun die Psycho=
logie ihre eigene und volle Weisheit uns darböte, wenn das,
was hier zusammengesetzt in einem Namen erscheint, dort in
seiner Auflösung und in der Ordnung fester Begriffe uns vor=
geführt würde, müßten wir dann vielleicht aufhören zu bekennen,
was man bisher behauptet hat, daß das menschliche Herz un=
ergründlich sei? Mit nichten: Lange wird das menschliche Herz
noch unergründlich bleiben; ich meine, diese psychologische That=
sache selbst, daß wir das Herz für unergründlich halten, wird
sich noch oft und lange wiederholen. Zunächst aus subjectiven
Gründen. — Um das Einfachste nur flüchtig zu berühren:
was dem Menschen immer sein Herz als unergründlich erscheinen
läßt, ist das, was wir mit einem Worte als den Faustischen
Drang im Menschen bezeichnen können, jenen Faustischen Drang,
der mit einem Blick aller Dinge Wirkungsart und Samen, der
die Brüste der Natur, die Quellen alles Lebens in einer Schau
ergreifen will; so möchten wir auch, wenn wir nach dem Wesen
und Leben des Herzens fragen, mit einem einzigen Blick über=
schauen, mit einem einzigen Gedanken weit und fest, tief und
klar erfassen, was so im Innersten die ganze geistige Welt be=
wegt. Wir haben alle diese Sehnsucht; in wenigen knappen
Sätzen möchten wir es wissen, was denn nun eigentlich das
Grundwesen des menschlichen Herzens ist; wir möchten auch
die goldenen Eimer sichtlich steigen sehen, die aus des Daseins
tiefster Quelle schöpfen.

Solche Erkenntniß gibt es nicht. Im Reiche des Geistes
so wenig wie in dem der Natur; das eigene Innere ist uns
näher als alle Außenwelt, aber sein Wesen und Wirken müssen
wir dennoch mühsam und langsam in seiner Breite und Fülle
erforschen. Wenn wir dann aber an die Fülle der einzelnen
Thatsachen gehen, begegnet uns eine zweite Schwierigkeit. Wir

müssen die Thatsachen beobachten, sichten und sammeln; Alles dies aber besteht in einer reflectirenden Thätigkeit, die wir auf unsere Gefühle richten müssen; und eben diese stört uns den Proceß der Beobachtung. So wie es körperliche Stoffe gibt, welche man niemals bei Lichte besehen kann — Chlorsilber z. B. wird vom Licht zersetzt (daher man eben die Photographien mit Hülfe desselben herstellt): will ich also den Stoff bei Licht besehen — sehe ich ihn, so sehe ich ihn schon nicht mehr; denn unter der Bedingung, unter welcher er gesehen werden kann, ist er schon ein anderer geworden: so auch können wir die Gefühle schwer unmittelbar beobachten; das Licht der Reflexion zersetzt sie. Wir sind in Folge dessen meist auf Erinnerungen angewiesen, und es entstehen besondere Schwierigkeiten für den Psychologen, das innerste und eigentlichste Wesen der Gefühle dennoch festzuhalten.

Vollends von den Gefühlen Anderer empfängt der Psycholog nur eine undeutliche Vorstellung; die Sprache sowohl wie auch die Handlungen und die Schöpfungen der Menschen drücken die Gefühle nur unvollkommen aus.

Hundert Dinge, die der Dichter im menschlichen Herzen beobachtet, indem er sie vielleicht in dieser Besonderheit zum ersten Male in seinem Gemüthe erschafft und durch sein Dichten verbreitet, liegen der wissenschaftlichen Erklärung noch in weiter Ferne. Froh und fruchtbar schon, wenn sie die allgemeinsten Züge erkennt und ordnet, wird sie noch lange darauf verzichten müssen, den Reichthum der Individualität in ihren Kreis zu ziehen.

Aber nicht blos persönlich in uns (subjectiv), sondern auch sachlich in den Gefühlen selbst (objectiv) liegen für die ordnende und zusammenfassende Betrachtung Hindernisse, welche schwer zu überwinden sind. Vor Allem ist es ihre Mannigfaltigkeit. Alle Arten von Genuß und Befriedigung, alle Arten von Schmerz und Kummer, welche wir empfinden, alle sanften und herben, alle süßen und harten, alle erhebenden und alle niederbeugenden Erregungen unseres Gemüths werden zusammen-

gefaßt unter dem einen Namen des Herzens; haben doch die
verschiedenen Schulen der Psychologie fast jede sogar eine eigene
Eintheilung für die Gefühle. Zwar wird durch verschiedene
Eintheilung die Anzahl der beobachteten Erscheinungen nicht
vermehrt, aber es erweist sich daraus, daß sie verschiedenartig
in ihren Beziehungen, mannigfaltig in ihrer Qualität, daß ihre
Formen und Functionen so vielgestaltig sind, daß eben jeder
Denker ein neues System der Ordnung in der bloßen Auf=
fassung derselben entwickelt. — —

Versuchen wir nun an unserer Stelle eine Uebersicht zu
gewinnen über Alles, was „unser Herz bewegt", was „uns
am Herzen liegt": versuchen wir an der Hand der Erfahrung,
der Forschung und Beobachtung die mannigfachen Arten des
Interesses zu erkennen, von denen unsere Seele ergriffen, durch
welche sie bewegt und zu wirkender, schaffender Thätigkeit ge=
leitet wird.

Auf der Mannigfaltigkeit der Interessen beruht der Reich=
thum des idealen Lebens, der Lebensgestaltung überhaupt.
Diese Mannigfaltigkeit ist eine gegebene, und es kommt nun
darauf an, daß wir sie einerseits überschauen, andererseits erkennen,
inwiefern in ihnen ursprüngliche und abgeleitete Interessen ge=
geben sind. Der Versuch, das gesammte menschliche Leben mit
allen seinen Anliegen auf einfache, womöglich auf ein einziges
ursprüngliches Interesse zurückzuführen, ist oft genug gemacht
worden. Nicht eben mit Glück. Immer ist es bis jetzt wenig=
stens in dem Sinne gewaltsam geschehen, daß man aus einem
Interesse künstlich abgeleitet hat, was thatsächlich nicht aus
demselben folgt. Wir versuchen also zunächst die Gruppen zu
finden, die sich wirklich von einander scheiden, die wir einst=
weilen wenigstens nicht auf einander zurückführen können.
Nichts ist freilich leichter, als nach der monistischen Neigung,
welche der Wissenschaft in den letzten Jahrhunderten anhaftet,
auch diese Gruppen auf einander zurückzuführen. Wenn man
es blos in schematischem oder scholastischem Sinne thun will,
wenn man die Begriffe mehr oder minder sophistisch drängt

und preßt, wenn man die Beziehung der Namen für eine Ver=
knüpfung der Sachen nimmt, dann ist es sehr leicht, ein System
aufzuführen, in welchem Alles auf einen Begriff zurückgeht.
Allein dies ist keine wahrhafte Erkenntniß; eine solche wäre
uns erst gegeben, wenn wir wirklich den genetischen Proceß
einsehen, wie das eine Interesse aus dem andern sich entwickelt.

.   Wir können ein dreifaches Interesse unterscheiden, inwiefern
es sich um das psychische Interesse im engeren Sinne handelt.
Wir haben dem aber noch Eins voraus zu schicken, das zwar
Basis des psychischen wird, aber selbst nur auf der Grenze
desselben steht, von Haus aus nicht psychisches Interesse ist,
und das ist das physiologische Interesse. Die ersten und
ursprünglichsten Interessen des Menschen sind durchaus physio=
logischer Art. Sie knüpfen sich an den Vorgang des leiblichen
Lebens. Allerdings wird nun das leibliche Leben zum Gegen=
stande der psychischen Thätigkeit, und insofern gestalten sich
seine Interessen zu psychischen; aber erst bei entwickeltem
Seelenleben. Ursprünglich und an und für sich, das dürfen
wir nicht läugnen, haben diese Dinge eine jenseits des
psychischen Interesses liegende Bedeutung für den ganzen
Menschen. Wir dürfen dies nicht außer Acht lassen, nament=
lich deshalb, weil von diesem ursprünglichen Anhaften physio=
logischer Interessen an den psychologischen, die daraus her=
vorgehen, die wirkliche und wahrhaft wesentliche Bestimmtheit
auch der psychischen Gebilde nachher bedingt ist. Nehmen
wir das einfachste. Das erste physiologische Interesse ist
die Erhaltung, die Selbsterhaltung des Leibes. Alles
also, was mit der Erhaltung einmal positiv zusammenhängt,
weil eben geschehen muß, was ihm nothwendig ist, und auf
der andern Seite negativ, daß Alles abgewendet wird, was
eine Störung des Lebens herbeiführt, bildet das Interesse der
Selbsterhaltung; mit diesem ursprünglichen Interesse ist Alles
behaftet, was als Erkenntniß der Lebensbedingungen, als Er=
kenntniß des eigenen Leibes, sowohl seiner Vorgänge als
namentlich auch der Objecte, welche ihm dienen, in uns gegeben

ist. Die Nahrungsmittel z. B. sind Objecte psychischer Auf=
fassung. Sie sind aber ursprünglich aufgefaßt nicht als theo=
retisch angeschaute Dinge, sondern als dienend diesen physio=
logischen Interessen. Bei dem psychischen Proceß ihrer Auf=
fassung war dieses Element des physiologischen Interesses an
ihnen unmittelbar mitgegeben. Ein Apfel ist für ein Kind
kein theoretisches Object, wie etwa für den Botaniker, den
Pflanzenphysiologen. Ein Apfel ist allerdings eine Vorstellung,
die wir rein theoretisch fassen können, die aber keineswegs
ursprünglich rein theoretisch gefaßt ist. Unter dem „Apfel"
wird durchaus nicht blos das Bild dieses Dinges verstanden,
sondern die Eßbarkeit desselben gehört wesentlich zum Inhalt
der Vorstellung, ja sogar, wenn wir genau untersuchen
würden, was denn nun die Bedeutung dieses Dinges ist,
würden wir diese Beziehung zum physiologischen Interesse als
das Wesentliche finden. Bis weit hinauf in unsere Vorstellungen
von der Außenwelt und ihren Beziehungen erstreckt sich der
Einfluß dieser ursprünglichen Anlage unserer Vorstellungen, und
namentlich haben wir uns von einer durchgehenden Täuschung
der Erkenntnißtheorie freizumachen, als ob überall nur theore=
tische Vorstellungen uns vorlägen, als ob sie gleich auf dem
theoretischen Wege entstanden wären. Der größte Theil dessen,
was wir im gewöhnlichen Leben Vorurtheile nennen, ragt so
herunter bis in die untersten Anfänge, aber auch ein großer
Theil der Reize des Lebens.

Am sichersten hat man geglaubt, alle physiologischen
Interessen zurückführen zu können und zu müssen auf den
einen sogenannten Trieb der Selbsterhaltung. Zweifellos steht
daneben ein zweites Interesse: das an dem Wohlbe=
hagen und Wohlverhalten unseres Organismus. Wir
sind auch an diesem Punkte noch nicht in der Lage, zu ent=
scheiden, ob wirklich alles Gefühl des Wohlbehagens und Ab=
wehr des Mißbehagens nichts weiter sei, als ein Erfolg des
ursprünglichen Triebes der Selbsterhaltung; ob wir Wohl=
behagen und Wohlverhalten unseres Organismus nur deshalb

suchen, weil dieser Zustand der vollkommenere ist in Bezug
auf den Zweck der Erhaltung. Versucht hat man es freilich,
Alles das, was wir sinnlichen Genuß nennen, umzudeuten
darauf, daß er die Wahrnehmung solcher Zustände sei, die
unserem Leben am meisten förderlich sind, förderlich indem sie
es sichern oder ein höheres gesteigertes Leben ausmachen.
Größere Energie der Function, oder größere Angemessenheit
derselben für das Organ sollten die Ursache oder die Wesenheit
sein, welche als Genuß und als Lust in unser Bewußtsein
treten, geringere und minder angemessene dagegen als Schmerz
und Abscheu. Allein auch manche Gifte schmecken süß, der
Genuß ist zweifellos und doch auch zweifellos der Schaden,
den er anrichtet; Chinin aber ist eben so bitter wie wohlthätig.
Sehen wir aber auch von diesen — vielleicht durch die Ir=
rungen der Cultur, welche die Triebe der Natur abstumpfen,
erzeugten Ausnahmen ab. Ob aber die Bitterkeit des Rha=
barbers die Function des Gaumens in der Energie vermindert,
oder ob sie derselben weniger angemessen ist, als die Süßigkeit
der Orange? Bis jetzt ist das schlechterdings nur eine Ver=
muthung; eine Vermuthung, welche nur durch falsche Analogie
und voreilige Generalisation genährt wird.

Unmittelbar ist, wie gesagt, das Physiologische noch gar
kein Psychologisches, aber die Psyche mit aufgenommen in den
leiblich=geistigen Organismus wirkt als ein Glied in der Kette
derjenigen Processe, welche dazu dienen, den Zweck des leib=
lichen Organismus auszudrücken, darzustellen und zu erhalten.
In der zweckmäßigen Reflexthätigkeit des neugeborenen Kindes,
— vermöge deren es seinen Kopf wendet, um mit dem Mund
den Finger zu haschen, mit welchem man seine Wange berührt
(gereizt) hat, — bilden die Empfindung (besser: Erregung =
Sensation), welche zu dem innersten Centrum des Nerven=
apparates hingeht, und die Bewegung, welche von diesem
Mittelpunkte ausgeht, dynamisch die zwei Schenkel eines Winkels,
in dessen Scheitelpunkt wir einen psychischen Act zu setzen ge=
zwungen sind. Dieser Act ist durchaus noch mit keinem der

Namen zu belegen, womit wir die einfachen Vorgänge in der ausgebildeten Seele bezeichnen; es ist noch keine Anschauung, viel weniger eine Vorstellung, und wenn wir unter Empfindung die Wahrnehmung eines bestimmten, objectiven Inhalts verstehen, so verdient sie auch diesen Namen noch nicht. Wir haben hier aber eigentliche Erregung der Seele, von deren theils gleich=, theils verschiedenartiger Wiederholung, Ansammlung, Verbindung, Durchdringung und Scheidung die späteren Processe bedingt sind. Diese an sich gewiß noch völlig dumpfe Erregung ist begleitet oder vielmehr erfüllt von einem ebenso dumpfen, aber gleichwohl starken Interesse, nämlich: die Ursache (den Gegenstand) des Wangenreizes in die Mundhöhle zu führen, ein Interesse, das in der Kopfbewegung seinen Ausdruck und seine Befriedigung sucht. Dies Interesse aber stammt nicht aus der Erregung (und deren Inhalt) selbst; vielmehr haben wir uns vor und neben der in Rede stehenden Erregung in der jungen Seele ein Hungergefühl zu denken, welches jeder ankommenden Erregung ein Interesse verleiht; ein Hungergefühl, dessen Inhalt sicherlich noch eben so dumpf, aber gleichwohl stark ist, das ebenfalls auf Sensationen von dem Magen und dem leiblichen Organismus überhaupt gegründet ist, von dem wir viel sagen, wenn wir es bezeichnen als einerseits ein Unbehagen an dem gegenwärtigen Zustand und andererseits eine Spannung gleichsam der kleinen Seele auf Alles, was da erregend kommen wird.

Man darf annehmen, daß der Werth jener Sensation (des Wangenreizes) für die Kindesseele durchaus bedingt ist von dem Interesse, das das Hungergefühl ihr verleiht, und wenn die Erregung eine Bewegung zur Folge hat, so wird diese — wie nothwendig sie physisch für sich selbst sein mag (oder zu sein scheint) — psychisch in den Dienst jenes Interesses treten. Ueberraschend ist es, daß das, was hiernach a priori erklärt wird, auch in der Erfahrung sich bestätigt, daß nämlich die motorische Wirkung der Sensation aufhört, wenn sie öfter vergeblich, dem Interesse nicht entsprechend ausgefallen ist: so hat

Kußmaul an einem eintägigen Kinde beobachtet, daß der Wangenreiz keine Bewegung des Kopfes mehr hervorlockte, wenn man den Finger öfter vom Gesicht ganz wegzog, anstatt ihn in den Mund schlüpfen zu lassen.*) Ueberraschend nenne ich dies a priori zu erwartende Resultat der Erfahrung nur deshalb, weil man nur eine Veränderung des Vor= stellungswerthes der Erregung in der Kindesseele annehmen durfte; daß aber schon hier, bei der ersten Regung des Be= wußtseins, die Verschiedenheit des Vorstellungswerthes (ob nämlich dem Interesse genügt wird oder nicht) verändernd und hemmend in die Reflexthätigkeit des Nervenmechanismus ein= greifen werde, ist ein Erfolg, auf den man ohne Beobachtung nicht gefaßt sein konnte. —

In der Folge nun, bei vorgeschrittener Entwickelung des Bewußtseins, werden einerseits die physiologischen Zustände als bestimmte Gefühle wahrgenommen, wie Hunger, Durst, Kälte u. s. w., andererseits die Gegenstände der Befriedigung der aus diesen Gefühlen entspringenden Begierden nach der Erfahrung als mit dem Interesse dieser Befriedigung behaftet gedacht. Der Mechanismus der Vorstellungen breitet das Netz des Interesses so sicher über alle demselben dienenden Dinge und Vorgänge aus, daß die Offenbarung dieses Interesses in den verschiedensten Abstufungen überall an dem Ablauf der Vor= stellungen und Gefühle erkennbar ist, so sehr, daß nicht blos die physiologisch begründeten Begierden die entsprechenden Vor= stellungen ihrer Befriedigung erregen, sondern auch die Vor= stellungen der Dinge rückwärts Gefühle erzeugen: wohlschmeckende Dinge z. B. wenn auch nicht Hunger, so doch Appetit erregen; pflegt man doch sogar zu frieren, oder wenigstens zu sagen, daß man friere, wenn man einen Andern im Sommer in einem Flauschrock oder Pelz antrifft. Beachtenswerth aber ist nun die Thatsache, daß auch in der Zeit vollkommener Ent= wickelung des Bewußtseins die physiologischen Gefühle, in denen

*) Untersuchungen über das Seelenleben des neugeborenen Menschen von A. Kußmaul, 1859, bei Winter, Leipzig und Heidelberg.

der organische Zweck seine causale Ausprägung findet, zwar
einen vorstellungsmäßig bestimmten Inhalt des Bewußtseins
ausmachen, „ich habe Hunger, Durst" u. s. w., aber für das
Bewußtsein gewöhnlich nicht etwa auf jenen organischen Zweck
zurückgeführt werden. Die Natur knüpft factisch an die Vorstellungen von eßbaren Dingen und vom Act des Essens ein
Interesse, welches auf die Erhaltung des Organismus abzweckt:
das Bewußtsein aber bleibt in den allermeisten Fällen an dem
bloßen Unbehagen · haften, welches thatsächlich vorhanden ist.
Nennen wir nun jene unbewußte Beziehung zwischen dem
organischen Zweck und der ihm dienenden Thätigkeit des Individuums, welche durch die Wahrnehmung bestimmter Gefühle
vermittelt wird, Instinct, dann muß man sagen, daß der
Mensch auch im Stande des vollkommen entfalteten Bewußtseins sich gegen das physiologische Interesse instinctiv verhalte.
Gegenüber dem klaren, bewußten, mit Absicht und Willkür
umgebenen Denken stehen Antriebe in unserem psychophysischen
Organismus, welche so ursprünglich sind, sowohl der Klarheit
des Denkens, als aller Absichtlichkeit so sehr sich entziehen, daß
man für sie eine besondere Kategorie schaffen mußte, und diese
wurde als Instinct bezeichnet. Nicht blos im Thiere, sondern
auch im Menschen jenseits der Entwickelung bewußter Vorstellungen sehen wir heftige und unfehlbare Antriebe zu
Handlungen, und diese nennen wir eben Instinct. Diese Instincte
dauern fort weit über die Bildung des Bewußtseins hinaus.
Es ist gar nicht etwa erst die Sache der Ueberlegung, gar
nicht die Sache der Beziehung auf unsere Selbsterhaltung
durch eine Gedankenkette über das Verhältniß von Mittel und
Zweck, wenn wir, sobald wir Hunger haben, auch zum Essen
greifen; sondern mit derselben Ursprünglichkeit, mit welcher
jemals in dem niedrigsten Thier aus diesem bestimmten gegebenen Zustand, in welchem es sich befindet, aus seiner physiologischen Lage der Antrieb hervorgeht, mit derselben Nothwendigkeit bildet sich auch die menschliche Triebhandlung, wie
sie sich ursprünglich gebildet hat.

Das Unterscheidende aber der instinctiven Handlungen, welche im späteren entwickelten Leben stattfinden, gegen die ursprünglichen, ist ein mehrfaches: zunächst dies, daß sie in psychische Vorstellung sich umgesetzt hat. Sobald jemand sagt: mich hungert, so wirkt der Hunger nicht mehr blos instinctiv in ihm. So wie sie sich in einen Gedanken umgesetzt hat, wie sie appercipirt wird in einer bestimmten Vorstellung, ist sie eben nicht mehr Triebhandlung. Also genau ausgedrückt: Das Thier, wenn es Hunger hat und in Folge dessen auf die Speise losstürzt, hat nicht — das können wir annehmen — die Vorstellung „mich hungert", sondern eben als Resultat desselben blos den Trieb, diesen Hunger zu beseitigen, d. h. also, in dem eigentlichen Instinct wirkt der Trieb, aber er wird kein weiteres, vermitteltes psychisches Element. Wird dies umgesetzt in ein psychisches Element, vollends in ein be= wußtes, so daß es auch mit der Sprache gefaßt wird, so ist es nicht mehr bloßer Instinct.

Ein zweites wesentliches Kennzeichen, um von den im strengen Sinne instinctiven Handlungen diejenigen zu unter= scheiden, welche zwar dem Naturzweck ebenfalls dienen, aber zugleich einen Inhalt der geistigen Thätigkeit ausmachen, ist in Folge dessen: der Gebrauch des Werkzeugs. Alle ursprüng= lichen Triebe, wie wir sie bei den Thieren und bei den Menschen finden, kennen kein Werkzeug, sondern vollziehen ihre Hand= lungen vermittelst der gegebenen Organe. Sobald ein Werk= zeug gebraucht wird, ist eine Mitwirkung der schöpferisch thätigen psychischen Action des Menschen bereits gegeben. Und wir können den Unterschied zwischen dem Menschen und dem Thier ganz bestimmt so aussprechen, wie es bereits Franklin gethan, daß der Mensch ein Werkzeug machendes Thier ist. Das Werkzeug scheidet den Menschen vom Thier, weil jede Hand= lung nicht mehr unmittelbar, sondern vermittelt, dadurch näher bestimmt, bereichert, in Gedanken umgesetzt, mit eigenen schöpfe= rischen Gedanken des Menschen umgeben, vollzogen wird durch das Werkzeug.

Ein drittes Merkmal ist: daß Ordnung, abstracte, von dem objectiven Antrieb verschiedene, aus anderen Gedanken herstammende Ordnung für die Triebhandlung stattfindet. Wer zur bestimmten Stunde ißt, der ißt (wie wer Messer und Gabel gebraucht) nicht mehr instinctiv; mehr oder minder festes, vorausbestimmtes Maß, zeitliche Ordnung und künstliches Werkzeug machen den Unterschied zwischen essen und fressen. Und es ist deshalb eine nicht blos in physiologischer Beziehung richtige, sondern auch in psychologischem und pädagogischem Interesse außerordentlich wichtige Regel, schon die kleinsten Kinder daran zu gewöhnen, daß sie ihre Muttermilch zu bestimmten Zeiten bekommen. Zu bestimmten Zeiten saugen ist menschlich, zu saugen, wenn man Hunger hat, ist allgemein thierisch. — Freilich nicht die psychische Vermittelung und die feste Ordnung allein, sondern über dieselbe hinausgehend und sie noch veredelnd wirken alle psychischen Acte, mit denen wir die Triebhandlungen umspinnen und durchwinden, zur Sänftigung und Vergeistigung derselben. Alle psychischen Formen, also alle von anderen, von ästhetischen, religiösen, ethischen Ideen herkommenden Formen, die wir mit den triebartigen Handlungen verbinden, heben den instinctiven Charakter auf. Alle gebildeten Menschen haben gesellig nicht blos getrunken, weil sie Durst hatten, sondern (auch nach der schädlichen Seite hin, den Instinct verlassend) über den Durst; aber alle gebildeten Völker haben auch eine Trinkordnung damit verbunden. Dies finden wir bei den Griechen, Persern, Hebräern, Römern und bei allen civilisirten Nationen der Gegenwart. Das ist nicht mehr instinctives Trinken.

Die Veredelung der Instincte, welche auf der einen Seite bis in's Thierische hinabreichen, kann auf der anderen Seite bis zur höchsten Menschlichkeit, bis zu religiöser Vertiefung emporsteigen, wenn sie mit idealen Gedanken und Formen verknüpft, zu idealen Handlungen umgeprägt werden. Religiöses Genießen von Speisen ist weit verbreitet bei verschiedenen Völkern und an die verschiedensten religiösen Ideen an-

geknüpft; es gibt kaum irgend eine Religion (wahrscheinlich gar
keine), in welcher nicht auch essen und trinken an irgend einer
Stelle einmal zu einer religiösen Handlung, zu irgend einem
religiösen Dienste wird, und das ist eben die letzte Weihe,
welche der Mensch auch diesen seinen ursprünglichsten instinctiven
Handlungen zu geben gesucht hat.

Das Gebiet des physiologischen Interesses ist aber keineswegs blos auf diejenigen Gegenstände und Verrichtungen beschränkt, welche dem Naturzweck der Erhaltung des Individuums dienen, vielmehr schließt es das ganze Reich des mannigfaltig gearteten, in der Sphäre eines jeden Sinnes nämlich sich
verschieden gestaltenden Behagens und Unbehagens ein. Alle
unsere Sinne haben eine specifische Lust und ihr Gegentheil.
Der Reiz der Farbe, rein als Farbenreiz, der Reiz der Töne
bietet solche ursprünglichen Interessen. In dem Maße, als sie
sich von dem bloßen Dienst, den sie dem Organismus leisten
und vollends von dem bloßen Zweck seiner Erhaltung entfernen,
in dem Maße werden sie auch theoretischer, d. h. also, die
Vorstellungen, welche aus den Sinnesreizen gebildet werden,
gewinnen ein freies Interesse, haben weniger Beziehung zu dem
ursprünglich instinctiven Charakter aller Sinnesthätigkeit; schließlich sind sie selbst nicht mehr instinctiv. — — Im Widerstreit
der Interessen, von welchem wir ja noch werden zu reden
haben, ist es wichtig zu sehen, wie die instinctiven die weitaus
stärkeren sind als alle anderen, auch wenn diese sinnlicher Art
sind. Nehmen wir das einfachste Beispiel. Es sei einem Kinde
etwas Schaubares gegeben, was sein Auge ergötzt, irgend eine
glänzende Fläche, und jetzt kommt etwas Eßbares, so überwiegt
das Interesse an dem Eßbaren sofort das an dem Schaubaren.
Und es ist wichtig, an diesem Punkte schon zu sagen, wie es
für die psychische Entwickelung des Menschen sehr bedeutsam
und besonders eine Aufgabe der Pädagogik ist, daß eben die
Interessen des Theoretischen gestärkt werden, daß es eine Haupt-
arbeit am Menschen ist, ihn zu befreien von der ursprünglichen Gewalt, welche diese rein physiologischen Interessen auf

ihn ausüben. Ein Kind, welches im Stande ist, an dem ge-
sehenen Apfel die Freude zu haben, daß er lustig ist zum Ansehen und nicht blos gut zu essen, hat schon eine wirklich geistige
Stufe erreicht.

Ob im letzten Grunde alle Gefühle des Wohlseins und
des den Sinnen Angenehmen nur der Erhaltung des Daseins
dienen? Ob im Zwecke des Geschaffenen das Wohlbefinden
und Behagen selber eine Bedeutung hat, oder das höchste
Wohlsein nichts Anderes ist, als die günstigste Lage für bloße
Erhaltung des Daseins? Wer mag das entscheiden! (S. oben
S. 71.) Was uns die Erfahrung darüber lehrt, ist jedenfalls
dies: daß im Bewußtsein des Menschen, des Kindes wie
des Erwachsenen, das Behagen nicht auf die Dauer, das Vergnügen nicht auf die Erhaltung des Daseins gerichtet ist: als
ein letzter Zweck wird der Genuß gesucht und gefunden. Auch
darf man, wie gesagt, keineswegs die oft beobachtete Harmonie
zwischen dem Wohlverhalten und der Wohlerhaltung der Wesen
als eine ausnahmslos durchgreifende ansehen; nicht blos im
Bewußtsein unabhängig, sondern dem Zweck widerstreitend wird
vom Thier sowohl wie vom Menschen das Angenehme gesucht,
auch wo es verderblich ist. Daß der Instinct jedes Thier
durchaus und überall vor Gefahren schützt, wie die Biene vor
dem Gift, ist eine aus falscher Verallgemeinerung entstandene
Einbildung; die Mücke fliegt, Licht oder Wärme oder Beides
suchend, in die tödliche Flamme; dem Wohlgefühl des Gaumens
von der Süßigkeit fällt Mensch und Thier zum Opfer, wenn
ihm Gift statt Zucker gereicht wird. Von der Wirkung der
an sich unschädlichen, aber durch das Unmaß vernichtenden Genüsse wollen wir nicht reden; der Mangel an maßangebenden,
richtig leitenden Gefühlen mag in der Disharmonie zwischen
Zweck und Gefühl seine Ursache haben, welche erst durch irre-
führende Verfeinerung und nachfolgende Abstumpfung der Organe, durch Ueberwucherung der gedankenhaften Vermittelungen
über die sinnlich unmittelbaren Wahrnehmungen ihren zureichen-
den Grund haben. Der ehrgeizige Wetteifer um die Anzahl

vertilgter Schoppen hebt nicht blos das Gefühl der Sättigung, sondern jedes Verhältniß von Durst und Trinken auf.

Ein physiologisches Interesse eigener Art muß jedenfalls noch erwähnt werden, welches stark und reich an treibenden Gefühlen, mit dem Zweck der Erhaltung in gar keiner Verbindung steht, es sei denn, daß man sie von dem Dasein des Individuums auf das der Gattung ausdehnt. Hier ist der objective Naturzweck, zumal im Moment und Act seiner Verwirklichung, dem Bewußtsein in der Regel gänzlich entzogen, dafür aber so tief in ein starkes Lustgefühl eingetaucht, ja seine Herrschaft ist so ganz auf das Lustgefühl übergegangen, daß ein unersättliches Streben nach diesem oft noch sicherer den Untergang des Individuums als die Erhaltung der Gattung zur Folge hat. Der Erhaltungszweck erscheint in einen eigenen Widerspruch verwickelt.

Jeder Blick in die Geschichte der Menschheit zeigt uns, wie dieser sinnliche Trieb der Begattung allmählig mit geistigen, idealen, mit ästhetischen und sittlichen Elementen durchflochten ist. Die Weltlitteratur, die Poesie aller Zeiten und Völker, legt ein ganz besonders deutliches Zeugniß von der Art ab, wie der menschliche Geist das sinnliche Gefühl der Geschlechtsliebe gereinigt und vertieft, bereichert und veredelt, wie er es aus der niederen und natürlichen Sphäre heraus- und hinaufgehoben und mit dem Gewaltigsten, Tiefsten und Edelsten in lebendige Verbindung gesetzt hat. Auf die theoretische Entwickelung des Menschen hat dieser sinnliche Trieb fast gar keinen Einfluß; während die anderen leiblichen Bedürfnisse der Nahrung, Kleidung, Wohnung den Menschen stufenweise zur Eroberung der Welt im Kennen und Können leiten, von der Wahrnehmung der nächsten Objecte und der Schöpfung der einfachsten Befriedigungsmittel bis zum Aufbau eines theoretischen Weltbildes und zur Schöpfung einer vielverzweigten Industrie fortgeschritten wird, bleibt hier der Gedanke auf die Beziehung des Menschen zum Menschen beschränkt (nur in entfernten Einflüssen auf jene zurückwirkend).

Dahingegen ist die Liebe zum stärksten Hebel menschlicher Phantasie geworden, sei es, daß diese das Leben des Einzelnen mit ihrem blüthenreichen Schmuck umkränzt, sei es, daß sie Werke der Dichtkunst hervorzaubert, welche dem allgemeinen Geiste den Adel einer lauteren Seligkeit aufprägen. Kein Zug des menschlichen Herzens und keine Richtung der menschlichen Seele hat auch nur im Entferntesten eine ähnliche Fülle schöpferischer Thätigkeit zur Seite; die Liebe zu preisen, ihre Reize und den Reichthum ihrer Formen in der Entstehung, Begründung und Entwickelung zu schildern, ihr beglückendes Ziel und ihre tragischen Conflicte zu feiern, sind die Dichter unerschöpflich; nirgends so stark, nirgends so reich und so fein, nirgends auch so deutlich wie in der Liebe hat der Mensch der Natur das Siegel des Geistes aufgedrückt.*) Und dennoch er- scheint die ganze ursprüngliche Gewalt des Instincts bei der Durchflechtung und Umwindung desselben mit seelischen Ele- menten nicht nur erhalten, sondern wahrscheinlich noch ge- steigert. —

Wenden wir uns nun zu den eigentlichen und ursprüng- lich psychischen Interessen des Menschen, so können wir in ihnen drei Arten als wesentlich oder von Grund aus verschieden er- kennen; ein psychisches Interesse nämlich bezieht sich auf:

I. die Thätigkeit und ihre Form;

II. das Selbst, seine Erhöhung und Zusammenschließung mit Anderen;

III. die Sache, oder die Ideen und ihre Verwirklichung.

Was also irgendwie ein Mensch thun oder genießen mag, was irgendwie sein Gemüth bewegt, anspricht oder abstößt, ich

---

*) Auch der berauschende und berückende Most des Witzes sprießt auf dem Boden dieser Sinnenlust in unvergleichlicher Fülle, meist aller- dings auf der Schattenseite des Weinbergs. — Sehr bemerkenswerth scheint es mir übrigens für die allgemeine Kunstgeschichte, daß nur für die Poesie sich ein solches Uebergewicht des Liebesgefühls geltend macht, während Bildhauerei, Malerei, Baukunst und Musik viel mehr in religiösen und anderen Gefühlen ihre Objecte oder ihre Triebkräfte haben.

glaube, es wird sich absolut in einer dieser Kategorien wieder=
finden. Und wir versuchen nun des Näheren, die beson=
deren Arten von Interessen, welche daraus sich gestalten, syste=
matisch an uns vorüberzuführen. Also zunächst:

I.

Die Thätigkeit und ihre Form.

Von Haus aus ist es

1. **Die Thätigkeit als solche selbst,**
ohne jede nähere Bestimmtheit, als der bloße Gegensatz zur
Unthätigkeit. Thätigkeit ist Leben. Jene ursprüngliche und
unaufhörliche Neigung also, welche jedem Wesen, speciell aber
jedem denkenden, jedem bewußten Wesen einwohnt, sein Leben
zu erhalten, sein Leben zu bethätigen, wie ja die Sprache
es bereits ausdrückt, jener ursprüngliche Trieb, sage ich, hat
zum Inhalt, daß irgend eine Thätigkeit geschehen soll. Das
Gegentheil ist das Nichts, ist das Leere. Also irgend eine
Erfüllung, wenn ich mich so ausdrücken soll, der Zeit wird er=
strebt. Dieser ursprünglichste Trieb behält seine Geltung neben
und nach allen anderen Interessen, welche sich aus ihm ent=
wickeln mögen. Wir sehen in den ersten Anfängen der inneren
Entwickelung des Menschen bereits, wie äußerlich am Körper
des Kindes, so innerlich in seiner Seele, eine starke Beweglich=
keit, eine rastlose Thätigkeit. Wir können es genau beobachten,
daß die Seele des Kindes gleichsam niemals stillsteht; der
Mechanismus seiner Vorstellungen ist fortwährend in Bewegung,
gerade wie auch sein Körper die Tendenz zu fortwährender
Bewegung hat. Noch sind andere inhaltliche Interessen wenig
entwickelt, und das Interesse haftet vorzugsweise daran, über=
haupt thätig zu sein. Und dann, wenn die ganze Fülle des
Lebens durchmessen ist, wenn allen Interessen eines Menschen
etwa widrige Schicksale sich gegenüber gestellt haben, wenn die
Reflexionen über das eigene Leben nicht blos, sondern über
das Leben der Menschen überhaupt, dahin geführt haben, die

Interessen als unzureichend, die Ideale als Träume zu erken=
nen, wenn die Erfüllung der Lebensinteressen sich entweder als
unmöglich oder als nichtig erweist, und wenn der Mensch end=
lich zu einer Resignation hingedrängt wird, wie sie unser
großer dichtender Denker Schiller dargestellt hat, so bleibt
schließlich ihm als das Einzige: „Beschäftigung, die nie er=
mattet." Also nichts mehr von der inhaltlichen oder persön=
lichen Bedeutung wäre als werthvoll übrig geblieben, und nichts
desto weniger das Eine, das nie aufhört, das Interesse an der
Beschäftigung überhaupt und an sich selbst.

Schon Pascal führt seine Anschauung des Lebens zu dem
Gedanken, daß es sich in allem Ernst wie im Spiel um
Thätigkeit handelt. Voll von falschen Voraussetzungen und
richtigen Beobachtungen ist er der Meinung, daß im Hinter=
grunde der menschlichen Seele das Gefühl eines ewigen, all=
gemeinen und unentrinnbaren Elends vorhanden sei; um dies
Gefühl zu betäuben, entfliehen die Menschen der Einkehr in sich
selbst; sie meiden das Selbstbewußtsein, um dem Bewußtsein
ihres Elends zu entrinnen; darum flüchten sie sich in andere
Dinge, von denen die Seele gefesselt, das Bewußtsein erfüllt
wird. Als Güter des Lebens werden deshalb nur solche Dinge
angesehen, die dem Menschen zu schaffen machen; nicht der
Besitz sondern der Erwerb, nicht der Werth sondern die Sorge,
nicht der Preis sondern der Kampf zieht den Menschen an.
Die Jagd auf Hasen, die Verwaltung einer Krone und das
Spiel mit dem Ball und den Karten stellt er deshalb immer
zusammen und auf gleiche Linie. Alles was, nach unserer
Anschauung, außer und auch neben den letzten Dingen, von denen
die Religion handelt, dem menschlichen Leben Reiz und Werth
und Würde verleiht, was die Cultur erzeugt und ausmacht,
hat in seinen Augen nur den subjectiven, negativen, abstracten
und gleichsam formalen Werth, den Menschen zu beschäftigen,
und die Beschäftigung selbst nur deshalb, weil sie das ewige
und unendliche Gefühl des Elends verdeckt und verdrängt und
diesen ursprünglichen Inhalt der Seele ersetzt..

Vollkommen treffend ist die Beobachtung: was die Menschen überall, im Spiel wie im Ernst suchen, ist die Erfüllung, was sie fliehen, ist die Leere. Aber es ist so, nicht weil die Leere in der Seele keine wäre; nicht weil das Gemüth, leer von Anderem, von aller Arbeit und allem Genuß, voll von uranfänglichem Elend und ewigem Jammer ist!

Nein! die Leere selbst ist das Elend, die Nichtigkeit, welche die Menschen von Haus aus fliehen. Der Geist sucht die Erfüllung, den Inhalt, die Thätigkeit, weil er sein Dasein und sein Leben sucht; das Leere aber ist das Gegentheil des Seins und des Lebens. Nicht weil ein anderes Schreckniß lauernd hinter ihr steht, ist die Leerheit so grausig, sondern sie selbst ist das Grauen und der Schrecken alles Lebenden; das Leere ist der Tod. Das Leben des Geistes ist seine Erfüllung mit irgend welchem Inhalt, und jeglicher Inhalt ist für den Geist der seinige nur durch Thätigkeit. —

Daran schließt sich unmittelbar das Interesse an der bestimmten Art, wie unser Leben erfüllt ist mit irgend einer Thätigkeit; diese sei productiv oder consumtiv, im gewöhnlichen Sinne genommen: activ oder passiv. Das Passive ist nichts eigentlich Passives, Schaffen oder Schauen ist ja Beides Thätigkeit. Die Bilder der Natur und der Umgebung, die wir in uns aufnehmen, gewohnte oder neue, sie bilden eine fortwährende Thätigkeit für unsere Seele. Wir mögen künstlerische Dinge erzeugen oder sie blos anschauen, so ist es in beiden Fällen also ein Interesse an einer Thätigkeit, welche uns erfüllt, und es kann auf diese allein sich beschränken. Alle Erkenntnisse, die wir suchen, können uns vorzugsweise von diesem Gesichtspunkte aus interessiren, daß sie uns auf eine zusagende Weise beschäftigen; also die Form der Thätigkeit als solche, daß diese in ihrer Art uns zusagt, dies allein kann das specifische und ursprüngliche und zugleich persönlich geartete Interesse für uns ausmachen.

Von der Verschiedenheit der Thätigkeitsformen und ihren Erfolgen für das Interesse mögen einige hervorgehoben werden:

alles Uebrige gleichgesetzt — denn wir werden ja widerstreitende Interessen kennen lernen — je mehr Thätigkeit, desto mehr Erfüllung dieses ursprünglichen Interesses. Je stärker also die Erregung ist, desto mehr wird unser Interesse befriedigt; und eben deshalb ist die Seele fortwährend darauf gerichtet, die stärkere Erregung zu suchen. Das Gewohnte und Gewöhnliche, das was unsere Energie nicht herausfordert, was so und so vielfach bereits durch unsere Seele gegangen ist, so daß es, zwar als Thätigkeit vorhanden, doch vorüberfließt, als ob es nicht vorhanden wäre, kurz, was uns also in geringerem Maße überhaupt erregt und bewegt, das verliert an Interesse für uns, während Alles das, was im Vergleiche zu einer solchen hin= schwebenden, nicht erregenden Thätigkeit uns wirklich ergreift, beschäftigt, unsere Kraft herausfordert, gesucht wird. Nach dem Maße der Stärke der Erregung messen wir die Fülle des Lebens, und es kann deshalb Beides: das Angenehme zu einer tieferen, stärkeren Erregung uns führen, aber sogar auch das Unangenehme. Nicht blos die Lust, sondern auch der Schmerz kann uns aus diesem Gesichtspunkte werthvoll werden.

Deuten wir das Interesse an der Erregung und das Auf= steigen desselben mit ihrer steigenden Stärke, als das Gefühl der Befriedigung über die eigene Kraft und ihre Aeußerung und Anwendung oder über das energieerfüllte Dasein, dann können wir verstehen, wie sich an dieses Interesse ein anderes, scheinbar entgegengesetztes, aber in der Erfahrung gleich un= zweifelhaftes anschließt.

2.

Die leichte, bequeme, glatt hinfließende Thätigkeit erfüllt uns mit Wohlgefühl. Wenn die Störungen und die Stockungen fern bleiben und die Arbeit glücklich von Statten geht, wenn sie ihr Ziel ohne Hemmung, aber auch ohne übermäßigen Auf= wand von Kraft erreicht, dann sind wir befriedigt. Wer als Knabe beim Lesen der Homerischen Gesänge an die Verse ge= langt, welche sich ganz oder fast ganz öfter wiederholen, der

hat die angenehme Empfindung, als ob die Vorstellungen be=
flügelt dahinschwebten, oder als ob der träge hinschleichende
Fluß der Gedanken plötzlich in munterem Fall dahinstürzte.
Solche Erleichterung irgend eines Thuns bereitet ein gewisses
Behagen, das selbst physiognomisch erkennbar ist.

Das Gefühl der Zulänglichkeit (vollends des Ueberschusses)
unserer Kraft überhaupt, oder der eben aufgewendeten für die
aufgegebene That mag als die Quelle des Vergnügens gedacht
werden.

Wir messen den Aufwand unserer Kraft an der An=
strengung, die er uns kostet, einerseits, und andererseits am
Erfolg, den wir erzielen; dieser Erfolg wird bald in einem
Werk, das wir hervorbringen, bald in einer Thätigkeit, Hand=
lung, die wir vollziehen, bestehen, und neben dem Maße der
Anstrengung steht auch noch das der Zeit, die wir aufwenden
müssen. Weil nun unsere Thätigkeit zuweilen leichter und
schneller, zuweilen langsamer und schwerer von Statten geht,
so haben wir an und in uns selbst, auch ohne objective Ver=
gleichung, einen Maßstab, nach welchem uns Behagen oder
Mißbehagen entspringt.

Aus alledem also folgt, wie mit vereinten und gesteigerten
oder getrennten und verminderten Elementen die Grade und
Arten des Wohlgefallens sich bilden, die wir aus jeder leichten,
sicheren, gelingenden Thätigkeit empfangen. — Das Interesse
an dem entstandenen Werk, davon abgesehen, daß es Maßstab
unseres Thuns ist, bleibt davon natürlich noch gänzlich ver=
schieden. —

Goethe sagt einmal: „Es gibt kein Behagen als die Ge=
wohnheit." Was ist es denn nun, was uns an der Gewohn=
heit als solcher Behagen bereitet? eben dies, daß sie eine
Thätigkeit bietet, welche mit Sicherheit vollbracht wird, daß
nirgends eine Störung, Hemmung oder eine besondere An=
strengung uns entgegentritt. Wir sind in dem eigenen Zimmer
behaglicher als in einem Gastzimmer, weil wir jeden Gegen=
stand kennen; jede Bewegung, die wir zu machen haben, können

wir fraglos und mühelos vollbringen. Jeden Gegenstand, dessen wir zu unserer Bequemlichkeit bedürfen, haben wir auch wirklich gegenwärtig; dort gibt es überall etwas zu suchen, gleichsam erst zu erwerben. Und wie in dieser Einen Beziehung können wir hundert Beziehungen durchgehen, wir würden eben finden, die Gewohnheit hat ihre Behaglichkeit darin, daß die Thätigkeit, die wir zu erfüllen haben, glatt, ohne neue Vor-aussetzung, vielmehr mit vorausgesetzter und eintreffender Sicherheit erfüllt wird.

Unmittelbar verbunden aber mit diesem Interesse an der leichten und an der gelingenden erfolgreichen Thätigkeit ist wiederum das auf der entgegengesetzten Seite stehende, dieses mit dem zuerst genannten verbindende Interesse, nämlich

3.

das an der Ueberwindung von Schwierigkeiten. Immer han-delt es sich darum, daß eine mehr oder minder erhöhte Thätig-keit stattfindet. In der Gewohnheit wird ein geringeres Maß von Zeit und Kraft zum Vollbringen einer gewissen Thätigkeit erfordert, und dadurch ist ein gegebenes, aus dem Object ge-schöpftes Maß von Lebensfülle leicht erreicht. Dem Gewohnten gegenüber steht alles Neue. Alles Neue zu erwerben erfordert gleichsam einen Kampf. Mit dem Gewohnten sind wir im Frieden, das Neue müssen wir bekämpfen, um es zu besiegen und uns anzueignen. Das Seltene interessirt uns deshalb nach dem Maße seiner Seltenheit, weil dies zugleich das Maß ist für die Stärke der Erregung. Alles was einen höheren Grad von Individualität besitzt, was irgendwie eigenartig und auf-fällig ist, interessirt uns deshalb, weil es unsere Auffassung energischer beschäftigt, auch wenn es weder einen ästhetischen, noch einen sittlichen oder persönlichen Werth für uns hat: Eine pittoreske Landschaft, das knorzige Gesicht eines alten Stein-klopfers, eine ungekannte, wunderliche Tracht, die Erzählung von einer weit entfernten großen Feuersbrunst, die unser Ge-müth nicht anfaßt, von einem sehr hohen Alter, einem klugen

Hunde, einem seltenen Meteore. Mag in dem Meteor vor und außerhalb der Wissenschaft das Räthselhafte uns reizen; gerade alles Räthsel selbst reizt uns nur, weil es unsere Thätig= keit in höherem Maße anspannt, indeß der Inhalt an sich auf dem Nullpunkt eines jeden Werthmessers stehen kann.

Wenn von allen Tönen, die wir hören, der höchste eben so wie der tiefste, der stärkste eben so wie der schwächste uns mehr interessirt, als die mittleren Töne, so wird dies in der Seltenheit ihrer Erscheinung oder in der Schwierigkeit ihrer Erzeugung — oder in beidem zugleich und gesteigert — seinen Grund haben. Aber wenn das Fortissimo und das Pianissimo eines Tones uns gleich sehr reizen, so ist doch der Grund ein verschiedener; die Wahrnehmung des stärkeren Tones wird mit der wachsenden Stärke immer leichter und sicherer, die An= strengung oder Anspannung, um ihn zu vernehmen, immer geringer, während der schwächere Ton, um klar und bestimmt aufgefaßt zu werden, größere Spannung und Aufmerksamkeit erheischt. Dort wird die Thätigkeit an einem größeren Inhalt leichter vollzogen, hier wird ein kleinerer Inhalt durch größeren Aufwand von Kraft zur Klarheit erhoben. Peinlich aber wird es, wenn der Ton zu stark für unser Organ, wenn Kanonenschläge uns übermäßig und durch Irradiation auf andere Nerven nicht blos das Gehör erschüttern; während das Pianissimo gewiß auch eine — gleichsam von innen her irra= diirende — Mitspannung anderer Nerven in der Aufmerksamkeit erzeugt, welche sich auch physiognomisch zu erkennen gibt. Neben dem absoluten Maß der Wahrnehmung aber scheint das Steigen und Wachsen derselben noch mehr das Gefällige zu sein; vielleicht weil das Gefühl der eigenen Action in ihrer fortgehenden Veränderung darin am deutlichsten hervortritt; der zarteste und der stärkste Ton wird uns also dann am ange= nehmsten sein, wenn wir ihn von den mittleren her allmählig erreichen. Ob es wohl nur zufällig ist, daß wir im Deutschen das höchste Maß einer Sache oder irgend eines Werthes als die Vollkommenheit desselben bezeichnen, oder ob damit auf

die eben gedachte Thatsache hingedeutet ist, daß die subjective
Seite der Sache, die eigene Thätigkeit in ihrer Auffassung
dann am meisten befriedigt, wenn sie in einem Kommen zum
Vollen ihres eigenen Wachsens inne wird?

Aber gleich viel, ob im allmähligen Werden oder in der
plötzlichen Vollendung, immer ist es die Kraftäußerung als
solche, die uns befriedigt, in dem einen Falle dadurch, daß sie
fraglos und sicher vor sich geht, in dem anderen Falle,
daß sie eben so fraglos und sicher in die Erscheinung tritt,
gerade weil sie, um sich zu manifestiren, eine Anstrengung zu
vollbringen hat. Vielleicht durch keine Art der Verschiedenheit
des in seiner letzten Quelle gleichen Interesses scheiden sich die
Individualitäten der Menschen so sehr als gerade durch diesen
Gegensatz. Also der eine ist vorzugsweise darauf gerichtet,
Schwierigkeiten zu überwinden, den Kampf gegen die Dinge
zu führen, es sei um sie zu erkennen, wie etwa in der Wissen=
schaft, es sei um sie zu erzeugen, wie in der Kunst; der andere
steckt sich ein leichtes Ziel, um es bequem zu erreichen; beide
aber wollen der an's Ziel gelangenden Kraft sich erfreuen.
Auch ganze Kunstrichtungen können wir nach diesem Gegensatz
unterscheiden, ob sie eben darauf ausgehen, die leichte, fließende
Thätigkeit zu erzeugen, oder aber eine forschende, suchende, an=
strengende, aber dann durch den Erfolg der Anstrengung be=
lohnende; jene wird die ideal typische, diese die real charakte=
risirte Schönheit der Gestalten hervorbringen. Ja, es gibt
eine Kunstrichtung, die im strengsten Sinne realistische, deren
Interesse vorzugsweise auf der Ueberwindung von Schwierig=
keiten von Seiten des schaffenden Künstlers beruht. Wenn die
Malerei z. B. alle anderen Principien der Schönheit bei Seite
setzt, weder in der Wahl des Objects, noch in der Form seiner
Gestaltung irgend etwas Anderes sucht, als blos die Wahr=
heit der realen Darstellung, dann kommt das Interesse nur
darauf hinaus, daß eben diese Wahrheit auf der Leinwand
und mit Farben zu treffen eine große Schwierigkeit ist, daß
es Kunst im engsten Sinne des Wortes, nämlich ein eigent=

liches Können erfordert, um dies zu vollbringen. Hier wird das Atelier zum Laboratorium. Nach dieser Anschauung wird, weil nach dem schönen Ausspruch Spinoza's „alles Edle selten und schwer ist" — auch das Schwere und Seltene allein (und allein schon) für das Edle gehalten.

Aus dem Vorwiegen dieses Interesses an unserer Thätig= keit, daß durch sie Schwierigkeiten, die sich entgegenstellen, be= siegt werden, erklärt es sich, daß in Folge dessen auch die Person in Wettstreit geräth, daß der Kampf also, indem er ein Kampf gegen die Dinge ist, welche überwunden werden sollen, zugleich zu einem Wettkampf mit anderen Personen wird, welche etwa dieselben Gegenstände betreiben. Das In= teresse an der Thätigkeit ist also dann zwar ein zwiefaches, aber nach beiden Seiten hin eines der Anstrengung und des Kampfes, um Schwierigkeiten, Hindernisse zu überwinden und mit anderen Kräften sich zu messen.

Diese Neigung oder die Neigung zu diesem Interesse an der Thätigkeit ist allerdings nicht so verbreitet. Von ihr und ihrer Wirksamkeit hängen alle Fortschritte der Cultur ab. Sicher wird es kaum irgend einen Menschen geben, der nicht zu irgend einer Zeit seines Lebens auch den Trieb gehabt hätte, etwas, was zu machen schwer ist, zu vollbringen, etwas besser zu machen, als sein Nachbar es macht. Im Allgemeinen ist aber, wie gesagt, dieses Interesse selten vorhanden. Die Anzahl Derer, welche den Gewinn aus dem Kampfe ziehen, welchen Andere gegen die Dinge geführt haben, ist viel größer als die Anzahl der activen Kämpfer.

Vor Allem können wir nun mit einem Worte sagen: Unter allen Thätigkeiten, welche der Mensch zu vollbringen hat, ist diejenige des Denkens für unsere Seele die natürlichste, aber zu gleicher Zeit die schwerste. Blicken wir hinein in die menschliche Gesellschaft, so werden wir finden, daß sich die Berufsarten danach abstufen, wie viel oder wenig eigentliche Denkthätigkeit man nöthig hat zur Erfüllung eines Berufs. Denken wir an den Droschkenkutscher, den Straßenkehrer, den

Kärrner und Schiffer, welche ihre Aufmerksamkeit den Tag über nöthig haben; — es ist immer eine Denkthätigkeit, welche dafür sorgt, daß der Gaul, der Karren, das Schiff gehörig gerichtet wird; aber wie eng sind ihre Grenzen, wie gleichmäßig ihre Wiederholung. Der Beruf eines Menschen steigt aber immer höher, in dem Maße als der Kreis seiner Vorstellungen weiter, vielfältiger, beziehungsreicher, kurz als das Maß der Denkthätigkeit immer größer wird. Es stünde schlimm um die menschliche Gesellschaft, wenn die Neigung zur Denkthätigkeit allzu stark verbreitet wäre. Nichts desto weniger gehöre ich keineswegs zu Denen, welche etwa meinen, Diejenigen, welche in ihrer Berufsthätigkeit des Denkens wenig bedürfen, seien auf dieses Maß von Denkthätigkeit im ganzen Umkreis ihres Lebens beschränkt. Der Droschkenkutscher kann an bürger= lichen Verhältnissen — denken wir zunächst an seine Familie, aber auch an die Kirche, den Staat — mit großer Zärtlichkeit und Innigkeit, mit einer gewissen ethischen Vollkommenheit theilnehmen; er kann ein ausgezeichneter Bürger des Landes sein und auf seinem Bock sich sehr wohl über die politischen Ver= hältnisse des Landes zurecht finden, besser vielleicht als Der= jenige, der bequem in seinem Fauteuil sitzend die Zeitung durch= fliegt und nur passiv das Staatsinteresse an seiner Seele vor= überziehen läßt. Wir werden nur den Unterschied festzuhalten haben, ob in Bezug auf das Pflicht= und Berufsleben, in der Richtung seiner Thätigkeit auf ein bestimmtes verantwort= liches Ziel eine große Summe Denkthätigkeit vollzogen wird, und es ist ein Glück, sagte ich, daß eine große Zahl von Menschen sich findet, die sich begnügt bei der geringen Summe des Denkens. Diesen sagt es zu, daß ein anderes Interesse eintritt, nämlich das Interesse an der Passivität.

Die Geschichte der Entwickelung aller menschlichen Thätig= keit hängt von der Dauer und der Stärke des ersten ursprüng= lichen Interesses ab, von dem Interesse nämlich an der Thätigkeit selbst. Was sich sonst von Zwecken an irgend eine Arbeit anheften möge, sie werden nicht im Stande sein, die Func=

tionen zur Vollkommenheit zu führen, es sei denn, daß das ursprüngliche Interesse an diesen Functionen selbst vorhanden ist. Blüthe und Verfall in der Cultur eines Volkes hängen demnach wesentlich davon ab, wie viel Freude jeder Arbeiter an seiner Arbeit hat, und alle anderen Bildungen der Interessen sind nicht im Stande auszugleichen, was an Mängeln in dieser Beziehung sich findet. Wenn Neigung und Anlage in Bezug auf die Freudigkeit an einer Arbeit einander entsprechen, so hängt dies naturgemäß aus einfachen psychologischen Gründen mit jenem zweiten Interesse zusammen, das wir besprochen haben, nämlich mit dem an der leicht gelingenden fließenden und erfolg= reichen Arbeit; denn das, wofür die Anlage am meisten vor= handen ist, wird um so viel leichter von Statten gehen und deshalb auch die größere Neigung zu dieser besonderen indivi= duellen Thätigkeit hervorbringen. Der eigentliche Fortschritt aber, d. h. das Hinausgehen über bereits gegebene Formen der Thätigkeit, hängt dann von dem anderen Interesse ab, von dem für Kampf gegen Hemmungen und Schwierigkeiten, von der Neigung, Hindernisse zu besiegen.

Nun kann es wie ein Widerspruch in der Natur des Menschen erscheinen, wenn wir neben diesen beiden Interessen ein geradezu entgegengesetztes antreffen.*) Neben dem zwei= fachen Interesse für die Thätigkeit finden wir

4.

ein Interesse an der Ruhe, an der Muße. Dem Sinn für Arbeit steht der Sinn für Muße entgegen, dem ursprünglichen

---

*) Der Widerspruch darf uns gar nicht hindern, beide Thatsachen, die ihn erzeugen, zunächst anzuerkennen, sobald die Erfahrung sie uns zeigt; und es kann sich nur darum handeln, daß wir eine Lösung des Widerspruchs in dem Sinne herbeiführen, daß wir die Natur als mit sich harmonisch verstehen. An der Sache selbst als solcher können wir nicht rücken; und das ist ein wesentlicher Mangel früherer Psychologie gewesen, daß sie sich ein Idealbild von der Natur des Menschen gemacht, nach welchem sie ihn construirt hat; viele Thatsachen wurden halb ge= leugnet, oder halb verkannt, um sie ganz zu erklären.

und allgemeinen Trieb zur Thätigkeit, also gewissermaßen dem
ursprünglichen Fleiße in der menschlichen Seele eine Neigung zur
Trägheit. Der scheinbare Widerspruch löst sich vollkommen durch
eine einfache Thatsache und ihren psychischen Erfolg. Zur Erhaltung der Kraft bedarf es der Pause in ihrer Anwendung
und der Erholung; Muße und Ruhe sind die Bedingung für
Wiederherstellung der erschöpften Kraft; als endliche Wesen mit
endlichen Kraftquellen sind wir auf die Abwechslung der Arbeit
mit Muße und Ruhe gestellt. Wie die Natur im leiblichen
Organismus bis zu dem Extrem gegangen ist, daß sie uns jenen
Zustand zugemuthet hat, der nahezu an das Gegentheil des
Lebens anstreift, um das Leben immer wieder in Gang zu
bringen, nämlich den Schlaf: so ist es in ähnlicher Weise auch
für die psychische Thätigkeit, mindestens wegen ihrer Verflechtung mit dem physiologischen Leben nothwendig, neben der
Anstrengung Ruhe zu haben. Nun aber geschieht es auch hier,
daß nicht etwa der Hinblick auf diese causale Nothwendigkeit
uns zur Ruhe führt, so wenig wie der Hinblick auf den Gedanken der Nothwendigkeit der Selbsterhaltung uns zum Essen
und Trinken und zum Bedecken des Leibes gegen Frost und
Nässe führt; sondern unmittelbare Gefühle des Hungers, des
Durstes, sahen wir, sind es dort, deren Befriedigung uns leitet,
und nicht etwa der letzte dahinter stehende Zweck. So hat die
Natur auch hier unmittelbare Freude, das unmittelbare Behagen an der Ruhe, uns in die Seele gelegt, um uns zur Ein-
haltung derselben, zur Herstellung der Muße zu führen.

Mit dem ursprünglichen Interesse an der Kraftanwendung
ist das an ihrer Erhaltung, daher auch mit dem Interesse an
dem fortwährenden Wirken der Kraft das entgegengesetzte Interesse
ihrer Ruhe natürlich verbunden; so erzeugt also das Interesse
an der Thätigkeit das an der Unthätigkeit. Fast in Bezug
auf alle Interessen wird es uns immer wiederum begegnen,
daß eine Individualisirung wesentlich dadurch stattfindet, daß
von den entgegengesetzten eines sich gleichsam ablöst, daß es
selbstständig, dann überwiegend und schließlich im ganzen Men-

schen vorherrschend wird. Das Interesse an der Ruhe kann das an der Thätigkeit überwiegen, und wir sehen dann jene Menschen vor uns, welche man als träge bezeichnet. Träge ist Derjenige eben, der das Gefühl des Wohlbehagens, welches erst nach gethaner Arbeit und nur zum Zwecke der Ansammlung von Kraft für künftige Arbeit aus der Ruhe entspringen sollte, schon ursprünglich aus ihr schöpft. Der Träge schont, spart, sammelt seine Kraft; aber sie ist wie der Schatz des Geizigen, den er gesammelt und vergraben hat, und der niemals verwerthet, weil niemals gefunden wird. Die Kraft des Trägen, abgesehen davon, daß sie wie der ungebrauchte Schlüssel rostet, ist ebenfalls in ihm und wird mit ihm vergraben.

Allen Fleißigen erscheint die Thätigkeit als das Positive, die Ruhe als Negation; der Eine nimmt die Muße als der Arbeit süßen Lohn, der Andere als Unterbrechung und als nothwendiges Uebel, nur um neue Kräfte zu sammeln. Dem Trägen aber erscheint die Ruhe als das Positive, dem die Arbeit als Negation gegenübersteht.

Wie seltsam die verschiedenen Interessen sich individualisiren und combiniren! es gibt einen Fleiß aus Trägheit, wie einen Muth aus Feigheit. Es gibt Menschen, welche im Stande sind, Tage, Wochen lang in Unthätigkeit zu verharren; einmal aber mit der Arbeit beginnend, fahren sie in unaufhaltsamer, stetiger Weise darin fort und arbeiten hastiger und ausdauernder als selbst der Fleißige. Man könnte auf den Gedanken kommen, daß die vis inertiae sich ihnen auch darin geltend macht, daß sie von der Arbeit nicht wieder loskommen, wie der geworfene Stein zu fliegen nicht aufhört, bis andere Bedingungen ihn zur Ruhe bringen. Allein das wäre ein Spielen mit den Sachen. Es ist nicht wahrscheinlich, daß wir im Psychischen wirklich mit ehrlicher Analogie von solcher vis inertiae reden könnten. Wirklich scheint sich die Sache so zu verhalten, daß nur der Gedanke nachfolgender Ruhe so eindringlich auf sie wirkt, also das Interesse, später nicht mehr arbeiten zu müssen, so groß ist, daß sie in stark ausdauernder

Arbeit beharren, um jenen Zustand zu erreichen. Bei vielen Personen scheint es an der Energie nicht so wohl der Arbeit als des Entschließens und Anfangens zu fehlen. Träge zum Beginnen, sind sie die Fleißigsten im Beharren und Vollenden.

Vielleicht könnten wir nicht blos die Individuen, sondern sogar die Völkerschaften danach scheiden, ob sie die rhythmisch gedeihliche Abwechslung von Arbeit und Muße, oder das stoß= weise Arbeiten und Stillliegen lieben. In unseren eigenen Busen greifend erinnern wir uns, daß es eine starke Neigung der Deutschen war, auf der Bärenhaut zu liegen und dann in härterer Arbeit — und auch erfolgreicher — als andere Völker= schaften sich zu mühen. Es würde gar nicht schwer fallen, aus dieser psychologischen Eigenthümlichkeit des germanischen Cha= rakters und aus der Individualisirung desselben wiederum in den verschiedenen germanischen Stämmen Bedingungen abzu= leiten für die Gestaltung theils der Geschichte überhaupt, theils besonders der politischen Geschichte der germanischen Völker.

Ein anderer Punkt, der sehr werthvoll für die Betrach= tung dieses Widerspiels von Interessen in unserem Gemüthe ist: Wir finden Leute, gar nicht selten, welche vielgeschäftig sind, nur ihre Schuldigkeit nicht thun. Sie sind immer thätig; aber sie sind immer im Rückstand mit der Erfüllung ihrer eigensten Pflicht. Ja, noch mehr. Zur gegebenen Stunde vor eine bestimmte Pflichtarbeit gestellt, können sie sich zur Er= füllung derselben nicht aufraffen und unternehmen während dessen Dinge, von denen man nachweisen kann, daß sie nicht mindere Kraftanstrengung erfordern, als das, was ihre Pflicht gewesen wäre. Daß vielfach ein unredliches Thun, ein wider= gesetzlicher Erwerb erwählt wird, welcher mehr Fleiß, Vorsorge und Anstrengung erheischt, als der redliche Gewinn, ist eine bekannte Thatsache. Es wäre ungerecht, weil unwahr, hier überall einen „Hang zum Bösen" als treibende Kraft anzu= nehmen. Mancherlei Eigenschaften der erwählten Thätigkeit, verglichen mit der redlichen Arbeit, können die Beweggründe sein, welche zu erörtern uns hier zu weit führen möchte.

Zweifellos reizt es den Schlauen, den Sieg seiner List zu feiern; den Waghalsigen dagegen zieht gerade die Gefahr zum Conflict mit dem Strafrecht. Wohl sind „die gestohlenen Wasser süß" aber nicht gerade weil das Unrecht, das Böse, sondern vielleicht weil die Kunst des Stehlens sie würzt. Man soll die Menschen nicht besser, aber auch nicht schlechter machen, als sie sind. Nitimur in vetitum, „wir streben nach dem Verbotenen" ist eine richtige, aber rohe, oberflächliche Erfah=rung; eine genauere Unterscheidung und Zerlegung der Motive würde zeigen, daß sie selbst im „Verbotenen" als solchem sehr verschiedene sein und auf Anreize sich gründen können, welche vom einfach Schlechten und Bösen eben so weit entfernt sind, wie von Tugend und Gesetzlichkeit. Ich rechne dahin die Auf=lehnung gegen das Ueberkommene, Gewohnte, Alltägliche; die Freiheits=, die Originalitäts= und besonders die Subjectivitäts=sucht. Treffend charakterisirt die Bibel den Zustand allgemeiner Ungerechtigkeit in den Königs= und Richterlosen Zeiten dadurch, daß „Jeder thut, was Recht in seinen Augen ist".

Ich würde so flüchtige Bemerkungen über den schwierigen und wichtigen Gegenstand hier nicht hersetzen, wenn ich nicht die pädagogische Ethik zu einer genaueren Forschung dar=über herausfordern wollte. Es ist hohe Zeit, daß die Erzieher die abstracten Reden von Gut und Böse verlassen — (welche auch Buckle noch zu einer ganz thörichten Auffassung der Ent=wickelung oder vielmehr Behauptung der Nichtentwickelung des Sittlichen geführt haben) — und sich zu einer genaueren psycho=logischen Analyse der Motive wenden, aus denen gute und schlechte Handlungen bei den Menschen hervorgehen.

Nur eine allgemeine und bedeutsame Betrachtung wollen wir hervorheben, die an diesen Punkt im menschlichen Gemüthe anknüpft.

An den meisten unserer Thätigkeiten haben wir die wesent=liche Beziehung zu unterscheiden, daß sie auf der einen Seite von einem bestimmten moralischen Gebot etwa ausgeht, oder überhaupt aus irgend einer Nothwendigkeit stammt, und daß sie zu einem bestimmten Ziel wiederum hinführt, also eine Nothwendigkeit des Anfangs und eine Nothwendigkeit des Weges einschließt, um das Ziel zu erreichen. Alle eigentliche Arbeit ist von dieser Art. Verschieden von dieser wäre eine Beschäftigung, welche frei ist in Bezug auf den Anfang, ohne Pflicht und ohne Verantwortung, und frei in Bezug auf das Ziel, das zu erreichen ist. Wenn ich zur gegebenen Stunde mich hinsetzen soll, um ein wissenschaftliches Buch zu studiren, so hat das seinen guten moralischen Grund hinter sich, eine bestimmte Verpflichtung, und wir haben auch ein bestimmtes Ziel durch dieses Studium, soweit es eben in dieser Stunde erfüllbar ist, wirklich zu erreichen. Davon ist völlig verschieden, daß ich in bequemer Muße auf dem Rücken liegend einen Ro= man lese. Weder für den Ausgang, noch für das Ziel haben wir hier einen bestimmten Punkt. Dies haben wir fest im Auge zu behalten. Fassen wir alle Thätigkeit als eine Be= wegung, so unterscheiden wir: die durch Pflicht in ihrem An= fang und durch ein bestimmtes Ziel fixirte Bewegung, und die beliebige freie Bewegung. Alle freie Bewegung ist Genuß, und Genuß ist nichts Anderes als freie, wohlthuende Bewegung. Es gibt gar keinen Genuß, welcher in reiner Unthätigkeit be= stünde — die reine Unthätigkeit ist ein leeres Nichts —, son= dern Reiz und Erregung muß immer gegeben sein bei jedem Genuß. Aber die Freiheit in der Bewegung, ein Minimum der Anstrengung, und die relative Passivität in derselben charak= terisiren die genießende Beschäftigung. Daraus ist leicht erkenn= bar, wie in besonders günstigen Fällen auch die Arbeit zum Genuß werden kann, wenn wir ihr im höchsten Maße und so sehr gewachsen sind, daß sie uns spielend von Statten geht. Am wichtigsten freilich ist der Unterschied des vergleichsweise mehr thätigen oder leidenden Verhaltens in der Beschäftigung. Nehmen wir das einfachste Beispiel. Ob ich Musik mache oder Musik höre, ist eben dieser Gegensatz. Das Hören der Musik ist im Vergleich zu dem Musikmachen passiv; es ist nicht reine Unthätigkeit, aber es ist die Thätigkeit der bloßen Auffassung.

Auch hier liegt der Genuß in der Thätigkeit — aber ver=
gleichsweise ist sie eine passive; ferner ist sie eine Thätigkeit,
die nicht von einer Verpflichtung ausgeht, nicht in ihrem Ver=
laufe eine Verantwortung mit sich führt; vielmehr lassen wir
eben die Tonwellen auf uns wirken, sie selbst und ihre Urheber
sind die thätigen, diese auch haben die Verantwortung, wir
haben nur zu hören; und ebenso in Bezug auf das Ziel,
welches erreicht wird. (Dem Lehrer und Examinator wird
deshalb auch Musik hören zur Arbeit.)

Vielleicht ist die am schärfsten ausgesprochene Form des
Interesses an einer Thätigkeit, welche vergleichsweise sehr stark
und doch sehr passiv ist, nicht bloß symbolisch, sondern in einem
bestimmten Beispiel uns gegeben in allem Komischen. Das
Komische enthält seiner Natur nach eine stärkere psychische
Thätigkeit als alles Ernste, alles Uebrige natürlich gleichgesetzt.
Denn es beruht auf Contrasten, welche durcheinander spielen.
Indem ein komischer Gedanke gedacht wird, unterscheidet er sich
nothwendig von einer ähnlich großen Reihe ernster Vorstellungen
dadurch, daß in ihm die Beziehungen als gegenseitige und con=
trastirende gesetzt sind. Gleichwohl hören wir das Komische so
zu sagen passiv an, und es erregt dieses Spiel der Vorstellungen
Heiterkeit bis zur physischen Erschütterung. Ja das Lachen
selbst ist eine passive Erschütterung unseres Körpers, welche
vielleicht ebenso stark ist, wie irgend eine physische Thätigkeit,
die wir vornehmen; wir ermüden vom heftigen Lachen sehr
bald, und eher als von starker anderer Muskelthätigkeit; aber es
ist eben eine passive Thätigkeit. Hierher gehört übrigens auch
aller Scherz, Spaß, Neckerei, ein großer Theil der Gespräche,
das Scherzen und Necken mit Kindern und unter Kindern.

Das, was man Heiterkeit, Fröhlichkeit nennt, alles Tollen
und Unsinntreiben mit und ohne Witz hat zwar seinen Hinter-
oder Untergrund in einem Gemeingefühl des Wohlbehagens,
aber es äußert sich dann in leichten und leichtbewegten Vorstellungen, welche den Scherz und Spaß ausmachen. Björnson
in seinen „Bauernnovellen" sagt an einer Stelle: „Manche

Leute lachen heftiger, als sie das Lächerliche an einer Geschichte empfinden, nur weil sie gern lachen." Diese Thatsache, daß eine solche Specialität der passiven Erschütterung zur individuellen Neigung werden kann, ist ein lehrreiches Beispiel, wie aus den vielartigen Interessen fast ein jedes zu einer gewissen Vorherrschaft gelangen und zur Individualisirung der Charaktere unter den Menschen beitragen kann.

Dasselbe Princip des Wohlgefallens an Bewegung ohne Anstrengung, an leichtem und schier passivem Wechsel der Vorstellungen macht sich schon in der physischen Bewegung geltend; gewiß unter der Begleitung des seelischen Wohlbehagens, die Bilder der Umgebung ohne eigenen Kraftaufwand wechseln zu sehen, ergötzt uns die passive Bewegung. Fahren, gefahren werden, passiv bewegt werden ist ein Vergnügen nahezu für jeden Menschen; und daß es ein natürliches Vergnügen ist, können wir entschieden an jedem Kinde sehen. Auf ein Gefährte gesetzt werden, von einer Stelle zur andern kommen, ohne daß man seine Muskeln anstrengt, vollends auf ein lebendiges Pferd gesetzt werden und reiten, ist ein Vergnügen für jedes Kind.

Auf dem Princip der leichten, ziellosen, in sich selber schwingenden, zuweilen passiven Bewegung beruht auch das Wohlgefallen an allem — Spiel.

Von den Spielen gilt nur im Besonderen, was von allen Gegenständen oder Thätigkeiten eines Interesses im Allgemeinen zu sagen ist, und das, ob es gleich fast selbstverständlich ist, doch schon zu lange unerwähnt geblieben ist, um nicht befürchten zu lassen, daß dieserhalb manches der angeführten Beispiele als unzutreffend erschienen sein wird; nämlich dieses: im wirklichen Leben treffen wir selten ein Interesse, welches völlig vereinzelt und alleinig dem Gegenstande anhaftet. Vielmehr ist fast jeder Gegenstand von einem mehrfachen Interesse umspielt oder durchzogen. Ein Bild kann uns interessiren lediglich wegen der Kunst, von der es zeugt; ein anderes wegen der Person, des Ereignisses, die es darstellt; ein drittes wegen beider Eigenschaften zugleich. Ein Baum gefällt uns wegen seiner Gestalt, auch wegen seines Schattens, aber auch wegen seiner malerischen Stelle im Garten, oder weil der Vater ihn gepflanzt hat. Fügen wir gleich hinzu, daß jegliches Interesse entweder unmittelbar aus dem Gegenstande selber fließen oder mittelbar aus einem anderen ihm zufließen kann; dies kann so weit gehen, daß einerseits der Gegenstand an sich völlig werth-, also interesselos, andererseits das mittelbare Interesse ganz äußerlich und schier zufällig daran geknüpft sein kann. Alle Andenken, Reliquien ohne eigenen Werth, erregen unser Gemüth oder unsere Phantasie oder Beides, durch die Personen, denen sie angehört haben. — Zu den Dingen, welche uns ganz ursprünglich wegen der Stärke der Erregung, in die sie uns versetzen, interessiren, gehört das Grausige. Aus der Vereinigung dieses Interesses mit dem vorher genannten, mittelbaren an Reliquien erklärt sich eine solche — an sich gewiß verwunderliche — Thatsache, wie die: „Dieser Tage", hieß es in einer Dresdener Zeitung, „sind die vom Massenmörder Thomas hinterlassenen Sachen versteigert. Zur Versteigerung hatte sich eine außerordentliche Menge von Personen eingefunden, und wurde Alles zum dreifachen Werthe bezahlt."

Doch kehren wir zu den Spielen zurück, welche uns angenehmere Beispiele von gemischten und gegenseitig verstärkten Interessen zeigen.

Zwar der Einsatz, der dem Gewinner in irgend einem Spiele zufällt, ist nur äußerliches Anhängsel; er vermehrt das Gewicht, aber er ändert nicht die Art der Entscheidung, welche durch irgend welche Spielthätigkeit gesucht wird; er kann das ursprüngliche Interesse am Spiel selbst verstärken, auch überwuchern und schließlich ablenken, aber seinen Charakter nicht bestimmen, der in der Spielgattung selbst gegeben ist.

Aber schon in den einfachsten, den gymnastischen Spielen, bemerken wir die Verschlingung verschiedener Interessen. Alles

Rennen und Raufen, alles Turnen und Tanzen, Ringen und
Schwingen gefällt zunächst als reine, ziellose Thätigkeit, die
um ihrer selbst willen geübt und als Kraftäußerung zugleich
die Ueberwindung jeglicher Schwierigkeit einschließt, eben bis
zur spielenden Ausführung. Aber im Wettspiel, wenn mehrere
rennen oder turnen, gesellt sich zum Sieg über die Sache zugleich der über den Nebenbuhler als lockender Preis. In jed-
wedem Kampfspiele aber, wenn Zwei mit einander ringen, ist
der Sieg über den Gegner zugleich in ihm selbst ein Sieg
über den Nebenbuhler, und das einfache Interesse ist zum dreifachen geworden. Alles dies gilt aber mit kaum merklicher
Veränderung auch von jeder geistigen Gymnastik, sie bestehe im
Rathen oder Versemachen oder in combinationsreichen Karten-
oder Figuren-, sogenannten Verstandesspielen. Wie das bloße
Spiel der Gegensätze im reinen Hazard, mit dem Kampf gegen
den Zufall und gegen die Geistesarbeit des Gegners sich verbindet, wie sich die Interessen an der Thätigkeit verschlingen
und lösen, Alles dies hat eine Psychologie der Spiele weiter
zu verfolgen.*) Uns darf genügen, dies jedenfalls hervorzuheben, daß in all diesen Spielen die Gegenstände selbst, die
Sache mit und in der gespielt wird, an sich schlechthin gleichgültig ist; die Kartenblätter, die Damen- und Mühlsteine, die
Schachfiguren, sie sind schlechthin ein an sich Nichtiges, das
nur durch die an ihm geübte Thätigkeit zum interessevollen und
bis zur Leidenschaft fesselnden Spiele wird. Jedes Spiel ist
also eine rein formale Thätigkeit; eine Thätigkeit, welche durch
ihre Beschaffenheit und als bestimmte Kraftäußerung uns wohl-
gefällt, und desto mehr, je leichter, freier, müheloser und sicherer
wir sie vollbringen; eine Thätigkeit, welche, wie anstrengend sie
auch an sich ist, uns ergötzt, weil sie zwecklos und nur ein
Spiel ist, und welche als Spiel getrieben wird, weil sie durch
ihre Form uns ergötzt.

Nur eine ausführliche psychologische Betrachtung der Spiele
überhaupt kann vollständig begründen, was ich hier noch an-

*) Vgl. Meine „Reize des Spiels. Berlin bei Dümmler 1883".

deuten will: die Kantische Definition des Schönen: daß sie eine Zweckmäßigkeit ohne Zweck sei, gilt offenbar von jedem Spiel; die deutsche Sprache bezeichnet auch die höchsten Künste, Musik und Dramatik als Spiele; Schiller, diesem Gedanken nachgehend, hat zu zeigen versucht, wie alle Künste auf den von ihm so genannten Spieltrieb zurückgehen. Ich will dem hier nur noch den einen Gedanken hinzufügen, daß eben alle Künste in so fern den Charakter des Spieles an sich tragen, als es sich auch bei ihnen schlechterdings um eine formale Thätigkeit oder um die Form der Thätigkeit handelt, welche sie erzeugt und welche sie erregen. Denn um die Sache als solche handelt es sich im Kunstwerk niemals. Von der Baukunst etwa abgesehen, kann man ja behaupten, daß in der Kunst niemals ein realer Zweck gesucht oder erfüllt werden soll, welcher jenseits der das Kunstwerk auffassenden Thätigkeit und ihres unmittelbaren psychologischen Erfolges gelegen wäre.

Zwar sind die Töne der Musik reale Erscheinungen, wirkliche Vorgänge; aber sie bieten nur den ganz abstracten, an sich gleichgültigen Stoff, welcher nur durch die Beschäftigung der auffassenden Seele, durch die besondere Form der Erregung des Gemüthes seine Bedeutung empfängt.

Die plastischen und die redenden Künste haben es nicht mit wirklichen Dingen und Ereignissen, nicht mit realen Sachen, Personen und Erlebnissen, sondern nur mit den Abbildern derselben, nur mit dem Schein ihrer Realität zu thun. Sie setzen die Seele des Beschauers und Zuhörers in Thätigkeit; aber nur die Form ihrer an sich wesenlosen Erscheinung bestimmt die Art der durch sie erregten Thätigkeit, und nur an dieser haftet, nur aus dieser entspringt das ästhetische Interesse. Auch so weit hier wirkliches Sein ist, handelt es sich in Wahrheit nur um den Schein. Der Inhalt, die Gegenstände, mit denen diese Künste uns beschäftigen, sind nicht gleichgültig, sind nicht, wie etwa die einzelnen Töne der Musik, an sich leere, abstracte und werthlose Objecte; vielmehr würden sie auch vor und außerhalb der Kunst, auch ohne die künstlerisch geartet

Form unseren Geist beschäftigen, unser Gemüth bewegen können. Allein wenn diese Gegenstände innerhalb der Kunst auftreten, dann wirken sie nicht und sollen nicht wirken durch die Art und den Werth ihres Inhalts, der ihnen selbst zukommt, sondern durch die beziehungsweise Form, welche die Kunst ihnen verleiht.*) Die Künste steigen in dem Maße höher, als sie inhaltreiche, vielgestaltige, an sich schon wesenhafte und werthvolle Gegenstände, gleichwohl wie den inhaltlosen und abstracten Stoff der Töne in der Musik verwenden, ihm durch die Verbindungen oder durch die Thätigkeit des Hörers den neuen und eigenen Werth geben; oder um es noch schärfer auszudrücken: die hohen und höchsten Gegenstände erscheinen, wie die Kartenblätter und Schachfiguren in ihren Spielen, als an sich werth- und wesenlose Dinge, welche nur aus der Form der Beschäftigung, die sie veranlassen, ihren Reiz und ihre Leistung schöpfen. Aber nicht herabgesetzt und entleert sollen die Gegenstände der edleren Künste dadurch werden, daß sie gleich den nichtigsten Dingen nur Objecte der formalen Thätigkeit des Spieles, welches wir Kunst nennen, sind; sondern hinaufgehoben auf ihre wahre Höhe soll die Leistung der Kunst und ihrer formgebenden und durch die Form neue und eigenartige Thätigkeit erregenden Kraft dadurch werden, daß dieses Spiel der Kunst seine eigene, freie und schöpferische Macht auch an diesen inhaltsvollsten und schon vor und außer der Kunst gewaltigsten

---

*) Ob man die ästhetischen Ideen, welche das Wesen der Künste erzeugen und bestimmen, aus der psychologischen Natur des Spiels, also aus der bloßen Form der Thätigkeit ableiten kann, ist eine ganz andere und tiefgreifende Frage, auf welche hier hingedeutet werden soll, um den Schein zu vermeiden, als ob auch sie mit dem vorliegenden Gedanken schon entschieden sein sollte. Schiller hat sich mit der Andeutung des allgemeinen Gedankens begnügt und jede elementare, analytische Begründung des Aesthetischen unterlassen; in der Gegenwart aber bildet diese den Gegenstand des lebhaftesten und für die Wissenschaft werthvollsten Streites.

Daß aber jegliche **Wirkung** der Kunst aus den ästhetischen Anschauungen und Erregungen, also aus der eigenartigen, spielhaften **Thätigkeit** der Seele hervorgeht, darüber ist kein Streit.

und gemüthbewegenden Gegenständen offenbart. Selbst die Kartenblätter und die Schachfiguren haben außer dem Spiel eine in sich selbst bestimmte, auch ihre gegenseitige Beziehung bestimmende mannigfaltig geartete Gestalt, auf welche die Gesetzmäßigkeit des Spiels sich bezieht, das mit ihnen ausgeführt werden kann. Das Spiel tastet diese formbestimmte, ordnungschaffende Gestalt der Bilder nicht an, während es die schöpferische formale Thätigkeit des Spielens auf sie anwendet; um so viel weniger ist der Sinn des Kunstspiels darauf gerichtet, die sinnliche und sittliche Prägung seiner Gegenstände zu vertuschen, wenn er ihnen den Werth der ästhetischen Beziehung unter einander anheftet und sie zugleich die ästhetische Wirkung auf den Beschauer auszuüben fähig macht.

Hieraus wird nun deutlich geworden sein, daß es sich in allen Spielen von den untersten bis zu den höchsten um ein Interesse handelt, welches sich auf Thätigkeit überhaupt, dann auf leichte, freie, endlich auf specifisch geartete, eine bestimmte Erregung der Seele schaffende Thätigkeit bezieht. Daraus folgt aber auch unmittelbar, daß es diesem ursprünglichen und für sich selbstständigen Interesse für Thätigkeiten von einer gewissen Form an zweckmäßigen und werthvollen Einflüssen auf das reale Leben, d. h. auf das Thun und die Fähigkeiten des Menschen nicht fehlen wird; und vielleicht erklärt es sich daraus, daß die Spielthätigkeit im weitesten Sinne einen auch statistisch so großen Antheil an unserer Lebenserfüllung überhaupt und den größten an der Erfüllung unserer Muße gewonnen hat. Ist jedwede Art von Interesse schlechterdings nur durch Thätigkeit zu erfüllen, dann begreift man auch, daß eine solche allein um ihrer bloßen Formbestimmtheit willen zu einem mächtigen, die eigenen Grenzen überschreitenden Interesse im Menschen werden kann und geworden ist. —

Im Rückblick auf die vielfach verschiedenen Interessen, die wir bis hierher kennen gelernt haben, finden wir, daß sie alle keinen andern als den einen Inhalt haben: daß die Thätigkeit als solche selbst uns interessirt und bewegt; die Thätigkeit,

ihre Art und ihre Form, die Weise, wie sie sich zu unseren
Kräften verhält, wie sich das Gefühl unserer Kraft, ihrer
Aeußerung, ihrer Anstrengung daraus hervorhebt, wie sie uns
den Kampf dieser Kraft theils mit objectiven Schwierigkeiten,
theils mit anderen Kräften zum Bewußtsein bringt. Ueberall,
wo eine größere Fülle der Thätigkeit an uns herantritt, wird
deshalb auch eine größere Befriedigung gefunden. Reiche Bilder
gefallen uns mehr als dürftige, mannigfaltige und beziehungs=
reiche Gegenstände schauen wir mit Entzücken, indeß die gleich=
mäßigen uns als langweilig erscheinen. Aber nur in klarem
und starkem Denken fühlen wir uns wohl, weil dies der eigensten
Natur der Denkthätigkeit entspricht, während schwaches und
verworrenes uns peinigt. Eben deshalb ist es nicht die bloße
quantitative Masse, welche in den Bildern des Lebens sich uns
darbietet, sondern es ist deren Form, welche die Weise der
Thätigkeit bestimmt. Wenn das Viele nicht blos als Masse
auf einander folgt oder neben einander steht, wenn es in sich
beziehungsreich ist, wenn es sich zu einem Ganzen, Einheitlichen
oder Zusammengehörigen gestaltet, dann erregt es die uns
adäquate, erfolgreiche Thätigkeit unseres Vorstellens. Je mehr
also Vieles, welches Gegenstand unserer Thätigkeit ist, sich zur
Einheit gestaltet, je mehr das Viele geordnet ist innerhalb dieser
Einheit, je stärker und klarer der Parallelismus der Theile
oder die Proportion derselben für unsere Wahrnehmung, je
inniger und deutlicher die Beziehungen als Ursache und Wir=
kung, oder Zwecke und Mittel, je mehr Harmonie mit einem
Worte ausgebreitet ist über das Ganze, desto angenehmer ist
diese Schau für unseren Geist, desto entsprechender diese Thätig=
keit für unser Gemüth. Zwar wenn unsere Activität beson=
ders hervorgezogen, angespornt, herausgefordert wird durch die
noch nicht vorhandene Klarheit, so finden wir uns auch darin
wohl, wenn nur eben die Frage zur Bestimmtheit gediehen ist.
Probleme reizen uns; aber die bloße, wirre Unordnung der
Gedanken beschwert unser Gemüth. Am einfachsten scheidet sich
dieser Gegensatz, wenn wir die bunte Fülle der Bilder im ge=

wöhnlichen Leben gegen die absichtsvoll gesuchte und erzielte Ordnung in der Wissenschaft oder in der Kunst ansehen. Die bloße Masse der Erscheinung, wie sie an uns vorüberstreift im Laufe des Tages, gegenüber jener festen, harmonischen Ord= nung, wie sie etwa die epische oder dramatische Poesie uns vorführt, zeigt uns den Gegensatz. Der bloßen Quantität nach wäre dort ebenso viel Denkthätigkeit, ebenso viel Anschauung; aber die Qualität ist dadurch eine andere, weil es eben eine vertiefte, eine veredelte Form ist, in welcher die Quantität uns erscheint. Die Qualität des Denkens also, welche abhängt von den Formen, in welche sich der Inhalt kleidet, ist ebenfalls eine aufsteigende. Die Poesie ist in erster Linie und wesentlich Bereicherung unserer Lebensschau, Bereicherung der Bilder, mit welchen unsere Seele erfüllt, unser Gemüth in Bewegung gesetzt ist. Es scheiden sich die Völker danach, ob sie entweder blos an realen Verhältnissen, sei es der Naturbetrachtung, sei es des praktischen Lebens, sei es der religiösen Stimmung, poetische Formen erzeugt und eine Vertiefung des Gedankens herbei= geführt haben, also ob sie nur lyrische und didaktische Dichtung als rein formale Ergänzung dessen, was außerhalb der Poesie ebenfalls die Gemüther beschäftigt, hervorgebracht haben, oder ob sie in epischer und dramatischer Poesie, wie auch in den plastischen Künsten, gleichsam eine zweite Welt sich erschaffen. Ungesättigt von dem, was die Erfahrungen des Lebens im Einzelnen wie in der Gesammtheit, in der Gegenwart und in der Geschichte als Bilder der Wirklichkeit uns vorführen, erzeugt man sich eben eine zweite Welt durch die bloße Kunst des Schaffens. Nicht so fast jene Ergänzung, welche der Anschauung des Lebens zufließt durch die ästhetischen Formen, in welche sie gekleidet wird, sondern gerade dies, die Erzeugung einer zweiten Lebenserfahrung für unsere Seele und für unser Ge= müth ist es, wodurch die arische Race sich am meisten aus= zeichnet. Nicht begnügt damit eine ganze Welt der Erfahrung zu besitzen, Ereignisse zu erkennen, welche sich wirklich begeben haben, sucht der Genius dieser Völker andere Ereignisse, andere

Personen und Charaktere, andere Verwickelungen, „was sich nie
und nirgends hat begeben", zur Anschauung zu stellen. Nur
streifen will ich den Gedanken, der uns hier zu einer näheren
Betrachtung verlocken könnte, wie aus dieser freien subjectiven
Schöpfung einer zweiten Welt der plastischen Künste sowohl
wie der poetischen Gestaltung in epischer und dramatischer Form,
eine sehr bedeutende Erhöhung und Vertiefung auch jener ersten,
der realen, hervorgeht. Nicht sowohl ein Schmuck und eine
weitere erfreuliche Schöpfung ist es, welche diese künstlerische
Thätigkeit hinzufügt zur wirklichen Welt und zu den Bestrebungen, mit denen sie unsere Gefühle und unsern Willen
in Anspruch nimmt, sondern die wirkliche Welt selbst gewinnt
an Tiefe, Feinheit und Fülle der Beziehungen, weil in jenen
luftigen, in jenen abstracten, für sich nichtigen Stoffen der
bloßen Poesie und aller Kunst viel leichter die Idealität sich
zur Erscheinung bringen kann als inmitten der harten, viel-
kantigen Wirklichkeit. Das ist der Grund, weshalb Aristoteles
der Poesie den Vorzug gibt vor der Geschichte.

Selbst von den niedrigsten Spielen mußten wir erkennen,
daß sie eine Rückwirkung üben auf den Ernst des Lebens und
der Arbeit, weil dort Formen der Thätigkeit erzeugt werden,
welche auch hier ihre Anwendung finden. Von den Rück-
wirkungen der künstlerischen und poetischen Gedankenwelt auf
die Gestaltung der Wirklichkeit ist die Geschichte voll; diese
klar zu legen ist eben so nothwendig und eben so reizvoll wie
der Nachweis, daß und wo umgekehrt die Geschichte der Wirklichkeit zur Quelle der Poesie wird. Aber nicht etwa blos
wohlthätige, vertiefende und befreiende Einflüsse hat die künstlerische Weltanschauung auf die reale ausgeübt, sondern auch
einschränkende und ablenkende. Indem alle Kunst zwar aus
der wirklichen Welt die Elemente, die Motive und die sinnliche
und sittliche Gesetzmäßigkeit aufnimmt, dieselben aber der
ästhetischen Gesetzmäßigkeit unterordnet; indem sie zwar Gestalten und ursächliche Verknüpfung im Allgemeinen festhält,
im Besonderen aber durch ihre Fügung und Rundung zum

Ziele der Schönheit abändert; indem sie also die eigene ästhe=
tische oder ideale Ordnung der Dinge über die der Wirklichkeit
setzt und diese darnach umwandelt: so entspringt daraus für
die geistige Thätigkeit überhaupt eine vorwiegend subjective,
nicht den gegebenen Dingen, sondern dem eigenen Denken fol=
gende Betrachtungsweise. Im Großen und Ganzen kann man
behaupten: das künstlerische ideale, subjective Denken ist der
schöpferischen Thätigkeit der Bildung und Verknüpfung auch
der wirklichen Welt wohlthätig, denn es wirkt bereichernd und
heilsam lenkend auf sie ein; der theoretischen, der rein auf=
fassenden Thätigkeit aber wird es leicht nachtheilig. Durch die
künstlerische Weltanschauung wird das Leben, ich meine auch
das wirkliche Leben außerhalb der Kunst, bereichert und ver=
edelt; das Wissen aber wird dadurch gefährdet und verzögert.
In der Kunst und im Leben darf und soll der Geist herrschen
über die Elemente und Verbände der Wirklichkeit, im Wissen
soll er sich beugen; dort erringt die Subjectivität des
Geistes, seine frei schöpferische Gestaltung den höchsten Preis,
hier, im Wissen, seine Objectivität.

II.

Das Selbst, seine Erhöhung und Zusammenschließung mit Anderen.

Alles in Allem genommen besteht unser Leben aus einer
thätigen Erfüllung der uns zugemessenen Zeit, aus einer Kette
von Erregungen und Thätigkeiten der Seele, welche uns je nach
ihrer Beschaffenheit Lust und Leid, Pein und Freude, Selig=
keit und Unseligkeit bereiten. Das Interesse, welches deshalb
mit jeder Thätigkeit nothwendig verknüpft ist, haben wir bis
hieher lediglich in ihr selbst, das heißt in dem Maße, der Art
und der Form der Thätigkeit gefunden. Jedes Thun ist,
gleichviel aus welchem Grunde, reicher oder ärmer, leichter oder
schwerer, fließend oder stockend, geordnet oder wirr und eben
deshalb angenehm oder unangenehm werthvoll, oder nichtig als

Thätigkeit selbst. Allein unmittelbar damit verbunden ist ein in der Erfahrung sehr schnell wahrnehmbarer Gegensatz, näm= lich der des Augenblicklichen und Vorübergehenden zu dem Dauernden, Bleibenden. Vieles von dem, womit wir im Leben unsere Seele beschäftigen, wird von vorn herein deshalb von uns betrieben, nicht damit es überhaupt nur jetzt unsere Seele erfüllt, nicht damit wir jetzt eine Befriedigung daran haben, sondern damit es ein Bleibendes werde für unseren Geist. Wir sind uns dessen nicht immer deutlich bewußt, aber ganz fehlt uns auch das Bewußtsein davon sehr selten. Ob wir z. B. einen Roman lesen, der uns jetzt die Stunde kürzen soll, ob wir in ein Concert gehen, um den Abend angenehm zuzu= bringen, ob wir vollends die Stunde blos in geselligem Gespräch hinbringen, blos damit sie eine erfreuliche sei; oder aber ob wir eine wissenschaftliche Arbeit betreiben, von der wir gar nicht meinen, sie solle uns diese Stunde um dieser Stunde willen ausfüllen, sondern sie solle eine dauernde Bereicherung sein für uns, das ist ein Gegensatz, der uns nie ganz entgeht. Bewußt aber oder unbewußt, so liegt in Allem, was jemals durch unsere Seele gegangen ist, ob es auch vielleicht zunächst nur um der Thätigkeit willen betrieben worden ist, ein Bil= dungswerth für unsere Person. Unser Geist ist mit Nichts beschäftigt, ohne daß auch die Beschäftigung in diesem Moment irgend einen Einfluß auf die Folgezeit hat. Wie sich diese beiden Interessen fortwährend neben einander bewegen, wie sie in der schärfsten, bewußten Weise neben einander gehen können, das ist ja leicht einzusehen. Ich kann in das Concert gehen, um musikalische Bildung zu erlangen, nicht blos um diese Stunde erfreulich zu verleben; in's Theater gehen nicht blos um einen angenehmen Abend zuzubringen, sondern um meine ästhetische, sogar ethische Ausbildung zu fördern; kann einen Roman lesen, weil in ihm Bildungsstoff für mich liegt. Karten spielen ist gewiß etwas, was meist nur auf den Moment berechnet ist; doch kann ich auch Karten spielen, um meinen Geist damit zu bereichern, um diese Functionen daran zu üben, gewisse Beob=

achtungen daran zu knüpfen. Kurz, es würde nicht schwer
werden, in Allem, woran wir ein Interesse zunächst der augen=
blicklichen Thätigkeit haben, zu gleicher Zeit ein Interesse der
dauernden Erfüllung, weil aufsteigenden Bildung unserer Seele
nachzuweisen. Das Dauernde und Bleibende in unserer Seele
aber ist die Grundlage und der eigentliche Inhalt unseres eigenen
Ich. In Dem, was nicht blos im Moment durch die Seele
streift, sondern in ihr verbleibt und ihr angehört, erkennen wir
uns als ein Selbst. Aus dem Bewußtsein entsteht unwillkürlich
und mit psychologischer Nothwendigkeit das Selbstbewußtsein.
Alle Interessen nun, welche uns bewegen, werden dadurch zu
Interessen für unser Selbst. Man pflegt in der Philosophie
vom Selbst, vom Ich meist nur in seiner abstracten Bedeutung
zu reden: das im Denken sich selbst erfassende Wesen, ein
Denkendes, welches sich selbst als Denkendes denkt, ein Subject=
Object, Alles das ist ja jedes selbstbewußte Wesen. In der
Wirklichkeit des Lebens aber, welche die Wissenschaft zu er=
reichen hat, spielt dieses abstracte, dieses reine Ich eine höchst
untergeordnete Rolle; es ist ein Erzeugniß philosophischer Re=
flexion und kommt im wirklichen Leben bei der weitaus größten
Masse der Menschen gar nicht vor. In der Wirklichkeit gibt
es nur empirische Ich's. Das empirische Ich ist nicht blos
ein solches reines Subject=Object, sondern es ist immer be=
gründet auf die ganze Fülle des in der Seele bleibenden In=
halts, auf die ganze Fülle der Wahrnehmungen, der daran
geknüpften Gefühle, der Bestrebungen, der Ideale, welche vor=
schweben, der Pflichten, welche zu erfüllen, der Verantwortungen,
welche aufgeladen sind, also der Erlebnisse, Erfahrungen und
Erinnerungen, von denen die Seele erfüllt ist. Wenn wir
sagen „ich kann" oder „ich will", „ich mag" oder „ich wünsche",
wenn wir sagen „ich fühle" oder „ich weiß", in all diesen
Fällen bedeutet „ich" nicht einen abstracten Begriff der Per=
sönlichkeit, sondern diese Person bedeutet es, dieses Ich mit
seiner bis dahin gegebenen Ausbildung, mit seinen Verpflich=

tungen, die es in seinem Gemüthe wahrnimmt, mit seinen Erlebnissen, dessen es sich erinnert. Vergessen wir nicht, hier liegt
der Reichthum, hier liegt auch die Schranke unseres Wesens.
Es ist nicht das reine Denken, welches thätig ist, es ist nicht
die reine Vernunft — auch wo sie diesen Namen annimmt —,
welche eben denkt, sondern es ist immer das bestimmte Ich,
welches denkt, es ist immer das durch seine Geschichte beschränkte,
in sich eingesponnene, von Bedingungen erfüllte, aber auch beengte. Selbst wenn wir das reinste theoretische Denken uns
aufsuchen: mathematisches Rechnen, einfaches Messen, schlichtes
Beobachten; leicht können wir nachweisen, wie auch in all diesen
Thätigkeiten das Selbst, welches darin thätig ist, nicht ein
reines und absolutes, sondern wie es überall das bedingte, das
historisch und empirisch gegebene ist mit seinen Schranken.
Wenn dies auf der einen Seite eine Art von — wie soll ich
sagen? — Dämpfer für unseren Hochmuth ist; wenn wir uns
hüten müssen, irgend Etwas, das wir, sei es in unserem Denken,
sei es in unserem Wollen, für das Höchste und Ideale gehalten, auch für absolut zu nehmen: so gewinnen wir aus
dieser der Wahrheit entsprechenden Betrachtung auf der andern
Seite den wahrhaften und wesentlichen Sporn für alle unsere
innere Thätigkeit. Sind wir niemals etwas Absolutes, gibt
es so etwas wie die reine Vernunft nicht, es sei die reine
theoretische oder die reine praktische Vernunft, sind wir allemal
als ein Selbst beschränkt, so haben wir auch allezeit für die
Bereicherung, Veredelung, Vertiefung, kurz für die Ausbildung
unseres Ich zu sorgen. Dann sind wir niemals auf die Dauer
und für das höchste Ziel gesichert durch das, was bereits an
Bildung für unsere Seele und unser Gemüth geschehen ist;
sondern unablässig muß das Interesse für das Ich zu gleicher
Zeit ein Interesse für die immer mehr erfüllende, erhöhende
und veredelnde Thätigkeit sein. Von Haus aus aber haftet
uns dieses zweite Interesse an: nicht blos für die Thätigkeit
überhaupt, sondern für die Thätigkeit mit Bezug auf uns selbst

oder darauf, daß durch sie und in ihr das eigene Subject, unser Ich oder unser Selbst ein anderes, anders erfülltes, anders ausgebildetes und specifisch befriedigtes wird.

Im innigsten Zusammenhang mit diesem Grundgedanken des Interesses an Allem, was wir überhaupt thun oder leiden für unser Selbst, steht dann ein anderer Zug, der dem Wesen des Selbst auf die einfachste Weise entspricht, und das ist das Interesse an unserer Freiheit und Selbstständigkeit. Wir sind wir selbst eben nur in dem Maße als wir frei sind, als das, was wir thun wollen, von uns abhängt, als wir Herren der Bedingungen sind für die Erfüllung und für die Führung unseres eigenen Ich.

Aber nicht blos erfüllt, nicht blos seiner bewußt und frei will der Mensch sein, sondern es knüpft sich daran ganz unmittelbar, daß auch die Qualität, wie er ist, ihm am Herzen liegt, daß er sich selbst als Das, was er ist, auch schätzen, daß er dem wirklich gegebenen Sein auch einen Werth beilegen will. Alles das, was wir Selbstehre nennen und Selbstachtung, ist ein ganz ursprünglicher Trieb. Das ist nichts Secundäres, das erst hinzukommt, das ist nichts von außen in den Menschen Hineingebrachtes, sondern indem er ein denkendes und thätiges Wesen ist, so will er vor sich selbst als Derjenige gelten, als welcher er gelten kann. Um diesen Selbstwerth zu erreichen, bedarf es vor Allem Einer Beschaffenheit seines inneren Lebens, einer Beziehung, welche stattfindet zwischen dem Selbst und dem, was es erfüllt, das ist die Harmonie mit sich selbst. Es ist ein einfacher, naturgemäßer Gedanke, daß dieses Eine Ich in sich das Widerstreitende nicht ertragen kann, daß, wenn das Widerstreitende vorhanden ist, es ihm Pein macht. Fortwährend sehen wir uns selbst und beurtheilen uns selbst. Indem wir irgend etwas denken und thun, so ist dies ein Gegebenes, welches wir zu gleicher Zeit mit dem Gedanken, daß wir es denken und thun, begleiten können, in den meisten Fällen wirklich begleiten, in gewissen Fällen begleiten sollen und sogar müssen: insofern nämlich irgendwie eine sittliche Frage in's Spiel kommt, in so fern werden wir nach einem ganz ursprünglichen Trieb gezwungen, uns selbst zu beobachten und zu beurtheilen. Es liegt nicht in unserer Freiheit, so weit geht unsere Selbstständigkeit uns selbst gegenüber nicht, daß das objective Ich die Macht hätte das subjective zu ignoriren, daß wir irgend Etwas gethan hätten oder thun wollten, ohne daß zu gleicher Zeit wir selbst das, was wir thun, sehen und es beurtheilen. Das subjective Ich ist ebenso erfüllt von Maßstäben und Kriterien, mit denen wir fortwährend unser Leben beurtheilen, wie das objective Ich erfüllt ist von der Wirklichkeit dessen, was in der Seele vorgeht. Deshalb ist eine Harmonie zwischen beiden, d. h. eine Harmonie des Ich mit sich selbst, ein Bedürfniß unseres Herzens. Ein gutes Gewissen ist darum ein ganz ursprüngliches Interesse, weil es der Ausdruck eben der Harmonie ist, welche in unserem eigenen Ich stattfindet.

Das Interesse, welches sich um das eigene Ich des Menschen dreht, prägt sich in verschiedenen Formen aus, die man auch als aufsteigende Stufen betrachten kann, welche alle bei unseren romantischen Schriftstellern mehr oder minder deutlichen Ausdruck gefunden. Bei den Einen ist es einfach selbstsüchtige Beziehung zu Allem, was Inhalt unseres Leben werden kann. Die ganze Welt i s t, was sie m i r ist; sie ist nur ein Object des Genusses für mein Ich. Eigentliches, wahrhaftes Interesse habe ich nur für mich selbst. Welche Form die Erscheinung der Dinge, Verhältnisse und Personen auch annehmen, welchen Werth sie besitzen mögen: sie haben diesen Werth nur, weil ich ihnen denselben beilege, weil ich denselben genieße, mich selbst in und an den Dingen befriedige. Das ist ein natürlicher Zug, der in jedem Gemüth lauert, eine natürliche Kraft, welche genützt und doch beschränkt, welche gefördert und dennoch fortwährend überwunden werden muß. Die Beziehung des Menschen auf sich selbst ist eine unentrinnbare psychologische Thatsache; auch die edelsten Naturen, auch die auf die reinste und wohlthätigste Lebensführung gerichteten Geister sind der Gefahr unterworfen, in den Schlingen jener psychologischen Thatsache gefesselt zu bleiben.

Höher steht dann die Richtung, in welcher die Befriedigung des eigenen Ich in seinem Selbstgenusse besteht; alles Genießen, worauf die menschliche Absicht gerichtet ist, soll vorzugsweise nicht sowohl ein Genuß irgend eines Objectes, sondern ein Genuß seiner selbst sein; mögen die Anreize von außen kommen: die eigenen Zustände, Bewegungen, Thätigkeiten des Indivi= duums sollen das sein, was den Genuß bereitet und worin er gesucht wird. Seiner selbst froh zu werden, seiner selbst zunächst inne zu werden und in dem Anschauen und Besitzen des eigenen Ich den Werth des Lebens zu finden; zu diesem Behufe das Ich immer mehr zu erfüllen und zu bereichern, seine Beziehungen zur Welt immer mannigfaltiger zu ge= stalten, es nach allen möglichen Seiten hin auszubilden und zu veredeln, das ist der Sinn dieser Richtung. Immerhin auf das Selbst gewendet, aber mit dem besonderen Zuge, daß es sich nicht blos um die Befriedigung dieses eigenen Selbst überhaupt handelt, sondern darum, daß dieses Selbst gar keine andere Befriedigung hat oder sucht als an sich selber. Ein Zug von Stolz, von Uebermuth kommt hinein, während in jener ersten Richtung ein Zug von Wegwerfung ist. Ueberall her den Genuß anzunehmen, die ganze Welt nur als Object meines Genusses betrachten, führt auch unmittelbar dazu, daß ich bereit bin „mich jedem Genusse hinzugeben", selbst Object jedes Anreizes zu werden und ihm zu unterliegen; dort aber ist das Individuum darauf gerichtet, seine Freiheit in der schöpferischen Werthgestaltung zu bewahren und an die Stelle aller anderen Reize und Werthe für das Ich den Werth des eigenen Ich's selber zu setzen.

Noch edler aber gestaltet sich die Sache in einer dritten Auffassung. Nicht Selbstbefriedigung, auch nicht Selbst= genuß, aber Selbstgestaltung erscheint hier als das eigentliche und wahrhafte Ziel alles Wollens. Die Ausbildung der eigenen Individualität ist ein höchstes subjectives und damit eben zugleich ein höchstes objectives Interesse. Aller Zweck der Welt, des Universums überhaupt kann nach dieser An= schauung nur darin bestehen, daß reichere individuelle Gestaltung der Wesen zu Tage kommt, daß neue und neue Schöpfungs= formen sich realisiren; und so erscheint es als das Interesse jedes einzelnen Individuums, aus sich eine wirkliche und wahrhafte Individualität zu machen. Selbstverständlich, je reicher der Inhalt einer Persönlichkeit ist und je reicher ihre Beziehungen zur Welt, zu Dingen und Ereignissen und zu Personen im Besonderen, desto bedeutender kann ihre eigene Individualität sein. Denn aus der Verbindung dieser Elemente ergibt sich die persönliche Individualität, deren Größe davon abhängt, wie viele psychische Elemente in wie vielen Combi= nationen in ihr sich finden. Aus der Fülle und Mannigfaltig= keit der Erscheinungen, die ich in mich aufgenommen oder in mir erzeugt, aus dem Reichthum der Beziehungen zu anderen Individuen, die ich gewonnen oder geschaffen, aus der Tiefe, Feinheit und Energie der Thätigkeiten, die ich vollziehe, aus der schöpferisch gestaltenden Regsamkeit aller dieser Elemente geht die ganze, persönlich geartete Welt meines inneren Daseins hervor. Die Persönlichkeit selbst aber als der Träger und Schöpfer dieser inneren Welt ist Wurzel und Krone, Antrieb und Aus= gang derselben; der Grund und der Werth, die Triebkraft und das Ziel alles Geistigen ist demnach hier die Ausprägung der persönlichen Individualität.

Für alle diese Formen der Selbstbefriedigung gilt also gemeinsam, daß nicht das Interesse an der Thätigkeit, welche vollzogen wird, sondern das Interesse an der Persönlichkeit und für dieselbe das allein herrschende und treibende ist.

Dem Antrieb zur Ausprägung der eigenen Individualität begegnen wir nur in den geistig höheren Schichten der Gesell= schaft, ja selbst im Ablauf der Geschichte finden wir das be= wußte und absichtsvolle Interesse für dieselbe sehr spät ent= wickelt. Wir haben oben bereits gesehen, daß dieser Mangel an Bewußtsein für sich allein noch nicht ausschließen würde, in der Neigung für individuelle Selbstgestaltung ein allgemein wirkendes Motiv oder wenigstens einen treibenden Zweck für den Aufbau des Lebens zu erkennen. Immerhin würde man den Trieb zur Individuation viel eher ein makrokosmisches als ein speciell psychologisches Princip nennen können. Was als ein solches gelten soll, das darf nicht so selten oder so spät, beiläufig und mittelbar auftreten, wie thatsächlich das bewußte Streben, persönliche Eigenart und Bestimmtheit zu erreichen, unter den Menschen erscheint.*)

Dahingegen treffen wir in weitesten Kreisen und von früh auf die Neigung, sich selbst gegen andere Individuen und bei ihnen geltend zu machen; sie ist von Allem, was sich auf die eigene Persönlichkeit richtet und unser Thun spornt und zügelt, die stärkste, namentlich die fruchtbarste. Der Mensch will vor sich selbst, beziehungsweise vor den anderen gelten, je mehr desto lieber. Es würde nicht schwer fallen, bei einer Prüfung unserer Bestrebungen auf die leitenden Motive herauszufinden, daß weitaus das Meiste, was wir thun, was wir als den Zweck unserer Arbeit ergreifen, auf eine solche Geltung des eigenen Selbst den Anderen gegenüber hinauskommt. Welche Stellung Einer, wie man es schlicht ausdrückt, im Leben einnimmt, das ist nichts Anderes als seine Geltung Anderen gegenüber, der Werth, den er sich beilegt und den Andere ihm beilegen; ihm, das heißt seinem Schaffen und Wirken, seinem Besitz, seiner Bildung, angefangen von der persönlichen Gestalt, seiner Schönheit beziehungsweise seiner Verschönerung. Wenn wir eine Statistik hätten über die Zeit, welche Frauen namentlich der bessern Stände damit zubringen, sich schöne Kleider zu verschaffen, dieselben herzustellen, ja nur der Zeit, die es kostet, sie kunstgerecht anzulegen, so würden wir vielleicht finden, daß ein beträchtlicher Theil des ganzen Lebens darauf verwendet wird. Und um was handelt es sich? nur darum: eine

---

*) Vgl. Leben der Seele. Bd. 1. 3. Aufl. „Bildung und Wissenschaft." S. 5, Anmerkung.

bestimmte Stufe einzunehmen in der Beurtheilung der Anderen, in diesem Falle aus rein ästhetischen Principien. Neben diesen stehen in sehr vielen Fällen andere mitwirkende Elemente; allein wir würden uns sehr irren, wenn wir diesen zu großes Gewicht beilegten. Jedenfalls spielen diese Nebenzwecke ihre Rolle nur eine kürzere Zeit; die Neigung aber, durch die schöne Form oder Verschönerung der Form, durch Tracht, Schmuck u. s. w. zu gelten, scheint mit der Lebensdauer gleiches Maß zu haben. So bei den Frauen. Aehnliche Züge finden sich auch bei den Männern. Alles, was wir als Luxus besitzen, ist ja selten auf unsern eigenen persönlichen Genuß, sondern meist darauf berechnet, daß Andere es sehen, daß Andere es als das unserige anerkennen; unser leiblicher Schmuck, die Zier unserer Wohnung, selbst die Kunstwerke, mit denen wir uns umgeben, so auch die Pferde, die Hunde, die Carossen, kurz alle Pracht ist nur Form und Mittel, das eigene Selbst zur Geltung zu bringen. Aller Sport, Steckenpferde, Liebhabereien, Sammelneigungen beruhen meist ganz und immer vorzugsweise hierauf; im Ritt will der Reiter, in der Sammlung der Sammler sich zeigen. Vollends nun in Allem, was wir nicht blos besitzen, sondern sind, was wir nicht blos erwerben, sondern schaffen, machen wir uns auch persön = lich geltend.

Schon hier zeigt sich, wie diese Geltung nicht innerhalb des eigenen Selbst bleiben kann, wie in ihr der Uebergang des Selbst zu einem anderen Principe gegeben ist. Denn diese Geltung hat nicht blos auf der einen Seite, objectiv betrachtet, eine Vergleichung mit Anderen, in welcher Beziehung es auch sei, zu ihrem Inhalt — davon könnten wir noch absehen —, sondern es handelt sich ja wesentlich darum, nicht wie ich an und für mich bin, noch auch wie ich selbst von mir denke, sondern wie Andere von mir denken, d. h. wie ich in der Seele des Anderen existire. Dies ist die natürliche Erweiterung des eigenen Ich, die Erweiterung der eigenen Seele oder des eigenen Bewußtseins durch die Seele und das Be-

wußtsein Anderer. Vom untersten Troßknecht bis hinauf zum
General, vom gemeinsten Arbeiter bis zum Astronomen, überall ist es dem Menschen nicht gleichgültig, wie er von Anderen
gedacht wird, nicht gleichgültig zunächst schon, daß er von
Anderen gedacht wird. Sehr verschieden sind die Kreise von
Seelen, die Kreise von lebendem Bewußtsein, innerhalb deren
ein Individuum steht und von denen es gedacht sein will,
von denen gedacht zu werden ihm die wichtigste Angelegenheit
seines Lebens ist. Ich sage, sehr verschieden sind die Kreise
auch in Bezug auf ihre Weite; jede Seele aber hat einen
solchen Kreis. Mit dem ersten Erwachen eines deutlichen
Selbstbewußtseins schon im Kinde hört seine Gleichgültigkeit
dagegen auf, daß sein eigenes Selbst erweitert ist in Anderen,
daß nicht blos es selbst sich denkt, sondern wie Andere von
ihm denken. Ja, noch mehr, diese Rücksicht darauf, wie es in
dem Bewußtsein des Anderen ist, geht zeitlich entschieden dem
voraus, wie es selbst über sich denkt. Gegen Lob und Tadel
von Anderen ist der Mensch früher empfindlich als gegen die
Stimme des Gewissens im eigenen Herzen. Die Zusammenschließung der Seelen ist das Primäre, ihre Aussonderung ist
erst das Secundäre; die Zusammenschließung ist das Natürliche,
die Absonderung des Individuums ist das Künstliche. Ich
darf eine weitere Ausführung dieses Gedankens um so mehr
unterlassen, da ich sie an einer anderen Stelle bereits gegeben
und versucht habe zu zeigen („Ehre und Ruhm" im ersten
Bande des „Leben der Seele"), daß, und aus welchen Gründen
und in welcher Art verschiedentlich die Erweiterung des eigenen
Bewußtseins oder des eigenen Ich in Anderen vor sich geht
in alle dem, was wir Ehre nennen. Es genügt hier darauf
hinzudeuten, daß eine subjective und eine objective Erweiterung
uns Allen ungemein geläufig ist. Auf der einen Seite die
subjective Erweiterung darin, daß nicht blos ich selbst mich
denken und beurtheilen will, sondern auch Andere, „Alle" sollen
mich denken und beurtheilen. Ehre heißt, daß die Anderen
mich denken, und so von mir denken, wie ich selbst von mir

denken möchte, d. h. also, das eigene Subject wird erweitert; nicht blos ich bin es, der mich denkt, sondern die Anderen ebenfalls. Und ebenso wird das Object erweitert: ich will nicht blos als Ich gedacht sein, weder von mir noch von Anderen, sondern als zugehörig zu anderen Ich, welche zusammen= geschlossen sind; ich will nicht blos anerkannt sein als dieser für sich ganz allein Stehende, sondern als zu meinem Stande, zu meinem Range, zu meiner Familie, zu meinem Staate ge= hörig. Diese Seite der objectiven Erweiterung des eigenen Ich ist ebenso empfindlich wie die andere. Als Student will ein Student geehrt sein und weil er ein Student ist, und in dieser seiner Eigenschaft — nicht für seine Person allein — darf er nichts auf sich sitzen lassen. Der Stand wird in ihm geehrt und wird in ihm verletzt; als Mitglied des Standes und für ihn hat er zu empfinden. Nicht wir als einzelne Person, sondern wir als Glieder der Familie, wir als Bürger dieses Landes wollen eben gedacht, geehrt, anerkannt sein, und unsere Empfindlichkeit wird desto größer sein, je mehr wir an diese verschiedenen Kreise hingegeben sind. Man kann es kurz so ausdrücken, daß je höher die Culturelemente in einer Seele steigen, desto inniger sind auch diese Zusammenschließungen mit anderen Gemüthern, und folglich ist die Reizbarkeit der Ehre ebenfalls desto größer. Je höher die Cultur in irgend einem Stande, desto reizbarer ist er in Bezug auf die Ehre, d. h. desto weniger kommt es ihm darauf an, wie er allein von sich denkt oder wie Andere von ihm allein denken, sondern wie die Anderen, namentlich die ebenbürtigen Genossen, über ihn denken, und daß er als Glied dieser Genossenschaft gedacht werde. Hinzufügen will ich nur noch Eins:

Das feinste, das sublimste und gewichtigste Stück der Ehre ist nicht diejenige, die ich empfange, sondern diejenige, die ich gewähre. Nicht welche Ehre der Andere mir anthut allein, sondern und fast noch mehr, welche Ehre ich ihm an= zuthun berechtigt und im Stande bin, kennzeichnet den Grad der Ehre, welche ich selbst besitze. Nicht blos die Zahl und der Rang Derer, welche mich mit ihrem Gruße ehren, sondern auch Derer, welche ich zu grüßen berechtigt oder verpflichtet bin. In beiden Fällen besteht ein Band zwischen uns, wir gehören auf eine gewisse Art zu einander; das Volk gehört zum König, wie der König zum Volke.

Wie viel mein Gruß, meine Freundlichkeit, kurz mein Urtheil dem Anderen werth ist, wie viel Ehre es gibt, so viel Ehre besitze ich selbst; darum kommt dem Fürsten die Ehre all der Orden zu, mit denen er Andere zu schmücken das souveräne Recht hat. Aber auch der Geringste besitzt noch seine wohlerworbene Ehre darin, daß er sie dem Größten zu geben sich gedrungen, verpflichtet, oder auch berechtigt fühlt; er gewinnt die Ehre, sie zu erweisen. Daß wir Gott allein die Ehre geben, hat darum einen guten Sinn nur dann, wenn es bedeuten soll, daß wir von und vor Gott allein die Ehre haben wollen. Unter den Menschen offenbart sich die wahrhafte Größe darin, daß nicht nur Einzelne in großer Zahl, sondern daß eine ganze Stadt, ein Volk, selbst ein Zeitalter durch die Zugehörigkeit eines Mannes zu ihnen Ehre gewinnen, und daß wiederum dem entsprechend sie durch das ehrende Urtheil eines solchen einzelnen Mannes geadelt, durch seinen Tadel erniedrigt werden können.

Auf dieser Zusammenschließung der Seelen beruht auch Alles, was sonst etwa der Ehre verwandt ist, also: Gefühle der Achtung, der Bewunderung, auch der Pietät; in all diesen handelt es sich nicht blos um das eigene Ich, sondern um das, was in mir vorgeht in Bezug auf Andere, und was in Anderen vorgeht in Bezug auf mich. Diese innere Thätigkeit, welche in gegenseitigen Beziehungen sich bewegt, bildet das Interesse und findet seine am meisten ausgebreitete, namentlich über die gewöhnlichen Schranken des Raumes und der Zeit sich hinaussetzende Beziehung im Ruhme. Ruhm ist eben nichts Anderes als: nicht blos von Denen, mit denen wir leben, nicht blos von Denen, mit denen wir in irgend einer räumlichen oder realen Beziehung uns befinden, sondern über die Grenze unseres Lebens, wie über die räumliche und zeitliche Grenze hinaus, Inhalt des Gedankens sein für Andere.

An das Gefühl der Pietät gegen alte, gegen große und verehrungswürdige Menschen schließt sich die gegen Verstorbene. Sie ist eins der keimkräftigsten Elemente sittigender Cultur unter den Menschen gewesen; in ihr wurzelt die Continuität des menschlichen Geistes in der Abfolge der Geschlechter, welcher wiederum alles eigentlich geschichtliche Leben entstammt. Von den Leichenfeiern und Grabdenkmälern bis zur rechtlich befestig= ten Heilighaltung der Testamente sind die Erzeugnisse der Pietät so mannigfaltig, so einflußreich auf das religiöse, auf das Rechts= und Staatsleben, sie sind so weit verzweigt und reichen so tief in's Alterthum hinab, daß Giambattista Vico, der große Vorbote völkerpsychologischer Wissenschaft, den Ge= danken aussprechen konnte, daß die Todtenculte der Anfang und Grund aller sittlichen Cultur der Menschheit seien. — Ohne Zusammenschließung der Seelen gibt es keine wahre Gemeinschaft unter den Lebenden, keine Schöpfung des Gesammt= geistes; ohne Verbindung der Lebenden mit den Gestorbenen gibt es keine Geschichte. In dem Maße aber, als die Pietät gegen das Vergangene und die nicht mehr Lebenden stärker und folgenreicher wird, in dem Maße wächst und vertieft sich auch die Sorge für das Zukünftige und die noch nicht Lebenden. Je inniger ein Volk seine Geschichte in seinem Gemüthe hegt, desto eifriger wird es sie auch fortsetzen; je mehr es die ererbten Schätze der Cultur hütet und hegt, desto energischer wird es sie auch vermehren. So greift die Zusammenschließung der Geister über die reale Existenz der Mitlebenden hinaus.

Halten wir uns aber zunächst an dieser realen Existenz, so finden wir, daß die Zusammenschließung der Gemüther mit einander sich nicht blos in einer solchen gleichsam theoretischen Weise vollzieht, wie es in der Ehre, im Ruhm, in der Pietät u. s. w. der Fall ist, sondern sie wird zu einer praktischen Be= ziehung, zu einer Hingebung und gegenseitigen Durchdringung, für welche es charakteristisch ist, daß sie trotz ihrer vielseitigen

Verzweigung durch alle Arten seelischer Thätigkeit dem un=
mittelbaren und einfachen Bewußtsein sich so darstellt, als ob
sie nur vom Gefühl, vom Herzen getragen wäre.

Von solcher Art sind Liebe, Freundschaft, Ehe, Kamerad=
schaft in allen verschiedenen Formen. Damit verwandt, gelinder
den Menschen ergreifend, aber im Innersten von demselben
Zuge getrieben, ist das Verhältniß von Herrschen und Dienen,
insbesondere aber das Verhältniß der Gefolgschaften im weitesten
Sinne, der Gefolgschaften, welche sich ausdehnen bis auf die
Beziehung des endlichen Wesens zum Unendlichen; — denn
das Priesterthum ist eine Art von Gefolgschaft und trägt in
den echten und wahren Priestern ganz denselben Charakter —,
wie die Gefolgschaft der Mannen zu ihrem Fürsten, dem voran=
stehenden, Ordnung schaffenden, zum Siege führenden Helden,
dem man sich zu eigen gegeben hat; so sehr sind hier die
Seelen zusammengeschlossen, daß das eigene Selbst fast ver=
schwindet, im Leben des Anderen aufgeht oder aufgehen möchte;
nur für den Anderen wird die That, nur von ihm wird die
Ehre gesucht; Schicksal, Kraft und Ehre gelten nur der Gemein=
schaft. — Durch alle diese Formen hindurch bis zu der leich=
testen, welche wir als eigentliche Geselligkeit kennen, an welcher
dieses Interesse eben haftet nicht allein zu sein, sondern gesellt
mit dem Anderen, mit ihm zusammen, gleich viel, was man
in dieser Geselligkeit vornimmt, ob man Gespräche führt, zu=
sammen ißt und trinkt oder spazieren geht; — durch dies Alles
geht der Zug: zusammen mit den Anderen, vereinigt ein Stück
Leben zu führen; daß die Seelen nicht vereinzelt, sondern daß
sie gemeinschaftlich existiren, wirken und genießen, und daß sie
diese Gemeinschaft gegenseitig empfinden.

Wie schnell und energisch auch die flüchtigste Gemeinschaft
die Seelen zusammenschließt, ihnen mindestens für die Dauer
des Beisammenseins gleichsam ein gemeinsames Schicksal auf=
erlegt, dies können wir gerade an der bloßen Geselligkeit wahr=
nehmen und an der Ehre als dem offenbarsten Symptom der
Verbindung beobachten.

Der Wirth trägt fast die Verantwortung, alle Gäste aber tragen den Erfolg des Benehmens Aller gegen Alle; ein un= ziemliches Benehmen eines Einzelnen verletzt eben so die Ehre Aller, welche mit einander gesellt sind, wie die Größe, der Adel, die Würde eines Einzelnen Allen, die seine Gesellschaft genießen, einen, wenn auch nur flüchtigen Vorzug verleihen.

So sicher, sage ich, so unfehlbar schießen die Krystalle innerer Gemeinschaft unmittelbar auf, wo immer eine Vielheit von Menschen in eine Berührung kommt, welche irgend einen Grad von Innigkeit hat oder irgend eine Art gemeinschaftlicher Thätigkeit einschließt.

Viel weiter verbreitet aber, innerlich bedeutsamer, auch wirkungsvoller und folgenreicher, und darum werthvoller ist die Zusammenschließung der Menschen durch Mitleid und Mitfreude. Nicht auf dem immer wieder egoistischen Grunde der Aehnlich= keit des Anderen mit uns selbst, noch auch der Furcht vor gleichem Uebel, oder auf dem an sich schmerzhaften und pein= lichen Anblick oder Gedanken des Leidens beruht das Mitleid; sondern neben diesen Gründen und sittlich darüber hinaus= wachsend ist die Zusammenschließung der Seelen selbst der wahre Grund des Mitleids und der Mitfreude.

Es bedarf gewiß keiner langen Auseinandersetzung, um sich vollkommen klar zu machen, wie die specifische Natur des menschlichen Geistes und namentlich der Aufbau aller Entwicke= lung jedes Gesammtgeistes und aller einzelnen Geister, also auch der Aufbau der geistigen Cultur des Menschengeschlechtes überhaupt, fast gänzlich auf dieser Zusammenschließung der Seelen begründet ist, welche in Gefühlen für einander die größte Beseligung spendet, in der gemeinsamen, einheitlich ge= stalteten, kurz in der Zusammen=Arbeit aber ihre höchsten Triumphe feiert. Jeder Blick in das psychische Leben des Menschen zeigt, wie nur aus dem Zusammenwirken, aus dem gegenseitigen Einfluß der Vielen auf einander in den mannig= faltigsten Abstufungen sich die eigentliche Bereicherung und Ver= tiefung der Menschen ergibt. Wie alle ethischen Beziehungen des Menschen im innersten Grunde auf die Zusammenschließung der Seelen zurückgehen, wie die Verhältnisse der Freunde, der Liebenden, der Ehegatten, der Geschwister die werthvollsten Züge und die sittlich fruchtbarsten Antriebe des Lebens enthalten; wie die Eltern- und Kindesliebe dort höchste Befriedigung, hier Sporn und Bedingung aller Entwickelung erzeugt; wie in den Eltern, aber auch nicht am wenigsten in den Großeltern, dann in den Verwandten und Freunden, und insbesondere in denen allen, welche den weihevollen Namen der Lehrer und Erzieher tragen, die erleuchtende, erweckende und führende Kraft für die Kinder gegeben ist — dies Alles kann ja Jeder im Buche seines eigenen Lebens lesen und im Spiegel seines eigenen Herzens sehen.

Allein dem letzten und innersten Grunde aller dieser Erscheinungen, der Frage: ob und in wie fern Zusammenschließung der Seelen ihre Quelle ist, müssen wir noch eine, an die erfahrenen Thatsachen des Herzens angeknüpfte, aber weiter hinaus greifende Betrachtung widmen.

Wie man auch über die Einzelwesen, die unsere Erfahrung in der Welt antrifft, denken mag, ob man zurückgeht auf eine Theilung in Monaden oder ob man das ganze Universum als Eine Substanz auffaßt, von welcher dann die einzelnen, individuell wirkenden Wesen Theile wären, darin ist die Betrachtung auf Grund der Erfahrung nothwendig einig, daß wir auf Einzelwesen kommen, die von einander zunächst getrennt, verschieden sind, deren jedes ein bestimmtes Kraftmaß vertritt und eine bestimmte Wirkungssphäre hat, eine Wirkungssphäre, welche jenem Kraftmaß entspricht. Jedes Wesen ist so seiner Natur nach eingeschränkt in seinem Werth und in seinem Wirken auf dieses Maß seiner Kraft und auf diese Sphäre seiner Wirkung. Zwar kann lebendige Kraft von einem Wesen auf das andere übertragen werden; aber das Maß der Kraft, dessen Träger und Vermittler ein Wesen werden kann, ist ein beschränktes. Ein Blick in die körperliche Natur zeigt uns ferner, daß jedes materiell-reale Wesen eine eng begrenzte Wirkungssphäre hat auf seine nächste Umgebung. Scheinbar treffen wir weithin

zielende Wirkungen. Das Sonnenlicht dringt nicht blos zur
Erde, sondern durch immer weitere und weitere Räume des
Universums. Genauer erwogen geht auch der Lichtstrahl, die
eigentliche Lichtwirkung nur auf das nächste Molecül des Aethers
über, indem es dasselbe in Bewegung setzt; diese Bewegung des
Aethers pflanzt sich fort. Alle physische Wirkung ist so auf
die nächste Umgebung beschränkt, und nur das Nächste wirkt
durch seine Thätigkeit wieder auf ein Anderes, das an dasselbe
angrenzt. Wenigstens ist das die jetzt allgemein geltende Anschauung innerhalb der Metaphysik und innerhalb der Physik,
daß von einer Wirkung in die eigentliche Ferne nicht die Rede
sein kann. Lassen wir etwaigen Streit darüber bei Seite.
Auch die Wirkung in die Ferne würde uns zeigen, daß jedenfalls die Wirkungssphäre für ein Wesen nicht größer sein kann,
als sich aus dem Kraftmaß, welches ihm zukommt, ergibt. Daher
auch, wo ein und dasselbe Wesen etwa größere Bewegungen
durch das Universum vollzieht, ein Reales in der Mitte anderer
Realen weite Wege seiner Wirksamkeit zurücklegt, hat es doch
nur eine wechselnde, aber immer eine begrenzte Wirkungssphäre;
denn wirkt es an einem folgenden Orte, so wirkt es nicht mehr
an dem früheren. So ist also jedes Ding je an den Ort, an
welchem es sich befindet, oder an eine seinem Kraftmaß entsprechende Umgebung gebunden, auf welche es überhaupt wirken
kann. Man sieht leicht, wie die Natur des Psychischen einen
völligen Einschnitt macht in die Art der Wirksamkeit, welche
sonst das Universum uns zeigt. Hier ist einer der schärfsten
Gegensätze, auf welchen zu achten in der Frage des Materialismus oder seines Gegentheils durchaus nothwendig ist. Für
jedes materielle Wesen sind die anderen irgend wie Object seiner
Thätigkeit; Objecte seiner Thätigkeit können sie aber nur in
seiner Wirkungssphäre sein. Anders ist es im denkenden Geist.
Die Wirkungssphäre des denkenden Wesens ist nicht beschränkt, weder durch den Raum noch durch die Zeit. Nicht als
ob es wahr wäre, wie man so häufig abstract den Gedanken ausspricht: der Geist sei frei überhaupt von Raum und Zeit. Das ist

eine Uebertreibung. In Bezug auf den Proceß seiner Thätig=
keit ist der Geist an Raum und Zeit gebunden. Aber in Be=
zug auf den Inhalt seiner Thätigkeit ist er davon frei; ist
er mindestens in dem Sinne frei, daß er von Haus aus und
seiner Natur nach in der Fähigkeit, unendlichen Inhalt in sich
aufzunehmen unbeschränkt ist. Ganz wie die Erfahrung es uns
zeigt, kann er stufenweise seinen Inhalt erweitern. In dem
Maße als die geistige Entwickelung des Menschen sich erhebt, in
dem Maße als seine Thätigkeit reicher und ergiebiger und tiefer
und ausdauernder wird, in dem Maße namentlich als sie historisch
angesammelt und so progressiv durch die Zeiten vermehrt wird:
in demselben Maße wird die Sphäre der Objecte für jede
spätere denkende Seele reicher und weiter, dergestalt, daß wir
— dies darf nicht ungesagt bleiben — schließlich wenigstens
in ganz abstracter Weise den Begriff des Unendlichen selbst
zum Object des Denkens gemacht sehen. Das endliche, in seinem
Proceß — auch psychischen Proceß — durchaus an Zeit und
Raum gebundene Wesen hat zu seinem Inhalt das Unend=
liche. Dies ist zunächst eine subjective Ausdehnungsweise der
Wirksamkeit psychischer Individuen. Wovon wir aber in unserem
Zusammenhange hier zu reden haben, ist noch ein anderes.

Nämlich nicht blos im Denken, im theoretischen Anschauen
erweitert sich das psychische Wesen, erhebt sich seine auf einen
bestimmten Punkt im Universum zunächst beschränkte Natur zu
einem Inhalt, der vielleicht in irgend einem Sinne einmal das
ganze Universum selbst umspannen kann, sondern eine andere
Art von Zusammenschließung der Seelen in ihren Thätigkeiten
wird von Haus aus nach einem ursprünglichen Trieb von den
geistigen Wesen gesucht. Alle die Formen, welche wir also ge=
nannt haben: Liebe, Freundschaft, Ehe, Verhältniß der Pietät,
Geselligkeit, alle diese gehen darauf aus, daß die Seelen sich
nicht als isolirte reale Wesen mit isolirten Kraftmaßen oder
Kraftquellen betrachten, sondern als zusammengeschlossene, als
gegenseitig so auf einander bezogene, daß sie eben in ihrer
Thätigkeit und durch dieselbe eine Einheit bilden.

Wir werden später noch von einer andern Art der Er=
weiterung, welche ein psychisches Selbst in der natürlichen
Wirklichkeit der Welt sucht, zu reden haben. Während wir
eben jetzt von Zusammenschließung der Seelen mit einander,
von Verbindung der Gemüther reden, werden wir finden, daß
in alle Dem, was wir Besitz oder Eigenthum nennen, gleich=
falls eine Erweiterung des eigenen Ich und des eigenen Selbst
gegeben ist. Jenes ursprüngliche, natürliche Kraftmaß, welches
jedem Realen zukommt, wird hier auf eine andere Art aus=
gedehnt. Die natürliche Beschränkung der Expansion eines
Wesens wird durchbrochen dadurch, daß eine Kraft zur Kraft
über Kräfte wird, daß eine Person Herrschaft übt über andere
Kräfte, sie sich aneignet und mit ihnen wie und als mit seinen
eigenen zu operiren die Freiheit gewinnt. Dies geschieht dann
innerhalb der menschlichen Gesellschaft in der bestimmten Form,
daß von den vielen mechanischen Kräften der verschiedensten
Art, welche bereit sind in die Botmäßigkeit des Menschen zu
treten, jedem ein Quantum zukommt, über welches sein Ich,
seine Persönlichkeit mit ihrem regierenden Willen die Macht
ausübt; die eigene Kraftsphäre eines jeden Individuums wird
also bereichert und erweitert durch die erworbene und ihm als
Eigenthum zugehörige Summe physischer Kraft. Verhältniß=
mäßig geringfügig erscheint nun diese Art der Erweiterung des
Ich durch seinen Besitz, wie wichtig sie auch für das Leben
sein mag, und wie abhängig unsere ganze politische und sociale
Existenz von ihr ist, im Vergleich zu dem Besitz eines
anderen Menschen. In dem Augenblick, da das Kind so
weit ist, daß es versteht was die Mutter sagen will, wenn sie
sagt: „Mein Kind", oder daß es seine eigenen Worte versteht,
wenn es sagt: „Meine Mutter", „Mein Vater", — sobald
diese eigenartige Aneinanderknüpfung zweier psychischer Subjecte
sich vollzogen hat, daß sie sich in Folge ihrer eigenen inneren
Regungen zusammen wie eine Einheit ansehen oder ihre gegen=
seitige Zugehörigkeit zu einander empfinden, — in demselben
Augenblick ist die innere Natur eines Menschen eine ganz

andere geworden; und sie ist zugleich etwas geworden, was außer ihr und ihres gleichen im ganzen Universum nicht vorhanden ist. Diese Art der Zusammenschließung zweier von Haus aus getrennter und physisch in der Trennung beharrender Kraftquellen und Kraftmaße, dieses sich aus innerem Drang, vermöge der beiderseitigen und gegenseitigen Regungen der Seele Aneinanderschließen, dieses Erzeugen also einer ganz neuen und weitaus tieferen Art von Verbindung der Wesen, als wie sie etwa die physische Natur uns irgend darbietet, ist das Specifische und darum auch so unsäglich Ergreifende und Folgenreiche für den Menschen. Es gibt gar keinen höheren Besitz; — die Welt erringen und an uns ketten, die Welt uns botmäßig machen, sie unser eigen nennen, Alles dies verschwindet wie ein Nichtiges daneben, daß wir eine andere S e e l e unser e i g e n nennen. Dadurch erst werden wir im höchsten und wahren Sinne des Wortes Menschen, darin erwerben wir auch den letzten und reinsten Genuß, den alles Seiende uns bieten kann; wir hören auf, bloße physische Kraftsummen zu sein und irgend welchem Träger mechanischer Thätigkeit, die in der Natur vollzogen wird, vergleichbar; — wir erringen diese eigenartigste Beziehung gegebener realer Wesen zu einander, daß wir durch ihre Liebe, Zuneigung, Aneignung — und wie die Sprache es sonst noch bezeichnen mag — eine zweite S e e l e als die u n s e r e gewinnen.

Wenn aber auch dieses Ansichziehen der Welt, diese Unterwerfung von Kräften, dieser Gewinn von Seelen und Herzen alle Größe und alles Glück des Menschen bereitet: jeder wahrhafte Adel und jede wirkungsreiche Erhebung des Gemüths besteht doch nur in der H i n g e b u n g. Jene Expansionskraft des eigenen Ich erreicht erst dann ihr höchstes Ziel, wenn es denkend, schaffend und handelnd an die eroberte Welt und andere Seelen sich selbst hingibt. Die steigende Erkenntniß der äußeren und der geistigen Welt muß uns bereichern, die steigende Beherrschung und der Genuß derselben kann uns beglücken, aber die würdevolle Vertiefung des eigenen

Ich fließt nur aus seiner stufenweisen Hingebung, welche zu=
gleich die Quelle alles wahrhaft Guten ist. Wir müssen unser
Ich bereichern, um seiner Hingebung Werth zu schaffen, grade
so wie wir äußeren Besitz erwerben müssen, um ihn hingeben
zu können; aber nicht wen und was wir anziehen, sondern
wer und was uns anzieht bestimmt den Reiz und den
Werth unseres Daseins. Es würde nicht schwer fallen zu
zeigen, wie Zusammenschließung der Seelen der Grund und
das Ziel für die meisten Lebenswerthe ist, die wir erstreben.
Die volle Zusammenschließung aber gründet sich auch immer
auf eine Gegenseitigkeit, in welcher zugleich Genuß von und
Leistung für einander unwillkürlich und unzertrennlich ver=
bunden sind.

Nicht unerwähnt will ich lassen, daß es ganz gewiß zu
den höchsten Keim=Kräften der Menschheit gehört hat, daß
beide Punkte, die wir hier als specifisch verschieden für die
eigentliche Würde des Menschen erkannt haben, ineinander
fielen: die Ausdehnung nämlich meiner psychischen Thätigkeit
auf Objecte bis auf das Unendliche hin und zu gleicher Zeit
die Zusammenschließung mit diesem Wesen; die Hingebung
an ein Unendliches und der Gedanke, daß auch das Unendliche,
das wir erfassen, uns zugewendet ist. Die Thatsache, daß
jemand gesagt hat „mein Gott" und „ich bin Gottes", ist
einer der prägnantesten Züge in der specifischen Natur des
Menschen. Daher auch von jeher, nur in aufsteigenden Formen,
die Verbindung dieser beiden Züge mit einander im Menschen,
die Verbindung von Liebe und Religion: der Zug der
Zusammenschließung überhaupt oder die Liebe, und der Zug
der Zusammenschließung mit einem erkannten Unendlichen oder
die Religion. Durch alle Fehler und Schwächen des Menschen,
ja durch alle sumpfartigen Tiefen, durch welche das Wesen
der Liebe hindurchgehen kann, ist auch die Religion hindurch=
gegangen; und auch die Verbindung beider mit einander hat,
der endlichen Natur mit ihren Eigenheiten anheim gegeben,
dieser Schwäche des Menschen sich nicht überall entziehen können,

dergestalt, daß wir Verbindungen von sinnlicher Liebe mit
religiösen Gefühlen immer wieder unter den Menschen in
kleineren oder größeren Kreisen auftauchen sehen, welche beide,
die Religion und die Liebe, durch die Art ihrer Verbindung
zu erniedrigen geeignet waren. An den Krankheiten so gut
wie an der Gesundheit erkennt man die Kräfte, welche in einem
Organismus thätig sind.

Also dies, Zusammenschließung mit anderen Seelen, ist
es, was als ein allgemeiner und nach dem Maße der Ent=
wickelung immer höher gehender Trieb in jedem Selbst sich
findet, und das ist es, was alle jenen Formen des Zusammen=
lebens und der Hingebung erzeugt hat. In unmittelbarer
Verbindung damit stehen auch jene weiteren und objectiven,
für die Cultur so bedeutsamen Verbindungen unter den Menschen.
Von Freundschaft und Ehe geht der Weg in die Familie über=
haupt, in verwandschaftliche Beziehungen der weitesten Art.
Wir wissen aus der Geschichte der Menschen, wie diese Familien=
beziehungen den Uebergang zu einer nationalen Verbindung
gemacht haben. Auf das ursprüngliche, natürliche Verhältniß
der Abstammung gründen sich in ihrem Beginn die größeren
Gemeinschaften.*) Die Einheit des Volkes, dann auch die
wesentlich auf innere Beziehungen gegründete Einheit des
Staates, die der Kirche, ja weiter hin die (für Denjenigen,
welcher im höchsten Sinne des Wortes Mensch zu sein den
Willen hat, durchaus nicht gleichgültige beiläufige, sondern
wesentliche und wirkliche) Verbindung der Menschheit als solche
geht auf Zusammenschließung der Seelen zurück oder hinaus.
Sich in seinem Selbstbewußtsein nicht als einen Einzelnen zu
wissen und namentlich auch zu fühlen, sich nicht aufzufassen
als ein isolirtes Wesen, sondern nach jenen engeren Zusammen=

*) Im Zusammenhang mit dem oben ausgeführten Gedanken, daß
die Zusammenschließung älter sei als die Sonderung, scheint auch die
Urgeschichte zu bestätigen, daß die Stammeseinheiten älter sind als die
bestimmt ausgeprägten engeren Verbände der Familie. Vgl. Leben der
Seele. Bd. 3. „Ursprung der Sitten." S. 374 und 406 ff.

schließungen sofort auch dies an sein eigenes Selbst zu knüpfen,
und es davon durchdrungen zu sehen, daß ich Glied dieses
Volkes, daß ich Bürger dieses Staates, daß ich ein Mitglied
der Menschheit bin; — dies gehört zum Frühesten, wovon
die innere Entwickelung des Menschen auszugehen hat, und
zum Höchsten, wohin sie streben kann. Wie Mensch zu sein
das Niedrigste ist, was wir von einem Menschen fordern
können, so ist ein wahrhafter Mensch zu sein auch das Höchste,
was er zu leisten im Stande ist. Der Begriff der Menschheit
in dem einen Sinne haftet ihm von Haus aus an; dahingegen das Wesen der Menschheit, das Menschenthum in sich
zu repräsentiren, und deshalb irgendwie mit seinem Denken
und Fühlen die ganze Menschheit zu erfassen, sich und sein
eigenes Selbst als Glied derselben zu denken, ist das Höchste,
wohin die Cultur einen Menschen bringen kann.

III.

Die Sache, oder die Ideen und ihre Verwirklichung.

Die erste Art des Interesses galt der Thätigkeit, die
zweite der Person; beiden gegenüber steht das Object, die
Sache, für welche die Person thätig, mit welcher sie beschäftigt
ist, in welche sie ihr Interesse legt.

Wir kommen hier auf geebneten und viel betretenen Boden
und dürfen uns deshalb um so kürzer fassen. Dem einfachen
und unmittelbaren Bewußtsein erscheinen sogar alle Interessen,
auch die bisher besprochenen, zwar als persönliche, aber doch
als solche, die an den Dingen haften, die von der Art und
Beschaffenheit derselben erregt werden. Aber auch der wissenschaftlichen Betrachtung drängt sich die Thatsache auf, daß
alle geistigen Processe, die wir vollziehen, immer einen bestimmten Inhalt haben; das Interesse nun kann an der
(subjectiven) Form des Processes, aber eben so sehr an dem
objectiven Inhalt haften. Für unsere Person erstreben wir
Erfüllung, Ausbildung, Geltung, Zusammenschließung (mit

Anderen). Aber das, womit wir unser Gemüth erfüllen, wodurch wir unseren Geist ausbilden, unserer Person Geltung verschaffen, das, worin und wodurch wir unsere Seele mit anderen vereinigen, ist schlechterdings nicht einerlei. Der Inhalt, womit wir uns beschäftigen, hat für uns einen verschiedenen Werth, die Vorzüge, die unsere Person erringen soll, haben verschiedenen Grund; es muß also Maßstäbe und Prüfsteine geben, nach denen wir diese Werthe und Vorzüge bestimmen; diese können wir mit dem wohlbekannten Namen der Ideen bezeichnen. Was irgend einen sachlichen, objectiven Werth für uns hat, das entspricht, ist Abbild oder Folge irgend einer Idee.

Ein beträchtlicher Theil unserer inneren Thätigkeit ist auf die Erkenntniß, auf die theoretische Auffassung der Dinge gerichtet; sie wird überall geleitet von der — Idee der Wahrheit. Auf mancherlei Art kann sich ein Interesse an die Thätigkeit, an die Form des psychischen Processes im Erkennen anschließen; wir haben auch gesehen, wie ein höchstes persönliches, ein specifisch menschliches Interesse darauf sich bezieht, daß wir unser eigenes Ich durch die Auffassung der Welt erfüllen, daß wir die Natur, den Menschen, das Unendliche in uns aufnehmen, es zum Inhalt unseres eigenen Wesens machen; jedoch mit beiden verbunden, aber auch von ihnen getrennt, zuweilen selbst ihnen entgegenstehend ist in uns das Interesse für die Wahrheit und gegen den Irrthum. Nicht weil sie uns beschäftigt, auf angenehme oder unserem Wesen adäquate Art beschäftigt; auch nicht weil sie uns beschäftigt, uns durch die Beschäftigung mit ihr erfüllt, erhebt und veredelt; sondern von unserem Thun und unserem Sein abgesehen, hat sie einen absoluten Werth für uns als die Wahrheit. Bedürfte dies eines Beweises, man könnte ihn darin finden, daß die Erkenntniß der Wahrheit, die Andere erringen, die wir selbst nicht blos nicht gefunden, sondern die wir kaum zu fassen im Stande sind, dennoch auch unser Interesse erregt; ihrer Schöpfung irgend einen entfernten Dienst zu leisten, auch unser Bestreben ist. Noch deutlicher spricht die Thatsache, daß wir von der Wahrheit angezogen,

daß wir von ihr bezwungen werden, und daß wir ihr die
Ehre zu geben, uns nicht entbrechen können, nicht entbrechen
sollen, auch wenn uns der Proceß des Erkennens lästig oder
zuwider, wenn uns der Inhalt peinlich oder schmerzhaft ist.
Sich von liebgewordenen Illusionen, von beglückenden Vor=
urtheilen, von beseligenden Irrthümern zu trennen und statt
dessen der Wahrheit in's Angesicht zu schauen, ist oft eine
herbe Sache; kein edles Gemüth wird dadurch gehindert, der
erkannten Wahrheit den alleinigen und zweifellosen Werth bei=
zumessen. Wenn Lichtenberg einmal in seinem Tagebuche sagt:
„das Vergnügen, das mir die genaue Bemerkung eines Fehlers
an mir machte, war oft größer, als der Verdruß, den der
Fehler selbst bei mir erweckte"; so mag dies zugleich auf ein
persönliches Interesse (der ersten, vielleicht auch der zweiten
Gattung) hindeuten; aber die Lebendigkeit desselben wird nur
in einem Geiste sich finden, welcher in der Idealität der
Wahrheit heimisch ist; an jeder fremden Entdeckung einer
wissenschaftlichen Wahrheit wird sein Vergnügen noch größer
gewesen sein. Leopardi, von schmerzlicher Begründung pessi=
mistischer Weltanschauung erfüllt, bemerkt doch eben so edel
wie lehrreich:

> „. . . . . Denn erkannte Wahrheit,
> Ob sie auch trostlos ist, hat ihren Reiz."

Auch die Strophe von Byron (Child Harold III, 6 nach)
Gildemeister) drückt eben so schön wie energisch den Gedanken
aus, daß jedes subjective und persönliche Interesse des Geistes
gleichsam nichtig und verschwindend ist, neben dem objectiven.

> „Zu schaffen und im Schaffen tieferes Leben
> Zu finden, darum dichten, formen wir
> Den Traum der Seel' und ernten, was wir geben,
> Dasein der Phantasie, — so wie ich hier.
> Was bin ich? Nichts. Ein andres ist's mit dir,
> Geist meiner Dichtung, der durch alle Welt
> Unsichtbar, aber schauend zieht mit mir:
> Durchglüht von dir, von deinem Hauch geschwellt,
> Fühlt noch mein Herz mit dir, das schon in Asche fällt."

Ob man so weit gehen darf (wie man in einem irgend=
wie Platonischen Sinne müßte), zu sagen, daß auch das Interesse
an der Thätigkeit des Erkennens und an der persönlichen Ver=
edlung durch dasselbe nur auf den absoluten Werth der Wahr=
heit allein gegründet ist, daß dort nur die Fähigkeit zur Wahrheit
dem Thun, und hier die Erfüllung mit ihr der Person den
innersten Grund eines Interesses erzeugt: — dies bleibe dahin=
gestellt. Ich enthalte mich auch der Entscheidung über letzte
Ableitungen, für welche wir mindestens in der Wissenschaft
noch nicht genügend vorbereitet sind. Uns darf es an dieser
Stelle sowohl, wie in der ganzen Betrachtung der Tafel der
Interessen genügen, festzustellen, daß die Arten derselben, wie
sie jetzt die Gemüther ergreifen, wesentlich verschieden sind.
Dies um so mehr, als diese Anschauung auch für alle Zukunft
ihren Werth behält. Denn wenn es auch gelänge, die ver=
schiedenen Arten des Interesses sowohl im Individuum, wie im
Ablauf der Geschichte mit wirklicher psychologischer Bestimmt=
heit auf eine zurückzuführen, aus welcher sie sich allmählich
entwickelt haben, so wird man doch festhalten müssen, daß sie
in Folge dieser Entwickelung entstanden und einen verschiedenen
Charakter gewonnen haben. Man wird, meine ich, um durch
ein Gleichniß die Sache noch aufzuhellen, einsehen müssen, daß
die Arten der Interessen, ob auch alle aus einer entwickelt
wären, sich mindestens so zu einander verhalten, wie die ver=
schiedenen Metamorphosen etwa eines Insects; denn trotz der
zweifellosen Identität des Individuums sehen wir, daß es in
jeder Phase einen ganz neuen Typus und einen neuen Rhyth=
mus, d. h. eine neue Form seiner Theile und eine neue Weise
und Abfolge des Lebensprocesses zur Erscheinung bringt. Nur
daß in dem uns gegebenen psychologischen Fall, im Gegensatz
zu dem Naturgleichniß, die verschiedenen Formen des Interesses
theils neben einander, theils gegen einander und endlich auch
in der innigsten Verschmelzung mit einander sich befinden können.
Daß ein wissenschaftlicher Forscher völlig gleichzeitig an seiner
Arbeitsform wie an dem persönlichen Erfolg eine subjective

Befriedigung, aber zugleich an der gefundenen Wahrheit ein reines, objectives Interesse haben kann, das leuchtet wohl von selbst ein; ein Anderer denkt vielleicht nur an den persönlichen, ein Dritter nur an den Reiz der Beschäftigung. Die That= sache zu ignoriren, daß das Pulver schon erfunden ist und es noch einmal zu erfinden, kann einen vollkommenen Reiz der Beschäftigung und eine sehr große persönliche Genugthuung ge= währen, aber das Reich des objectiven Geistes wird dadurch nicht gemehrt. Dies läßt in einen tiefen Zusammenhang des absoluten, objectiven Werthes der Wahrheit — (und ähnlich aller Ideen) mit der objectiven und geschichtlichen Erscheinung derselben im Gesammtgeist blicken, dessen Erörterung uns weit über die Grenzen dieser Betrachtung führen würde. Nur daß die Sache auch ihre moralische und selbst ihre praktische Seite hat, will ich nicht verschweigen. Von dieser zuerst, will ich nur bemerken, über wen nicht die Sache Meister wird, der wird nicht Meister in der Sache. In der Kunst sowohl, wie in der Wissenschaft und in aller schöpferischen Thätigkeit bleibt das Ziel, bis zu welchem das persönlich geartete Interesse führt, weit von dem entfernt, welches die Triebkraft reiner und ab= soluter Werthschätzung der Idee allein erreichen kann; davon nicht zu reden, daß es oft genug in einer anderen, selbst ent= gegengesetzten Richtung liegen wird. An die moralische Kehr= seite aber erinnert eine in gewissen Kreisen häufig beobachtete, ängstlich hastige Mittheilung auch der kleinsten Fünde; ich fürchte, daß dabei mehr von der reinen Hingebung an die Wahrheit verloren als durch die Aneignung derselben ge= wonnen wird.

Mit dem Interesse an der Wahrheit und gegen den Irr= thum ist das an der Wahrhaftigkeit gegen die Lüge, an dem Sein gegen den Schein auf's Innigste verbunden. Dies führt uns zu dem an den sittlichen Ideen überhaupt. Von diesen gilt noch viel mehr, und historisch noch viel früher, als von der Idee der Wahrheit, daß sie als charakteristische Merkmale menschlichen Empfindens auf dasselbe eine anziehende Gewalt

ausüben. Recht und Billigkeit, Treue und Glauben haben einen
absoluten, objectiven Werth ohne Rücksicht auf That und Person,
bilden ein unbedingtes Interesse nicht blos neben, sondern auch
gegen alle anderen. Wohl haben ordnendes Recht und sänf=
tigende Sitte dem menschlichen Leben eine behaglichere, erfreu=
lichere Gestalt gegeben, allen anderen Interessen Schutz und
Stütze gewährt; aber so wenig ruht ihre Bedeutung allein auf
diesem Dienst, den sie anderen Interessen leisten, daß man
auch ungescheut von allen Erzeugnissen dieser sagen kann, daß
ihnen ein wahrhafter Werth nur in dem Maße zukommt, als
sie jenen sittlichen Ideen zu Objecten der Erscheinung dienen.
Vom Gefühl für Schönheit — in der Kunst wie im
Leben — ist schon die Rede gewesen; wie weit und wie tief
die Gewalt ist, welche die Idee der Schönheit auf das mensch=
liche Gemüth ausübt, bedarf keiner Erörterung. Auch daß sie
auf der Höhe geistiger Cultur ein eigenes, selbstständiges und
ursprüngliches Interesse bildet, wird von Nachdenken und Er=
fahrung gleich sehr bestätigt. Mag immerhin die Wahrneh=
mung des Schönen zugleich angenehm sein: nicht weil es an=
genehm ist, ist es das Schöne, sondern weil es schön ist, ist
es angenehm.

Die Ideen also haben eine absolute Geltung uns gegen=
über, und der volle Werth unserer Thätigkeit und die wirkliche
Würde unserer Person kann nur dann erzielt werden, wenn
Beides, unser Thun und unser Wesen, erfüllt ist von den
Ideen. Jene Interessen können im höchsten Maße nur be=
friedigt werden, das Interesse an unserer Thätigkeit und an
unserer Persönlichkeit, wenn es zugleich im Interesse der Ideen
und ihrer Verwirklichung geschieht. Die Ideen bilden die Normen
und Maßstäbe für die objectiven Werthe, die wir den Dingen
beilegen; unser Interesse für eine solche Beschaffenheit dessen,
was unsere Seele erfüllt, ist also das für die Idealität.

Diesem nun steht ursprünglich — wie wir sehen werden,
ohne nothwendigen Widerstreit — gegenüber das Interesse für
die Realität.

Auch dieses Interesse ist allerdings nur eines neben den
vielen anderen, die den Menschen beherrschen; aber es ist ein
zweifelloses, unbedingtes und der gewaltigsten eines.
Es beruht darauf, daß der Mensch nicht blos ein lediglich
gedachtes und denkendes, also ideal existirendes Wesen ist, sondern ein innerhalb der Wirklichkeit stehendes; und es zielt dahin,
daß auch seine Gedanken, die er denkt, die seine Thätigkeit
ausmachen, sich verwirklichen; daß sein Selbst, wenn ich mich
so ausdrücken darf, nicht ein nacktes Selbst bleibt, sondern ein
mit Fleisch und Blut bekleidetes, in der Wirklichkeit, namentlich
auch in realen Beziehungen aller Art zu allen übrigen Wesen,
die ihn umgeben, bestehendes sei. Dieser Sinn für die Objectivirung des eigenen Denkens und des eigenen Selbst ist einer,
der allen Menschen gemein ist. Man hat wohl daran gedacht,
diesen Zug darauf zurückzuführen, daß alle objectivirten Gedanken
uns klarer, schärfer, deutlicher gegenüber stehen, dergestalt, daß
alle Praxis des Lebens, alle Wirklichkeit des Handelns nur
wie eine Art Hülfsconstruction vorhanden wäre, damit wir
deutlichere Begriffe haben. Mit nichten. Zwar dies muß ja
zugestanden werden, daß auch alles das, was eine wirkliche und
objective Realität hat, für unsere Seele immer nur ein inneres
Gebilde, ein Gedanke ist. Allein nicht die Schärfe und Deutlichkeit*), sondern eine ganz andere specifische Beschaffenheit
haftet dem Denken an, welches aus der Realität hervorgeht
oder zu derselben hinführt. Man kann sich von dieser besonderen Beschaffenheit schon dadurch eine Vorstellung machen, daß
man diejenige innere Anschauung eines Gegenstandes, welche
aus einer unmittelbaren und realen Beziehung hervorgeht, mit
demjenigen Bilde davon vergleicht, welches eine spätere Erinnerung uns vergegenwärtigt. Zu den wichtigsten Symptomen
dieser seelischen Verschiedenheit gehört die durchaus verschiedene
Mitschwingung unserer Nerven. Auch die lebhafteste Erinnerung

---

*) Für bloße Gedanken, für reine Fictionen, für reflectirende Vor
stellungen kann eine noch größere Klarheit erreicht werden.

an einen Schmerz ist nicht der Schmerz selbst, die an eine Freude nicht die Freude. Darum spielt der Gegensatz auch keineswegs blos auf dem Gebiete der inneren Auffassung äußerer, körperlicher Dinge und Vorgänge; es ist derselbe auch für rein geistige Beziehungen. Ob ich jetzt von dem energischen Gefühl der Freundschaft und für diesen bestimmten Menschen wirklich erregt bin, oder mir nur in der Phantasie eine Freund= schaft (vielleicht noch viel schärfer und viel glänzender) vor= stelle, oder auch mich jener realen, wenn sie aufgehört hat, später nur erinnere, das macht eben einen tiefgehenden Unterschied.

In diesem tieferen und festeren Sinne hat man das Wesen der Realität zu fassen, um ihre herrschende Gewalt nicht blos, sondern auch ihre segensreiche Bedeutung zu be= greifen. Ohne Sinn für Idealität ist das Leben flach oder roh, ohne Sinn für Realität ist es schattenhaft und scheinvoll. Schon für die reine Erkenntniß der Ideen gilt, daß nur, was von idealen Bezügen wirklich innerlich erlebt, also durch ge= gebene, reale Verhältnisse innerlich erzeugt ist, sie wesentlich fördert; es sind nicht die blühenden, triebkräftigen Ideen, sondern wortgeformte Schattenbilder derselben, die wir im Geiste em= pfangen, es sei denn, daß wir sie in einer lebendigen Erfüllung innerlich ergreifen. Vollends aber für das Leben, für Sittlich= keit und Kunst, für Staat und Kirche handelt es sich nicht blos darum, daß die Idealität der Erkenntniß erschlossen, daß sie dem Auge der Seele als Bild erscheine, sondern daß sie, um ein uns hier naheliegendes Bild zu gebrauchen, zugleich den Herzschlag derselben errege. — Wenn Kinder bei den schmerzlichen Ereignissen in Mährchen und Fabeln aus Mitleid zu weinen anfangen, so geschieht es, weil sie den Unterschied zwischen Realität und Dichtung, zwischen objectiv wahren und subjectiv erdachten Ereignissen noch nicht oder so wenig kennen, daß die reine Idealität der Beziehungen*) ihr freies Spiel in

---

*) In diesen hat freilich auch die ideale Qualität der Wirklichkeit ihren Grund.

ihrem Gemüthe hat.*) Daher auch die mythischen Vorstellungskreise auf jugendliche Völker, welche sich zu ihnen sehr ähnlich
wie unsere Kinder zu den Mährchen verhalten haben, jene
gewaltige und wohlthätige, Idealität der Gesinnung erzeugende
Wirkung ausüben konnten. Wenn aber die Dichtkunst mit
ihren lediglich idealen Vorstellungsgebilden auch auf die Erwachsenen eine bis zur stärksten Erschütterung des Gemüths
gehende Wirkung ausübt, so geschieht es, einmal weil nicht
blos die Elemente der Idealität in der Poesie reiner und
voller als in den realen Lebensbeziehungen in unsere Seele
dringen und gleichsam durch die Macht der Form ersetzen, was
ihnen an Kraft der Wahrheit mangelt; — sodann aber und
ganz besonders auch weil sie den psychologischen Schein
der Realität in uns erzeugen.**) Immerhin bleibt alles wahre
Leben der Poesie von der Poesie des Lebens abhängig; Dichter
und Hörer können durch die Phantasie nur von Dem vollständig ergriffen werden, was sie elementar auch im Leben
einmal zu fühlen oder mitzufühlen Gelegenheit hatten.

Die bedingende Macht der Realität, dieses Uebergewicht
des Werthes, welches sie demjenigen Idealen gibt, das mit ihr
verbunden ist, prägt sich sehr stark in der Volksmeinung in
allerlei Sprichwörtern aus; bei dem Gegensatze von Leben und
Wissen, von Sein und Denken, von Phantasie und Wirklichkeit
tritt der Volksgeist immer auf die Seite der Realität.

———

*) Sehr beachtenswerth ist hier die Thatsache, daß Kinder etwa
mit 6—7 Jahren, auf die Frage, ob sie lieber eine „wahre“ oder eine
„ausgedachte“ Geschichte hören wollen, sich immer für die wahre entscheiden, welche darum nicht minder „ausgedacht“ sein kann, um sie zu
ergreifen.

**) Von diesem Schein der Realität, sozusagen von dem momentanen
und subjectiven Glauben an die Dichtung hängt ihre Wirkung in uns
ab; ohne ihn läßt der Dichter uns kalt. Der psychologische Schein der
Realität aber beruht nicht auf den idealen Vorzügen der poetischen
Schöpfung, sondern allein auf ihrer Aehnlichkeit mit der Bildungs- und
Verkettungsweise der wirklichen Erscheinungen.

Dies so sehr, daß das Interesse für die Realität, wie wir das auch bei anderen schon hervorgehoben haben, sich zu einer herrschenden Selbstständigkeit aufschwingt, und weit entfernt nur das begleitende Ingrediens der anderen, etwa idealen Interessen sein zu wollen, vielmehr über dieselben hinauswächst und ihnen entgegentritt. Hier knüpft sich der Faden der Betrachtung noch einmal an, den wir oben bei der Erweiterung der Persönlichkeit fallen ließen.

Zunächst in der Mitte des praktischen Lebens ist das Interesse für das Reale das Ausschlaggebende. Meine Persönlichkeit möchte ich erweitern, indem ich Macht habe über Dies und Das, was als ein mit Kraft wirkendes Wesen in der Welt vorhanden ist, was meiner Thätigkeit dienen, meinen Genuß anregen kann, u. s. w. Der bloße Gedanke dieser Dinge erscheint absolut als ein Nichts. Denken kann ich mir die ganze Welt, das ist auch sehr schön, daß ich sie mir denken kann; „aber davon", sagt der gemeine Mann nicht mit Unrecht, „habe ich nichts". In dem Begriff des Eigenthums ist dies das Erste, daß es r e a l ist. Wir wissen freilich, daß es sich gleichwohl wesentlich nur um ein psychisches Verhältniß handelt; aber das weiß der gemeine Mann nicht und auch auf den schärfsten Denker hat dieses Wissen nur geringen Einfluß. Es ist weiter nichts, als eine Erweiterung meiner Seele und ihrer Kraftwirkung, irgend ein Zauber ist dabei gar nicht. Es ist ein psychisches Interesse, wie die anderen psychischen Interessen auch sind. Aber dieses Interesse ist schlechthin von der Realität abhängig. Erweiterung der eigenen Seele und ihrer Thätigkeit in anderen Gebilden, in anderen Wesen, findet nur durch die reale Beziehung zu ihnen statt; und ihre allgemeinste, am meisten anerkannte, social wichtigste Form ist Besitz und Eigenthum.

Das Interesse für die Realität überhaupt und für den Besitz im Besonderen wird noch gesteigert durch folgende Thatsache. Alle möglichen Interessen sind in ihrer Erfüllung abhängig von gegebenen Bedingungen; sie sind Zwecke, welche nur durch gewisse Mittel zu erreichen sind. Diese Kategorie vom Mittel zum Zweck, anwendbar auf Alles, was der Mensch erstrebt, wird deshalb bald zu einer eben so herrschenden, wie sie eine allgemeine ist, und die Dinge der Welt werden demnach gedacht und angesehen auf ihre praktische Nützlichkeit. Herrschaft über die realen Dinge überhaupt, über Personen und Sachen, über wirkende Kräfte ist also nicht blos ein unmittelbares Interesse, sondern ein noch weitaus stärkeres mittelbares, nämlich um dieser Dinge sich als „Mittel" für andere Interessen zu bedienen. Offenbar gilt dies vor Allem vom Besitz; schon er für sich allein bildet ein lebhaftes Interesse; es wird stärker durch alle anderen, denen es dienen kann. Welchen denn wohl? nun allen möglichen. Durch Besitz kann man Vieles, die Welt meint sogar (in thörichter Verallgemeinerung und neidvoller Begehrlichkeit) Alles erlangen. Dem Besitze als Mittel also stehen gegenüber als Gleichung sehr viele, sehr unbestimmte Zwecke, die dadurch zu erreichen sind. Von der überwiegenden und überwuchernden Vorherrschaft, welche das Interesse an dem eigentlichsten, weil dauernden, nämlich am Grund-Besitz, und zwar nicht blos im individuellen Gemüth, sondern im öffentlichen Bewußtsein der Volksseele gewinnen kann, legen viele Rechtsinstitute vieler Völker ein sprechendes Zeugniß ab. Majoratserbschaft (welche freilich zugleich auf dem Gedanken beruht, daß der volle Begriff der Persönlichkeit nicht im Individuum, sondern erst in der Familie sich verwirklicht, welche in ihrer Beziehung zum Eigenthum von einer jeweiligen Person gleichsam nur vertreten wird), noch mehr Leviratsehe und dergleichen stellen das Verhältniß zwischen Persönlichkeit und Besitz geradezu auf den Kopf und gehen von derselben Anschauung aus, welche die deutsche Sprache mit einer so köstlich zutreffenden Apperception ausdrückt, wenn man sagt: „er hat sich in N. N. angekauft". Daß diese Auffassung der (in jeglichem Sinne des Wortes) Culturbedeutung des Grundbesitzes entspricht und ihr zu Gute kommt, soll nicht unerwähnt bleiben.

Das Grundeigenthum ist dauernd und besitzt dadurch allein schon einen gewissen Adel; noch viel mehr aber dadurch, daß es, um fruchtbar, werthvoll, um wirkliches zweckentsprechendes, d. h. ertragsfähiges Eigenthum zu sein auf die menschliche Arbeit hingewiesen ist, also auf die Anknüpfung an die Person mit ihrer thätig eingreifenden Kraft; Natur und Cultur sind darin vollständig vereinigt.

Ihm steht im Bereiche des Besitzes als der entfernteste Gegensatz das Geld gegenüber. Geld zu erwerben ist wohl oft schwer genug; aber wer es besitzt, der braucht, damit es seinen nicht blos abstracten, sondern concreten Werth für ihn habe, Nichts weiter zu t h u n als es auszugeben. Ein Kunstwerk muß ich doch, damit es seinen Werth wirklich repräsentire, anschauen oder anschauen lassen; ein Geräth muß ich gebrauchen, ein Buch muß ich lesen, damit es wahrhaft und mit Erfolg m e i n sei. Geld brauche ich nur auszugeben. Der Besitz, dessen Genuß aus irgend welcher Bearbeitung eines Stoffes hervorgeht, ist immer ein reales Bündniß zwischen Geist und Natur, während am Gelde seine Naturseite bis zur rein conventionellen Werthbestimmung verflüchtigt und der Geist auf das Denken einer bloßen Zahlvorstellung reducirt ist. Daher die, ich möchte sagen instinctive, Verachtung des Geldes bei allen edelsten Gemüthern, aber auch die fast unheimliche Sehnsucht nach ihm bei der großen, weitaus überwiegenden Masse der Menschen.*) Nehmen wir gleich noch hinzu, daß sich wie

---

*) Das Geld zeigt hier eine sehr beachtenswerthe psychologische Verwandtschaft mit der Trägheit; und die Thatsache, daß viele auch schon begüterte Menschen um des Gelderwerbes willen sehr thätig sind, widerlegt diesen lehrreichen Gedanken noch nicht. Wir kennen ja die wunderlichen Wege, welche Fleiß und Trägheit neben einander wandeln können. Fleiß im Erwerb kann mit Trägheit im Gebrauch gepaart sein; den wirklichen Werth des Geldes, d. h. seine vernünftige und erfolgreiche Verwendung kann nur ein gebildetes Gemüth und nur ein thätiger Geist erreichen. Auch der rüstige, raffende Geiz ist fleißig im Erwerb, aber zu roh oder träge ist sein Geist, um die auf dem Wege der Bildung liegenden Ziele des Genusses zu suchen oder zu erreichen.

der concrete Besitz zu irgend welchen Zwecken, so das abstracte Geld zum Besitz verhält; für Geld kann man Vieles, die Welt meint sogar Alles, erwerben. Haftet schon dem Besitz eine große (nicht Unbestimmtheit sondern) Vielbestimmtheit seines Werthes an, so steigert sich diese in's völlig Unbestimmte, Allgemeine, für das abstracte Tauschmittel, das Geld.

Unbestimmte Vorstellungen regen das Gefühl mehr auf als bestimmte, unklare mehr als klare. Daraus mag sich er= klären wie diese proteusartige Realität des Besitzes und ins= besondere des Geldes eine statistisch sowohl nach der Anzahl der Personen, wie nach dem Maße der Herrschaft in ihnen so ganz erstaunliche Ausbreitung in den Gemüthern hat. Ich erinnere noch einmal daran, daß einzelne Interessen sich er= heben, isoliren, von dem Boden, dem sie entsprossen sind, ab= lösen und zu einer Vorherrschaft gelangen können; dergestalt, daß sie momentan oder auch dauernd alle anderen Interessen überwuchern.*) Nirgends deutlicher tritt dies hervor als im

---

*) Es ist psychologisch interessant, wenngleich ethisch wie ästhetisch peinlich zu beobachten, wie namentlich bei ungebildeten Menschen das absolute Gegentheil einer Harmonie der Interessen sich oft darin kund= gibt, daß irgend eines zuweilen ganz geringfügiges plötzlich zur vollen Geltung kommt und zur ganz unsinnigen Handlung verleitet. Vor einem solchen fast nichtigen Antrieb schwindet dann gleichwohl alle Besinnung; ein gefahrvolles folgenschweres Thun wird aus dem kindischen Anreiz, etwa sich einen Spaß zu machen, unternommen. Einen Spaß zu machen ist ein kleines aber freilich meist sehr zusammengesetztes Motiv; die Richtung auf das Komische verbindet sich mit der Neigung, vom All= täglichen, Gewöhnlichen einmal abzuweichen, etwas Sonderbares, Un= erwartetes zu vollbringen und zugleich Anderen eine neckende und schreckende Ueberraschung zu bereiten. Ich empfehle besonders den Erziehern, über ein Factum reiflich nachzudenken, welches vom Lindenau= Plagwitzer Wochenblatt 1884 berichtet wird:

— Am ersten Osterfeiertag machten sich zwei Frauen aus Gautzsch das etwas sonderbare Vergnügen, den Zug auf unserer Staats= bahn (Plagwitz=Gaschwitz) aufhalten zu wollen. Sie setzten sich nämlich am Uebergange zwischen Gautzsch und Oetzsch auf den Bahnkörper und verließen denselben aller Warnungssignale ungeachtet nicht eher, als bis

Besitz, näher noch im Gelde. Es ist nur Mittel; aber das Mittel wird zum Zweck. Nicht blos am Geizigen nehmen wir dies wahr, der gänzlich aufhört es als Mittel zu benutzen sondern bei Jedermann, mit alleiniger Ausnahme der gering= zähligen Besonnenen, welche das wirkliche Verhältniß von Zweck und Mittel im Besitze allezeit gegenwärtig haben. — Kein Wunder! die optische Täuschung, durch welche die Menschen zum Geiz, zur Habsucht und jeglicher Ueberschätzung des Geldes kommen, besteht eben darin, daß dem Stück Gelde alle die Werthe zugemessen — weil in der Phantasie zugedacht — werden, für welche es der Preis ist. Würde der Besitz nur geschätzt nach dem Maße der wirklichen Genüsse, des wirklichen Behagens, welche er oder seine Gleichwerthe gewähren können, er würde eine bescheidene Rolle spielen; aber er wird, wie ge= sagt, als der Tauschwerth für sehr viele Interessen empfunden, und insonderheit das Geld besitzt seine dämonische Macht über die Gemüther durch seine psychologische Doppelnatur, daß es einerseits eine die Willens= und Kraftsphäre des Menschen er= weiternde positive Realität ist und doch andererseits die Phantasie entfesselt, die mit den zahllosen Bildern der genuß= reichen Dinge, die dafür zu erwerben sind, die Seele um= gaukelt.*) Da der sinnliche Reiz des Geldes außerordentlich

---

der Zug wenige Schritte vor ihnen zum Stehen gebracht war. Alsdann gaben sie schleunigst Fersengeld, wurden indeß vom Zugpersonal ein= geholt und zur Anzeige gebracht. Sie hatten sich — ihrer Aussage nach — nur einen Spaß mit dem Locomotivenführer machen wollen.

*) Wenn Madame Kaudel ihrem Manne vorrechnet, was man Alles für die 5 Pfund, die er dem Freunde geliehen, hätte kaufen können, dann legt sie in ihrer Gardinenpredigt nur den Gedanken plan auseinander, welcher zusammengerollt, wirr und ohne Abgrenzung in der Seele jedes Menschen das Geldstück umspielt, das für ihn den Werth jener 5 Pfund hat. — Man erzählt mir von einem Banknabob, dessen Besitz nach Millionen zählt, wie er während eines Gespräch's in seinem Comptoir in die Nähe einer Goldschwinge kommt, und in den Goldstücken unbewußt wühlend, dieselben immer durch die Hand gleiten läßt; plötzlich unterbricht er das Gespräch mit der Bemerkung: Gold ist

gering, — man denke nur an den Cassenschein, wo er gleich
Null ist, — so kommt nur die psychologische Beschaffenheit
desselben in Frage, um seinen dämonischen Zauber, die auri
sacra fames, zu erklären. Zu den angeführten psychologischen
Gründen will ich deshalb nur noch einen hinzufügen; es ist
eine einfache, aber ungemein schwer wiegende Thatsache, näm=
lich diese: Unter allen Vorstellungen im ganzen Umkreise
unserer inneren Thätigkeit ist die des Geldes die einzige,
welche die eben bezeichnete Doppelnatur hat; keine zweite
kann sich auch nur im entferntesten mit dieser in Bezug auf
die Fülle der Möglichkeiten, andere als ihre Gleichung zu
denken, messen.

Zwar sind alle abstracten Begriffe und allgemeinen Vor=
stellungen darin ähnlich, daß sie psychisch als die Gleichung
für viele individuelle Gebilde gedacht werden; aber einmal bleibt
das Maß dieser Gleichungsfähigkeit auf den Umfang des Be=
griffs beschränkt, und dann sind die abstracten und allgemeinen
Begriffe nicht real.

Vielleicht nur noch die Vorstellungen der Zahlen kommen
der des Geldes in Bezug auf die Gleichungsfülle nahe; so
sinnvolle Menschen wie die Pythagoräer konnten deshalb aus
dem gleichen psychologischen Grunde zu einer mystischen Ueber=
schätzung der Zahlen und zu der Annahme, daß in ihnen die
wirkenden Kräfte der Dinge gegeben seien, verleitet werden.
Die Ernüchterung in Bezug auf die Verehrung der Zahlen ist
bald genug erfolgt: die simple Thatsache, daß die Zahlen denn

---

doch was Schönes. Gewiß ist der sinnliche Reiz des Goldes auf ihn
noch geringer, als auf viele andere Menschen, und der reale Werth
einer solchen Summe, wie die, mit welcher er spielt, für ihn ein sehr
unbedeutender; aber Hunderte von Keimen, Sporen, Anfängen von Vor=
stellungen, — dessen, was man alles für die gleitenden und gleißenden
Goldstücke kaufen kann — schwirren und flirren durch seine Seele, oder
Hunderte von Schatten solcher Vorstellungen huschen gleichsam über die
Fläche seines Bewußtseins —, und dieser ganze psychologische Proceß
wird dann plötzlich als das Urtheil appercipirt, daß Gold „doch etwas
Schönes" sei.

doch noch nicht die gezählten Dinge oder Kräfte sind, mußte den ontologischen Irrthum bald zerstören.

Die Vorstellung des Geldes aber bestärkt diesen onto= logischen Irrthum durch jede tägliche Erfahrung, in welcher das Geld sich als die reale Gleichung erweist, oder als eine real wirkende Kraft, die mir für meinen Gebrauch das ver= glichene Object wirklich erzeugt; und je größer mit der steigen= den Civilisation die Masse der käuflichen Dinge wird, welche man für das allgemeine Tauschmittel gewinnen kann, desto zahlreicher und darum in ihrem Zusammenwirken progressiv mächtiger werden die psychologischen Gründe der Täuschung und des auf ihr ruhenden Begehrens.

Das, was man das praktische Leben nennt und von dem Interesse der Nützlichkeit vorzugsweise regiert wird, ist weit mehr als man zu glauben geneigt ist, von solchen Phan= tasieen und Illusionen durchzogen. Der Grundzug desselben bleibt indessen immerhin das Interesse für die Realität.

Und natürlich nicht darum allein handelt es sich, die gegebene Realität der wirklichen Dinge aufzufassen, sondern und vor Allem auch, sie durch eigene schöpferische Thätigkeit zu erzeugen oder ihr durch eigenes Thun neue Formen und Gestalten zu geben. Tausende und aber tausende von Dingen bringen die Menschen hervor, um den Beruf und den Genuß des Lebens mit mehr Bequemlichkeit und Behaglichkeit zu er= füllen; diese sollen die Arbeit leichter, schneller, sicherer, dadurch ihre Erzeugnisse billiger machen, jene sollen die Muße be= haglicher, freier, ungestörter und doch von mannigfaltigen Reizen sinnlicher und geistiger Art voller gestalten. Werkzeuge zum Schaffen, Geräthe zum Gebrauch, Bildwerke zum Anschauen steigern gegenseitig durch ihrer Zwecke Verbindung ihren Dienst und ihren Werth, und wetteifern in der Erleichterung und Bereicherung, in der Erheiterung und Erweiterung des Lebens.

Das letzte Ziel seines Wirkens und den höchsten Erfolg seiner Kräfte aber erreicht der Mensch durch das innige Zu= sammenwirken der beiden Interessen für Idealität und Realität

in dem Streben nach Verwirklichung der Ideen. Nicht
blos die ideale Form in den gegebenen Dingen zu erkennen,
sondern sie zu erzeugen und in lebendiger Wirklichkeit zu ge=
stalten, bildet so das, im Sinn des höchsten zugleich letzte
Interesse des Menschen.

Alles Schaffen und Bilden, Wissenschaft und Kunst, und
alle ihre Werke, alle thätige Theilnahme an den Ideen ist
die gesegnete Frucht dieses Interesses. Vor Allem aber sind
es die Institutionen, welche reale Erfolge der Ideen und Träger
derselben sind. Ich habe oben von der Zusammenschließung
der Seelen als einer treibenden Kraft derselben gesprochen;
sie drängt zur Schöpfung von Verbänden hin. Aber diese
Verbände erhalten ihre Gestalt, ihre Norm und ihre werth=
volle und wesenhafte Erfüllung nur durch die Ideen, die in
ihnen realisirt werden. Die sittlichen, die religiösen, auch die
ästhetischen Ideen sind es, welche der Familie, dem Staate,
der Kirche und jeder Gemeinschaft zum Guten, jedem Bund
und jedem Verein erst den Werth und die Richtung geben.

Gewiß aus der Mannigfaltigkeit, namentlich aber auch
aus dem Widerstreit der Interessen in demselben Gemüthe,
noch mehr aber aus dem Kampfe der widerstreitenden Interessen
in den verschiedenen Personen, welche sie hegen, dann in den
verschiedenen Gesammtpersonen — Familien, Völkern, Staaten,
Kirchen — geht der fruchtbare Reichthum der Lebensgestaltung
und Culturschöpfung hervor.

Dennoch winkt in der Harmonie des Individuums mit
sich selbst, oder der Vielen zur Schöpfung idealer Gemeinschaft
ein höchstes Ziel, welches, weil sie ihm schließlich dienen
sollen, auch den widerstreitenden und widerstrebenden Kräften
erst ihren vollen Werth zumißt.

Indessen werden auch vor und außerhalb der selten er=
reichten vollen Harmonie unter der Führung der Ideen wahre
Lebenswerthe geschaffen.

Aus den endlichen, flüchtigen und zufälligen Elementen
des psychischen Lebens bilden sich unter der stufenweise erlangten

Herrschaft unbedingter Forderungen ideale Charaktere; aus den Fluthen des Widerstreites der mannigfaltigen Interessen im Gemüthe eines Jeden erhebt sich, gleichsam wie eine feste Insel die reale Gestaltung eines bleibenden, idealen Werkes; aus dem Kampfe der Interessen der verschiedenen Menschen gegeneinander erheben sich die idealen Institutionen, welche ihnen Schutz und Befestigung und gegenseitigen Ausgleich verleihen.

Von der Möglichkeit einer Harmonie aller dieser Interessen hat wohl die Psychologie, von der Nothwendigkeit oder von der idealen Forderung derselben hat schon die Aesthetik, vollends die Ethik und nicht am wenigsten die Religion zu reden. Ich muß mich hier damit begnügen, den Leser auf diesen anziehendsten Stoff einer Beschäftigung der Phantasie hinzuweisen, welcher in dem Aufsuchen der Züge der Einstimmung und des Widerstreites der Interessen im eigenen und fremden, im privaten wie im historischen Leben gegeben ist, und wie das Streben nach dieser Harmonie bei Völkern und Zeiten sich verschieden gestaltet hat. Kaum dies wage ich noch zu berühren, daß wir dem Begriff der Harmonie schon bei der ersten, dann bei der zweiten Art der Interessen begegnet sind, und daß es einst einer tieferen und zugleich weiter umfassenden psychologischen Einsicht gelingen möge, in ihr den Keimpunkt alles Höchsten, aber auch die Triebkraft alles Fortschritts zu demselben zu enthüllen.

Soll ich nun noch ausdrücklich daran erinnern, daß das Erscheinen all der geschilderten Interessen zweiseitig ist, ich aber nur die eine Seite besprochen, die Kehrseite als selbstverständlich unberührt gelassen?

Jeder Lust steht ein Schmerz, jeder Fülle die Leere, dem Positiven ein Negatives, der Harmonie eine Störung gegenüber. Jene suchen und diese fliehen kann man als den zwiefachen Ausdruck eines und desselben psychischen Interesses betrachten. Allerdings bietet die psychologische Betrachtung des Schmerzes und alles Leides und Mangels*) noch des Interessanten genug, um daran die noch weiter gehende, durchaus nicht blos auf einfachen Gegensatz beschränkte Mannigfaltigkeit und Verflechtung von Antrieben zu erläutern.

Aber ich meine diese an der Hand des Positiven allein gegebene Uebersicht alles dessen, was des Menschen Herz bewegt, was uns am Herzen liegt, ist vollkommen hinreichend, um zu erklären, daß es schon wegen der Fülle und Mannigfaltigkeit seines Inhaltes ihm unergründlich scheinen, auch wohl noch lange hin unergründlich sein muß.

Alle die Interessen, die wir kennen gelernt, finden ihre Bethätigung in mehr oder minder ausgebreiteten Gedanken- kreisen, werden Ursachen von Willensneigungen, aber die nächste Form ihrer psychologischen Erscheinung sind die ihnen ent- sprechenden, positiven oder negativen Gefühle. Zwar sind sie durchaus nicht alle einfach entgegengesetzte Gefühle der Lust oder der Unlust; das Gefühl beim Anblick des Erhabenen, das Gefühl für das Schöne, das Rechtsgefühl, sie sind nicht Ge- fühle einer besonders gearteten Lust, sondern von specifischer Beschaffenheit; in ihnen möchte man oft kaum ein Moment der Lust als Bestandtheil antreffen, und nur eine gewisse Aehn- lichkeit des Gegensatzes wie in Lust und Schmerz ist vorhanden. Aber wir können jedes dieser Gefühle in seiner Art als ein einfaches betrachten; jedes einzelne aber bietet uns eine Vielheit der Formen. Denken wir z. B. an das eine Gefühl des Muthes — wie mannigfaltig verschieden ist der Muth bei den Menschen! Wie wenig treffen wir bereits die Charakteristik, die

---

*) Ich meine auch, daß ein ernsthafter, wenn auch noch so flüchtiger Blick auf die Tafel der Interessen, die wir eben kennen gelernt, genügen möchte, um sich zu überzeugen, wie wenig hier aus der Negation der Negation erblüht sein mag: auch abgesehen von einer Prüfung jener sophistischen Verkehrung der Thatsachen, in welcher die Pessimisten den Schmerz und das Negative als das Positive im Gemüthe auffassen.

Signatur eines Menschen, wenn wir ihn als muthig oder sein Gegentheil bezeichnen! Der eine, der vielleicht muthig wäre in der Schlacht, würde es nicht wagen, Nachts über den Kirchhof zu gehen; der andere ist muthig zu Lande, zur See aber wankt dennoch sein Herz; dieser ist vollkommen muthig bei Tage, bei Nacht aber schwindet ihm der Muth. Der Muth zum Angriff ist von dem Muth des Widerstandes in allen Arten von Kämpfen verschieden; und gleich dem Fleiß aus Trägheit hat man oft genug einen Muth aus Feigheit beobachtet, der „die Ausreißer nach vorn" erzeugt.

Welche köstliche Beispiele von den verschiedenen Formen, Steigerungen und Erfolgen des Muthes der Deutschen könnte man aus den jüngsten Kriegen derselben allein schon anführen; aber ich vermeide jeden Schein einer in der Wissenschaft oft übel angebrachten Ausbeute des Patriotismus und wähle zwei fremde Beispiele.

Zur Zeit des indischen Aufstandes, im October 1857, wurde berichtet:

„Der Rewah Rajah ist, obgleich noch immer treu, aus seinem Palast nach irgend einem Fort geflohen. Der politische Agent, Lieutenant Osborne, ist daher dort ganz allein gelassen. Seine Lage und sein Benehmen sind ein wahres Musterbild von dem, was jetzt in ganz Indien vorgeht. Er ist ein junger Madras=Offizier und bis zu dieser Zeit hat man nie von ihm sprechen hören. Er wohnt jetzt zu Rewah in einem Zelt, ohne einen einzigen Gefährten, ohne einen Freund auf 100 Meilen in der Runde. Er ist so leberkrank, daß er sich nicht nieder= legen und nur in einem Lehnstuhl der Ruhe pflegen kann. Er hat keine Bedeckung, keine Soldaten, Schildwachen und zuver= lässigen Diener. Alltäglich und allnächtlich umringen die Sol= daten sein Zelt und drohen ihn zu Tode zu foltern. Er gibt zu, daß sie die Macht dazu haben, sagt ihnen aber, daß er wenigstens ihrer sechs umbringen kann, ehe sie ihn tödten. Und so lebt er, Tag für Tag, einsam und fast sterbenskrank, von Mordgesellen umgeben, vertrauensvoll im Bewußtsein, daß es seine Pflicht ist auf seinem Posten auszuharren, und daß Gott über ihm wacht. Solchen Zauber übt ein fester Charakter, daß der einzige Europäer in Rewah, daß dieser kranke Lieute= nant Osborne dem ganzen Regiment allein gewachsen ist. Und die Eingeborenen fühlen dies heraus. Bis auf diese Stunde bestellen sie seine Botschaften und gehorchen seinen Befehlen."

Ich will nur noch hinzufügen, daß im December 1857 gemeldet wurde:

Der Lieutenant Osborne, der sich ganz isolirt in Rewah behauptete, ist durch das Vorrücken einer Truppenabtheilung von Mirzupur gerettet worden.

Von anderer Art und doch nicht minder charakteristisch lautet ein Bericht bei Gelegenheit des Pariser Attentats im Januar 1858.

Die „Patrie" erzählt den heroischen Act eines Lanciers der Garde. Ein Detachement dieser Waffe war bekanntlich für die Oper befehligt worden. Die Detonationen fanden statt, die Verwundeten wurden weggetragen, eine Viertelstunde war ver= gangen und die Lanciers standen noch immer da in Reih' und Glied und mit gezogenem Säbel. „Ist Jemand verwundet?" fragte jetzt der Offizier. „Ich!" antwortete ein Lancier, indem er den militärischen Gruß machte. Er fiel dann in Ohnmacht und in einigen Minuten war er todt in Folge seiner Wunden. Der Unglückliche hatte unter den Waffen den Todeskampf gekämpft.

Und wie verschieden sind die Arten des Muthes selbst da, wo er in einer ganz gleichen Form als Muth der Aufopferung sich zu erkennen gibt, wie verschieden, wenn man so recht eigent= lich und tief innerlich die Sache ansieht, bei jenen Spartanern, welche unter Leonidas sich hingeopfert haben für die Ehre ihres Vaterlandes, bei jenen Maccabäern, welche sich hinopfern ließen, um das Gesetz ihres Gottes zu erhalten, und bei all den Märtyrern, welche für den Glauben, dem sie leben, auch sterben!

Und würden wir nicht fast an jedem Gefühle ebenso wie an dem des Muthes eine solche Vielheit der Formen und Arten aufzeigen können?

Von der unendlichen Mannigfaltigkeit im Gefühle der Liebe legt die Poesie aller Völker und Zeiten ein überwältigendes Zeugniß ab, das alle Wissenschaft überflügelt und bedrückt.

Wollte die Wissenschaft den poetischen Schöpfungen auch nur eines einzigen solchen Novellisten, wie etwa unser Paul Heyse, nachgehen und für die verschiedenen Gestaltungen des einen Gefühls die analytische Zerlegung und causale Begründung aufsuchen, sie würde eine zwar sehr fruchtbare *), aber ungemein schwierige Arbeit zu vollbringen haben, selbst dann, wenn sie einstweilen auf das Ineinanderspielen physiologischer und psychologischer Momente noch verzichten wollte.

Aber nicht blos verschiedenartig in ihrer Form, ebenso mannigfach in ihrem Grade sind alle diese Gefühle, und wie sie in Form und Kraft verschieden sind, so wiederum nach persönlichen Verhältnissen. Dasselbe Gefühl, in jedem Alter ist es bei uns ein anderes, und ein anderes auch fast in jedem Stande; hat aber schon jedes Gefühl eine eigene Färbung, je nach den Stufen der Bildung, so ordnet es sich auch verschieden für Jeden in das Ganze seines Lebens ein und spielt eine andere Rolle darin.

Von dem Einfluß der Individualität der Menschen auf ihre Gefühle oder davon, wie sehr die Individualität sich vorzugsweise in der verschiedenen Prägung der Gefühle ausdrückt, will ich nicht weiter sprechen. Fast alles, was wir zur Charakteristik der Gefühle anführen und sondern, zeigt sich auch individuell vertheilt.

Es gibt nichts Sonderbares und Wunderliches, das wir nicht dennoch in diesem Kreise der Erfahrung antreffen könnten. Man kann es als ein allgemeines Gesetz der Innigkeit der Gefühle aussprechen, daß sie nach dem Maße der Entfernung

---

*) Wie die Abhandlungen de Stendhal-Beyle's beweisen.

des Gegenstandes regelmäßig abnimmt; der Entfernung in
räumlicher, zeitlicher oder irgendwie causaler Beziehung. Den=
noch kann man beobachten, daß, wie es kurz= und weitsichtige
Menschen gibt, so auch gleichsam kurz= und weitfühlige vor=
kommen. Viele erstrecken ihre Theilnahme für Freud und Leid,
ihren Haß und besonders auch ihre Liebe nur auf einen engen
Kreis. Andere dagegen haben Liebe und Theilnahme für einen
weiten Kreis, aber grade für ihre tägliche Umgebung entbehren
sie der Liebe und Liebenswürdigkeit, die sie Entfernten zeigen
und zollen.

Gefühle erlangen unter günstigen Umständen eine Stei=
gerung, auch ohne daß eine größere Erregung stattfindet;
es tritt eine stärkere Innigkeit, Festigkeit ein; Freund=
schaft und Liebe seien als Beispiele genannt; das Gefühl ist
sogar aufsteigend mit minderem Affect verbunden, und dennoch
tiefer und inniger.

Es ist ein Glück der Freundschaft, daß sie ihr Maß nicht
kennt, daß sie durch jedes neue Zusammensein mit einer ge=
steigerten Empfindung gleichsam überrascht wird; man hatte
gemeint, die höchste Staffel erstiegen zu haben, und findet sich
dennoch noch stärker angezogen. Daher alte Freundschaft
immer neue Reize ausübt. Damit sind sittliche Gefühle
überhaupt und steigende Veredelung des Wollens zu vergleichen.

Weder sind diese verschiedenen Grade der Innigkeit des
Gefühls meßbar, noch enthalten die Ursachen oder die Wir=
kungen desselben feste Maßstäbe; aber im Allgemeinen ist doch
dies erkennbar: das gleiche Gefühl hat sich mit verschiedenen
Vorstellungsmassen verbunden, denn es ist bei ihnen und durch
sie hervorgetreten; nicht nur bei einer Reproduction dieser
Vorstellungen oder irgend welcher Theile derselben wird auch
das Gefühl reproducirt, sondern auch umgekehrt, wenn das
Gefühl, etwa durch andere Vorstellungsreihen (Erlebnisse)
reproducirt wird, dann gerathen die früheren Vorstellungen
ebenfalls in Mitschwingung. So kann also das gleiche
Gefühl, je nach dem Reichthum seiner Verflechtung durch

Erlebnisse, sehr viele Gruppen von Vorstellungen gleichzeitig in Mitschwingung versetzen. Dies drückt auch die unmittelbare Erfahrung so aus, daß sie sagt: meine ganze Seele wird erregt, hängt an ihm. — Es ist also die Vielheit des Seeleninhalts, mit welchem das Gefühl unmittelbar und dann auch noch mittelbar verflochten ist. — Dazu kommt oft wohl noch ein Anderes: die Steigerung des Gefühls bei der Wieder= kehr der Anlässe wird in ihrem Verlauf ein neues Element erhalten durch Ueberwindung von inneren Widerständen; sei es von außen, sei es von innen; Freundschaft und Sittlich= keit haben bald mit äußeren Schicksalen zu kämpfen, bald sind innere Gründe gegen sie gegeben; nicht immer ist die gleiche An= ziehung vorhanden unter den Freunden (oder gegen das Sitt= liche lehnen sich Reize des Egoismus auf). Die Ueberwindung dient zur Befestigung, es bilden sich gleichsam Jahresringe, welche dem Stamm des Baumes, durch periodische Unterbrechung seines Wachsthums, zur Festigung dienen.

Von dem, was uns genehm ist oder „Spaß macht", bis hinauf zu dem, was uns beseligt, was uns Gewissens=, Ehren=, was uns Herzenssache ist; von dem, was leer und gleichgültig, unbehaglich oder störend ist, bis hinab zu dem, was unsere Seele mit hartem Weh und bitterer Kümmerniß erfaßt — durchlaufen wir in der Lebenserfahrung lange, aus= einanderstrebende Bahnen der Sucht und der Flucht, an deren Endpunkten etwa die sinnlichen und kindlich spielenden Freuden und die tragischen Schmerzen für's Vaterland und für das Schicksal der Menschheit stehen.

Dies erinnert uns an die Anschauung des landläufigen Pessimismus, dessen Hauptfehler es ist, die Zahl der Freuden aufzurechnen gegen die der Uebel.

Nirgends weniger als im Bereiche des menschlichen Herzens langt man mit der rein quantitativen Betrachtung aus.

Selbst dem einfachen Sprachgefühl wird die psychologische Differenz vollkommen deutlich, welche stattfindet zwischen den Freuden und der Freude; und vollends die Freudig=

keit deutet nicht blos auf eine Steigerung, sondern auf eine
Beschaffenheit der Freude, welche niemals im Genuß, sondern
nur im Beruf des Lebens gefunden und nur aus der Ein=
stimmung der Person mit objectiven Ideen geschöpft wird.
Freudigkeit bezeichnet eben jenes Insichgeschlossene, Einheitliche,
Harmonische der Lebensauffassung, welche auf den Gedanken
eines vorschwebenden Lebenszweckes gegründet ist, für welchen
mit zulänglichen Kräften ausgerüstet und mit voller Hingebung
des Willens bereit zu sein, man sich bewußt wird. Sie ge=
währt dem Menschen die höchste Stufe des Lebensgefühls, welches
die Eigenart hat, gar nicht in einzelne Momente zerlegt, sondern
als ein Einheitliches, sowohl durch das ganze Leben sich Hin=
ziehendes als die ganze Seele Erfüllendes wahrgenommen
zu werden.

Dies kann nun freilich, ob es gleich in sich einheitlich
und gleichartig ist, nicht mehr zu den einfachen Gefühlen ge=
zählt werden. Vielmehr leitet es uns an, ferner zu erwägen,
daß wir nicht blos einfache Gefühle haben, sondern auch ge=
mischte; gemischt bald aus gleichartigen, bald aus ungleichartigen
und sogar widerstrebenden Gefühlen. Gleichartig bis zum Ent=
setzen ist's, wenn Schmerz über vergangenes Leid, Kummer
über gegenwärtiges, Sorge um zukünftiges sich zusammenfinden,
um den Gram auszumachen; im Gegentheil ist in der Be=
geisterung meistentheils die Bewunderung des Gegenstandes,
für welchen wir begeistert sind, mit dem Muthe und der Hoffnung,
für ihn zu wirken, verbunden, und dazu gesellt sich das Ge=
fühl der eigenen Kraft, in dieser Wirksamkeit sich bethätigen
zu können, um eine einheitliche, erhöhte Stimmung zu erzeugen.

Zu den gemischten, aber wesentlich gleichartigen und
harmonischen Gefühlen gehört z. B. die Freude jedes Er=
wachsenen, vollends der Mutter, an einem Kinde, dessen geistige
Entwickelung in jener glücklichen Zeit des 3. oder 4. Jahres
sich befindet, da die Seele jeden Tag neue Augen aufthut,
neue Blüthen zeigt und neue Sprossen ansetzt: das Geheimniß
alles Werdens, der Zauber der Unschuld, mischen sich in die

täglich schwellende und quellende Hoffnung, um jene innige, vielseitige Freude zu erzeugen, welche durch die sie ganz durchdringende Liebe Tiefe und Adel, und durch die nicht ganz zu bannende Sorge ein gehaltenes Maß gewinnt.

Aus wie vielen und wie gearteten Parallelen geistig empfangener und leiblich geäußerter, aber rhythmisch geordneter Bewegungen die Freude am Tanze sich zusammensetzt, wäre der genauen psychophysischen Untersuchung werth; und der Tanz ist nur ein Beispiel von vielen Erlebnissen, in denen Sinn und Seele durch mannigfache Elemente in einander spielen, und deren Erfolge desto höher steigen, je mehr ein Mensch „Musik in ihm selber" hat.

Nicht ausführen aber andeuten will ich noch ein anderes Beispiel, in welchem auch die sinnliche Erregung durch das Schaugepränge und durch wogende Menschenmassen mitwirkt, obgleich die psychischen Elemente überwiegen. Denken wir an den Einzug des Kaisers an der Spitze des heimkehrenden, siegreichen Heeres. Der Patriotismus überhaupt, die Liebe zum Kaiser im Besonderen, Stolz, Frohsinn, Bewunderung vereinigen sich, um überwältigende Lebensmomente zu erzeugen, wie sie nur aus solchen gemischten Gesammtgefühlen hervorgehen.

Alle Feste, alle Massengeselligkeit zeigen etwas Aehnliches. Aber tiefer, gewaltiger, ethisch wirkungsreicher wird es dann, wenn der Gedanke: alle diese, sonst einander fernstehenden Seelen sind von Einem Sinn und Zweck, alle Herzen sind von Einem Gefühl bewegt, sich im Bewußtsein Aller wiederholt und sie dadurch zu einer ihrer selbst bewußten Einheit macht; ihr Thun und Wirken mag auch sonst objectiv genügend mit einander verkettet sein; hier aber wird die Einheit des Gesammtgeistes sich ihrer selbst in Allen bewußt. Die Vielen aber werden zu einer einigen Gesammtheit nicht blos durch die G l e i c h h e i t ihrer Empfindung und das Bewußtsein dieser Gleichheit, sondern auch und besonders dadurch, daß der Inhalt, der Alle erregt, mag er Freudiges oder Leidiges betreffen, das

Allgemeine ist. Eben dies, daß das Allgemeine, es sei Freud oder Leid, jeden Einzelnen angeht, daß sein, des Einzelnen Herz auf seine besondere Weise davon bewegt ist, wird zum Quellpunkt alles Guten und alles Großen unter den Menschen; denn in jedem Einzelnen wächst die Kraft des Gefühls durch die Masse, mit welcher er dasselbe theilt. Nicht am wenigsten wirkt auf die einflußreiche Macht solcher überwältigenden Summirung und Steigerung der Gefühle der Umstand ein, daß sie weit vom Alltäglichen abliegen. Hier auch fließt die Quelle der Religionen und aller Apperceptionen dessen, was subjectiv unendlich ist.

Ich habe vom Einzuge gesprochen; versetzen wir uns auf das Schlachtfeld zurück; wir sehen im Soldaten des siegreichen Heeres, welcher sich zugleich persönliche Verdienste erworben, ein glänzendes Beispiel harmonischer Mischung. Dort aber treffen wir auch die Harmonie des gehäuften Schmerzes beim fallenden Mann der geschlagenen Armee; dort die gemischten Gefühle aus entgegengesetzten Elementen: der sterbende Held, dem der Sieg der Seinigen die letzte Freude dieses Lebens gibt. Aber die Mannigfaltigkeit der gewaltigen Mischungen von Gefühlen ist hier, wo Leben und Tod, Feld und Heimath, Sorge und Muth zugleich die Gemüther erregen, so groß, daß eine Ausdeutung derselben ebenso unerschöpflich wie unnöthig ist.

Erinnern wir statt dessen noch einmal an die Liebe, jene „träumerische Leidenschaft", wie sie Mörike nennt, welche nicht blos „freudvoll und leidvoll" zugleich ist, sondern mit der höheren Cultur des Gemüths eine gewaltige Fülle von Gegensätzen in sich bergen kann.

Abgesehen aber von gemischten Gefühlen, können sehr verschiedene Gefühle, die entweder der Zufall aneinander bringt, oder die aus derselben Sache folgen, gleichzeitig unser Gemüth bewegen. Wie kann das menschliche Herz gefoltert werden durch entgegengesetzte Gefühle, wenn etwa in einer Familie in derselben Stunde ein Kind geboren, ein anderes von hinnen genommen wird! Solcher Zufällig-

keit, obwohl glücklicher Weise selten von solcher Nähe und
Schärfe des Gegensatzes, sind wir fort und fort in jeder
Stunde ausgesetzt, daß verschiedene Ereignisse an unsere Seele
herantreten und entgegengesetzte Gefühle hervorbringen; aber
auch aus einem und demselben Ereignisse können sie fließen.
Wenn ein aufleuchtender Gedanke in uns ist, der uns mit einer
gewissen Seligkeit erfüllt, während er auf der andern Seite
liebgewonnenen Glauben oder angenehme Illusionen uns raubt;
wenn wir den doch nicht allzu seltenen Fall erleben, daß wir
von einer geliebten Person eine Erbschaft zu machen haben*) —
ein edles Herz windet sich unter diesem ihm aufgezwungenen
Gegensatz von Freude und Schmerz; — wenn wir zu Gunsten
eines Anderen auf ein Glück, auf eine Freude verzichten, aber
mit Freude den Schmerz des Verzichts ertragen: so fließen
hier überall aus gleichem Ereignisse verschiedene, entgegengesetzte
und dennoch gleichzeitige Gefühle.

Man kann bei den gemischten Gefühlen noch diejenigen
unterscheiden, welche durch die Mischung ihre Bestimmtheit ein=
büßen, von denjenigen, welche in deutlicher Klarheit neben
einander bestehen. Ein theures Andenken von einem geliebten
Todten zu erlangen oder zu besitzen ist eine zweifellose Freude,
neben welcher der ebenso unzweifelhafte Schmerz fort und fort
erregt wird. Dagegen können aus Furcht und Hoffnung, aus
persönlicher Anziehung und Abneigung Zwischenzustände hervor=
gehen, welche keines von beiden sind und an die Stelle der
Gegensätze nur die Indifferenz treten lassen. Zuweilen hat
auch „die Freude ihr Erschreckendes", wie das träumerische

---

*) „Wer hat sich ganz frei von selbstsüchtigen Träumen der Phantasie
erhalten, die ihm bei dem Unglück, Schmerz oder Tode eines Andern
wünschenswerthe Folgen für seine eigene Zukunft vorspiegelten? Die
erwartete Beförderung oder Erbschaft ist die gewöhnliche Form einer
Versuchung, welche unsere Sprache und selbst unser Gebet ängstlich die
uns verfolgenden Gedanken vermeiden läßt und zuweilen eine innere
Scham, einen Abscheu vor uns selbst erzeugt, die schlimmer als jede
andere Art unliebsamer Gesellschaft sind."

(Elliot, Deronda.)

oder trotzige Verweilen im Schmerze, oder das Mitleid mit
sich selbst auch sein Süßes hat.

Es gibt aber außerdem auch noch dunkle Gefühle, dunkel
in ihrem Bestande oder dunkel in der Ursache, aus welcher sie
fließen, endlich dunkel in Bezug auf die wissenschaftliche Erklärung ihres Grundes und ihrer Harmonie mit den sonstigen
Erscheinungen des Gemüthslebens. „Der Verlauf der Bildung,
indem er die Weite des Bewußtseins für die Zusammenfassung
mannigfacher Vorstellungen vergrößert, steigert auch die Feinheit
dieser Durchkreuzungen der Gefühle und bringt jene unermeßliche
Vielseitigkeit der Gemüthsregungen hervor, deren Darstellung
kaum der Kunst und nie den unvollkommenen Mitteln der
wissenschaftlichen Zergliederung gelingt." (Lotze.) Die Dichter,
die Schatzgräber und Buchführer des menschlichen Herzens,
stellen diese Art von Gefühlen wohl zuweilen an den Tag,
aber sie stellen der Wissenschaft damit oft fast unlösbare Aufgaben. Ich entnehme als Beispiele dem gleichen Werke (Im
Paradies) von Paul Heyse zwei Stellen. An der einen ist
vom Trotz die Rede. Es fehlt viel, daß das Wesen des Trotzes
im Allgemeinen schon aufgehellt wäre. Dort aber heißt es im
Besonderen: „Alles, was man dem Trotz verdankt, läßt ein
heimliches Mißgefühl in der Seele zurück."

Die Thatsache ist richtig; aber ihre Erklärung fernab
nicht so einfach, wie sie auf den ersten Blick scheint; im Gegentheil müßte man erwarten, daß jeder gute Erfolg des Trotzes
als eine Art von nachfolgender Entschuldigung desselben Befriedigung bereiten müßte. — An einer andern Stelle heißt
es: „Alle Menschen, die gemalt werden, fallen einer gewissen
gedankenlosen Schwermuth anheim." Weshalb? — Unsere
Analyse menschlicher Gefühle ist noch sehr weit davon entfernt,
sich etwa mit der Analyse der chemischen Bestandtheile organischer
und unorganischer Körper vergleichen zu lassen; aber wenn
jene Analyse nicht blos in den wissenschaftlichen Schulen viel
weiter gediehen, sondern wenn sie auch, wie die Lehren der
Chemie, in viel weiteren Kreisen zum Gemeingut öffentlichen

Bewußtseins geworden sein wird, dann kann man vielleicht eine erschöpfende Antwort auf eine Frage, wie dieses „Weshalb?" versuchen und geduldig oder gar begierig folgende Leser dafür finden. Man würde heute noch eher hundert Leser finden, welche einer langgedehnten Reihe chemischer Analysen folgen, als fünf, welche an der psychologischen ein energisches Interesse nehmen oder Verständniß dafür mitbringen.

Vielleicht hängt dies wenigstens damit zusammen (um nicht zu sagen davon ab), daß die Analysen der Chemie zu= gleich neben dem theoretischen einen praktischen Erfolg für neue Mischungen erkennen oder doch hoffen lassen. Die Wissenschaft der Psychologie aber will und soll nicht neue Formen, neue Mischungen der Gefühle erzeugen, sondern nur die gegebenen erkennen wollen. — Und doch ist auch diese Frage, die der eben ausgesprochene Satz so einfach zu lösen vermeint, durchaus nicht so leicht und nicht so einfach zu lösen; die Frage, ob und welchen Einfluß auch die Wissenschaft auf Entstehung, Ausbildung, also historische Entwickelung der menschlichen Gefühle gehabt hat und haben kann, erfordert zu ihrer Beantwortung tiefgehende Untersuchungen der geschichtlichen Psychologie, zu denen kaum der Anfang gemacht ist.

Daß die Dichter einen solchen schöpferischen, bildenden, erziehenden Einfluß auf das Gefühl ausüben, steht außer Zweifel. Denn „erst wenn die früheren Gefühle zu Vor= stellungen geworden, also in Worten gefaßt sind, können an diesen sich neue, zartere Gefühle entwickeln; die Sprache sichert und befestigt gleichsam die Erzeugnisse der Seele, so daß diese nunmehr zu neuer schöpferischer Thätigkeit fortschreiten kann; denn ideale Gefühle bleiben schwankend und unbestimmt, innere Anschauungen schwebend, zerfließend und wandelbar, wenn sie nicht durch entsprechende, wortgeformte Vorstellungen, wie die Quelle durch ihre Fassung befestigt werden . . . . . Die Dichter schaffen nicht die Gefühle der Liebe oder die für Naturschön= heit, die Hymnen= und Psalmendichter schaffen nicht die reli= giösen Gefühle, aber sie geben diesen Gefühlen durch sprachliche

Vorstellung befestigte, erbfähige, für die Zukunft wirkungsreiche
Form; aus dem scheinlosen und unsichtbaren Kern, der in
ihrem, wie in Aller Gemüth liegt, wächst der ausgestaltete
Baum mit seiner schützenden Laubkrone und seiner ernährenden
Frucht. Selbst das Weinlied; es schafft nicht den Durst und
nicht den Geschmack, aber es erhebt beide durch edle Apper=
ceptionen, die ihnen eine Weihe der Idealität geben von der
untersten ästhetischen einer spielenden, komischen Laune, bis hin=
auf zur höchsten einer religiösen Mythik und Mystik." (Leben
·der Seele II, S. 320 f.)

Ob aber und wie auch die Wissenschaft, unmittelbar durch
theoretische Erkenntniß oder mittelbar durch erziehende Thätig=
keit einen Einfluß ausübt, wird man erst erkennen, wenn über=
haupt die Thatsache erläutert und befestigt sein wird, deren
wesentliche Bedeutung ich hier wenigstens hervorheben will;
die Thatsache nämlich, daß auch die Gefühle ihre Geschichte
haben.

Zuvor muß ich nur noch an jene Art von bald dunklen,
bald starken und deutlichen, aber gemischten Gefühlen erinnern,
welche man als Stimmungen zu bezeichnen pflegt. Stim=
mungen sind von Gefühlen eben nicht absolut, sondern nur
relativ verschieden, und zwar wesentlich dadurch, daß sie nicht
auf kleinere Verbände, sondern auf größere Gruppen von Vor=
stellungen, Anschauungen oder Empfindungen sich beziehen und
durch dieselben erregt werden. Sie sind zusammengesetzte, aus
einer Vielheit sei es gleichartiger, ungleichartiger und selbst ent=
gegengesetzter Gefühle hervorgehende Gefühlszustände. Lust und
Leid, Freude und Schmerz können sich an die Wahrnehmung
einzelner Objecte anschließen; eine freudige oder trübe, eine
freie oder beengte, gehobene oder gedrückte Stimmung setzt eine
ausgebreitete Vielheit entsprechender Wahrnehmungen voraus.
Vielleicht aus diesem Grunde spricht man von Stimmungen
der Seele, aber nicht des Herzens. Die specifische Natur der
Stimmung beruht nun darauf, daß jede Regung des Herzens
zwar ihre eigene Bestimmtheit hat aber nicht in sich selbst be=

schlossen bleibt, sondern auf die Entstehung und auf den Be=
stand von anderen Gefühlen ihren Einfluß ausübt, gleichsam
Licht oder Schatten auf dasselbe wirft, fördernd und hemmend,
aber auch umwandelnd darauf einwirkt. Das Aufkommen neuer
Gefühle ist deshalb ebenso wie der Lauf der Gedanken von der
vorhandenen Stimmung abhängig.*)

Aus einer Mehrheit namentlich von einander ursprünglich
unabhängiger freudiger Gefühle, wie des erwachenden Früh=
lings, dem Bewußtsein der eigenen Kraft, gelingender Arbeit,
guter anregender Gesellschaft geht eine frohe, heitere Stimmung
hervor, welche das Entstehen gleichartiger Gefühle begünstigt;
Schmerz, Kummer, Sorge erzeugen trübe Stimmung, begünstigen
schmerzliche und hemmen freudige Empfindungen. Wenn vol=

*) Eine Tagebuchnotiz möge als Beleg und Weiterführung des
Gedankens hier ihren Platz finden:

„Die ersten Tage in Sch., dem neu erworbenen Sommersitz, waren
voll der reinsten und lieblichsten Genüsse, weil es die natürlichsten und
längst ersehnten zugleich gewesen sind; aber mit Schmerzen verbunden,
ja zum Schmerz geworden war fast jeder Genuß der Frische, der Ruhe,
der Freiheit durch die Erinnerung an Agathe, die jüngst verstorbene
kleine Nichte, auf deren Mitgenuß des Landaufenthaltes hoffnungsvoll
gerechnet war. Die Thatsache des Schönen, das Urtheil darüber und
auch die Empfindung dafür hatte sich nicht geändert, und dennoch steht
das andere Gefühl der Wehmuth wirkungsvoll und übergreifend daneben.
Das Ganze, als Stimmung aus dieser Mischung hervorgegangen, wird
ein eigenartiges. So sehr bleibt die eigene und objective Schönheit in
dieser Art von Genüssen bestehen, daß man vielleicht sagen könnte, die
bekannte Sophistik des Schmerzes hebe und verkläre dieselben noch), um
zu gleicher Zeit die Entbehrung desto tiefer empfinden zu lassen.

Wer mit dem Lichte solcher psychologischen Thatsachen in Gebilde
der höchsten Poesie, z. B. in Shakespeare'sche Dramen hineinleuchtete
und zugleich den Umstand beachten würde, wie die verschiedenen Scenen
und die durch sie erregten Gefühle vorwärts und rückwärts Einfluß auf
einander üben, der möchte ganz neue Formen sowohl der Wahrheit als
auch der Schönheit darin entdecken. Auch für die Entstehung des naiven,
des ironischen und vollends des verzweifelten Humors liegen in dieser
Thatsache der aus der Mannigfaltigkeit hervorgehenden Stimmung
wesentliche Erklärungsgründe."

lends alle süßen Gewohnheiten schwinden, wenn die immer neuen Eindrücke immer neue Schmerzen verursachen, wenn dann noch alle Hoffnungen auf Besserung immer wieder zerstört werden, dann sehen wir den Menschen am „gebrochenen Herzen" zu Grunde gehen.

Aus gleichzeitigen entgegengesetzten, aber vielfach verbreiteten und durcheinander gewirrten Gefühlen entsteht zunächst Mißstimmung, welche eine Herabsetzung der Gefühle andeutet, oder eine Verstimmung, welche die Reinheit der nachfolgenden Empfindung und die Fähigkeit, den objectiven Wahrnehmungen entsprechende Gefühle zu bilden, ausschließt. Aus dem gegebenen Gefühle des Contrastes in der Verstimmung können sich geradezu Contraste des natürlichen Gefühls ergeben, dergestalt, daß das Freudige uns schmerzlich berührt, das Schmerzliche eine ironische Lust und sardonisches Lachen erregt.

Aber schon jedes Uebermaß von Gegensätzen erzeugt mindestens aufgeregte oder aufregende Stimmungen; der psychische Kampf der an sich vielleicht wenig aufregenden entgegengesetzten Vorstellungen führt durch die Mitschwingung der Nerven in den Gegensätzen zu jenen Zuständen, die als Nervosität bezeichnet werden. Bedenkt man nun, daß die späteren Zeiten der Cultur und die neuesten am meisten immer größere Massen und Gegensätze in den Vorstellungen dem Gemüthe zuführen; daß der Telegraph, die Zeitung, der Postbote täglich der Seele eine Summe von Gegensätzen zumuthet, die sich ehedem kaum in einem Monat zueinander gefunden: so begreift man die steigende Nervosität der gebildeten Menschen, die nur zum Theil durch die abnehmende Reizbarkeit wieder ausgeglichen wird.

Aber auch auf der Lichtseite des Lebens stehen ideale Stimmungen des einzelnen Menschen wie irgend einer Gesammtheit derselben, wenn große Ziele des Denkens, erhabene Zwecke des Handelns alle Kräfte in Bewegung setzen, alle Widerstände überwinden, und die edleren Functionen der Seele am Kleinen wie am Großen, am Zufälligen wie am Vorbedachten immer neue Nahrung finden.

Es offenbart sich demnach das Charakteristische der Stim=
mung vorzugsweise darin, daß sie nicht blos ein bestimmter
Gefühlszustand für sich selbst ist, sondern auf den Lauf des
Denkens und aller inneren Thätigkeit einen bestimmenden Ein=
fluß übt. Nicht als ob nicht auch jedes Gefühl, nur im engeren
Umkreis auf die nach Zeit oder Inhalt angrenzenden Vor=
stellungen einen Einfluß ausübte. Mit Recht bemerkt deshalb
schon Stiedenroth: „Jedes Gefühl kann als eine Stimmung
überhaupt betrachtet werden. Eine Stimmung heißt es, wie=
fern es auf den Ton wirkt, den die geistige Thätigkeit ferner
angeben wird." Allein dies gilt nur in den Augen der er=
kennenden Wissenschaft, während es sich dem einfachen Selbst=
bewußtsein mehr oder minder entzieht. Der einfachen, natürlichen
Wahrnehmung bedeutet das Gefühl nur seine unmittelbare
Bestimmtheit, daß es ein freudiges, ein schmerzliches u. s. w.
ist; von der Stimmung aber hat auch die unmittelbare Selbst=
wahrnehmung das Bewußtsein, daß sie ein Bedingendes und
Bestimmendes für den ganzen inneren Menschen ausmacht.
Daran schließt sich sofort noch ein Anderes.

Werden wir durch den überquellenden Reichthum von
Gefühlen in gewisse Stimmungen versetzt, dann tritt der Inhalt
der Vorstellungen, welche die Gefühle erregt haben, gleichsam
zurück; in der Selbstwahrnehmung erscheinen die Regungen
der Gefühle als das Wesentliche und als das Ursprüngliche;
wir dünken uns dann: ganz Gefühl zu sein. Solche Zustände
sind dann meist von lebhaften geistigen und körperlichen Gemein=
gefühlen begleitet*); theils als Ursachen, theils als Erfolge
erwachen vornehmlich diese Gemeingefühle, und sie schließen
sich auf's Innigste und Wirksamste an die Gefühle an, die aus
dem zeitigen Lebensinhalt kommen, sowohl in der harmonischen

---

*) Unter Gemeingefühlen versteht man die allgemeinen Wahr=
nehmungen des psychophysischen Organismus, also etwa der Gesundheit
oder Krankheit, der Kraft oder Schwäche, der Spannung oder Er=
schlaffung, des Behagens oder Unbehagens, des Gleichmuths oder der
Reizbarkeit u. dgl. m.

Einstimmung, wie im heftigen Kampfe. Wir fühlen uns dann so leicht, frei, stark, oder so gedrückt, gebunden, gehemmt. Die Vorstellungen vom Inhalt verschwimmen und verschwinden gleichsam; die Thatsachen erscheinen wie ein Fremdes, die Gedanken werden undeutlich, weil eben die Erregung nicht blos sehr stark ist, sondern weil sie, diese Erregung, am meisten wahrgenommen wird.

Die Inhalte zerstören oder verklären sich vermittelst der Gefühle, die sie selbst erregt haben.

Auf diese Thatsache zielen wohl die so häufig wiederholten und so selten verstandenen Worte Lessing's von dem „schlimmen Tausch!" wenn „bald der Kopf das Herz und das Herz den Kopf muß spielen". In Recha überwiegt eben ganz die Stimmung; und wenn sie schwärmt, weil durch jene die Phantasie erregt ist, so darf ich an die Erfahrung erinnern, daß umgekehrt „für viele Menschen die Erlebnisse sammt den Gefühlen, die sie erregt haben, sich schnell in bloßen Stoff für die Phantasie verwandeln". (Elliot.)

Bilden die Stimmungen ein Allgemeines neben den einzelnen Gefühlen, sind sie eine über die gesammte Seelenthätigkeit oder wenigstens einen großen Umkreis derselben verbreitete Erregung: so sind sie auf der anderen Seite viel mehr durch die Zeit beschränkt. Getragen von den Gemeingefühlen geistiger oder leiblicher Art, sind sie auch dem Wechsel derselben unterworfen.

Dennoch finden wir bei dem gesteigerten und dem gestörten Menschen — die so oft aneinander grenzen oder gar bei einander und eins sind — auch lang ausdauernde Stimmungen. Noch fehlt uns in der Wissenschaft das volle Verständniß dafür; um so mehr, da man auch in Bezug auf die Gefühle bis jetzt keineswegs genügend den Unterschied untersucht hat zwischen den momentan auftauchenden Gefühlen und den bleibenden Gefühlsweisen, welche den Charakter eines Menschen bestimmen. Das Ehrgefühl eines Menschen wird nur bei einzelnen Erlebnissen erregt; ebenso bei einzelnen Anschauungen das Gefühl für Schönheit; der Bildungsgrad eines

Menschen aber wird charakterisirt nicht durch das flüchtige
Auftauchen, sondern durch die dauernde Beschaffenheit seines
Ehr= und Schönheitsgefühls. Was ist nun, im Unterschiede
von den einzelnen Gefühlsäußerungen, die bei gegebenem Anlaß
heraustreten, diese bestimmte Gefühlsweise, die Art, der Grad,
die Stärke und die Zartheit der Gefühlsfunction in der Seele
eines Menschen?

Auch auf diese Frage wird ein erhellendes Licht fallen,
wenn man die Thatsache genauer erforschen wird, auf die ich
nun noch hindeuten muß, nämlich, daß auch das Gefühl ein
Gegenstand historischer Entwickelung ist.

Auch das menschliche Herz hat seine Geschichte. Allein
es ist schwer, den Antheil, den seinerseits das Gefühl, als Ur=
sache wie als Wirkung, an der geschichtlichen Entwickelung der
Menschheit hat, festzustellen. Die Werke des Geistes finden
ihre ausgeprägte Form und werden in dieser deutlich überliefert;
auch die Richtungen des Willens finden in den Ereignissen,
wie in den Institutionen, welche die Menschen durch ihre
Energie geschaffen haben, ihre feste Ausprägung. Was das
Gefühl, die inneren Zustände während dieser Willensenergie,
während dieser geistigen Arbeit der Menschen gewesen ist, das
entzieht sich in den meisten Fällen mindestens dem unmittelbaren
Blicke unseres Auges. Nur eine künstliche, verwickelte und
ausdauernde psychologische Forschung kann den Wandel und
den Antheil der Gefühle im Ablauf der Geschichte an's Licht
zu stellen hoffen. Es ist eine tiefe Symbolik der Natur, daß
wir von hingegangenen Generationen wenigstens die Schädel
in späterer Zeit finden, und wir können an ihnen messen, wie
die Menschheit, wie einzelne Nationen allmählig verschieden
entwickelte Formen für das Gefäß ihrer Intelligenz besessen
haben; das Herz aber, sobald es zu schlagen aufhört, ist es
auch der Verwesung preisgegeben.

Welche Gefühle in der Geschichte mitgewirkt haben und
wie die Gefühle selbst Gegenstand historischer Entwickelung sind,
das ist um so viel schwerer zu entdecken; — daß sie aber

historisch alle entwickelt sind, das entzieht sich wohl keinem von uns, sobald wir auf den Gedanken hingewiesen werden. Welche weiten Abstände hat ein in allen Wandlungen allerdings gleichartiges Gefühl, das deshalb auch stets mit gleichem Namen bezeichnet wurde, wie das der Ehre oder das Gefühl der Freundschaft oder der Liebe im Laufe der Zeit, im Leben der Menschheit von Epoche zu Epoche, von Nation zu Nation durchmessen!

Halten wir nur einen Augenblick uns ein Beispiel gegenwärtig von dem nächsten Gegenstand unserer Herzensbefriedigung, unserer Herzensbedürfnisse; wir können an ihm den ganzen Weg ermessen, den die Menschheit durchzumachen hatte. Die Liebe der Menschen zu dem aufwärts steigenden Geschlechte, die Liebe der Kinder zu ihren Eltern, überhaupt der jüngern Generation Fürsorge, Hochachtung, Pietät für die ältere Generation, erscheint uns als etwas absolut Selbstverständliches; dieses ist ein echt menschliches Verhältniß! — ich sage echt menschlich, denn diesen Zug allein konnten wir von den Thieren nicht lernen; die Liebe einer Generation zur abwärts steigenden andern zeigt sich fast bei allen Thieren; die Mutter immer, meist auch der Vater, hat eine gewisse Sorge für sein Junges, aber eine Sorge der Jungen für die Alten finden wir bei keinem Thiergeschlechte; das also ist echt menschlich, und nichts desto weniger ist es ein Erzeugniß historischer Entwickelung. Wir kennen heute noch Stämme unter den Menschen, die so cannibalisch sind, daß sie eben ihre Eltern, wenn sie alt und dienstunfähig geworden sind, verspeisen, andere, welche den Alten, sobald sie arbeitsuntauglich geworden sind, auch das Leben nicht mehr gönnen und sie der Wüste und dem Hungertode preisgeben. Erwägen wir, welch ein Weg der Geschichte zurückgelegt ist, von diesem Verhalten der Jungen gegen die Alten bis zu den Empfindungen, welche sich darin kundgeben, daß „alt" ein Koseworт ist, daß „alt" das Herzigste ausdrückt, was man sagen kann; — wenn man von einem neugeborenen Kinde sagt: „Dat oll lütt Worm!"

Oben ist bereits von der Pietät gegen Verstorbene die Rede gewesen; sie setzt die Liebe gegen dieselben über die Lebenszeit hinaus fort und leistet ihnen in allen Culten noch Liebesdienste. Und wenn wir diesen Punkt auch nicht so hoch stellen, wie es Vico gethan, so muß man doch anerkennen, daß damit eine höhere Stufe der Religion erstiegen worden ist. Denn wenn in dieser und dem Verhältniß der Menschen zu ihrem Gott als dem machtvollen Lenker des Schicksals ursprünglich das Streben nach eigenem Heil und Wohl das Treibende ist, so wird in der Sorge um das Seelenheil der Verstorbenen die Religion veredelt, weil sie über den persönlichen Egoismus hinausgeht. Es ist ein glänzendes Zeugniß für die bessere Natur des Menschen, daß auch der wankend gewordene Glaube, der sich für das Leben und für die Lebenden auf die eigene Kraft zu stellen geneigt ist, in der Sorge und in Vorkehrungen um das Seelenheil für Verstorbene seine letzten Stützen findet.

Die Liebe zu der absteigenden Generation ist gewiß intensiver und gleichmäßig dauernder (mit seltener Ausnahme), während die zu der aufsteigenden zarter sein kann; aber jedenfalls ist jene fast durchgängig von erweitertem Egoismus erfüllt, während diese viel freier von demselben ist; vollends die eigentliche Pietät, die Verehrung der Eltern und der Alten, hat fast gar nichts mit dem Egoismus, auch nicht mit dem erweiterten zu schaffen, und gehört zu den Gefühlen, die sich gar nicht um den praktischen Gegensatz von Ich und Nichtich drehen.*) Denn wohl verehre ich diese Personen als meine Eltern; aber nicht, weil sie die meinigen, sondern weil sie meine Eltern sind, verehre ich sie.

Oft sind einzelne Thatsachen im Stande, uns die Größe des Wandels etwa in den sittlichen Gefühlen der Menschen deutlich zu machen. Auch das rauheste Gemüth eines Königs oder eines Volkes in Europa würde es heute nicht ertragen,

---

*) Es ist ein Zeugniß von besonderer Tiefe der ethischen Anschauung, wenn im Zehngebot nicht Liebe zu den Eltern, sondern Verehrung derselben gefordert wird.

beim Einzug des heimkehrenden, siegreichen Heeres einen ge=
fangenen Fürsten hinter dem Triumphwagen einhergehen zu
lassen; und doch war dies in Rom eine selbstverständliche Sache.
Oder, um noch an ein anderes Beispiel zu erinnern; ich habe
oben gesagt: Ausreißen ist natürlich, aber Standhalten ist
sittlich. Sittlichkeit jedoch kann und soll zur Natur werden;
der moralische Muth kann zu einer Erbtugend ausgebildet
werden. Für einen Spartaner wie für einen preußischen Sol=
daten ist Standhalten Regel und natürlich, Ausreißen aber
Ausnahme und unnatürlich. — Aber nicht blos die ein=
zelnen Gefühle haben in der Entwickelung der Menschheit und
der Völker ihre Geschichte, sondern vor Allem beachtenswerth ist
noch, daß das Herz mit seinem gesammten Inhalt in dem
Verhältniß zu den übrigen Formen und Functionen des
inneren Lebens überhaupt historisch wandelt; es gibt Völker
und Zeiten, in denen das Gefühlsleben eine mehr oder
minder herrschende Rolle spielt. Es wechselt eben auch darin
das Ideal der Menschen, bald wird es in der Tiefe und Klar=
heit des Geistes, bald in der Energie des Willens, bald in
der Erregung und Hingebung des Herzens gesucht. Die Ge=
schichte der Religionen z. B. zeigt uns daher verschiedene Epochen,
in denen hier die Dogmenbildung, dort die Kirchenorganisation,
und ein anderes mal die Glaubensinnigkeit, sogar im Kampfe
gegen Ordnung und Meinung der Kirche, als das ideale Ziel
verfolgt werden. Aber auch in der gesammten Lebensführung
wie im Spiegelbild derselben, in den nationalen Literaturen, er=
hebt sich zuweilen das Gefühl zum höchsten Zweck des Daseins
und wird als die vollkommenste und wichtigste Form des
inneren Lebens geachtet. Andere Zeiten trachten nach Bildung
und Intelligenz, wieder andere fordern vor Allem das Handeln
für praktische Zwecke. Die Harmonie aller dieser Richtungen
und Strebungen der Seele ist ein Ideal, welches als ein be=
wußtes auch der Volksseele einmal vorschweben wird, wenn
erst ihre eigene historische Entwickelung zum Gegenstand des
öffentlichen Bewußtseins sich gestaltet haben kann. —

Eine gleichmäßige, harmonische Ausbildung aller Interessen des Individuums ist von der glücklichsten Anlage und Ausbildung abhängig, ist das höchste Glück und das Genie der Persönlichkeit. In dem Ganzen eines Volksgeistes aber ist diese gleichmäßige und harmonische Vertretung aller Interessen viel leichter möglich und mit viel mehr Nachdruck zu fordern. Ist sie gegeben, sind alle Richtungen und alle Functionen im Gleichgewicht der Energie vorhanden, dann wird es an günstiger Rückwirkung auch auf die Harmonie in den einzelnen Personen nicht fehlen.

Wie fern liegt dies Ideal noch in der Zukunft! .

Wenn man den Gedanken der Geschichte der Gefühle ausspricht, meint man, sage ich, sofort zustimmen zu können und zustimmen zu müssen, ja man sieht den Gedanken als einen selbstverständlichen an, und doch bis auf die allerneueste Zeit herab ist dieser Gedanke keineswegs den Menschen geläufig, noch waren sie geneigt, weil die Geschichte der Gefühle sich dem Auge auch des Forschers leicht entzieht, ihn anzuerkennen. Ich erwähne nur den Einen, Buckle, dessen „Geschichte der Civilisation" ja so viel Anklang auch bei uns in Deutschland gefunden hat. Er ist noch der Meinung, daß die Menschen in Bezug z. B. auf ihre sittlichen Gefühle zu allen Zeiten gleich gewesen sind; die Veränderungen, welche in der moralischen Welt vor sich gehen, seien nur abhängig von der Veränderung in der theoretischen Erkenntniß. Es habe zu allen Zeiten gegeben und werde geben den Unterschied von Tugend und Laster und die Vertheilung werde ziemlich dieselbe bleiben. Hier ist das Zarteste, das Feinste, das eigentlich Unwägbare in unserm innern Leben mit einem Hauche hinweggewischt, statt daß wir Alles daran setzen sollten, zu einer wirklichen Geschichte der menschlichen Gefühle zu gelangen.

Die Cultur- und Literaturgeschichte pflegt nur die Werke des Geistes und allenfalls auch die Handlungen des Willens aufzuzählen; nicht minder wichtig ist jedoch die Einsicht in die Geschichte der Gefühle. Sie wird namentlich auch die That-

sachen zu erörtern haben, wie die Ausbildung einer Volksseele
durch die Gedanken und die Gefühle eines anderen Volkes
zu Stande kommt. Nicht blos die Gebildeten allein, die vom
griechischen und hebräischen Geiste den unmittelbaren Anhauch
empfangen, sondern durch Vermittelung der Dichter und Lehrer
hat auch die breite Masse der westlichen Völker allein schon
aus einem solchen Buche, wie die Bibel, den tiefsten Wandel
der Gefühlswelt erfahren. — Wie schwer und wie wichtig
wird es dann sein, auch die Degeneration der Gefühle in
ganzen Nationen oder in einzelnen Schichten derselben nachzuweisen, wenn zwar die Gedanken, die Vorstellungskreise, auch
die Institutionen vorhanden bleiben, aber leer, kalt, wirkungslos
für das menschliche Herz geworden sind. Denn die Stufen der
Entwickelung des Gefühls müssen zum Theil von jeder neugeborenen Generation wieder durchlebt werden; trotz der Ueberlieferung durch Sprache, Sitte, Kunst und Religion fehlt ihm
die Sicherheit der Wiederkehr und Fortdauer, wenn nicht besondere Fürsorge innerster Neubelebung stattfindet. Wenn wir
einmal eine solche Geschichte des menschlichen Gefühls besitzen
werden, dann werden auch alle jene Widersprüche verschwinden,
von denen unser tägliches Gespräch voll ist, sobald wir vom
menschlichen Herzen reden, und weshalb es den Denkern immer
so unergründlich scheint.

Ist es nicht so, daß wir jetzt, wenn uns irgend etwas
erzählt wird, etwa aus einer fernen Zeit oder einem fernen
Volk, daß wir gleich geneigt sind zu meinen: „es ist doch das
Herz überall gleich", und in der nächsten Stunde, weil ein
Geschwister vom andern sich im Grunde tief unterscheidet, doch
wieder sagen: „überall ist doch das Menschenherz verschieden
und fein abgestuft und schattirt." Bald sagen wir: „das Herz
und seine Regungen sind allgemein menschlich; es ist bei einem
Volke wie beim andern" und dann wiederum: „Alles ist doch
national verschieden; in jedem Volke zeigt sich — und das ist
eben das Wahre der Beobachtung — auch was scheinbar vollkommen das Gleiche ist, dennoch in feinen Unterschieden von

einander abweichend." Ebenso sagen wir bald, wenn wir
irgend aus vergangener Zeit ein Ereigniß hören, das an unser
Herz klingt und unsere Sympathie erweckt: „das menschliche
Herz war doch allezeit gleich", und doch wissen wir — wir
haben es ja eben genauer gesehen — daß das menschliche
Herz zu aller Zeit verschieden war. Bald sind wir der Mei=
nung, daß auch das menschliche Herz abhängig ist von der
historischen Tradition, daß, je nachdem die Vorfahren ge=
lebt und gewirkt, je nachdem ihr geistiges und inneres Leben
sich gestaltet, auch die Gefühlsweise der Menschen sich ver=
ändert; und dann wiederum sagen wir und müssen doch auch
sagen: „in jedem Menschen fängt sein Herz von Neuem zu
leben an; in jedem einzelnen Herzen beginnt von Neuem
wieder die Regung seines Gemüths; jeder einzelne Mensch muß
von sich aus, von dem leeren Anfang, die Stufe erklimmen,
welche vergangene Zeiten erstiegen haben." Dazu kommt endlich
noch der andere Gegensatz; bald sagen wir: „das menschliche
Herz ist doch überall Natur; wenn alle Künste sonst den
menschlichen Geist berücken, wenn die Lebensverhältnisse künstlich
gestaltet werden können, im Herzen erlischt die Stimme der
Natur nicht", und auf der andern Seite sehen wir, daß auch
das Herz so völlig abhängig ist von der Cultur und ihren
Stufen, daß auf verschiedenen Culturstufen, in verschiedenen
Culturepochen, in verschiedenen Culturrichtungen auch das Ge=
fühl verschieden ist.

Wenn das Verschwinden dieser täuschenden Gegensätze der
theoretische Gewinn einer Geschichte des menschlichen Gefühls
sein wird, dann wird auch noch ein praktischer Erfolg daraus
kommen für uns Alle. Eins werden wir zu erkennen haben:
wohl ist das menschliche Gefühl Gegenstand historischer Ent=
wickelung, seine höchsten und reinsten Formen treten nicht in die
Erscheinung, ohne daß durch viele Generationen eine Verfeine=
rung, eine Veredlung des menschlichen Herzens stattgefunden hat,
ohne daß die Gefühle allmählig durch die Mitwirkung der
Weisheit, der Dichtkunst, des edelsten Wollens zu der vollendeten

Form gekommen sind, welche sie eben empfangen haben; —
obwohl aber so das Gefühl abhängig ist von der Geschichte
seiner Entwickelung, so ist dennoch hier nicht, wie bei den an=
deren Richtungen des inneren Lebens, mit der Geschichte sein
Fortgang bereits gesichert. Gedanken, welche einmal erobert
sind, gehen in der Geschichte nicht leicht wieder verloren;
historische Institutionen, welche geschaffen sind, überleben alle
die Gesinnungen, aus welchen sie hervorgegangen sind: im Ge=
fühle aber geht jederzeit, im Ganzen der Menschheit, in jedem
Volke, in jedem Einzelnen der Weg aufwärts und abwärts.
Täglich, stündlich sind wir vor diesen aufwärts und abwärts
führenden Scheideweg gestellt; täglich und stündlich sind wir
davor gestellt, daß wir in unserm Gefühl eng, klein, egoistisch
oder groß, frei und hingebend sein können. Die Erbschaft der
Geschichte in Bezug auf die Veredelung des Gefühls geht jeden
Tag wieder verloren, es sei denn, daß wir selbst sie uns von
Neuem gewinnen. Geschichtlich ist das menschliche Gefühl,
aber dieser geschichtliche Erfolg muß jeden Tag und jede Stunde
von den Einzelnen und von der Gesammtheit von Neuem wieder
errungen werden.

Denn nur aus dem Kampfe, aus dem immer wieder
zu erneuenden Kampfe gegen das Niedrige, Kleinliche, Enge,
Kalte, Egoistische, kurz aus dem Kampfe gegen das Gemeine
geht die Erhaltung und die Fortbildung jener subjectiven inneren
Zustände hervor, von denen alle ideale Lebensgestaltung ab=
hängig ist. Oft gegen unser eigenes, besseres Selbst sind wir
kleinlich und eng; bei einiger Besinnung können wir so uns
erheben, daß wir mindestens unserer eigenen Höhe entsprechen.
Und nur unter der Führung der festen stetigen Arbeit des
Geistes gelangt auch das Herz sicher an's Ziel; ohne den Rath
der sittlich klaren Lehre geräth auch das gute, auch das beste
Herz auf Abwege; wie es denn überhaupt wichtig genug ist,
einzusehen, daß wir zwar der Bildung und Entwickelung des
Herzens bedürfen, daß dieses aber kein besonderes, für sich
lebendes Organ, sondern nur eine der Functionen der

Seele bedeutet, welche von den übrigen abhängig und mit ihnen in Wechselwirkung sich befindet, und deshalb auch nur unter gemeinschaftlichen und gegenseitigen Förderungen zur Vollkommenheit gelangen kann. Mag immerhin die specifische Wärme, die individuelle Energie des Herzens ein Ursprüngliches, Letztes sein, das die anderen Thätigkeiten der Seele viel mehr regiert, als von ihnen regiert wird: sie hat auch dann kein absolutes, für sich allein feststehendes Maß, sie wird sich nach der Natur dieser seelischen Function steigern in dem Maße, als z. B. die concrete Anschaulichkeit des Denkens, die Lebendigkeit der Phantasie und der Reichthum der Lebensbeziehungen sich erheben.

Die Gefühle folgen ebenso wie alle inneren Vorgänge und alle äußeren Erscheinungen einer bestimmten Gesetzmäßigkeit. Auch ohne wissenschaftliche Erkenntniß haben wir nicht nur eine dunkle Vorstellung von derselben, sondern wir rechnen auf sie, wir handeln selbst und erwarten Handlungen von Anderen auf Grund dieser Gesetzmäßigkeit, wie wir auch ohne die Wissenschaft der Physiologie vielen Gesetzen, die sie kennen lehrt, aus Erfahrung folgen. Mindestens aber ist es die lange Erfahrung selbst, an Anderen und an uns selbst gemacht, welche uns dort wie hier gewisse Gefühle bestimmt erwarten läßt. Das Leben aber überrascht uns damit, daß wir gar nicht selten, bei Anderen und bei uns, Gefühle auftreten sehen oder Formen und Grade dieser Gefühle, die wir nicht erwartet hätten. Wir glaubten uns doch zu kennen; wir hätten das Auftreten dieses Gefühls, in dieser Verbindung, mit dieser Macht bei uns nicht für möglich gehalten. Frühreife und spät blühende Gefühle treffen wir, die uns in Staunen versetzen, oder Gefühle, welche mit unseren Gesinnungen und Meinungen so wenig zu harmoniren scheinen. Wir hätten z. B. nicht gemeint, daß uns eine, daß uns diese Landschaft so entzücken könnte, daß wir diesen Zug von Eitelkeit, jenen von Neid noch in uns antreffen könnten. Und dann eben sagen auch wir uns mit einer gewissen Verzweiflung, daß doch das menschliche Herz unergründlich sei.

Aber wir müssen die Dunkelheit, den Anschein des Wunderbaren und Unbegreiflichen, welche aus der übermäßigen Mischung der in dem einen Worte „Herz" zusammengefaßten Elemente hervorgehen, unterscheiden von derjenigen, welche übrig bleibt, wenn die fälschlich vereinigten Elemente geschieden werden.

Wenn wir nun aber mit Hülfe der Psychologie uns hinaushöben über alle diese Verschiedenheiten, wenn wir die Leitstäbe fänden, um Alles dies einzuordnen, so daß wir einen klar und wohl gesichteten Ueberblick über alle diese Arten von Thätigkeiten des menschlichen Herzens hätten, und die Gesetze derselben zu erkennen uns anschicken dürften, wäre es dann ergründlich für uns? Das heißt: erschiene es uns ergründlich? Alle Beschreibung der Fülle und Mannigfaltigkeit erscheint uns immer wieder als dürftig und unzulänglich; denn jeder Blick in's Leben zeigt uns eine in's Unendliche wachsende Verschiedenheit: und immer wieder wird uns der Gedanke kommen, daß in jeder Stunde — was sage ich: Stunde! — daß in jeder einzelnen Minute Millionen und abermals Millionen Herzen schlagen, und in jedem Schlage ist es ein anderes Gefühl, in jedem eine andere Regung, jedes von einem andern Gegenstande getragen und erhoben oder gedrückt und niedergebeugt. Wiederum wäre es schließlich die sinnverwirrende Mannigfaltigkeit, welche uns daran verzweifeln ließe, das menschliche Herz zu ergründen. Die Wissenschaft geht jedoch still und besonnen ihren Weg, um das verwirrende Chaos dieser Mannigfaltigkeit zu lichten und zu ordnen, mit Maß und Gesetz es zu durchdringen.

Daß die Lösung dieser — etwas vernachlässigten — Aufgabe ihre praktische, pädagogische Bedeutung hat, daran will ich schließlich noch einmal erinnern. Die Wissenschaft hat gezeigt, daß das Herz selbst in der That gar nicht der Sitz der Gefühle ist, daß die ganze Anschauung der früheren Zeiten über das Wesen des Herzens auf einer bloßen Täuschung beruht; sollte sie die Symbolik dieser Aufklärung über ein vormals dunkles Verhältniß so weit treiben, auch den Werth des Herzens, den Werth der Gefühle selbst zu läugnen?

Aber dieselbe Wissenschaft hat auch gezeigt: daß „alle Gefühle, welche wir erleben, jederzeit von Reflexthätigkeiten des Herzens begleitet sind; daß vom Herzen die Bedingungen der Kundgebung der Gefühle kommen, obgleich das Gehirn ausschließlich der Sitz derselben ist. . . . Der Ausdruck unserer Gefühle vollzieht sich durch einen Austausch zwischen dem Herzen und dem Gehirn, den beiden vollkommensten Räderwerken in der lebendigen Maschine." (Claude Bernard.)

Dies ist die wahre Symbolik des Lebens. So lange der Mensch nicht blos ein abstract denkendes Wesen ist, so lange der Mensch in der concreten Fülle seines psychologischen Daseins thätig ist, kurz so lange der Mensch lebt, wird das Herz auch der Vermittler seiner Offenbarungen sein. Denn das Herz hat auch dem Kopfe zuerst das Bewußtsein von seiner Thätigkeit gegeben.

Das Wissen des Herzens hat das Wissen des Kopfes immer wieder zu ergänzen. Wir kehren zu dem Gedanken zurück, der den Anfang dieser Betrachtung gemacht hat. Mögen wir immerhin in der Strenge des theoretischen Denkens an der Lehre festhalten, daß die ganze Welt mit Allem, was darin ist, alles Geschehen und alle Bewegungen, mit ihren Ursachen und Bedingungen das Erzeugniß einer absoluten Gesetzmäßig= keit sind, daß sie Alles in Allem auf einer einigen und durch= gehenden Mechanik (physischen und psychischen) beruhen. Wir haben uns nur allezeit zugleich zu erinnern, daß auch die Regungen des Herzens selbst und alle ihre geistigen Erfolge Erzeugnisse eben derselben Mechanik sind; inmitten der Welt= wirklichkeit, inmitten der realen Gesetzmäßigkeit entstehen auch die psychischen Kräfte, und inmitten ihres gesetzmäßigen Wirkens hat auch der Idealismus des Herzens seinen Ursprung ge= nommen; ja noch mehr: wird er immer und immer wieder entspringen. Die Menschen werden und sollen immer wieder nicht blos passive, theoretische Spiegel der umgebenden Welt, sondern gemüthbewegte, antheilsvolle, schöpferische Centralpunkte derselben sein

Bedeutet das Herz ursprünglich nur die Gefühle, welche die theoretische Auffassung der Welt begleiten: so werden eben diese in den Wechselwirkungen des psychologischen Processes zu Ursachen, aus denen die schöpferische, menschliche Thätigkeit hervorgeht, werden sie zu Quellpunkten der Ideen, welche den Werth und die Würde, den Reiz und die Fülle des specifisch menschlichen Lebens gestalten. Die sittliche Gemeinschaft, die Schönheit der Lebensformen, die Werke der Kunst, die Vertiefung in der Religion, alle höheren und edleren Interessen der Seele wachsen aus den ersten Keimen des herzbewegenden seelischen Lebens mit derselben Sicherheit und mit einer gleichartigen Gesetzmäßigkeit hervor, wie die natürlichen Erscheinungen sinnlicher Dinge Erzeugnisse einer physischen Mechanik sind.

Die Wissenschaft, sage ich, hat diese Gesetzmäßigkeit immer vollständiger und immer gründlicher zu erforschen; die Gründe für Erhebung und Verfall der Gefühle zu erörtern, muß eines der wichtigsten Anliegen des menschlichen Geistes werden.

Naturforscher sprechen von der bevorstehenden Erkaltung der Erde; diese Sorge berührt uns nicht tief; nicht blos weil sie in weiter Ferne liegt, sondern weil sie uns völlig ohnmächtig findet, ihr zu begegnen. Wenn aber der Psycholog von einer Erkaltung des Gemüths spräche, wenn psychische Historiker und Statistiker ein Fortschreiten dieser Erkaltung zeigten, dann würden aus solcher Erkenntniß des menschlichen Herzens die wichtigsten Aufgaben für die Erziehung und Selbsterziehung des Menschen sich ergeben.

Darum müssen wir mit allem Ernst und allem Eifer danach trachten, dies „unergründliche, vielgestaltige, proteusartige Räthsel des Menschenherzens" — wie einer der gründlichsten Kenner desselben unter den Lebenden (Horwicz) es nennt — soweit wir vermögen zu lösen; müssen danach trachten, nicht blos die Forschung zu fördern, sondern auch die gute Sache des Herzens mit aller Kraft und allem Nachdruck zu führen. Denn, gestehen wir es nur, wir haben ein wenig den Muth des Herzens verloren; von Bedürfnissen des Herzens, von

Idealität, von Begeisterung zu reden schämt man sich fast; wir wissen es kaum mehr, daß wir ein Herz haben. Zwar zu allen Zeiten ist das Herz verschämt gewesen; neben der Macht des Nützlichen und Greifbaren, neben der Bestimmtheit scharfen Denkens und der zersetzenden Kritik war es zaghaft; — aber in Zeiten des Verfalls, der Philisterei und des Utilismus hat es seine schöpferische Kraft bewiesen; die Imponderabilien des Herzens haben den Sieg über die Wucht der mechanischen Massen davongetragen.

Der Spott lauert und ist bereit, den giftigen Pfeil in dem Rufe von der „Phrase" abzuschießen. Gewiß, die Phrase, das Afterbild der guten und tiefen Rede, bringt die Forderungen des Gemüths in Mißcredit; aber man vergißt, daß zwar die Phrase eine hohle und leere Rede ist, weil ihr der Kern des Gedankens fehlt; daß es aber auch ein phrasenhaftes Handeln und Thun und Wirken gibt; denn trotz aller seiner greifbaren Realität ist das Handeln hohl und leer, wenn der innere und der wahre, der ideale Werth ihm fehlt; hohl und leer wird das Leben und die Geschichte, wenn die vielgeschäftige Veränderung und Umgestaltung des Wirklichen ohne Erhebung des Gemüths, ohne Vertiefung des Geistes, ohne Begeisterung der Seele, ohne Befriedigung, Veredelung und Beseligung des Herzens sich vollzieht.

———

Zeit und Weile.

---•---

Ein für die „Concordia" in Wien im Bösendorfer Saale am 2. April 1878 gehaltener, hier weiter ausgeführter Vortrag.

12 *

Als der heilige Augustin einmal gefragt wurde, was Zeit sei, sagte er: „Wenn ich nicht gefragt werde, weiß ich es." Nun glaube ich Niemandem von Ihnen, verehrte Anwesende, zu schmeicheln, wenn ich annehme, daß Sie in diesem Stücke so weise sind, wie der heilige Augustin. In der That, so im Unbestimmten und obenhin wie wenn wir nicht gefragt werden, wissen wir Alle, was Zeit sei. Wenn wir aber gefragt werden? Nun, da glaube ich, Niemandem von Ihnen zu nahe zu treten, wenn ich meine: dann müssen wir erst ein Wenig darüber nachdenken. Lassen sie uns gemeinsam darüber nachdenken. Ob es der Mühe lohne, über einen solchen Gegenstand zu denken, das will ich nicht weitläufig erörtern. Denn Jeder weiß, wie vielseitig nicht blos, sondern allseitig die einflußreiche Bedeutung der Zeit ist. Darf man doch hoffen, daß einst selbst alle Beschaffenheiten aller sinnenfälligen Dinge auf das Zeitmaß von Bewegungen ihrer kleinsten Theile werden zurück geführt werden können. Die Qualitäten aber, welche die beiden schärfsten, klarsten und bestimmtesten Sinne (Ohr und Auge, welche darum vorzugsweise die theoretischen Sinne heißen können) uns zur Erkenntniß führen, die Höhe und Tiefe der Töne und die Verschiedenheit der Farben und des Lichtes werden heute schon auf die Geschwindigkeit der Wellenbewegung, dort der atmosphärischen Luft, hier des Aethers zurückgeführt. Hat auch unser Bewußtsein nicht die Schwingungsdauer, sondern die Qualität des Tones und der Farbe zum Inhalt, so zeigt uns doch der Physiker, daß er keiner anderen Bedingungen zur Erzeugung dieser Qualitäten bedarf, als daß die Zeit der Bewegungen sich ändert; schnellere Schwingung gibt höheren

Ton, langsamere tieferen. — So sehen wir also den wunder-
vollen Reichthum der Unterschiede in der Erscheinung des
Weltbildes allein durch zeitliche Differenzen gleichartiger Be-
wegungen begründet. Zeit und Stunde gebieten eben über
Alle und Alles. Nur der Geist gebietet wiederum, ihre Gesetze erkennend, über Zeit und Stunde. Eben deshalb hat
man auch von jeher, seit tiefe Forschung in das Innere der
Dinge zu dringen suchte, also etwa seit mehr als 2000 Jahren
sich mit der Frage nach dem Wesen der Zeit beschäftigt.
Wollte man Buch an Buch reihen, welches, im Laufe dieser
Jahrhunderte geschrieben, sich ganz oder zum Theile mit der
Zeit beschäftigt, dieser Saal würde die Bibliothek wohl
kaum fassen.

Stellen wir uns die Frage, welche nun so viele und
vielseitig gewendete Geister beschäftigt hat, suchen wir den
Durchschnitt dessen, was etwa in den fluthenden Geistern hin
und her wogte, um ihnen die Zeit als ein immer wieder von
Neuem die Denkkraft aufregendes Problem erscheinen zu lassen,
— so würde das, was Denker und Dichter, was Religion
und Reflexion darüber sinnend und suchend gedacht haben, etwa
so lauten: Zeit, die allgewaltige, alle Wesen beherrschende,
aller geschaffenen Dinge Wiege und Urne; — Zeit, die uralte
Mutter und Zeugin alles Geschehenen und aller Geschichte;
Zeit, welche Geschlechter und Welten und Götter entstehen und
verschwinden sah; — sie, die Zeit, sich selbst und sich allein
ewig gleich, ein ewig ununterscheidbares Einerlei, unverändert
und unbewegt durch alle Veränderungen und Bewegungen,
welche sie begleitet, und dennoch im nimmer rastenden Flusse
dahinfließend, dahinfließend nach urewigem Gesetz ohne Hast
und ohne Rast, ohne Säumen und ohne Eile; — sie selber
ohne Maß und Ende, aber Maß für alles Endliche; sie selbst
ununterbrochen, niemals aus- und absetzend und dennoch unendlich theilbar; sie selbst allen Wesen immer die gleiche —
denn der Sonne und dem Sonnenstäubchen, dem denkenden
Geiste und dem kriechenden Wurme ist eine Stunde eine

Stunde*) und dennoch jeglichem Wesen von anderem Werthe, von anderer Bedeutung, von anderem Erfolge; — sie, die Alles enthaltende, Alles entfaltende und Alles gestaltende, sie zugleich, die Alles auflösende, verwüstende und vernichtende; sie, die Zeit, welche gewesen ist, seit∙Dinge sind, und welche sein wird, so lange Dinge sein werden, die Zeit, was ist sie?

Es darf nicht Wunder nehmen, daß die aus ihrer ge- schichtlichen Breite und Fülle, wie sie alle Denkmeister bewegt hat, in's Engste zusammengezogene Frage solche hochtönende und schier pomphafte Form für uns gewonnen hat. Aber auch abgesehen von allen peinvollen, aufregenden, das Problem aufwühlenden Gegensätzen, die das Nachdenken über die Zeit allmählich an's Licht gestellt hat, tritt immer wieder gleichsam wie am Anfang aller Forschung die Frage hervor: was ist sie? was ist die Zeit? Wenn ich sage: Alles, was wirklich etwas sein soll, das muß entweder eine Substanz, ein Wesen geistiger oder körperlicher Art, eine Sache oder eine Person; oder aber es muß eine wirkende Kraft, ein Vermögen irgend eine Thätigkeit zu vollbringen; oder endlich es muß eine von jenen erzeugte Thätigkeit, ein Ereigniß, oder ein Geschehen, ein Vorgang, ein Erlebniß sein, — dann wird man auf die Frage: Was ist nun die Zeit? antworten müssen: Die Zeit ist Nichts; Nichts; denn sie ist weder ein Wesen, noch eine Kraft, noch ein Proceß.

Die Zeit ist Nichts. Jeder weiteren Erörterung dieses Gedankens stellt sich die andere Frage wie ein zweites psycho-

---

*) Die Zeit ist allumfassend, für Alles, was in ihr geschieht, für alle Bewegung, welche neben einander sich vollzieht; die Stunde vergeht für alle zahllosen Welten als die eine und gleiche; und dennoch — oder eben deshalb hat sie nur Eine Dimension. Aus diesem Grunde kann man sprachlich mit Recht ein Stück der Zeit als „Zeitraum" benennen; aber ein Stück des Raumes — weil er mehrere Dimensionen hat — nicht als eine „Raumzeit". Ist aber vom genau bestimmten und auf eine einzige Dimension beschränkten Raume die Rede, dann kann ein Theil von diesem durch einen von jener benannt werden: wir sagen nicht Raumzeit, wohl aber sagen wir „Wegstunde".

logisches Problem gewissermaßen in den Weg: wie ist das
möglich? wie ist es begreiflich? Ein Nichts wäre die Zeit
und wäre dennoch den breiten Massen der Völker nicht blos,
sondern auch den erhabenen Denkern auf der Höhe ihrer Betrachtung als so bedeutsam, so gewaltig, so geheimnißvoll und
so einflußreich erschienen! und wäre ihnen doch gewiß nicht
ohne Grund so erschienen!

Wir dürfen hoffen, daß wir die Entstehung der erhabenen
Täuschungen, der glänzenden Irrthümer über die Zeit dann
begreiflich finden, wenn wir diese selbst, wenn wir das Wesen
der Zeit deutlich erkannt haben werden. Vor der Hand wird
diese zweite Frage, wenn auch nicht erschöpfend, wie sie an
sich es verdiente, so doch im Wesentlichen gelichtet, wenn wir,
zur Lösung unserer ursprünglichen Aufgabe, vor Allem dies
hervorheben:

Die Vorstellung, die wir Alle mehr oder minder deutlich
von der Zeit haben, die Begriffe, die wir in ererbtem oder
neu wiederholtem Denken von ihr bilden, die als strahlende
oder räthselvolle Bilder zugleich vor unserer Seele stehen, die
Anschauungen, in welchen die großen Denker und die einfachsten
Gemüther sich begegnen, um die Zeit als eine gewaltig wirkende
Kraft aufzufassen; alle diese Gebilde des Geistes sage ich, in
denen das Wesen der Zeit ausgeprägt ist, sind mythologische
Vorstellungen.

Unsere Auffassung von der Zeit ist in psychologischer Beziehung, sowohl nach ihrem Inhalt, wie nach der Weise ihrer
Bildung ganz so geartet, wie mythologische Vorstellungen geartet sind. Aus mangelhafter Beobachtung entstanden, durch
das Zwischenschieben von Apperceptionen anstatt wirklicher
Wahrnehmungen bereichert, wird die Vorstellung der Zeit,
einmal — und mit Recht — zunächst als ein besonderer
und selbstständiger Denkinhalt erfaßt, zur Vorstellung eines
besonderen und selbstständigen Wesens umgebildet. Die
wirklich gegebenen Anlässe oder Antriebe, die Vorstellung der
Zeit zu denken, werden sodann zu Ursachen, ihr Eigenschaften

und Kräfte beizulegen, d. h. in Wahrheit anzudichten. Die gewöhnliche Anschauung geht immer dahin, der Zeit allerlei Kräfte zuzuschreiben, ganz besonders, als ob die Zeit vorzugs= weise eine zerstörende Kraft sei. Und nicht blos die gewöhnliche Anschauung, selbst ein so bedeutender Philosoph wie Aristoteles, der, der Erkenntniß der Zeit so nahe gestanden hat, daß er sie als die „Zahl der Bewegung" erklärte, konnte sich davon nicht frei machen, die Zeit wie eine wirkende und vor Allem zerstörende Kraft anzusehen. Seine Worte — ich citire nur einen kurzen Satz aus der Reihe vieler Paragraphen des 4. Capitels seiner Physik — lauten:

„Alles in einer Zeit Seiende muß denn nun auch irgend eine Einwirkung von der Zeit erfahren, wie wir auch zu sagen pflegen, daß die Zeit Etwas allmählig aufreibt, oder daß Alles durch die Zeit altert, und daß man durch die Zeit Etwas ver= gißt, nicht hingegen, daß man durch die Zeit Etwas gelernt hat, noch auch), daß man durch sie jung oder schön geworden sei; denn mehr Ursache eines Vergehens ist die Zeit an und für sich, denn sie ist Zahl einer Bewegung, die Bewegung aber verdrängt das Vorhandene."

Die Ursache, weshalb die Menschen und selbst Aristoteles sich darüber getäuscht haben, der Zeit eine Kraft und besonders eine zerstörende Kraft beizulegen, liegt einfach, wie ich andeu= tete, in der mangelhaften Beobachtung. Von vielen Ereignissen, namentlich von Vorgängen der Zerstörung, hatte man keine Ursache gekannt; es war keine sichtbar, und so blieb denn, nach= dem einmal die Vorstellung der Zeit, als die alles Geschehen begleitende gedacht war, die Zeit allein übrig. Vielleicht war es selbst dem Meister Aristoteles gestattet, die psychischen That= sachen so aufzufassen, daß zwar das Lernen eine bestimmte Reihe von Processen, also auch einen Kraftaufwand in der Seele zur erkennbaren Ursache habe, das Vergessen aber bei völliger Unthätigkeit also auch ohne jede erkennbare Ursache vor sich gehe, als welche deshalb die Zeit gesetzt werden müßte oder wenigstens durfte. Heute wird kein Psychologe daran

zweifeln, daß auch jegliches Vergessen, weit entfernt ein bloßer
Erfolg der Zeit zu sein, einwirkende psychische Vorgänge er=
fordert, welche den Bestand und Zusammenhang der psychischen
Elemente verändern.

Könnte man die Seele wie ein Gefäß, in dem wir Früchte
vor Verwesung schützen, hermetisch gegen neue psychische Ein=
flüsse verschließen, auch ihr Inhalt würde lange unverändert
bleiben. Das erleben Diejenigen, welche sich in Haß oder
Schmerz verschließen und vor neuen inneren Erlebnissen ab=
sperren; viel weniger als bei jenen, die einer zerstreuenden
Thätigkeit oder dem Reiz neuer und entgegengesetzter geistiger
Elemente den Zutritt gestatten, findet bei ihnen eine Verände=
rung jener Gemüthszustände statt; nur daß im inneren Leben,
auch bei völligem Abschluß gegen neue Elemente, die noch
früheren durch stetiges Aufstreben gegen spätere einen er=
mattenden Einfluß ausüben. Nicht die Zeit heilt und lindert
und sänftigt im Gemüth, so wenig wie sie vergessen macht,
sondern was in ihr sich begibt, in der Seele und auf sie wirk=
sam ist.

Daß man durch die Zeit altert, aber nicht jung wird
darf als ein wenig bedeutendes Spiel der Sprache hingenom=
men werden.

Ob es Aristoteles aber erlaubt war, zu meinen, daß man
durch die Zeit häßlich, aber nicht schön wird? Gewiß, Beides
wird man mit der Zeit; wird aber das Werden und Wachsen
der Schönheit mit Recht nicht der bloßen Zeit, sondern physio=
logischen Kräften und Processen als ihrer Ursache zugeschrieben:
dürften diese wohl im Altern und Häßlichwerden außer Acht
zu lassen sein?

Schlechterdings unstatthaft aber war es, die „Zeit ganz
im Allgemeinen" mehr als Ursache des Vergehens zu bezeichnen
und zwar deshalb, weil sie die Zahl einer Bewegung sei, diese
aber das Vorhandene verdrängt. Gewiß, wenn der Sturm den
Baum entwurzelt, wird die verdrängende Bewegung Ursache
eines Vergehens sein; aber auch im Wachsen des Baumes ver=

drängen neue affimilirte Molecüle die früheren; wenn der Bild=
hauer durch Bewegungen einen Splitter nach dem anderen vom
Marmorblock verdrängt, tritt schließlich die Schönheit der Ge=
stalt zu Tage; kurz, alles Bauen und Richten, alles Werden
und Wachsen ist nicht minder Bewegung als die Zerstörung.
Oft genug kommt auch für diese die Zeit so wenig, — und
so viel weniger als im Bilden und Entstehen — in Betracht,
daß, was im Aufbau lange Zeit erheischt, im Nu zerstört ist;
ein ausgebildeter Mensch wird durch ein wenig Kohlendampf
oder Blausäure der Zersetzung überliefert; nicht die Zeit reibt
ihn auf, sondern ein fast zeitloser Proceß zerstört ihn.

Das Ganze ist nichts als eine höchst voreilige Generali=
sation, für welche der Vater der Scholastik eine scholastische
Formel gefunden, um aus der halben Wahrheit einen ganzen
Irrthum zu machen. — Wie lange wird es sich in der Ge=
schichte der Wissenschaft immer wieder begeben, daß die ein=
seitige An= und Nachbetung des Aristoteles den Verfall, die
Bekämpfung desselben aber neue Kräftigung des Denkens be=
deutet?

Aristoteles beobachtete sehr gut: Wenn man ein Haus
bauen will, müssen allerlei Vorkehrungen geschehen, das Mate=
riale muß zusammengebracht und nach einer bestimmten Form
und Richtung aufgeschichtet, zu einem haltbaren und zweckge=
mäßen Ganzen zusammengefügt werden. Also eine Summe.
von erkennbaren Ursachen bewirken den Bau. Läßt man dies
Haus eine lange Zeit stehen, dann verwittert es, ohne daß
man irgend eine zerstörende Kraft wahrnimmt, und deshalb
sagte er und sagen die meisten Menschen auch heute noch: die
Zeit allein zerstört das Haus.

So durfte, und, psychologisch betrachtet, da die Vorstellung
der Zeit als wirkende Kraft einmal appercipirt war, so mußte
man ehedem denken. War nun einmal die Zeit als wirksame
Macht, weil als Ursache derjenigen gegebenen Erscheinungen
vorgestellt, deren wirkliche Ursachen sich der Wahrnehmung ent=
zogen hatten, so wurde sie unter verschiedenen Umständen und

aus verschiedenen Gründen auch n e b e n den in der Erfahrung
hervortretenden Ursachen als solche angesehen.

Zunächst weil die als wirkliches Wesen gedachte Zeit,
schon indem sie alle Veränderungen in jeglicher Reihe und Ord=
nung begleitet, gleichsam die letzte, hinter den erkannten stehende
Ursache zu sein schien. Wenn die bloße Zeit des Winters als
die ertödtende Macht an die Stelle der unerkannten Ursachen
der winterlichen Erstarrung getreten war, so erschien auch die
Zeit des Frühlings als belebende Kraft. Wohl drängte die
Erfahrung den Gedanken auf, daß Sonnenschein und Regen
wirkende Ursachen für das neuerwachte Leben in der Natur
seien, da dieses von den Maßen und Graden des Auftretens
jener sich zweifellos abhängig erwies; allein Regen und Sonnen=
schein kamen mit der Zeit des Frühlings, der Frühling, d i e s e
b e s t i m m t e Z e i t b r a c h t e die Stürme, den Sonnenschein
und jegliches Mittel der Befreiung oder Belebung der Natur.

Oder aber die Zeit als in allen Erscheinungen und in
allen thätigen Mächten wirkende Kraft wurde gleichsam als die
einheitliche, in sich selbst gleiche, in alle Einzelkräfte nur zer=
legte Gesammtkraft gedacht. Sie ist das eigentlich wirkende
Wesen, das nur in sehr vielen ursächlich auftretenden Erschei=
nungen sich manifestirt. Etwa in diesem Sinne wurde und
wird schier bis auf den heutigen Tag die Zeit als die Alles
Gebärende und Alles Zerstörende gedacht, indem man nicht
etwa die besonderen Causalitätsprocesse des Welt= und Natur=
laufs läugnet, sondern sie in der Vorstellung des Zeitenwechsels
vereinigt oder verdichtet denkt.

Wie im ethischen oder technischen Sinne die Zeit als die
schickliche und rechte gedacht wird, um irgend Etwas zu thun
oder zu unterlassen — wie es z. B. der Prediger Salomonis
Cap. 3 Vers 3—9 vorschreibt, — unter der Zeit aber alle
die Umstände und Verhältnisse gemeint werden, welche irgend
eine besondere Zeit einschließt, eben so wird es auch im natür=
lichen Sinne genommen.

Weitverbreitet und zulänglich für eine solche Denkweise waren die Motive, die sich daraus ergeben, daß alle Veränderungen neben den wirkenden Mächten zugleich von den Verhältnissen der Dauer, des Zusammentreffens und der harmonischen oder disharmonischen Geschwindigkeit ihres Wirkens durchaus abhängig sind. Demnach erscheint also die Frage: ob, wie sehr und mit welchem Erfolge die angenommenen wirksamen Kräfte sich bethätigen werden, wiederum von Verhältnissen der Zeit ihres Wirkens bedingt.

Endlich aber — um nur noch auf einen der vielen Gedankenzüge, die hier aufgetreten sind, hinzuweisen — mochte die Zeit oft genug zunächst nur in bildlichem Sinne als wirkende Ursache so gedacht werden, wie die Dichter sie immer noch vorzustellen pflegen; aber nicht blos in der Dichtung Lesern und Hörern, sondern in der Seele des Dichters selbst sind die Grenzen bildlichen und eigentlichen Sinnes fließende; was hier und jetzt nur eine figürliche Schönheit ist, wird bald und dort zu einem metaphysischen Irrthum oder zu einem abergläubischen Spuk. Es ist sehr der Mühe werth, sich die oben citirten Verse des Predigers Salomonis darauf anzusehen, wie die Vorstellung „Zeit" in ihnen selbst schon einen sehr verschiedenen Sinn hat — (denn „eine rechte Zeit hat Gebären und eine rechte Zeit Sterben" weist doch sicher auf eine andere Vorstellung als „eine rechte Zeit hat Lieben und eine rechte Zeit hat Hassen" u. dgl.), um auch die Uebergänge aus vagen Erfahrungen in starr und craß abergläubige Zeitregeln zu verstehen, wie sie etwa bei Hesiod in den „Tagen und Werken" aus dem Volksbewußtsein geschöpft sind.*)

---

*) Man kann nicht oft und nicht nachdrücklich genug darauf hinweisen, daß es, um eine solche historische Erscheinung wie die vorliegende (ich möchte fast sagen, um irgend eine historische Erscheinung) psychologisch zu verstehen, vor Allem darauf ankommt, die unsäglich mannigfache, aber in leisen Uebergängen in einander spielende Bedeutung der betreffenden Vorstellungen zu beachten! So selbstverständlich uns dieser Satz heute klingen mag, er hat dem Bewußtsein der früheren

Seit aber Lavoisier den Proceß der Verbrennung uns kennen gelehrt hat, seit wir wissen, daß Verbrennen nichts Anderes ist, als die Verbindung irgend eines Stoffes oder einer Mehrheit von Stoffen mit Sauerstoff, wissen wir, daß nicht die Zeit, sondern der Einfluß der atmosphärischen Luft das Haus zerstört (daher wir Dinge länger erhalten können wenn wir sie diesem Einflusse entziehen.) —

So sehr hängen die verschiedenen Wissenschaften mit einander zusammen, daß ich sagen darf: Von dem Augenblicke an, wo Lavoisier seine wichtige Entdeckung gemacht, hat sich die psychologische Signatur in dem Begriffe der Zeit noth= wendig geändert. Gleich an eben diesem Begriffe der Ver= brennung können wir die logische Umwandlung wahrnehmen, welche vor sich geht. Bis auf Lavoisier war auch Feuer für die Betrachtung der Menschen ein Element; neben den drei anderen Elementen stehend, war es ein Stoff. Jetzt wissen wir, Feuer ist ein bloßer Proceß. Zeit war für die frühere Betrachtung eine Kraft; Manchem erschien sie sogar wie ein Stoff, der real vorhanden, benutzt und abgenutzt wird. Jetzt wissen wir, es ist kein Stoff und keine Kraft.

Einflußreich und bedeutsam ist sie so oder anders gedacht nichtsdestoweniger, und das Anliegen wird um so wichtiger, zu erkennen, was sie also wirklich ist. Wollen wir zunächst noch einmal den Irrthum in der früheren Auffassung uns vergegen= wärtigen, so ist die Täuschung immer wieder dieselbe, wie wenn wir, um ein Gleichniß gerade aus dem Gegenstande, der uns beschäftigt, zu nehmen, wie wenn wir die Bewegung der Zeiger an einer Uhr sehen und meinen: sie sind die Bewegenden; sie sind nur das Bewegte, dessen Bewegung die Theilung der Zeit sichtbar macht; in Wahrheit ist es die Feder oder das Gewicht, kurz das innere Triebwerk, welches die Bewegung vollzieht, die

psychologischen Analyse — etwa bei Kant — unendlich fern gelegen, und diese hat sich durch das Unterschieben ihrer eigenen, streng definirten Begriffe an die Stelle der historischen schwankenden, vieldeutigen Vor= stellungen in die bodenlose Irre vergeblicher Arbeit verlaufen.

an den Zeigern nur sichtbar wird. Auch die Zeit bewegt Nichts; sie ist nur von der Art, wie der Zeiger an der Uhr.

Noch besser kann man vielleicht sagen: Zeit ist gleich dem Schatten auf der Sonnenuhr. Nicht der Schatten bewegt sich, sondern das Licht. Der Schatten ist eine thatsächliche Er= scheinung; aber als Kraft oder Substanz angesehen ist er ein reines Nichts. Der Schatten ist erkennbar, deutlich, auch werth= voll für die Erkenntniß, allein ein Nichts an sich selbst; nur das Licht ist wirklich und wesentlich; der Schatten aber ist nur der durch den Gegensatz sichtbare Mangel desselben.

Im Großen und Ganzen hat auch die Volksmeinung über die Natur der Zeit sich geändert. Zwar fürchtet man den Zahn der Zeit; aber es waltet doch im Stillen die Ansicht, daß nicht blos der Zahn, sondern auch die Zeit selbst; als zermalmende Kraft nur eine metaphorische Bedeutung hat, und nur die in ihr wirkenden Kräfte eine reale. Allmählig fängt man wohl an, auch die Nothwendigkeit der Sparsamkeit in Bezug auf die Zeit im rechten Sinne zu begreifen. Man fängt an zu verstehen, daß Zeit selbst nicht ein Wirkliches ist. So findet man in vielen Comptoirs im Norden, — ich weiß nicht, ob auch hier — den Spruch angeschrieben: „Zeit ist Geld." Die das sagen, wissen sehr wohl, daß dem nicht so ist. Ich kann seit Jahren diesen Spruch nicht mehr sehen, ohne daß mir immer die Geschichte aus den „Fliegenden Blättern" einfällt, die ich Ihnen deshalb, weil wir gemeinsam nachdenken, auch nicht vorenthalten darf. Vor einem Durch= hause stehen zwei Lehrbuben. Ueber dem Thore steht: „Kein Durchgang." Der eine Bube will hinein, der andere hält ihn zurück:

„Du willst hier hinein?"

„„Ja.""

„Da kann man nicht hinein."

„„Warum nicht?""

„Hier ist ja kein Durchgang; siehst Du nicht, daß hier „„Kein Durchgang"" angeschrieben steht?"

„„Dummer Bube! Wenn hier kein Durchgang wäre, stände hier nicht angeschrieben: „Kein Durchgang"."""

Wenn Zeit Geld wäre, dann brauchte man in Bank= comptoirs nicht aufzuschreiben: „Zeit ist Geld". Man weiß also sehr wohl, daß es nur in einem metaphorischen Sinne gemeint ist.

Wie übrigens auch in ganz abstracter Weise scheinbar die Zeit sich in der Gesellschaft, speciell im Rechts= und im Verkehrsleben geltend macht, wie nämlich in dem Begriffe der Fristen und im Begriffe der Zinsen scheinbar die bloße Zeit allein als ein wirkendes oder mitwirkendes Element aufgefaßt wird, in Wahrheit aber nur eine abgekürzte Vorstellung einer langen Reihe von Anschauungen wirklicher Kräfte vorhanden ist, das zu erörtern, würde uns hier zu lange aufhalten. Es genüge daran zu erinnern, daß die Fristen nicht auf der leeren Zeit als solcher, sondern darauf beruhen, daß in ihr dies und das hätte geschehen müssen; die Zinsen aber darauf, daß vermittelst des Capitals, für welche sie bezahlt werden, als eines wirkenden Agens — während der Zeit, nicht durch dieselbe — gewisse Leistungen erzielt werden können.

Wir wissen nunmehr, was die Zeit nicht ist; daß sie weder eine Substanz, noch eine wirkende Kraft sei. Bevor wir nun aber dazu übergehen, zu erörtern, was sie wirklich sei, um auch zu begreifen, daß sie für die Manifestation der Substanzen und die Erscheinung ihrer Kräfte dennoch eine so einflußreiche Bedeutung habe; erinnern wir uns vielmehr, daß schon zu Ende des vorigen Jahrhunderts Kant eine gegen die frühere ganz entgegengesetzte Ansicht aufgestellt hat. Er be= hauptet also bereits, daß nicht blos die Zeit kein Wesen für sich, kein Selbstständiges, auch keine Kraft sei, sondern er geht in das andere Extrem, nach meiner Ueberzeugung über das Ziel hinaus: Zeit sei eine bloße Form der Anschauung, welche uns oder unserem Geiste a priori, d. h. vor aller Erfahrung anhaftet.

Ich bitte, verehrte Damen und Herren, gestatten Sie mir, daß ich Sie nur eine ganz kurze Strecke durch die Dornen= hecken des Gedankens führe. Glücklicherweise ritzen diese Dornen nicht, sie reizen allenfalls — zu weiterem Nachdenken.

Zeit sollte nach Kant eine bloße Form unserer persön= lichen, menschlichen Anschauung sein. Ob die Dinge selbst wirklich zeitlich sind und ebenso, ob sie räumlich sind, sei zweifel= haft. Wir könnten nur nicht anders, als sie räumlich und zeitlich denken. Daß wir so denken, hinge von unserer eigenen Natur ab. Möglich ist es also, daß die Dinge an sich, abge= sehen von der menschlichen Betrachtungsweise, weder räumlich noch zeitlich seien. Daß unsere ganze Lebens= und Weltan= schauung hier hinausgehoben wird aus den Fugen, in denen sie sich befindet, ist offenbar.

Ich meine, es ist nicht so. Raum und Zeit sind objec= tive Verhältnisse der Dinge, sie sind wirklich die Ordnung, in denen die Dinge sich befinden und umgekehrt dürften wir sagen: Und wenn alle anderen Wesen von Raum und Zeit nichts wüßten und die Welt an sich unter anderen Denk= und An= schauungsformen aufzufassen gezwungen wären, und wenn auch wir Menschen von Raum und Zeit nicht wüßten und nur ein Wesen diese Welt so anschaute, so wäre dies für dieses Denkende die Wahrheit, weil sie eine neue Hinzufügung, eine Ordnung und eine Gestaltung der Dinge ist. Bedenken wir, daß es eine absolut objective Weltanschauung im strengsten Sinne schlechthin nie und nirgends geben kann, da eine jede nicht blos von der Natur der Dinge, sondern zugleich von der Natur des denkenden Wesens bestimmt wird; — daß auch die vollkommenste Erkenntniß des am vollkommensten denkenden Wesens eben so wie die unvollkommenste zugleich durch die Natur des denkenden Subjects bedingt wird; — daß demnach die am meisten objective Weltanschauung nur darin und dadurch ihre Objectivität haben kann, daß zwischen der Natur der Dinge an sich und der Natur des sie auffassenden Wesens die größte Harmonie stattfindet: dann werden wir sagen müssen

daß die Zeitlichkeit, die wir den Dingen beilegen, ihnen auch
an ihnen selbst und zwar in so fern und eben deshalb zukommt,
weil wir gezwungen sind, sie so und nicht anders zu denken.
Denn wenn auch diese Zeitlichkeit nur aus uns, aus unserer
Natur und Form des Denkens stammen sollte: nun dann
müssen doch wir wenigstens solche zeitlich denkende und Zeitlichkeit denkende Wesen wirklich und objectiv sein, wenn
wir auch nur die, den Irrthum der Zeitlichkeit erzeugende
Quelle sein sollten. Daß außerdem in Bezug auf die Zeit —
sicherer als in Bezug auf den Raum — eine absolute Harmonie
zwischen unserer Denkthätigkeit, die zeitlich verläuft, und dem
Denkinhalt oder der Welt, die wir als zeitlich anschauen, stattfindet, erhöht die Zuversicht, daß unsere menschlich-subjective
Betrachtung der Dinge auch ihrer objectiven Natur entsprechen wird.

Eine tiefer gehende und weiter ausgeführte metaphysische
Erörterung ist wohl dieses Ortes nicht.

Ich will nur darauf hinweisen, daß es zwei Fehler in
der Kant'schen Betrachtungsweise gibt: der eine die überfliegende
Speculation und der andere eine scholastische Psychologie. Von
der Mitte des 17. bis zur Mitte des 19. Jahrhunderts kommen
immer wieder speculative Denker, welche alle eine solche Weltauffassung als nothwendig hinstellten, die unsere ganze Lebens-
und Betrachtungsweise wie null und nichtig erscheinen läßt.
Es liegt etwas Archimedeisches und etwas Hocharistokratisches
in diesen Systemen. Etwas Archimedeisches, denn von einem
neuen Gesichtspunkte aus sollte das ganze Universum im Gedanken verändert werden. Heute besinnen wir uns auf das,
was man längst berechnet hat:

„Gesetzt, er hätte wirklich einen Platz, seine Stütze und
seinen Hebel gefunden, und gesetzt, er könnte der Bewegung
eine Schnelligkeit der Kanonenkugel geben, 480 englische
Meilen die Stunde, so würde der Archimedes doch grade
44,963,540,000,000 Jahre gebrauchen, um die Erde einen Zoll
hoch zu heben.“

Innere Nothwendigkeit drängt den Denker, den Archime=
deischen Punkt zu suchen, um auf dem Grunde einer völlig
veränderten Betrachtungsweise eine von den Zweifeln und
Mängeln erlöste Erkenntniß zu gewinnen. Wir zollen deßhalb
den Meistern eines kunstvollen und originalen Denkens alle
Verehrung. Wenn aber der Kern und der Sinn dieser Systeme
nicht dahin gerichtet ist, die aus natürlichen Anfängen nach
psychologischen Gesetzen im Ablauf der Geschichte mehr und
mehr entwickelte Weise der Erkenntniß unter den Menschen zu
verbessern, sie auf den Wegen des natürlichen und des künstlichen
Denkens zu ferneren und höheren Zielen zu führen; wenn sie
vielmehr dahin gehen, nicht blos alle frühere und gegenwärtige
Erkenntniß, die sich im Menschengeschlecht findet, sondern auch
alle naturgemäße und methodische Fortbildung derselben hinzu=
gedacht, als eine im letzten Grunde irrige zu erweisen und
durch irgend eine speculative zu ersetzen, welche nie und nimmer
Gemeingut aller denkenden Menschen werden, ja welche auch
nie das einfache, auf das Leben angewandte Denken dieser
Meister selbst durchdringen kann; wenn sie den Werth und die
Würde aller in natürlicher Entwickelung begriffenen Denkarbeit
allgemein menschlicher Weltanschauung entwurzeln, weil in ihr
Wahrheit schlechthin nicht gegeben ist: dann sind wir gezwungen,
die Bahn der weltumwandelnden Speculation zu verlassen und
uns auf den Weg der stufenweisen, allmählichen Fortbildung
des natürlich erwachsenen Denkens zurückzufinden.

Die Wissenschaft ist heute bescheiden. Wenn wir heute
meinen, eine Anschauungsweise, welche unter den Menschen
verbreitet ist, sei nicht die zutreffende, wenn aus Widersprüchen,
die sie in sich birgt, Zweifel entstehen, dann suchen wir vor
Allem die Gründe zu erfahren, weshalb nichtsdestoweniger dies
die Anschauung der Menschen gewesen ist, weshalb man ihren
Irrthum nicht bemerkt hat, und wie und auf welchem Wege
Beides, die Ansichten und die verborgenen Irrthümer erzeugt
worden sind. Wenn die allgemein menschliche Anschauung auf
Raum und Zeit gebaut ist, dann suchen wir genau zu erkennen,

wie der Mensch zu dieser Anschauung gelangt ist, und wir geben der Hoffnung Raum, daß das Licht, welches innerhalb der Grenzen menschlicher Entwickelung sich verbreitet, auch die dunklen Regionen, welche jenseits derselben liegen, allmählich zu erhellen im Stande sein werde. Während die vorzeitige Beschäftigung mit dem, was schlechthin vor und außerhalb aller psychologischen, thatsächlichen Entwickelung des menschlichen Denkens liegt, in die Irre und Leere führt, in die Irre der bloßen Hypothesen und in die Leere der Scholastik. Als den zweiten kritischen Gesichtspunkt gegen Kant habe ich schon genannt: seine scholastische Psychologie. Raum und Zeit sollte eine Form der Anschauung vor aller Erfahrung im menschlichen Geiste sein. Was ist das: eine Form der Anschauung ohne Anschauung? Wie sollen wir sie uns denken? Wir scheiden Form und Inhalt jeden Augenblick. Aber es gibt keinen Stoff, welcher keine Form besäße und umgekehrt. Logisch müssen wir sie scheiden, in der Wirklichkeit ist das schlechterdings unmöglich. Logisch müssen wir zwischen der Form unserer geistigen Thätigkeit und dem Stoffe derselben scheiden; in der Wirklichkeit, im psychischen Leben gibt es eine solche Scheidung nicht. Wir fragen heute: wie kommen die Menschen zu derjenigen Anschauung, wie sie in Zeit und Raum gegeben ist? Nun konnte sich Kant und Alle, die ähnlicher Betrachtungsweise huldigen, ja den naheliegenden Einwand nicht verhehlen: wenn Raum und Zeit ursprüngliche Formen der Anschauung sind, weshalb haben die Kinder nicht gleich diese Anschauung von Raum und Zeit, warum müssen sie sie allmählich lernen, und zwar die der Zeit sehr allmählich, sehr langsam. Noch mehr, nicht blos unsere Kinder; warum mußte die Menschheit in der Geschichte so sehr allmählich die Vorstellungen von Raum und Zeit ausbilden? Man wußte also, daß erst in der Anwendung dieser Formen die Anschauung sich wirklich vollzieht, daß also auch die Form der Anschauung mit dem Inhalt derselben concrete Existenz gewinnt; von der Art der Existenz, von der Weise des Bestandes dieser Form vor ihrer Anwendung konnte man nur in vagen Bildern reden. Man hat auch nicht den Versuch gemacht, den Proceß zu verfolgen, wie allmählich durch die Anwendung dieser Formen der Anschauung wirkliche Anschauung wird. Hier zeigt sich der hemmende Einfluß scholastischen Denkens in seiner ganzen Stärke. Auch nicht das geringste Bedürfniß hat man empfunden, die allmähliche Entwickelung der Raum= und Zeitanschauung im Kinde, vollends die allmähliche Ausbildung derselben in der Geschichte der Menschheit zu erforschen. Hätte man es gethan, dann würde man gefunden haben, daß dieselben Processe, welche bei dem einzelnen Individuum nothwendig sind, um die vermeintlich ganz ursprünglich angeborenen Formen der Anschauung der Zeit zur Anwendung zu bringen, d. h. zur wirklichen Anschauung zu erheben, daß eben dieselben Processe, sage ich, auch zur Ausbildung der Formen selbst genügt haben, daß die Formen der Anschauung vor aller Anschauung eine ebenso unnöthige, wie eine psychologisch dunkle Hypothese waren.

Wenn nun Zeit weder ein Wesen, noch eine den Wesen innewohnende Kraft, noch eine Eigenschaft derselben ist — denn Eigenschaft ist selbst niemals etwas Anderes als der abgekürzte und zusammenfassende Ausdruck für die Wirkungsart eines Dinges, — wenn Zeit aber wiederum auch nicht eine bloße Form unserer Anschauung der Dinge ist; was ist sie selbst?

Zeit ist das Verhältniß der Abfolge alles Geschehens, oder das Verhältniß des Vor=, Neben= und Nacheinanderseins aller Ereignisse, Wirkungen, Erlebnisse und Veränderungen der wirkenden Wesen. Sie ist kein Wesen, sondern ein Verhältniß in der Erscheinung und Bewegung und Wirkung der Wesen; sie ist keine Kraft, aber eine Ordnung der Kräfte; sie ist kein Proceß, aber die Reihenfolge aller Processe. Zeit fügt zur Kraftäußerung und Wirksamkeit der Dinge Nichts hinzu und nimmt Nichts davon.

Dies Verhältniß der Ereignisse aber, diese Ordnung und Abfolge der Thätigkeit aller Dinge, ist ein objectives, wirkliches, thatsächlich gegebenes Verhältniß. Dies Verhältniß oder diese

Summe von Verhältnissen der Reihenfolge fassen wir in un=
serem Denken auf, stellen wir uns in unserer Seele vor, indem
wir die Dinge und ihre Wirksamkeit denken; aber grade so wie
die Dinge und ihre Thätigkeit, ist auch diese ihre Beziehung
zu einander unabhängig von unserem Denken. Von der Natur
und Organisation unseres Geistes hängt es allerdings ab, daß
wir dies in den Dingen gegebene Verhältniß auffassen, daß
wir es erkennen; aber es wird nicht durch die Weise unseres
Denkens geschaffen. Und wenn es gar keine denkenden Wesen
gäbe — eine Annahme, welche ja für unsere Erde auf lange
Epochen bei allen Naturforschern als thatsächlich gilt — so
würde das Verhältniß der Wirksamkeit in den vorhandenen
Stoffen genau dasselbe und objectiv gegebene sein.

Man kann sich leicht vorstellen, daß die Zeit nicht ge=
dacht wird, daß sie nicht als Gedanke existirt; man kann
sich schon schwerer, aber allenfalls noch vorstellen, daß es
denkende Wesen gäbe, welche gleichwohl die Zeit und Zeitlich=
keit nicht denken, weil ihre geistige Organisation die Auffassung
derselben nicht gestattet; aber man kann sich schlechterdings nicht
vorstellen, daß es eine wirkliche Welt mit einer Vielheit von
Wesen und Wirkungen, eine Welt von Kräften und Ereignissen
gibt, eine Welt mit Veränderungen, Gestaltungen und Um=
gestaltungen, es sei denn, daß die Ereignisse nach= und neben=
einander sich vollziehen, also auch Zeit in ihr wirklich gegeben
ist. Das Ding an sich, welches wir als Object in unserer
Weltauffassung denken, mag außerhalb derselben geartet sein,
wie es wolle, und es mag von denkenden Wesen gedacht werden,
welche geartet seien, wie sie wollen: es wird immer thatsächlich
die Zeit, d. h. eine Ordnung und Abfolge des Geschehens in
sich einschließen, wenn es nicht blos eine absolute, unveränder=
liche und unbewegte Einheit, ohne alles Leben, ohne alles Ge=
schehen, ohne alle Bewegung und Veränderung gedacht werden soll.

Also nicht blos für unsere menschliche, sondern für jede
denkende Auffassung, und für die absolut objective am ehesten
wird die Welt oder das Ding an sich, wenn ihm irgend ein

Wirken und Handeln zukommen soll, nothwendig auch die Zeit einschließen.

Erwägen wir nun noch, wie die Zeit, obgleich sie an sich selbst nichts ist, weder eine Kraft noch ein Ereigniß, dennoch etwas Wirkliches, objectiv Gegebenes, auch auf die Kräfte und Ereignisse Einflußreiches sein kann. Wir haben sie ein Verhältniß genannt und zwar der Abfolge der Ereignisse. Wir sehen dieselbe, scheinbar widersprechende Beschaffenheit in Allem, was ein bloßes Verhältniß in oder an den Dingen ist. Denken wir uns eine Säule; sie hat eine bestimmte Gestalt und Beschaffenheit, vermöge deren wir auch eine bestimmte und entsprechende Vorstellung von ihr empfangen. Indeß stellen wir eine zweite Säule daneben. Diese hat ein gegebenes Verhältniß zu jener. Dieses Verhältniß ändert Nichts an dem Inhalt, noch an der Form der beiden Säulen; es ist keine Kraft, keine Thätigkeit, noch viel weniger ein Wesen, aber es ist eine wirkliche und eine einflußreiche Thatsache. Das Verhältniß sei ein schönes, ein harmonisches. Es wird dadurch an der Beschaffenheit jeder der beiden Säulen durchaus Nichts geändert, ihre Wirkungskraft wird nicht vermehrt; dennoch ist dies Verhältniß beider zu einander so bedeutsam, daß erst durch dieses der ästhetische, also vielleicht der ganze Zweck derselben verwirklicht wird. Wir können auch hier sehen, wie unser Geist, unter dem Einfluß der Sprache, geneigt ist, ein solches Verhältniß wie eine wirkende Kraft aufzufassen; wir sagen: das harmonische Verhältniß m a ch t die Säulen schön. Zur Schönheit wird das Verhältniß nur in unserer Seele und nur durch unser Denken; als Thatsache, als etwas wirklich Gegebenes aber ist das Verhältniß in den Säulen, auch wenn wir es nicht denken, vorhanden. So und nicht anders ist es auch mit jenem Verhältniß der Reihenfolge der Ereignisse, welches wir Zeit nennen. Es sei gestattet, hier an die historische Thatsache zu erinnern, daß die Denker der Pythagoräischen Schule*) in Folge ihrer da=

---

*) Welche übrigens auch die Zeit als eine „Sphäre" dachten, in welcher die Ereignisse sich also gleichsam wie in einer räumlichen Um=

mals eben so originalen wie überraschenden Beobachtungen auch
von der einflußreichen Bedeutung der Zahlenverhältnisse im
Sein und Wirken der Dinge so überwältigt waren, daß sie
die Zahlen wie wirkende Kräfte, ja wie selbstständige und kraft=
wirkende Wesen angesehen haben. In ihnen hatte sich derselbe
Proceß mythologischen Denkens an den Zahlen vollzogen,
welcher sich weit mehr verbreitet, an dem Verhältniß der Zeit
vollzogen hat. Der mythologisirende Proceß, in welchem immer
die objective Wahrnehmung mit der Wahrnehmung eines Ob=
jects verwechselt wird —, welcher aus einem bloßen, aber
thatsächlich wahrgenommenen Verhältniß eine wirkende Kraft
macht und diese wiederum durch Hypostasirung zu einem wirken=
den Wesen umgestaltet.

Von dem Irrthum, als ob die Zahlen, weil sie für das
Wesen der Dinge und Ereignisse so bedeutsam sind, selbst eine
wirkende Kraft hätten oder wären, sind die Menschen durch
leicht erkennbare psychologische Processe bald befreit worden;
der Unterschied wurde bald handgreiflich und der gesunde
Menschenverstand konnte die Speculation leicht überwinden.
Wie schwer es aber geworden ist, den gleichen Denkfehler in
der Auffassung der Zeit zu besiegen, das haben wir gesehen
und erleben es noch jeden Tag. Denn derselbe gesunde Menschen=
verstand, welcher wohl den Sieg über die Speculation in so
fern davontragen wird, als man in Zukunft gewiß die Zeit
für ein durchaus objectiv gegebenes, auch den Dingen an sich
und nicht blos durch unser Denken zukommendes Verhältniß
anerkennen wird, ist zur Ueberhebung so wenig berechtigt, daß
er immer und immer wieder die Zeit zugleich wie eine bauende,
schaffende, heilende, tröstende, insbesondere aber zerstörende und
aufreibende Kraft ansieht. — Der Gedanke der Zeit ist also
seinem eigentlichen Inhalte nach die abgekürzte, verdichtete und

---

hüllung begeben; ein Gedanke, der auch bei Aristoteles noch nachklingt
und offenbar gleichfalls mit der sprachlichen Fassung zusammenhängt,
daß die Handlungen „in der Zeit" vor sich gehen. Vgl. auch oben
S. 144 f.

meist abstracte Vorstellung von allen wirklichen Verhältnissen der Abfolge gegebener Ereignisse und Bewegungen, die wir erfahren haben, und zugleich aller möglichen Ereignisse, die wir, analog den wirklichen, erfahren könnten.

Wie aber kommen wir zu diesem Gedanken, wie bildet sich in uns dieser geistige Inhalt? Denn vor Allem ist noch einmal hervorzuheben, daß die Zeit, weil sie keine Eigenschaft der Dinge, keine wirkende Kraft, noch ein Vorgang in oder an ihnen ist, auch kein Gegenstand der Wahrnehmung für uns sein kann. Wir nehmen unseren eigenen Leib und die außer ihm befindlichen Dinge vermöge der Wirkungen, die von ihnen ausgehen und der Reize, welche sie in unseren Sinnesnerven hervorrufen, durch eben diese Sinnesthätigkeit wahr, und bilden unter der Mitwirkung innerer Vorgänge in unserer Seele Anschauungen von denselben. Von der Zeit aber gibt es keine Anschauung.

In dem Schatzhause eines jeden civilisirten Staates befindet sich ein kunstvoll bereitetes, ursprüngliches und normgebendes Metermaß, wohlverwahrt und wohlbehütet wie ein Heiligthum, weil nach ihm alle Maße geregelt, also die praktischen und ökonomischen Grundverhältnisse alles Verkehrs auf ihn zurückgeführt werden. Für die Zeit gibt es kein objectives, sinnenfälliges Maß; die Zeit lebt nur in uns, nur in unserem Innern. Und wenn auch das Maß der Zeit, durch wohlgeordnete und strenggemessene Bewegungen, wie in unseren Uhren, dem Auge sichtbar gemacht wird: so sehen wir zwar die Bewegung, welche in der gegebenen Zeit sich vollzieht, aber nicht die Zeit selbst.

Zeit ist kein Gegenstand der äußeren, aber auch nicht der inneren Anschauung. Dieser geistige Inhalt „Zeit" ist auch keine innere **Anschauung,** sage ich, sondern eine bloße Vorstellung, weil ihm auch innerlich und rein geistig genommen kein reales, psychisches Object entspricht, sondern nur ein Verhältniß zwischen psychischen Objecten. Dies ist ein etwas schwer zu fassender Unterschied, daß ein geistiger Inhalt eine Vorstellung, aber keine Anschauung ist.

Die Erörterung der Verschiedenheit von Anschauung und Vor=
stellung nimmt im „Leben der Seele" (2. Theil, S. 278 — 303)
25 Seiten ein; auch in's Engste zusammengezogen würde sie
uns hier zu weit führen. Vielleicht aber wird es zum Ver=
ständniß dieses Unterschiedes genügen, wenn ich ein einziges,
aber vollkommen deutliches Beispiel für denselben anführe.

Wenn wir reden von „Liebe" oder „Sorge", vom
„Wissen" oder von „Tugend", so denken wir darunter geistige
Inhalte, welche wir zwar niemals äußerlich, aber doch innerlich
geistig a n s c h a u e n. Wenn wir jedoch sagen: „Nichts", so
ist das auch ein bestimmter geistiger Inhalt, den wir denken;
es ist ein Gedanke, der von allen anderen Gedankeninhalten,
die wir denken, deutlich verschieden ist; aber vom „Nichts"
gibt es keine A n s c h a u u n g, auch innerlich nicht, denn ihm
entspricht kein Wesen, keine Kraft, kein Vorgang; das innere
Gebilde, welches das „Nichts" in uns darstellt, ist nur eine
V o r s t e l l u n g. Von solcher Art ist, sobald wir von der
mythologischen irrigen Umbildung desselben absehen, in psycho=
logischer Beziehung auch dasjenige Gebilde, welches den reinen
Gedankeninhalt „Zeit" enthält.

Zeit ist eine Vorstellung, welche sich auf sehr mannig=
faltige Anschauungen von Geschehnissen und Bewegungen be=
zieht, in Folge dieser Anschauungen vom Geiste gebildet wird,
indem er denkend ihre Verhältnisse zu einander auffaßt; aber
sie selbst ist keine Anschauung.

Wir begreifen sehr wohl, daß sich der menschliche Geist
im Laufe seiner historischen Entwickelung mit dieser bloßen
oder reinen Vorstellung der Zeit nicht genügen ließ, — und
zwar je früher, desto weniger — daß er sie vielmehr durch
wirkliche Anschauungen appercipirt, also bereichert und umgebildet
hat; grade so wie auch die reine Verneinung zu Geistern der
Verneinung, und diese wiederum bis zu greifbaren Gestalten
durch phantasievolle Apperceptionen umgebildet wurden; das aber,
was zu diesen mythologischen Dichtungen des Zeitbegriffs ge=
führt hat, ist an sich nur die Vorstellung der Zeit.

Aus der Entstehungsgeschichte dieser Vorstellung will ich nur einige der wesentlichsten Punkte hervorheben. Wie nur in unserem Geiste, so auch nur an der Thätigkeit desselben haften die Gründe der ersten Bildung der Zeitvorstellung. Die Gebilde unserer inneren Thätigkeit, die Wahrnehmungen, Anschauungen, Gefühle, Begierden u. s. w. wechseln; die einen verschwinden, andere treten an ihre Stelle und erfüllen das Bewußtsein. Der Wechsel und die Abfolge jener Gebilde*) ist noch nicht die Vorstellung des Wechsels und der Abfolge, aber aus ihnen entspringt sie oder wird durch sie veranlaßt. Eine wesentliche Bedingung dafür ist die Reproduction, d. h. die Thatsache, daß solche seelische Inhalte, welche vormals in unserem Bewußtsein gewesen sind — mit oder ohne äußeren Anlaß — wieder in dasselbe zurückkehren, früher wahrgenommene Thatsachen also später wieder erinnert werden.

Verliefen unsere inneren Vorgänge nur so, daß fort und fort neue an die Stelle der früheren träten, würden also unsere Erfahrungen von Thatsachen immer wieder nur von neuen abgelöst, dann würde — grade beim absoluten Wechsel — eine Vorstellung des Wechsels und der Folge nicht entstehen. Nunmehr aber knüpft sich sehr häufig an irgend welche Anschauungen, welche wir jetzt haben, die Erinnerung — die unwillkürliche und unausweichliche, weil gesetzmäßige Erinnerung, daß dieselbe Anschauung schon vormals in unserem Bewußtsein gewesen ist. Beides also, Wechsel und Abfolge, wird durch die Wiederkehr der psychischen Elemente nothwendig bemerkbar. Zwischen der früheren Anschauung und ihrer gegenwärtigen Wiederholung liegen eine mehr oder minder große Reihe von anderen Anschauungen; sie bilden den Abstand zwischen beiden und wenn man auch ihrer sich erinnert, werden sie zum Maße jenes Abstandes. Dieser innere, durch andere Vorgänge aus-

---

*) Oder Elemente, wie ich sie der Kürze halber nennen darf, da alle zusammengesetzten Formen geistiger Thätigkeit ebenfalls auf einfachste Regungen derselben zurückgehen, die in ihnen enthalten sind.

gefüllte Abstand zwischen einer früher gedachten Thatsache und ihrer jetzigen Wiederholung ist der erste Keim der Vorstellung der Zeit.

Die psychischen Elemente befinden sich in unserem Gedächtniß in jener Reihenfolge, wie sie in unserem Bewußtsein waren gebildet worden. Sie kehren wieder nicht als einzelne Elemente, sondern in günstigen und zwar in den meisten Fällen als (kleinere oder größere) Reihen von solchen. Jetzt sei uns eine Vorstellung C gegeben; wir werden dadurch an ein früheres C erinnert; aber C kehrt nicht isolirt zurück, sondern zugleich erinnern wir uns, daß ihm damals A und B vorangegangen, daß ihm D und E gefolgt waren. Diesen Vorgang erleben wir täglich, stündlich. Wir bemerken aber zugleich: es steht nicht in unserem Belieben, jenes C an beliebiger Stelle oder in beliebiger Umgebung oder Reihenfolge zu denken; der frühere Vorgang zwingt uns, ihn so zu wiederholen, wie er sich in unserem Innern ereignet hatte. Also nicht blos eine Abfolge, sondern eine bestimmte, festgeordnete Abfolge nehmen wir in uns wahr. Diese Ordnung wird immer klarer und fester; die Reihenfolge wird sicherer, die Abstände werden deutlicher. Wir bemerken auch, daß der Inhalt der Ereignisse selbst, deren wir uns erinnern, abhängig ist von der festen Reihenfolge der Theilvorgänge.

Abfolge, Abstand und Ordnung ist in unserem psychischen Proceß unabhängig von unserem Wollen gegeben, und der objective Inhalt oder die Wahrheit der aufgefaßten Thatsachen ist von ihnen bedingt. Mit anderen Worten, die Zeitfolge ist nicht blos in dem Ereignisse unseres Denkens, sondern in den gedachten Ereignissen vorhanden. Wir messen deshalb allmählich nicht mehr die Abstände unseres Denkens, sondern die Abstände des Gedachten und die Vorstellung der Zeit wird damit immer deutlicher und objectiver.

Die Vorgänge, welche in unserem Innern sich ereignen und die, welche wir durch sie als äußere Vorgänge denken, sind beide zusammengesetzt; die verschiedene Fülle der Theile wird zum Maße für das verschiedene Ganze. Aber noch mehr: die Vorgänge ereignen sich nicht einzeln, sondern deren mehrere geschehen neben einander; so wird der eine zum Maß für den anderen, oder beide oder mehrere zum gegenseitigen Maß für einander. Geschehen nun, wie so oft, ja fast immer in unserer Erfahrung mehrere Vorgänge — draußen und zugleich wieder= gespiegelt im Innern — zugleich und sind sie dennoch in der Summe ihrer Theilvorgänge verschieden, dann lichtet und be= festigt sich an ihnen die Vorstellung der Zeit, denn wir be= merken an den Ereignissen Beides neben einander: ihre Dauer und ihre Geschwindigkeit. Fassen wir die etwas heikle Sache ihres Unterschiedes sogleich bei einem scharfgeprägten Beispiel und das Dunkel derselben wird sich sofort erhellen. Wir nehmen eine Uhr mit Stunden=, Minuten= und Secundenzeiger; wir ziehen sie auf und nach 24 Stunden sei sie abgelaufen. Die Dauer der Bewegung war für alle drei Zeiger die gleiche, alle wurden 24 Stunden lang bewegt. Aber ihre Geschwindigkeit war so verschieden, daß der eine Zeiger nur 2 mal, der andere 24 mal, der dritte 1440 mal dieselbe Bahn durchlaufen, oder dieselbe Summe von Bewegung vollzogen hat.

Aus diesem Verhältniß der verschiedenen Ordnungen im Ablauf und der Reihenfolge der Vorgänge (oder Bewegungen), aus der zugleich stehenden und zugleich fließenden Reihenfolge bildet sich oder besser aus ihrer Wahrnehmung b e st e h t die immer bestimmtere Vorstellung der Zeit. Freilich bietet die alltägliche Erfahrung so fein umrissene und so klar erkennbare Folgen und Maße der Ereignisse selten dar. Aber die Natur hat dafür gesorgt, daß wenigstens im Großen und Ganzen, jeglichem Menschen zugänglich, ein ähnlicher Vorgang sich er= eignet; in der Bewegung der Gestirne, zunächst in der Be= wegung des durch die Umdrehung der Erde aufsteigenden und sinkenden Sonnenlichtes ist eine feste Ordnung sichtbar, an welcher alle fließenden und schwankenden Ordnungen von Ereignissen ein vergleichendes Maß finden. Die Vorstellung der Zeit, die aus dem Innern der Seele stammt und tiefer in's Innere

führt, die vom Urmenschen wahrscheinlich an der Schwelle
aller höheren Cultur und als Vorbedingung derselben gebildet
wurde, mußte auf denselben einen überwältigenden Eindruck
machen, und die Ausbildung derselben unter der Führung
der Anschauung der Gestirne mußte ihr um so mehr eine be=
sondere Weihe und Tiefe verleihen. So sehen wir denn auch*),
daß der Verfasser der biblischen Schöpfungsgeschichte, indem er
von Sonne und Mond redet, berichtet, sie seien geschaffen
worden in erster Linie „als Zeichen für. Jahre, Tage und
Zeiten" und dann erst in zweiter Linie, um zu leuchten. So
viel wichtiger schien ihm die innere Erleuchtung der Seele
durch die Vorstellung der Zeit, als die äußere Erleuchtung
der Welt durch das Licht. Und wenn uns auch die Welt=
anschauung, nach welcher die Gestirne der wandelnde Kalender
für das kleine Menschenvolk sein sollen, wenig anmuthet: so
müssen wir doch erkennen, daß sie die tiefgreifende Bedeutung
der Zeiterkenntniß zu einem prägnanten Ausdruck gebracht hat
     Eine bestimmtere Ausbildung der Zeitvorstellung scheint
aber eben so wie die genauere Zeitmessung einer sehr viel
späteren Epoche anzugehören. Daher auch eine mythologische
Personification der Zeit überhaupt viel jüngeren Datums ist.
Denn der griechische Kronos (welcher früher wohl ein Jahres=
gott gewesen und [nach Benfey] ursprünglich auf einen Schöpfungs=
gott, also auf den Kreislauf der aufkeimenden Lebensformen
bis zu ihrem Hinwelken während eines rollenden Jahres zu
deuten ist) wird erst spät durch eine Verwechslung mit Chronos
(= Zeit) zum Zeitgott, auf welchen der Mythus, daß er seine
eigenen Kinder verschlingt, durch ein ernstes Spiel des Witzes
bezogen werden konnte. Der Sagen von leerer, nicht erlebter,
weil schlafend verbrachter Zeit gibt es wohl viele. Wie weit
ihr Ursprung, z. B. des Dornröschens, bei den Germanen

---

*) Dies ist eins der Beispiele, wie man aus alten Urkunden auch
zwischen den Zeilen, hier aus der bloßen Abfolge, Berichte von inneren
Zuständen lesen kann, welche in klaren Worten zu geben, ihre Autoren
weder die Fähigkeit noch auch nur die Absicht gehabt haben.

wohl hinaufreichen mag? Anders und wesentlich tiefer gefaßt
erscheint im rabbinischen Sagenkreis Choni der Schläfer*).

Den Unterschied zwischen der Entwickelung der Zeit=
vorstellung theils in der Geschichte der Menschheit überhaupt,
theils in der Geschichte der einzelnen Völker wird die Völker=
psychologie zu erörtern haben. Von ihr verschieden ist die
psychologische Entstehung und Ausbildung derselben in den
einzelnen Individuen der späteren Generationen, welche, wie
bei allen Vorstellungen, an der Hand der Sprache und der
durch sie überlieferten und angeregten Denkweise vollzogen wird.
Herbart hat bereits damit begonnen, die Reproductionsprocesse
zu beschreiben — und zu berechnen —, aus denen die Zeit=
vorstellung entspringt. Wenn Herbart mit der Bemerkung
schließt: „Betrachtungen dieser Art erfordern eine Uebung, die
sich nicht lehren läßt", so werde ich hier wohl darauf ver=
zichten dürfen, in dieselbe einzutreten. Nur auf zwei Lücken
will ich hinweisen, die Herbart gelassen hat, und welche die
heutige Psychologie ausfüllen muß. Einmal ist es, wie schon
erwähnt, der Unterschied, welcher durch den Einfluß der Sprache
herbeigeführt wird, wodurch die Entwickelung der Zeitvorstellung
bei einem heutigen Kinde nicht blos so viel schneller und
leichter, sondern auch in ganz anderer Weise herbeigeführt wird,
als beim Urmenschen und im Ablauf der Geschichte. Hier
macht sich der Mangel einer historischen oder völkerpsychologischen
Erörterung sehr fühlbar. Sodann hat Herbart nur den Repro=
ductionsproceß der Vorstellungen, also gleichsam nur die theo=
retischen Vorgänge der Seele in's Auge gefaßt, die praktischen
aber, die Gefühle und Begierden außer Acht gelassen.

Und doch wird die Psychologie zu zeigen haben, wie grade
diese, wie das Warten, Harren, Sehnen, Wollen, Streben (mehr
noch als das bloße Erinnern), eben so tief in die Bildung der
Zeitvorstellung eingreifen, wie die eigenen Leibesbewegungen,

---

*) Stimmen vom Euphrat und Jordan von Dr. Michael Sachs.
2. Aufl. Berlin 1868. 2. Band, S. 213 ff.

die sie leitenden Begierden und die Wahrnehmung ihrer Hem=
mungen in die Bildung der Raumanschauung.*)

Ursprünglich und an sich interessiren ja uns und besonders
die Kinder, wie den Naturmenschen, nur die Sachen, nicht
irgend welche zeitliche Beziehung derselben. Aber das Kind
will Etwas; „Du mußt warten" heißt es. Es vergeht nun
wirklich Zeit, auch innerlich; die Vorstellungen wechseln, die
des Begehrten wird durch andere abgelöst; aber sie kehrt immer
wieder, kehrt wieder mit dem Gefühl des vergeblichen Begehrens

---

*) Der naheliegenden — so oft geübten, mit Vorsicht geübt viel=
fach lehrreichen — parallelen Betrachtung von Zeit und Raum habe
ich mich nicht blos um der Kürze willen enthalten, sondern besonders
auch deshalb, weil mir der Grundfehler aller früheren psychologischen
Bearbeitung unseres Gegenstandes gerade schon an dieser Zusammen=
stellung deutlich zu sein scheint. Viel mehr gälte es den Unterschied zu
beachten, welcher sich schon ganz kurz darin andeuten läßt: Der Raum
ist eine Anschauung, die Zeit ist keine, auch keine innere, sondern eine
Vorstellung. Hierauf beruht auch die Thatsache, daß die Erkenntniß
der Zeit bei den Kindern so sehr viel schwerer und lang=
samer zu Stande kommt, als die des Raumes, obgleich doch
beide aus innerlichen, rein psychologischen Processen hervorgehen müssen,
und man, da der Raum drei Dimensionen hat, die Zeit aber nur eine,
hätte erwarten sollen, diese würde viel früher zur Reife kommen.
Namentlich für die rein psychisch=mechanische Construction Herbarts
scheint mir diese Thatsache ganz unerklärlich.

Vom äußeren Sinn haben schon die Kinder, haben alle niedrigen
Völker und Bildungsstufen eine Vorstellung; die Erfassung des inneren
Sinnes aber, als eines Organs, vermöge dessen wir die Zeit auf=
fassen, ist eine Art von philosophischer Betrachtungsweise, die nur einer
kleinen Schaar von Gebildeten zugänglich wird. Die Auffassung der
Zeit ist schwerer, und daß es auch nicht angemessen ist, sie einem
„inneren Sinn" zuzuschreiben, ist aus dem Vorstehenden wohl ersichtlich.

Nur auf die unaufhörliche Gelegenheit, Zeitvorstellungen zu bilden
und sie bestimmter auszubilden, muß man achten; dann wird leichter
erklärlich werden: wie sehr gerade die Zeit den Menschen von Außen
nach Innen geführt; wie die Vorstellungen von derselben trotz ihrer
Schwierigkeit allmählich entstanden; und endlich, daß sie nicht einem
eigenen inneren Sinn entstammt, da sie keinerlei (auch nicht innere)
Anschauung ist.

in dem eben verstrichenen, mit dem Gefühl der Hoffnung auf
die bevorstehenden Momente, und diese wechselvolle Dauer der
Vorstellung wird zur Vorstellung der Dauer. Jeder Wettlauf,
im eigentlichen oder übertragenen Sinn, z. B. wer zuerst mit
der Suppe fertig ist, wird zur Quelle der Zeitvorstellung, weil
die Wahrnehmung der verschiedenen Geschwindigkeit von leb=
haften Gefühlen umschwebt ist.*)

In den durch Zeitverhältnisse der Dinge erregten, vollends
sprachlich gefaßten, darum appercipirten und verstandenen Ge=
fühlen liegen die meisten Anlässe zur Bildung der Zeitvorstellung
bei den Kindern. Hervorheben will ich hierbei nur noch, daß
erst dann, wenn die aufregende Gewalt der Gefühle sich gedämpft,
wenn die Heftigkeit der Begierden sich besänftigt hat, ihr
schöpferischer Einfluß auf die Bildung sich geltend machen kann.
Bevor dies geschieht, toben Gefühl und Begierde vollends bei
gegebener Hemmung nur in wilden Bewegungen — der Seele
und des Leibes — aus und die keimfähige Erregung des Ge=
müths wird in einer regellosen Reflexthätigkeit verpufft. Wie
köstlich hat Goethe diese in der Erzählung des Nachbarn in
Herrmann und Dorothea charakterisirt:

Als Knabe stand ich am Sonntag
Ungeduldig einmal, die Kutsche begierig erwartend,
Die uns sollte hinaus zum Brunnen führen der Linden.
Doch sie kam nicht; ich lief, wie ein Wiesel, dahin und dorthin,
Treppen hinauf und hinab, und von dem Fenster zur Thüre.
Meine Hände prickelten mir; ich kratzte die Tische,
Trappelte stampfend herum, und nahe war mir das Weinen.

---

*) Ich hege die Zuversicht, daß die Etymologie der verschiedenen
Wörter für „Zeit" auf Stämme oder Wurzeln führen wird, welche
Gefühle bedeuten, deren Apperception die Zeitvorstellung erzeugt hat
oder erzeugen half. Herrn Miklosich verdanke ich die Mittheilung, daß
dies z. B. im Slavischen der Fall ist. Die slavischen Ausdrücke für
„Zeit" sind časr, godr, vrême. časr. altslov.: w. ča: čajati,
warten. godr, altslov.: w. ged, woher, altslov. žbdlati. klr. ždaty.
frohodyty, warten. (vrême, altslov.: aind. varîman, Umfang, Weite.)
Altslovenische Lautlehre. Dritte Bearbeitung. S. 28.

Lazarus, Ideale Fragen.   14

In solchem Gemüthszustande wird kein so schwieriges innerliches Gebilde wie die Zeitvorstellung zur Reife befördert. Erst als der Mensch geduldig und still, — nicht blos äußerlich ruhig, wie schon der Jäger auf dem Anstand muß, — sondern auch innerlich beruhigt, warten gelernt hatte, wurde das Warten zum Quellpunkt der Apperception der Zeitverhältnisse. Es ereignet sich hier etwas Aehnliches, wie in der Entwickelung der Sprache durch das Schweigen. Aus diesem zumeist folgt das Verständniß. Der Redende denkt, der Schweigende versteht. Das Schweigen war darum ein bedeutender Hebel der Erkenntniß von dem Wesen und Werth zumal der eigenen Sprache. Die Bedeutung des Lichtes tritt erst hervor in der Scheidung von Licht und Finsterniß; der Laut erlangte erst seinen vollen Werth, als man ihn auch unterdrücken, reden, als man schweigen konnte.*)

Ueberhaupt kann man bemerken: überall, wo die innere Erregung und eine sie wiederspiegelnde Bewegung als Ursache psychischer Gebilde auftritt, da werden diese befestigt, geklärt und veredelt, wenn die Erregung besänftigt und die Bewegung gemildert wird.

Dies ist nur ein Grund mehr, weshalb sowohl in der Geschichte als namentlich auch bei dem Kinde die Ausbildung der Zeitvorstellung so ungemein langsam vor sich geht.

Mit den Andeutungen, welche ich über dieselbe gegeben, stimmen auch die Thatsachen überein, welche ihre Stufenfolge bezeichnen. Zunächst versteht das Kind und bezeichnet es nur unbestimmte Zeitverhältnisse, welche entweder nur die Abfolge oder ganz unbestimmte Maße derselben ausdrücken; „vorher, nachher; früher, später; bald und lange", u. dgl. m. Beträchtlich später entwickeln sich bestimmte Zeit und bestimmte Zeittheile oder Maße; hier aber gehen wiederum die kleineren Theile den größeren weit voran. Vormittag, Nachmittag, Tag und Nacht, heute, gestern und morgen; dagegen eine Woche,

---

*) Vgl. Leben der Seele. 2. Band. S. 160 f.

ein Monat, vollends ein Jahr wird nur sehr allmählig gedacht und verstanden, selbst wenn es längst schon gesprochen wird.

Als selbstverständlich darf es endlich gelten, daß alle concreten Zeitvorstellungen sich eher entfalten als die abstracte Vorstellung von der Zeit überhaupt.

Wie heute bei den Kindern das Verständniß der ihnen vorgedachten und in Worte gefaßten Zeitverhältnisse sich langsam entwickelt, so hat auch in der Geschichte die grundwesentliche Erkenntniß derselben, d. h. die Theilung und Messung der Zeit, sich mühsam emporgearbeitet.

Ja herzlich schwer ist es den Menschen geworden und sehr allmählig haben sie gelernt, das Wesen der Zeit in Bezug auf Verwendbarkeit und Faßbarkeit wirklich zu erkennen, d. h. sie zu messen und einzutheilen. Denn auch dies, daß Gestirne uns leuchten, hat zwar den Gang im Großen und Ganzen erleichtert, aber dennoch im Besonderen große Schwierigkeiten mit sich geführt. Die Bewegungen der Erde um sich selbst und um die Sonne und die des Mondes gehen nicht in ganzen Zahlen aus, und in unserem Geiste mußten sich vielfach verdichtete Gedanken, die auf langen Beobachtungen und Forschungen beruhen, aufhäufen, um festgeordnete Zeitvorstellungen darauf zu begründen. Die Chronologie ist eine ganze Wissenschaft. Wenn eine Sache, an welcher viel gelegen, besonders heikel ist und einem Volke schwer wird, dann schafft der Staat ein besonderes Ministerium dafür; aber bei den Chinesen allein gibt es ein besonderes Ministerium für das Kalenderwesen. Zwar hat es die Natur sehr gut gemeint, daß sie nicht etwa Mond und Erde in solche Bewegungsverhältnisse gesetzt hat, daß sie alle nach dem Decimalsystem auf einander passen. Es wäre eine entsetzlich nivellirte Oede auf Erden gewesen, wenn das Decimalwesen so Alles von Uranfang an beherrscht hätte. Die Schwierigkeiten aber, die sich daraus ergeben, daß die makrokosmischen Bewegungen nicht in ganzen Zahlen auf einander passen, waren sehr groß. Einen Beweis hiefür bietet der Umstand, daß die Menschen sehr lange gebraucht haben,

14*

bis sie zu den festen und leicht erkennbaren Bezeichnungen ge=
kommen sind, die wir heute gebrauchen. „Im Jahre 1878 am
2. April, Abends 7 Uhr 30 Minuten" hat diese Vorlesung
stattgefunden. In jedem dieser Worte ist eine lange verdichtete
Reihe von Gedanken. Diese feste Bestimmung des Jahres,
des Monats, der doch nicht mit dem Mondumlauf zusammen=
stimmt, des Tages, der Stunde und Minute, Alles das hat
dem Menschen unsägliche Arbeit gekostet. Makrokosmische Be=
obachtungen von sehr langer Zeit und energischem Fleiß, mikro=
kosmische Betrachtungen im eigenen Innern und aus der Ge=
schichte des Menschen von Schärfe und Ausdauer und Berech=
nungen von mancherlei Art gehörten dazu, um etwas Derartiges
zu Stande zu bringen. Ein gutes und ein großes Stück Ge=
schichte menschlicher Cultur ließe sich allein an dem Zusammen=
fluß der geistigen Arbeit nachweisen, welche erforderlich war,
um eine so geartete Zeitbestimmung, eine so feste, klare, durch=
sichtige und doch zugleich gemeinverständliche Angabe zu er=
zeugen. Man braucht nur zu sehen, wie groß und wie mannig=
faltig die Verschiedenheit bei den verschiedenen Völkern und in
verschiedenen Epochen ist, um die Aera, nach welcher gezählt,
um die Theilung im Großen und im Kleinen, nach welcher
bestimmt, und das Mittel, wodurch gezählt und gemessen wird,
festzustellen.

Natürliches und künstliches Zeitmaß erscheint in jedem
der genannten Begriffe gepaart; theils also auf objective Be=
obachtung der natürlichen, theils auf freier Bearbeitung der
geistig erzeugten Maße sind sie gegründet. Die Bewegung der
Erde um die Sonne gibt das natürliche Jahr; aber astrono=
mische Berechnung gibt erst seine Abrundung, geschichtliche Er=
eignisse geben seine Feststellung. Der Mondumlauf gibt den
Monat; aber unser Monat ist nicht ein Abbild der Natur,
sondern ein Erzeugniß ausebnender und klärender Berechnung
und freier Feststellung, durch welche die Zahl seiner Tage be=
stimmt ist. Wann und wie die Menschen auf die Theilung
des Tages in 12 Stunden gekommen sind, habe ich aus der

mir zugänglichen Geschichte der Chronologie nicht entnehmen
können. Nicht unwahrscheinlich ist, daß die Zwölfzahl der
Monde im Jahr älter und vorbildlich gewesen ist. Jedenfalls
ist die Theilung des Tages in Stunden überhaupt noch sehr
jung. Die hora im Griechischen bedeutet noch jede bestimmte
Zeitstrecke, also auch etwa die Jahreszeiten. Und wenn diese
später eben so wie die lateinische wirklich eine Stunde bedeutet
hat, so waren Beide doch nicht unsere künstlich gemessene,
gleichmäßig bestimmte, sondern eine natürliche Stunde, d. h.
sie waren nicht ein an sich festbestimmter Zeittheil, sondern
nur der zwölfte Theil eines natürlichen Tages, welcher dem=
nach mit der Länge oder Kürze der Tage ebenfalls länger oder
kürzer war.

Jedenfalls war, auch von unserer künstlich bestimmten
Stunde noch abgesehen, für eine feste Theilung des Tages ein
makrokosmisches Verhältniß nicht gegeben.

Alle kleinsten Zeittheilungen gehen deshalb naturgemäß
von mikrokosmischen Beziehungen aus. Ob, wie Herr von Bär
vermuthete, die durchschnittlich 60 Pulsschläge des gesunden
Menschen die Secunden und Minuten angegeben und die Wieder=
holung dieser Zahl zur Stunde geführt hat? ich glaube es
kaum, da die Pulszählung so viel später historisch bezeugt ist*),
als die Rechnung nach festen Stunden und Minuten. Heute
aber begegnen sich das wandelnde Gestirn und das schlagende

---

*) Nach einer gefälligen brieflichen Mittheilung des Herrn Geh. Rath
Prof. Hirsch sei John Floyer — auf welchen auch Haller hinweise —
in einer Schrift The physicans pulsewatch, London 1707. 1710. 2 Vm.,
der Erste, der die Pulsfrequenz auf die Minuteneinheit zurückgeführt
hat, obwohl von der Quantität und Qualität des Pulses nicht blos
Galen, sondern vor ihm schon Herophilus (ca. 300 v. Chr.) in einer
freilich verloren gegangenen Schrift gehandelt hatte. Man begnügte
sich also 2000 Jahre mit der Bezeichnung „schnell und langsam" u. dgl.;
wie hätte man auch eine rhythmische Zahl angeben sollen, da ge=
messene Minuten nicht bekannt waren. Daß aber die Uhr an 500 Jahre
älter ist als die Pulszählung, bleibt ganz gelinde ausgedrückt ein wahres
Räthsel.

Herz, um dem menschlichen Geiste die Motive für die Messung der Stunde und ihrer kleineren Theile zu geben.*)

Ich will nur einige Thatsachen anführen, um zu zeigen, wie schwer es dem Menschen geworden ist, wirklich solche Zeiteintheilungen, wie die Ordnung von Jahresreihen einerseits und der Stunden andererseits, zu finden und festzustellen. In der Mongolei zählt man seit langer Zeit die Monate, man benennt sie auch dort mit Namen, nach 12 Thieren: Maus, Rind, Panther, Hase, Drache, Schlange, Affe, Henne, Hund, Schwein, Pferd und Schaf ... Daraus bildete sich zunächst ein Cyclus von einem Jahre. Die Jahre wurden ebenfalls nicht mit einfachen Zahlen bezeichnet, sondern nach denselben Thiernamen benannt, und man hatte somit einen Cyclus von 12 Jahren. Sehr bald mochte man finden, daß 12 Jahre eine zu kurze Periode sind, um mit Hilfe derselben geschichtliche oder auch nur Familienereignisse datiren zu können. Wiederum hat man die Zahl gemieden, dagegen zur weiteren Unterscheidung fünf verschiedene Farben (blau, roth, gelb, weiß und schwarz) genommen und erhielt so eine 60jährige Periode. Werden diese Perioden wieder mit einem Thiernamen beziehungsweise Farbennamen belegt, so ist man offenbar im Stande, an langen Jahresketten jeden einzelnen Jahresring genau zu bezeichnen. So lautet denn ein solches mongolisches Datum wie folgt: In der blauen Rindsepoche, im rothen Mausejahre, im Affenmonate am 17. Tage ist Dies und Das geschehen.

Wenden wir uns zu dem höchstgebildeten Volke des Alterthums, welches wir kennen, und wir hören von wohlbezeugten Thatsachen der Zeitbestimmung, die uns höchst erstaunlich klingen. In der großen classischen Zeit des Perikles wußte

---

*) Die Frage von Bär's, weshalb wohl die Athemzüge nicht als nächste Zeitgröße nach der Minute gemessen in Gebrauch gekommen, beantwortet sich wahrscheinlich dadurch, daß die Athmung nicht blos von willkürlichen Ereignissen mehr abhängig und überhaupt größeren Schwankungen unterworfen ist, sondern vor Allem die laute Zählung bei der Selbstbeobachtung ausschließt.

man noch nichts von der Stunde. Man wußte den Tag noch nicht einzutheilen. Was hat man denn gethan, wenn man — und das ist in Athen sehr oft geschehen — Jemanden zu Gaste laden wollte. Man mußte doch sagen, wann er kommen sollte. Nun, man lud die Leute ein „auf 9 Schuh Länge". Ich lese bei Ideler nach Salmasius (aus einem Briefe von Theodorus an Theophilus) die bündige Vorschrift für den also geladenen Gast: „Du mußt die Stunde aus Deinem Schatten abnehmen, indem Du die Länge desselben mit Deinen Füßen ausmissest, einen vor den andern hinsetzend bis zu der Stelle, wohin bei verticaler Richtung Deines Körpers der Schatten Deines Scheitels trifft."

Dies galt bis (141 v. Chr. Geb.) Ktesibius die Wasser= uhren erfunden hat. Zu der luxuriösen Hauseinrichtung eines vornehmen Römers gehörte allerdings auch die Wasseruhr; in= dessen war sie ein großer schwerfälliger Kasten in irgend einem Theile des geräumigen Hauses, zu dem man sich immer hätte begeben müssen, so oft man die Stunde wissen wollte. Des= halb hatte man in den patricischen Häusern zugleich lebendige Zeiger für diese Uhren: Jede Stunde, bei Manchen jede Viertel= stunde, kam der Diener an die Thüre und meldete, wie spät es sei.

Wie viel bequemer haben wir es — etwa seit dem 13. Jahrhundert —, jeden endlichen Ausschnitt aus der unend= lichen Zeit zu bestimmen, ihn von einem Zifferblatt abzulesen, hinter welchem ein kunstgerechtes Räderwerk dafür sorgt, daß ein Theil der Ewigkeit durch gleichartig geordnete und wohl= gemessene Bewegung in Minuten sichtbar zerlegt wird.

Höchst charakteristisch und von edelster Symbolik ist es, daß hoch auf dem Kirchthum eines jeden Dorfes der Puls= schlag der Ewigkeit tönt, und nicht blos, wie nach den schönen und tiefen Worten des Psalmisten (Ps. 19), an dem sonne= beleuchteten und sternbeglänzten Himmel „ein Tag dem andern die Rede zuströmt und eine Nacht der anderen die Erkenntniß verkündet" — sondern auch von des Menschen wohlerdachtem Werk eine Stunde die andere belehrt: daß der geordnete und sparsinnige Gebrauch der Zeit die vollkommenste Vorbereitung für die Ewigkeit, ja, daß die sorgsame und veredelte Erfüllung der Zeit Erfüllung des zugemessenen miterlebten Theils der Ewigkeit ist.

Wie die Zeitvorstellung überhaupt, wie die Zeitrechnung, die auf einer beträchtlichen Summe von astronomischen und historischen Berechnungen ruht, im Besonderen, so ist auch jede Uhr der aus einer Fülle mathematischer und mechanischer Rechenkünste verdichtete Gedanke der Zeitmessung. Zwar wissen die meisten Menschen, welche sich die Stunde vom Zeiger ihrer Uhr verkünden lassen, wenig von den schöpferischen und erfindungsreichen Gedanken, die ihn zum Herold der Zeit und Ewigkeit gebildet haben; sie wissen so viel oder so wenig davon, wie die meisten Bürger eines Landes, die nur ihre nächstgebietenden Magistraturen kennen, von dem repräsentativen Zusammenhang derselben mit dem großen Räderwerk des ganzen Staates wissen.

Aber das ist das Große des objectiven, verdichteten Geistes, daß er weit über die Grenzen des individuellen Bewußtseins, seine wirksame Macht zur Geltung bringt. Wie aus dem Gehorsam gegen die nächsten Behörden die gedeihliche Gesammtthätigkeit des ganzen Staates, so geht aus der erfolgreichen Benutzung der Uhr, aus der haushälterischen Verwendung der Stunde die große Veredlung in der Oekonomie alles nationalen geistigen und leiblichen Lebens hervor.

Wo die Uhr an einer Wand im Hause tönt, da hat die Glocke der Cultur geschlagen.

Man hat wohl gesagt, daß die Seife ein Gradmesser der Civilisation bei den verschiedenen Völkern ist; nicht mit Unrecht. Aber mit noch viel mehr Recht würde man sagen, der Gebrauch der Uhr, die Erkenntniß und Verwendung der straffen Zeiteintheilung bilde einen Gradmesser des geistig geordneten, zweckerfüllten, mit einem Worte des Cultur-Lebens. —

Vor der künstlich genauen Zerlegung der — durch den Wandel der Gestirne — makrokosmisch beleuchteten Zeittheile hatten die Menschen mancherlei mikrokosmische, d. h. allgemein menschliche Erlebnisse als Zeichen derselben verwendet. Bei niedrigen Völkerschaften werden sie heute noch angetroffen; bei den gebildeten Nationen fangen sie an, dem Gedächtniß zu entschwinden, das nur noch in der Sprache erhalten bleibt. Ganz köstliche Umkehrungen machen sich in der Bestimmung der Zeit durch das Essen, anstatt des Essens durch die Zeit geltend; nicht minder Häufungen der immer wieder vergessenen Bezeichnung. (Vgl. Leben der Seele, II, S. 193.) Schon das „Mahl" bedeutet eigentlich die „Zeit" desselben; diese wird noch einmal hinzugefügt und als „Mahlzeit" benannt, um von Neuem nicht sowohl die Zeit, sondern das Mahl selbst zu bedeuten.*) — Auch für kleinste Zeittheilchen wurden verschiedene Ereignisse als mehr oder minder treffende Maßzeichen gewählt; so z. B. bei den Römern die (kleinste) „Bewegung" (momentum) oder der Stich (punctum) äußerlich gemacht oder innerlich empfunden; sehr fein ist daneben der hebräische und deutsche „Augenblick".

Jetzt messen wir auf exacte Weise nicht blos die Stunden, sondern auch die Minuten, die Secunden und Terzien. Heute berechnen wir Ereignisse, welche die kleinsten Zeitpunkte und solche, die die größten Zeitstrecken ausfüllen.

Ich habe schon erwähnt, daß die verschiedenen Farben nach der Schwingungszahl des Aethers verschieden sind; diese schwankt zwischen 451 Billionen und 789 Billionen. Diese Zahlen sind aber offenbar nur der bequeme und abgekürzte Ausdruck, dessen Bedeutung darin liegt, daß so viele Schwingungen in Einer Secunde sich ereignen. An sich ist die Anzahl der Schwingungen, von denen geredet wird, ja gleichgültig; nimmt man aber eine einzige Schwingung, welche in ihrer Geschwindigkeit und in ihrer Wellenlinie die specifische Natur der Farbe

---

*) Wie hier das Wort ihrer Zeit die Bedeutung der Sache annimmt, ebenso das für den Raum; das „Frauen-Zimmer" wird zum Wort für die „Frau".

ebenso gut ausdrückt, wie sehr viele es thun, als Einheit,
dann ist sie eben ein Vorgang der Natur, welcher den 789=
billionsten Theil einer Secunde erfordert. Wir können freilich
solche Dauer selbst nach den feinsten und künstlichsten Vor=
kehrungen der Beobachtung nur errechnen, fernab nicht un=
mittelbar wahrnehmen. Denn der kleinste Act des Farben=
sehens, also der eigentlichste, durch elektrische Beleuchtung isolirte
und verkürzte Augenblick dauert (Helmholtz) etwa eine Zehn=
tausendstel Secunde, umspannt also noch mehrere Millionen von
Schwingungen. Nur ein Wesen von absoluter Reizempfäng=
lichkeit würde auch in der Dauer einer solchen Schwingung
dieselbe als solche in ihrer specifischen Beschaffenheit wahr=
nehmen und dann noch Theile derselben im Wellenberg und
Wellenthal unterscheiden können. Dagegen sind unsere Nerven
stumpfe Organe. Vollends um die Bewegung des Bewegten
wahrzunehmen. In dieser Beziehung sind wir, vorzugsweise
unter dem Einfluß des andauernden und nachwirkenden Reizes
in den einzelnen Zapfen der Netzhaut auf noch viel engere
Grenzen eingeschränkt. Von den Bewegungen der drei Zeiger
unserer Uhr sehen wir Menschen die des Stundenzeigers gar
nicht; den Minutenzeiger sehen Wenige und selten sich bewegen,
und nur die Secunden rücken wahrnehmbar vor unseren Augen.
Wird aber im Dunkeln eine glühende Kohle im Kreise ge=
schwungen, dann erscheint sie sehr bald als ein bewegter und
flimmernder Kreis, welcher bei noch größerer Schnelligkeit der
Schwingung wie ein feststehender erscheint. Bis jetzt sind
indessen (wie mir Herr Geh. Rath Helmholtz auf meine Frage
mittheilt) die Grenzen der Wahrnehmbarkeit der Bewegung des
Bewegten, also welche langsamste Bewegung eines Körpers
schon und welche schnellste noch wahrnehmbar ist, noch nicht
gemessen; daß es nunmehr geschehen werde, darf man sicher
hoffen. Es wird an persönlichen, vielleicht auch an nationalen
Differenzen dabei nicht fehlen, und ich gebe der Vermuthung
Raum, daß diese mit anderen Differenzen des Tempo's im
psychischen Act parallel gehen, und daß sie dadurch zur Quelle

einer auch für pädagogische Diagnostik sehr wichtigen Charak=
teristik werden können. —

Nach der entgegengesetzten Seite hin berechnet Prof.
Bischoff, daß unsere Erde, um von dem früheren Gluthzustande
abzukühlen, 353 Millionen Jahre gebraucht hat. Combiniren
wir die Abstände zwischen jenen kleinsten und solchen größten
Zeittheilen, mit denen heute gerechnet wird, dann erst begreifen
wir, welchen Fortschritt die Menschheit in Bezug auf das Zeit=
bewußtsein gemacht hat und man kann vermuthen, welche Fort=
schritte ihr noch bevorstehen mögen.

Die mannigfachen Ereignisse, welche in unserem eigenen
Innern und außer uns vor sich gehen, geschehen neben = und
nacheinander; die Auffassung der Verhältnisse dieser auf einander
bezogenen Abfolge der Ereignisse ergibt, wie wir gesehen haben,
die Vorstellung der Zeit. Indem wir nun irgend ein von
uns wahrgenommenes, aber von uns unabhängiges vieltheiliges
Ereigniß, also irgend eine Kette von Vorgängen oder Be=
wegungen als diejenige betrachten, mit welcher alle übrigen zu
vergleichen, wird sie zum Maß derselben oder zum Maß der
Zeit. Beides, die völlige Unabhängigkeit von unserem Denken
und Wollen, und die durch häufige Erfahrung erprobte Gleich=
mäßigkeit machen irgend eine Vorgangskette zur ma ß g e b e n =
d e n; ist der maßgebende Vorgang zugleich innerhalb seiner
Theile streng rhythmisch gegliedert und ist diese rhythmische
Gliederung deutlich wahrnehmbar, so ist das Maß, welches er
für alle übrigen Vorgänge bietet, zugleich fein und fest, zugleich
genau und sicher; von der ersten Art sind die Bewegungen der
Gestirne, von der zweiten die Uhren mit aufsteigender Zartheit
der rhythmischen Theilung. Erstreckt sich eine solche Kette von
Bewegungen über das Maß der einheitlich zusammenhängenden
Kette von Bewußtseinsacten, dann muß das Gedächtniß des
Menschen oder die Anknüpfung eines späteren hinter der Unter=
brechung liegenden Actes an den früheren zu Hülfe kommen;

die Zeitverhältnisse von gestern zu heute sind dem Bewußtsein durch den Schlaf entzogen, aber durch Erinnerung (deren Festigkeit und Sicherheit besonderen Gesetzen unterliegt) werden sie erkennbar. Bei vielfach unterbrochenen Ereignissen werden vielfache an einander genietete Acte der Erinnerung nothwendig, und übersteigen diese das Maß menschlicher Erinnerungsfähigkeit, so müssen ihnen objectivirte, bleibende Erinnerungszeichen, schriftliche Aufzeichnungen, Merkmale aller Art zu Hülfe kommen. Dehnt sich die Kette der Ereignisse, deren Verhältnisse zu einander zu kennen uns am Herzen liegt, namentlich also die Kette derjenigen, welche zu maßgebenden sich geeignet erwiesen haben, über das ganze Leben von Individuen und Geschlechtern hinaus, dann müssen die Aufzeichnungen dauernd und zusammenhängend sein; Kalender, astronomische und historische Tabellen, chronologische Rechnung. Entbehren wir nun dort oder hier der angedeuteten Hilfsmittel, oder vernachlässigen ihren Gebrauch, dann treten jene häufigen Fälle ein, daß wir uns zwar gewisser Ereignisse, sei es privater, sei es geschichtlicher Art, wohl erinnern, daß wir aber in Bezug auf ihre Zeitbestimmung mehr oder minder schwanken oder gänzlich rathlos sind.

Beachten wir nun bei der Anwendung der Maße nur den Bestand einer Bewegung im Verhältniß zur anderen, so messen wir ihre Dauer, beachten wir zugleich den Inhalt derselben, z. B. der Raumgröße, welche durchlaufen wird, so messen wir die Geschwindigkeit.

In allen diesen Fällen nun handelt es sich um die objective, thatsächlich verlaufene und mit anderen Thatsachen verglichene und an diesen gemessene Zeit.

Blicken wir nun aber in unser Gemüth und prüfen den ganzen Umkreis derjenigen Vorstellungen, welche sich auf die Zeit beziehen, dann treffen wir hier zahlreiche Erfahrungen an, welche von den eben geschilderten weit abweichen. Wir finden nämlich, daß wir Menschen von der Zeit gewisser (gegenwärtiger oder vergangener oder auch in der Phantasie als zukünftig vorgestellter) Ereignisse reden, theils ohne jede Rücksicht auf ein gegebenes, objectives Maß, theils sogar gegen dasselbe. Stammt nun also eine Zeitbestimmung, die wir den Erlebnissen nur aus unserem eigenen Innern beilegen, rein aus uns selbst, versagt sie sich jedes objective Messen oder widerstreitet sie sogar demselben, so nennen wir dies wohl mit Recht die subjective Zeit.

Zwar ist natürlich jede Zeitbestimmung, die wir annehmen, eine von uns gedachte; aber neben derjenigen, welche auf objectiv vorhandene, von uns wahrgenommene maßgebende Ereignisse gegründet, also irgend wie objectiv oder an anderen Objecten gemessene ist, finden wir ungemein häufig eine gegen oder doch ohne jede objective Messung angenommene Zeitbestimmung. Die Zeit eines gegebenen Vorgangs — gleichviel ob sie objectiv gemessen so oder so lang ist — ist oder wird oder erscheint uns lang oder kurz, und zwar, da doch jeder auch psychische, innere Erfolg einen Grund haben muß, aus subjectiven Gründen. Auf den strengen wissenschaftlichen Ausdruck gebracht, würde der berührte Unterschied so lauten: Da alle Zeitvorstellung eine Messung gegebener Ereignisse an anderen Ereignissen ist; da ferner alle Messung — ohne Ausnahme — psychologisch betrachtet, ein Proceß der Apperception der Vorstellungen des Gemessenen durch die Vorstellungen des Maßes ist: so ist die Apperception irgend eines Vorgangs durch einen anderen objectiv wahrgenommenen, in seinem Ablauf und Rhythmus bestimmten Vorgang die objective Zeit desselben, die Apperception aber durch lediglich innere, unbestimmte und nichtgemessene Vorgänge im Subject selbst ist seine subjective Zeit.

War, wie wir uns wohl überzeugen konnten, die objective Zeit voll metaphysischer Probleme, so ist, wie wir uns nicht minder leicht überzeugen können, die subjective Zeit voll psychologischer Räthsel.

Schon die alltägliche Erfahrung belehrt uns dessen sehr deutlich; in der Erinnerung des einzelnen Menschen, im Gespräche mehrerer mit einander hören wir, daß ihnen die — objectiv gemessen gleiche — Zeit eines Erlebnisses bald lang

und bald kurz, bald fern von der Gegenwart, bald nahe der=
selben erscheint, ja daß sie bei vollem Bewußtsein über die
wirkliche Dauer und neben demselben, dennoch finden, daß ihnen
das Lange kurz, das Kurze lang vorkommt. Wir erwarten
einen geliebten Menschen; der Zug, der ihn bringen soll, kommt
um 7; unsere Uhr zeigt 6. Die Uhr und mit ihr der Ver=
stand sagen: also noch eine Stunde; das Herz sagt: noch eine
Ewigkeit. O, eine Stunde ist keine Ewigkeit; das Herz liebt
ein wenig die Uebertreibung. Aber das ist gewiß, diese ob=
jective Stunde ist subjectiv eine sehr lange Zeit; mit
dem Geliebten zusammen sind viele Stunden eine sehr kurze Zeit.

Die massenhaften Urtheile über subjective Zeiten, welche
uns nicht blos die tägliche Erfahrung, sondern auch die bis=
herige wissenschaftliche Forschung darüber an die Hand geben,
bilden ein wahres Chaos von Widersprüchen. Zur Lichtung
derselben soll es meines Hoffens schon sehr viel beitragen, wenn
man vor Allem folgenden Unterschied festhalten wird.

Alle objective Zeit beruht auf einer — gleichviel ob rich=
tigen oder falschen, genauen oder ungenauen — Zeitmessung;
in der subjectiven Zeit aber unterscheiden wir das Zeitgefühl
und die Zeitschätzung. Das nun, was man in der deutschen
Sprache als Weile, besonders in der Verbindung als Lange=
weile und Kurzweil benennt, besteht in (oder erfolgt aus)
dem Zeitgefühl.*) Wenn während der Wahrnehmung
(inneren Anschauung oder denkenden Erinnerung irgend eines
Erlebnisses — es sei ein Gespräch, ein Schauspiel, ein Er=
eigniß —) sich uns zugleich die Vorstellung von ihrem Zeit=
verlauf aufdrängt; wenn zugleich dieser Verlauf verglichen mit
der — objectiven — Zeit, die ihm zukommt, uns als gedehnt

---

*) Es bedarf wohl kaum der Erinnerung, daß Zeitgefühl ver=
schieden sei von jenen durch den Zeitverlauf erzeugten und zur Ent=
stehung der Zeitvorstellung mitwirkenden Gefühlen des Wartens, der
Sehnsucht ꝛc., von denen oben die Rede gewesen. Die eigentlichen Zeit=
gefühle entwickeln sich viel später und setzen ein stark entwickeltes Zeit=
bewußtsein, häufiges und unwillkürliches Zeitmessen bereits voraus.

oder verkürzt erscheint; wenn endlich diese unwillkürlich wahr=
genommene Dehnung oder Kürzung als angenehm oder unan=
genehm gefühlt wird, dann haben wir Langeweile oder Kurz=
weil, oder das Erlebniß erscheint uns langweilig oder kurzweilig.
Also nicht das Maß des Zeitverlaufs, sondern der persönliche
Eindruck, den wir von demselben empfangen, ist das Ent=
scheidende. Wir messen die Wärme für unsere Erkenntniß mit
dem Thermometer — also an einer festgeordneten, objectiven
Thatsache; aber für unser Gefühl nur mit der persönlichen
Einwirkung, die wir erfahren, — also an dem subjectiven Ein=
druck, an der Beziehung derselben zu unserer Eigenwärme.
Man stelle uns immer den Thermometer vor Augen: wir finden
es heiß oder kalt auch im Widerspruch gegen denselben.

Zweierlei ist also sofort als charakteristisch für das Zeit=
gefühl in's Auge zu fassen. Einmal, daß das Gefühl ihrer
subjectiven Dehnung oder Verkürzung unabhängig ist von der
gleichzeitigen deutlichen Wahrnehmung der objectiv durchmessenen
Zeit; ist mit demselben auch zuweilen eine Täuschung über die
wirkliche Zeit und dem Bewußtsein von derselben verbunden,
so kann sie auch fehlen; ja sogar eine Beziehung auf dieses
kann zum mitwirkenden Element in der Stärkung des Zeit=
gefühls werden. Hat man sich von einem sehr geliebten Menschen
getrennt, dann genügen oft zwei bis drei Tage, um die scharfe
Empfindung zu erwecken, als ob man schon zwei Monate ge=
trennt wäre; auch beim besten Willen und bei hellem Bewußt=
sein will eine andere Schätzung der Dauer nicht gelingen.
Es stehen also ein bestimmtes Zeitwissen und ein unbestimmtes
Zeitfühlen hart neben einander. Der Gast, der uns mit einer
faden Erzählung peinigt, kann so sitzen, daß wir die objective
Zeit von dem Zifferblatt hinter seinem Rücken fortwährend
genau ablesen; es ist gerade eine halbe Stunde, seit wir ihn
hören müssen; wir zweifeln keinen Augenblick, daß die Uhr
ganz richtig und genau ihren gewohnten Gang geht; dennoch
scheinen Zeiger und Zeit wie in halber Erstarrung nicht aus
der Stelle zu rücken. Oder die Zeit sei festgesetzt; der Lehrer

wird eine Stunde sprechen. „Erst halb?" Was bedeutet das?
Wo steckt das Wunder? Kann es denn schon ³/₄ sein? Wir
meinten wohl auch kaum (das sind besondere Fälle) es sei
schon ³/₄. Welche Schuld trifft nun den Redner, daß eine
halbe Stunde keine ganze ist? Nun wir wissen es: er ist
langweilig; er und sein Nachbar, Nr. 7 und Nr. 8, sprachen
eine Stunde; sie haben wie beim Wettlauf zugleich angefangen,
sie werden zugleich aufhören; die Zeit ist gleich, meist auch
die subjective Schätzung derselben — das Langweilige ist, daß
man grade weiß, es ist erst halb — Niemand meinte, es sei
schon ³/₄ — aber die Weile ist verschieden. Im andern Falle
zweifeln wir auch nicht, daß der Ball, die Wasserfahrt, das
Lustspiel bereits drei Stunden dauern; dennoch und desto mehr
sind sie von der angenehmsten Kürze und — kürzer als jene
notorische halbe Stunde von heute Vormittag.

Sodann ist das Zeitgefühl unabhängig von der wirklichen
Zeitgröße, um die es sich handelt und während welcher es uns
bedrückt oder entzückt. Zehn Minuten können entsetzlich langweilig dahinschleichen; eine Stunde kann köstlich dahinfliegen;
wir haben wohl gar jenes eigenartig wonnige Gefühl, das
unsere Phantasie mit dem Begriff des Fliegens uns verbunden
denken läßt, und ich gebe der Hoffnung Raum, daß wir dieses
ganz specifische Gefühl als verbunden mit der scheinbar eilig
hinfließenden Zeit in seinen Gründen werden verstehen lernen.

Zuvor aber können wir uns wiederum einige historische
und sprachliche Bemerkungen in Bezug auf die Weile nicht versagen. Es ist äußerst seltsam: im ganzen Alterthum, bei den
Indern, Hebräern, Arabern, Persern, Griechen und Römern, —
nirgends finde ich Spuren davon, daß sie von langer Weile
geredet hätten. Ja noch mehr, auch in der neueren Zeit haben
die romanischen Völker kein Wort für lange Weile. Wohl
sagt der Franzose s'ennuyer, aber das heißt: die Sache ist
mir unangenehm (und wird vom lateinischen in odio abgeleitet).
Aber daß mir die Sache unangenehm wird durch die verlängerte
Zeit, ist nur dem Germanen eigenthümlich; denn auch im Eng-

lischen findet sich zwar ein solches Compositum wie unsere
Langeweile nicht, wohl aber die Wendung to find the time
long (die Zeit lang finden). Das Alterthum kannte auch
keinen Ausdruck für „Kurzweile haben"; nur im Lateinischen
findet sich die Redensart „die Zeit täuschen", „hinwegtäuschen"
(fallere tempus wie im Englischen to beguile the time).
Die Franzosen und Italiener haben ihr passetemps und passa-
tempo, welche zeigen, daß sie von der Kurzweile eine Vor=
stellung gebildet haben. Das Italienische non veder l'ora
deutet nicht auf lange noch kurze Weile, sondern auf das
Warten und Sehnen, welches den Zeitpunkt des Eintreffens
des Ersehnten schon sehen möchte und noch nicht sieht. Auf
ähnliche Art bedeutet im Schweizer Dialekt „längi Zit ha"
nach Etwas oder Jemand, sich danach sehnen, und im Bayrischen
wird auch „langweilen" in diesem Sinne gebraucht. „Sie
langweilt um ihn und er um sie; die Kuh langweilt nach'm
Kalbe." Merkwürdig ist übrigens in Bezug auf die alten
Inder, daß sie zwar kein Wort, aber einen seltsam ausgebildeten
Begriff für die Kurzweile haben. Als Beleg dafür diene eine
Geschichte von einem Büßer, die in Brahma Purâna vorkommt.
Da ist ein großer heiliger Büßer Namens Kandu, der büßt
1000 Jahre und es wird den Menschen bange; er büßt weitere
1000 Jahre und auch die höheren Wesen bekommen Furcht
vor seiner Buße; er büßt noch 1000 Jahre und jetzt erzittern
sogar die Götter. Was eigentlich seine Buße anrichtet, ich weiß
es nicht, aber „von seinem Haupte steigt der Dampf auf"
und der Erfolg davon muß etwas Furchtbares, Grauenhaftes
sein; denn die Götter halten für nothwendig ihn von seiner
Buße abzuziehen und schicken ihm zu diesem Behuf eine
Nymphe. Das junge Götterfräulein Pramloka erscheint bei dem
Büßer und er unterliegt. Sie bleibt nach der Erzählung 100
Jahre und will dann fort. Kandu läßt sie jedoch nicht ziehen und
Pramloka bleibt weitere 100 Jahre, nach deren Ablauf sie um
Entlassung bittet. Kandu entläßt sie jedoch nicht und sie bleibt
wieder bis es genau gemessen 904 Jahre werden; da sagt die

Nymphe: „Lieber Kandu, endlich mußt Du mich entlassen!"
Kandu erwidert: „Wird es schon Nacht, dann will ich mein
Abendopfer verrichten." — Sie klärt ihn nun über die ver=
flossene Zeit auf; er aber hatte gemeint, es sei Ein Tag ver=
gangen. Das nenne ich Kurzweile.

Nicht unerwähnt darf ich lassen, daß zwar neuerdings
das Verbum „kurzweilen" gänzlich, aber auch das Substantivum
„Kurzweil" fast ganz aus der Mode gekommen ist, daß aber
„langweilen" geblieben und „Langeweile", die im Mittelhoch=
deutschen (Grimms Wörterbuch) noch nicht geläufig war, un=
gemein geläufig worden ist. Ich erwähne die Thatsachen;
aber ich will keine Schlüsse daraus ziehen. Denn ob die
germanische Gegenwart gegen das Alterthum und gegen die
romanischen Völker gehalten nur eine reichere Erfahrung in
der Armuth des Zeitvertreibs hat, oder ob der stärkere Eindruck
des Zeitverlaufs mit der tieferen und zum Mystischen geneigten
Natur der germanischen Seele zusammenhängt — das mag
eine genauere völkerpsychologische Forschung künftig entscheiden.
So viel geht aus all' den berührten Thatsachen unzweifelhaft
hervor, daß bei den Nationen von hoher Cultur eine Schärfung
des Zeitbewußtseins überhaupt sich vollzogen hat, sowohl
in der Bestimmtheit und Feinheit der objectiven Zeitvorstellung
als auch in der subjectiven Erregung des Zeitgefühles.

Worauf nun aber beruht eigentlich die Lange= und die
Kurzweile, d. h. der subjective Eindruck der Dehnung oder
Verkürzung der wirklichen Zeit sammt dem fröhlichen oder
peinlichen Gefühl derselben? Zunächst nicht auf der Dauer,
wohl aber auf der Geschwindigkeit der inneren Erlebnisse, die
uns beschäftigen. Geschwindigkeit ist die Beziehung zwischen
der Dauer und der Fülle des Inhalts einer Thätigkeit. Eine
Beschäftigung, ein Gespräch — und in übertragener Weise
eine Person — ist uns langweilig, wenn und weil es die
damit hingebrachte Zeit nicht genügend ausfüllt. Wir haben
früher in der Abhandlung „Das Herz" (S. 77) gesehen, daß
und weshalb das Gemüth die Leere flieht, weshalb diese bis

zum Schmerz peinlich wird. Die leeren Momente einer ge=
gebenen Zeit, oder genauer gesagt, die Intervallen im psychischen
Proceß, der uns ungenügend beschäftigt, erregen die Vorstellung
des Zeitverlaufs und wir empfinden demnach das Unangenehme
als „Langeweile". Daher ist auch das an sich oder seinem
Inhalte nach Unangenehme, das Mißvergnügen und der
Schmerz nicht langweilig. Wer ärgerlich, verdrießlich, unzu=
frieden mit sich und Anderen ist, fühlt nicht eben Langeweile.
Gewiß, die im Schmerz hingebrachte Zeit erscheint uns sehr
lang; eine schlaflose, schmerzvolle Nacht dauert uns ewig;
dennoch sagt Niemand, sie sei langweilig, weil nicht der lang=
same Zeitverlauf einen Eindruck auf uns macht, sondern der
Schmerz selbst, der ihn ausfüllt, unsere Seele beschäftigt;
mit Einem Worte: wir fühlen wohl die lange Zeit des
Schmerzes, aber nicht den Schmerz der langen Zeit. Die
schlaf= und schmerzlose Nacht ist nur dann langweilig, wenn
nach der Individualität der Person oder der Umstände, die
Seele zugleich von der Ermüdung leidet und an voller und
freier innerer Beschäftigung gehemmt ist. Wenn unser Be=
wußtsein annähernd entleert ist, wenn die Thätigkeit ruht,
kein Genuß und kein Leid uns erfüllt, dann nehmen wir die
Zeit wahr; die leere Zeit ist die lange, langweilige. Die
objective Zeit wird subjectiv, wenn nichts Anderes die Seele
bewegt und erfüllt. Daher ist ferner das Warten langweilig,
weil es uns unausgefüllte Zeit aufdrängt, aber nicht das
sehnsuchtsvolle Erwarten; in der Sehnsucht ist die Seele er=
füllt und bewegt von ihrem Gegenstande und sie weilt gleich=
sam am ersehnten Ziele der Zeit, im Warten aber auf dem
träge sich hinwälzenden Wege zu ihm.

Abhängig ist deshalb die Langeweile von dem gewohnten
Tempo des eigenen Denkens, mit welchem das des jetzt auf=
gezwungenen verglichen wird; der Langweilige ist sich selbst
nicht langweilig.

Indem die deutsche Sprache den Zustand der Langeweile
so bezeichnet, daß sie sagen heißt: „ich langweile mich",

15 *

bürdet sie dem Betroffenen die Schuld daran auf, macht ihn verantwortlich, und enthält die Mahnung, aus eigener Kraft der Langeweile zu entgehen.

Nicht als ob' sie die Thatsache verläugnen könnte, daß oft genug Andere uns langweilen; aber dennoch tragen wir selbst die Schuld. Jeder soll das Salz beweglichen Denkens bei sich tragen, um auch das Fadeste damit zu würzen. Man braucht nur auf die komische Seite aller Langweiligen mit Witz und Phantasie zu achten, und aus jedem Narren, der uns peinigt, wird ein Don Quixote, der uns ergötzt.

Freilich, wenn der Mann zur Fahrt in die Gesellschaft bereit, aber die Frau mit ihrer Toilette noch nicht fertig — oder die Frau fix und fertig, harrt, indeß der Mann noch von der Correspondenz gefesselt ist —, dann fehlt das Object, an dem der Witz sich üben kann, und die Leere des Wartens gähnt sie an. Dennoch sollte Jeder seine Methode haben, den Dämon der Langeweile zu bannen, weil sie kein menschen= würdiger Zustand ist. Die Feuilletons der Zeitungen, die ge= sammelten Sprüche und Gedanken, die „Lichtstrahlen“ aus lichtvollen Köpfen, sie sind vielleicht niemals so gut zu ver= werthen, als um das durch leeres Warten bis zum Stillstand verlangsamte Räderwerk der Seele in den Gang zu bringen.

Noch viel schöner und allerwege handlicher ist, von jeder äußeren Anregung abzusehen und sich innerlich in die Region des Fabulirens zu begeben, das eine unendliche Unterhaltung bietet. In allen Zwischenacten des Lebens kann man mit seinem Geliebten in der Phantasie schmollen, mit seinen Freunden streiten, mit Gegnern kämpfen, man kann auch kosen, feurige oder hingebende Reden halten, kann Thaten ersinnen.

Wer nun aber nicht frei schaffen kann, wessen Phantasie der Flügel ermangelt, der — kann sich doch erinnern. Zurück= leben, Erlebtes wiederholen, es im Lichte der Gegenwart be= trachten, mit seinem eigenen früheren Menschen wie mit fremder Gesellschaft sich unterhalten, ist immer möglich, immer belehrend, immer fruchtbar oder vergnüglich. Nur muß man die Erinnerung auf Dinge lenken, die mit unserer Stimmung harmoniren; sonst bricht sie ab oder wird selbst langweilig. Wer jetzt von einer Sorge erfüllt ist, wird schwerlich Neigung haben, sich der vergessenen Wunderlichkeiten einer alten Tante zu erinnern, die ihn zu anderer Stunde ergötzen würden; wer von ange= strengter Arbeit herkommt, wird nicht bei der Erinnerung an Jugendstreiche und Schulspäße verweilen können.

Ich finde, daß sehr wenige Menschen genaue, scharfe, ge= dankenerregende Erinnerungen aus ihrem früheren Leben hegen; sie tragen Schätze in ihrem Geiste, die sie zu wenig verwerthen; fast Jedem hängt das Leben eine mehr oder minder reiche Bildersammlung in seine Seele, aber er betrachtet sie selten.

Werthvoller aber als Lesen, als Fabuliren und Phantasiren und Erinnern ist das Eine, welches uns als Schutzmittel gegen Langeweile in die Hand gegeben ist: Nachdenken. Nachdenken über Dinge des Wissens und des Lebens, die uns noch nicht genügend aufgeklärt sind, kann das Häckerling verwarteter leerer Minuten in Gold verwandeln. Wie viel mehr Tiefe, wie viel mehr Besonnenheit auch wäre bei den Menschen zu finden, wenn sie ihre freien Minuten dem ethischen und praktischen Nachdenken — über Facta oder Hypothesen — zu widmen .gewöhnt wären.

Mir ist es freilich, als ob ich den Einwand hören könnte: Ach Gott, immer zu denken, das ist auch langweilig! Nun, obgleich Philosoph meines Zeichens, kann ich die Thatsache nicht bestreiten; es ist wahr, das ewige Denken kann auch langweilig sein. Aber es entspringt offenbar daraus die nächste Aufgabe für uns, zu untersuchen: wann und wodurch kann denn auch das Denken langweilig sein? oder welche Art des Denkens und unter welchen Umständen wird es langweilig?

Denn bisher haben wir freilich nur die größere oder ge= ringere Erfüllung der Zeit, die Summe der Beschäftigung im Vergleich zu ihrer Dauer als die Ursache der langen oder kurzen Weile angesehen. Wir sehen aber: nicht jede Beschäfti=

gung und jede nicht immer schützt vor Langeweile; welche also
thut es und wann?

Zunächst also: die Beschäftigung muß uns angenehm,
unserem Wesen, unserer Bildung oder unserer Stimmung har=
monisch, sie muß uns wohlgefällig sein.

Jean Paul charakterisirt einen seiner komischen Helden mit
den Worten: „er war ein rüstiger Mann —, dem Nichts
Langeweile machte, als Kurzweil."

Wir sehen mit einem einzigen Blick hier deutlich auf den
innersten Grund der Sache. Es ist nämlich doch nur dies,
daß die Seele von dem, was ihr nicht genehm und gefällig ist,
nicht wahrhaft erfüllt, nicht gefesselt wird, daß eben deßhalb
die Beschäftigung mit dem Inhalt nothwendig Intervallen er=
fährt, aus deren Häufigkeit der Eindruck gedehnter Zeit entspringt.

Langweilig ist also Alles, was uns nicht genügend reizt
und beschäftigt, was leer oder nichtig, was uns fortwährend
das Gefühl überschüssiger Kraft, welche zu verwenden wir ge=
hindert sind, erregt. Nicht langweilig ist deßhalb alle Arbeit,
alle energische Anspannung der Kräfte geistiger oder leiblicher
Art; und auch die peinlichsten Zustände, wie Schmerz, Sorge,
Kummer sind nicht langweilig. Langweilig aber kann Alles,
was es von Haus aus nicht ist, dennoch werden, durch allzu
lange Wiederholung. Oft wird, was uns (wie z. B. ein Auf=
marsch von Truppen u. dgl.) anfangs ergötzt, weil angenehm
beschäftigt hat, bei gleichmäßiger Fortsetzung „doch nachgerade
langweilig". Bei andauernder Wiederholung des Gleichartigen
fehlt der Reiz der Aufmerksamkeit und es entstehen also Inter=
vallen, wenn nicht in der Thätigkeit des Geistes selbst, so doch
in der Anspannung derselben.*)

---

*) Wie aber das zufällige, individuell persönliche Interesse sich auch
des Nichtigsten bemächtigen und seinen Unwerth durch eine subjective
Neigung überwinden kann, dafür schien mir immer die Charge charakte=
ristisch, die ich in den 50er Jahren in einem Wiener Witzblatt gesehen
habe. Mit den Händen in den Hosentaschen und der Pfeife im Munde
sieht Einer einem Angler zu und darunter stehen die Worte: „Nein,

Warten ist deshalb so langweilig, wenn und weil die Richtung des gleichen, unerfüllten Gedankens auf das erwartete Ziel uns nicht zu anderen Gedanken übergehen läßt. Dieses Haften des Denkens anstatt seiner Bewegung, dieses Stehen der Vorstellung anstatt ihres Wechsels ist eben langweilig. Hoffen und Fürchten dagegen bestehen aus schwebenden und wechselnden Vorstellungen und sind nicht langweilig.

Nun wissen wir, daß auch die allzugroße und dauernde Anspannung peinlich wird; sie wirkt ermüdend. Auch gegen diese Ermüdung pflegt man Abwechslung als wirksames Mittel zu empfehlen; mit Recht! Abwechslung in der Arbeit ist halbe Erholung.

Ermüdung und Langeweile scheinen deshalb gleiche Zustände der Seele zu sein, werden auch vom unmittelbaren Bewußtsein fast als gleich empfunden, wie (und vielleicht auch weil) Abwechslung der gemeinsame Gegensatz gegen beide ist, der sie glücklich überwindet.

Ihre wirkliche Verschiedenheit aber und die Nothwendigkeit des Ueberganges des Einen in das Andere bieten ein interessantes psychologisches Schauspiel.

Langeweile ist das Mißgefühl an der Wahrnehmung des Zeitverlaufs, welches durch den Mangel an genügender Anspannung der geistigen Kräfte entsteht; gleichviel ob dieser Mangel aus der Leere des Objects, aus seiner Gleichmäßigkeit, kurz aus irgend einer objectiv oder subjectiv begründeten Reizlosigkeit desselben entspringt.

Entgegengesetzt diesem Untermaß der Anspannung ist die Ermüdung Folge eines Uebermaßes von Anspannung; je reizvoller der Gegenstand unserer Thätigkeit an sich oder für uns ist, desto mehr kann er uns bis zur Ermüdung an dieselbe fesseln.

was das Angeln für eine Langweiligkeit ist! — die Geduld! da steh' ich schon drei Stunden da und schau ihm zu und er hat noch Nichts gefangen." Dem Einen ist das Angeln auf den Fisch, dem Andern das Angeln auf den Fang des Anglers — nicht langweilig.

Die weitere Folge davon ist nun aber diese: das Langweilige, das was uns nicht reizt, fesselt und anspannt, wird, wenn wir dennoch zur Beschäftigung mit demselben uns zwingen oder gezwungen werden, ermüdend; ermüdend nämlich dadurch, daß wir ein Uebermaß von Anspannung unserer eigenen Kraft aufwenden müssen, um die Aufmerksamkeit lebendig zu erhalten.

Umgekehrt wird das Ermüdende, wenn wir dennoch in der Beschäftigung beharren, weil die übermäßige Anspannung der Kräfte nothwendig Intervallen derselben erzeugt, langweilig, weil aus eben diesen Intervallen die Zeitvorstellung sich erhebt.

Wir sehen also, wie das Langweilige, wenn und weil es uns nicht genügend beschäftigt, zur Arbeit, und auch die Arbeit, wenn sie länger als unsere Kräfte im Gleichmaß ausdauert, ebenfalls langweilig werden kann.

Vom Langweiligen entfernt, vor der Langeweile geschützt ist also Alles, was, in seinem Inhalt vielseitig, reich und voll, gesättigt und verdichtet, die Seele mit wechselvollem Reiz und reizvollem Wechsel beschäftigt.*) Dennoch ist durchaus nicht Alles, was nicht langweilig ist, kurzweilig. Ich habe schon erwähnt, daß auch Schmerz und Sorge nicht langweilig sind, kurzweilig sind sie gewiß nicht; aber auch die Arbeit, die Anschauung des Erhabenen, die höchste ästhetische Befriedigung, die religiöse Vertiefung, die beseligenden Gefühle der Freundschaft, die Entzückung der Liebe wird Niemand als „Kurzweil" bezeichnen wollen. Niemand auch liest Plato oder Sophokles, Faust oder Nathan zur Kurzweil.

Was also ist endlich „kurzweilig"?

Kurzweilig ist, was uns weder ergreift, noch erschüttert, noch anspannt; vielmehr, was uns reichlich aber leicht, genügend aber mäßig beschäftigt; oder Dasjenige, was ohne Anspannung unsere Kräfte auf eine vergleichsweise passive Art in Thätigkeit setzt. (Vgl. oben S. 96 ff.) Vorzugsweise sind es deshalb

---

*) Vgl. Leben der Seele. 2. Band. S. 238, Anmerkung.

alle Arten von Spielen und im Bereiche des rein Geistigen
das eigentliche Spiel desselben im Witz, welche die Kurzweile
erzeugen. Die häufig hervortretenden, aber schnell wieder ver=
schwindenden Intervallen solcher Thätigkeit lassen die Vorstellung
der Zeit auftauchen; aber im raschen Wechsel derselben mit
reizvoller Thätigkeit erscheint die Zeit als eine eilig dahin=
fließende. Aus dem Doppelgefühl der Bewegung und der
Passivität, der spannungsvollen aber die Kräfte nicht anspan=
nenden, der bewegten aber auf kein ernstes und festes Ziel ge=
richteten, im weitesten Sinne spielenden Thätigkeit geht auch
die Analogie mit dem Gefühl des Fliegens bei der fliegenden
Zeit im vollendet Kurzweiligen hervor.*)

Sowohl charakteristisch, als auch das Wesen der Sache be=
gründend ist es deshalb, daß die Weile überhaupt — die kurze
wie die lange — nur da hervortritt, wo das wahrhafte Inter=
esse an der Sache oder Person, die uns beschäftigt, zurücktritt
und vorzugsweise an die Art und den Gang des P r o c e s s e s
der Beschäftigung sich heftet. Kurzweil ist Zeitvertreib. Nicht
weil der Gegenstand uns reizt, anzieht, interessirt, beschäftigen
wir uns mit ihm, sondern weil er uns b e s c h ä f t i g t, weil er
vor der drohenden Leere — und dem Einerlei des Daseins
uns bewahren soll, interessirt er uns. Witz und Scherz, Spaß
und Spiel sind deshalb vorzüglich Gegenstände der Kurzweile.
Die Hindeutung auf die Spiele allein schon, welche ja so viel=
artig und vielgestaltig an Werth und Wesen sind, überhebt
uns der Nothwendigkeit, ausführlich zu erörtern, daß der Sinn
und Begriff der Kurzweile in ihren Arten natürlich sehr ver=
schieden sein kann; von dem Legen einer patience, die aus
der bloßen Flucht vor der Langeweile hervorgeht und nur eben
das lästige Zeitgefühl bannen will, durch alle Arten positiver
Lust an der wahrgenommenen hüpfenden und fliegenden Be=
wegung der Zeit bis hinauf zu den erhebenden Spielen der
Kunst, in denen das angenehme Gefühl der Zeiterfüllung nur

---

*) Vgl. Die Reize des Spiels. Berlin 1883. S. 123 f.

noch ein schwaches Ingrediens der Befriedigung ist, durchläuft
sowohl die Wahrnehmung der Zeit als die Werthung derselben
eine vielgetheilte Stufenleiter.*)

Aus dieser Ungleichheit der Beziehung in dem Gegensatze
der langen und der kurzen Weile erklärt sich auch die bemerkens=
werthe und eigentlich auffällige Thatsache, daß die Langeweile
mit viel mehr Schärfe und mit mehr Recht getadelt, als die
Kurzweile etwa gelobt wird.

Ein edles Werk, ein guter Mensch brauchen nicht kurz=
weilig, aber sie dürfen auch nicht langweilig sein. In Folge
seiner Vorzüge hat ein guter Mensch vielleicht nicht die Mög=
lichkeit, jedenfalls nicht die Pflicht kurzweilig zu sein; aber er
erwirbt niemals durch sie das Recht langweilig zu sein.

Was an sich werthvoll und bedeutend ist, das entzieht
sich eben gänzlich der Erinnerung an die Weile. So wie wir
von der atmosphärischen Luft, ob wir sie gleich fortwährend
athmen, eigentlich nichts wissen, nichts wahrnehmen, es sei
denn, daß sie entweder auffällig aromatisch, erfrischend, oder
bedrückend und übel auf uns wirkt, so auch die Weile.

Mehr aber als im Leben und in der Wissenschaft ist das
Langweilige in der Kunst verpönt. Ein Mensch kann minde=
stens stellenweise sehr langweilig und doch werthvoll und nütz=
lich sein und unseren Dank verdienen; ein Astronom, ein
Schreiner, ein Kutscher können langweilige Personen, aber ihr
Wissen kann tief, ihre Geschicklichkeit groß sein, sie können
schnell und sicher fahren. Auch ein wissenschaftliches Buch, ein
Vortrag kann langweilig und doch lehrreich sein.

---

*) Ich will deshalb auch nicht dagegen streiten, wenn in Grimms
Wörterbuch auch auf eine „verinnerlichte" Bedeutung hingewiesen wird;
allein die angezogenen Stellen selbst zeigen doch, daß es auch in diesen
Scherz bedeutet oder scherzhaft genommen wird; so die hübsche Stelle
aus dem B. d. Liebe: „Gesegne Dich Gott, mein herzliebster Gemahel,
mein Aufenthaltung, mein Kurzweil, mein Schimpf" — (wo sie mit
Schimpf = Scherz zusammensteht).

Aber ein Kunstwerk, ein Musikstück, ein Bild, eine Façade — das Einfache ist nicht langweilig — ein Schauspiel, das langweilig ist, steht in der höchsten Gefahr der Wahrscheinlichkeit leer und nichtig zu sein.

Auch das Schöne in der Natur und im Leben, eine Gegend, ein Fest, ein Gesicht, und wären sie noch so schön, sie können nur langweilig sein, wenn sie leer sind. Das Kunstwerk, das Schöne überhaupt, soll unsere Phantasie beschäftigen; in den Moment eine vergleichsweise größere Fülle oder Leichtigkeit der inneren Bewegung legen; das Kunstwerk soll ein Spiel der Ideen sein. Ist doch auch dies die subjective Seite des Vergnügens an allem Witz (vgl. oben S. 97): die leichte und nothwendige Bewegung. Daher ist im Witz oft zugleich der Schein der Fülle, neben der Leichtigkeit der Bewegung oder durch dieselbe. Der Humor aber ist die wirkliche Vereinigung von Leichtigkeit und Fülle; denn deutlicher, bestimmter und absichtlicher als jede andere Kunstform erfüllt er das Endliche mit dem Unendlichen und fordert die spielende Bewegung beider gegen einander heraus.

Wie man auch vom Gehalt und von der Bedeutung der Kunst denken mag, das subjective Interesse an dem Proceß seiner Auffassung ist weitaus bedeutender als etwa in der Wissenschaft. Nun liegt auch im Erkennen ein subjectives Interesse, das in der größeren Fülle des Denkens sich befriedigt; das objective Interesse aber liegt im Wissen und in der Wahrheit, die uns entzücken kann, auch wenn sie zu erwerben langweilig war. Gewiß ist es berechtigt, das Zeitgefühl, wenn es auftritt, zu einem angenehmen zu machen; aber weder in der Kunst, geschweige im Leben darf der Sinn auf die Kurzweile ausschließlich gerichtet sein. Die Richtung des Interesses auf den Genuß als auf Zeitvertreib ist die niedrigste Stufe desselben, ist eben nur Aufhebung des Negativen, des Leeren, aber noch keine positive oder werthvolle Erfüllung. Die Sucht nach Kurzweil, welche für ernsthafte Menschen immer einen gewissen Grad von Verächtlichkeit an sich

trägt, beruht auf der falschen Umkehrung: weil wohl er=
füllte Zeit uns auch immer kurz erscheint, die künstlich ver=
kürzte als wohlerfüllte zu nehmen; was nur ein Symptom der
Sache sein kann, wird hier zur Sache selbst. Das Zeitgefühl,
einer von den vielen Erfolgen des subjectiven, an dem
Lebensinhalt vollzogenen psychischen Processes, darf nicht zum
vorwiegenden, geschweige zum ausschließlichen Gegenstand des
Interesses für uns werden, so wenig, oder vielleicht noch weniger
als etwa die rhythmische und melodische Bewegung der uns
umfließenden Luft, in der Musik, oder des uns umfließenden
Aethers in den Farbenspielen.

Daher scheuen wir uns auch, alles Ernste, Hohe, Ergrei=
fende und Entzückende als Zeitvertreib zu betrachten; denn
Alles, was groß und was gut, was edel und erhebend oder
nützlich ist, das ist unabhängig von der Weile, das erfüllt uns
mit anderen inhaltlichen Gefühlen, neben denen das Zeitgefühl
nicht aufkommt. Nur solche Sachen oder Personen, welche
weder große Freude noch großen Schmerz, weder Erhebung
noch Bedrückung erzeugen, können lang= oder kurzweilig sein.
Alles Gewaltige, alles Tiefe ist nicht kurzweilig, aber nichts
weniger als langweilig.*) Dem Glücklichen schlägt keine
Stunde; ihn erfüllt sein Glück und die Zeit findet keine Stätte
in seinem Bewußtsein. In der That jene sind, ohne jedes
andere Leiden, schon unglücklich, welche die Zeit wie eine Last
empfinden, und in den Vorkehrungen für Lebenserfüllung nur
darauf sinnen, sie abzuwälzen.

Von irgend einer psychologisch verwerthbaren Messung
der Weile bei verschiedenen Menschen kann jetzt noch nicht die
Rede sein. Zwar dies ist gewiß: auf höheren Culturstufen

---

*) Höchst charakteristisch ist es daher, daß wir Vieles, was uns in
der Gegenwart ergötzt, namentlich was unsere Sinne stark in Anspruch
nimmt — rauschende Feste, Schaugepränge — aber mit dem Sinnen=
reiz verschwindet und die Seele leer läßt, hinterher gerade mit dem
zeitschätzenden Urtheil verwerfen, daß wir sagen: „die Geschichte war
im Grunde doch langweilig".

erscheint — wegen des veränderten Tempo's aller inneren Thätigkeit — (vgl. oben S. 23) das als langweilig, was auf früheren Stufen kurzweilig gewesen sein mag. Die Zeit bleibt sich immer gleich; aber die Weile ändert sich mit dem Durchschnittsmaß der psychischen Bewegung im Verhältniß zu ihrem Inhalt, sowohl bei den einzelnen Personen, wie in den Volksgeistern. Richtet sich nämlich das Maß der Zeit nach den räumlichen Dimensionen unseres physischen Lebens, unserer Organisation, unserer Lebensdauer im Ganzen und der physiologischen Momente im Einzelnen (Pulsschlag, Schritt und Tritt u. s. w.), so richtet sich die Weile nach den seelischen Momenten, nach den Proportionen von Zeit und innerer Thätigkeit.

Hoffentlich wird die Psychologie in einer — freilich gewiß nicht nahen — Zukunft im Stande sein, die erregende Wirkung und ihr Gegentheil in der Langeweile aus dem Verhältniß der Zeit zu der Fülle und Leichtigkeit der Bewegung psychischer Elemente zu berechnen; das geistige Leben wird dadurch an Reiz und Poesie nicht verlieren, so wenig der gestirnte Himmel an Poesie verliert durch die astronomische Berechnung der Bahnen der Gestirne.

Viel früher aber kann es gelingen, von der auch hier waltenden Gesetzmäßigkeit eine Anschauung zu gewinnen und namentlich dieselbe in Bezug auf die zweite Seite der subjectiven Zeit, nämlich der Zeitschätzung, zu erörtern und zu begründen.

Versuchen wir es, wenigstens einige Hauptzüge derselben in's Auge zu fassen. Zunächst nun müssen wir das Wesen der Zeitschätzung in ihrem Unterschiede genau bestimmen einerseits gegen die Zeitmessung und andererseits gegen das Zeitgefühl.

Zeitmessung will die Größe irgend eines fraglichen Zeitverlaufs oder Abschnittes durch die Vergleichung mit anderen (irgend wodurch, z. B. durch Bewegungen) bereits festgestellten Zeittheilen, bestimmen; sie beruht auf unmittelbarer oder .mittelbarer, angesammelter, fixirter, oft mit Hilfe der Rechnung

vollzogener Beobachtung von vergleichbaren Ereignissen in Be=
zug auf ihre Dauer. Zeitschätzung dagegen will ebenfalls
irgend eine Zeitgröße bestimmen, aber weder in Bezug auf ihre
wirkliche (objective) Dauer, noch auch durch eine Vergleichung
mit anderen objectiv gemessenen Vorgängen, sondern nur nach
dem persönlichen, subjectiven Eindruck, den die Dauer auf
uns macht. Irgend ein Verlauf von Zeit also oder von Er=
eignissen, welche sich während derselben begeben haben, erscheint
uns — für unsere Meinung — lang oder kurz, oder
irgend wie lang oder kurz; dieser Schein kann mit der wirk=
lichen Größe der Zeit übereinstimmen oder von ihr abweichen.

Aber in keinem Falle wird diese Schätzung der Zeit an
die Stelle der Messung treten, wie etwa das Augenmaß neben
den Maßstab. Sie verzichtet nicht blos auf die objectiven
Mittel einer genauen Messung, sondern auch auf den Zweck
einer solchen. Dies wird am deutlichsten, wenn diese subjective
Meinung oder die subjective Beziehung der Dauer unmittelbar
neben der objectiv gemessenen Bestimmung derselben und ihr
widersprechend in unserem Bewußtsein auftritt. Wer sagt:
jener Winter ist oder war mir wie ein Monat, oder diese
Tage waren mir wie so viele Wochen, der kennt ja das Maß
der objectiven Zeit, welcher er gleichwohl für sich, für
seine Empfindung oder für sein Denken ein anderes subjectives
Maß zuschreibt. Oder vielmehr: es ist nicht blos ein sub=
jectives Messen, Schätzen, welches hier auf die Zeit angewendet
wird, sondern das was gemessen und geschätzt wird, ist nicht
„die Zeit", sondern nur die subjective persönliche Dauer
derselben. Es ist schwer, genau zu sagen, um was es sich
handelt; aber auch auf die Frage nach dem Wesen der Zeit=
schätzung wird hoffentlich noch ein helleres Licht fallen, wenn
wir später die Gründe derselben erörtern werden, durch welche
es überhaupt erst begreiflich werden muß: was es heißt und
wie es geschehen kann, daß wir neben einem klar erkannten
Maß eines Objects doch noch eine demselben widersprechende
Schätzung haben und als geltende und werthvolle festhalten

sollen. — Eine Betrachtung, welche bisher völlig brach ge=
legen, künftig aber ein sehr fruchtbares Ackerstück auf dem Felde
der Untersuchungen der Beziehungen zwischen dem Subjectiven
und Objectiven in unserem Geiste werden kann. —

Von der Weile unterscheidet sich die Schätzung der Zeit
dadurch, daß mit jener, welche zwar ebenfalls eine subjective
Meinung über Dehnung und Kürzung einschließt, zugleich das
Gefühl des Angenehmen oder Unangenehmen verbunden erscheint,
während diese nur eine subjective Messung ist.

In Bezug auf einen vergangenen oder einen zukünftigen
Zeitabschnitt gibt es eben gar kein Zeitgefühl; die verschiedene,
von der Wahrheit abweichende Schätzung schließt weder Be=
hagen noch Unbehagen ein; in Bezug auf gegenwärtige Zeit
aber kann entweder eine bloße subjective Schätzung des Ein=
drucks der Zeit oder ein aus dieser hervorgehendes Gefühl statt=
finden. Im Schmerz erscheint uns die Zeit sehr lang, in der
Arbeit oder der Fülle des Genusses erscheint sie uns kurz,
aber dort ist es nicht lange und hier nicht kurze Weile, die
wir empfinden. Das Zeitgefühl oder die Weile schließt sich
an die Schätzung der Geschwindigkeit; die subjective Zeitschätzung
aber bezieht sich nur auf die Dauer.*)

Auch die Schätzung der Zeit folgt bestimmten Gesetzen;
sie erfolgt aus bestimmten, psychologischen Gründen, d. h. unter
bestimmten Bedingungen.

Um diese zu erörtern, müssen wir vor Allem den Unter=
schied der Schätzung in Bezug auf vergangene, gegenwärtige
oder zukünftige Zeit in's Auge fassen.

In der Regel bezieht sich Schätzung von Zeit überhaupt
und der verflossenen im Besonderen nur auf die selbsterlebte
Zeit des schätzenden Individuums. Zwar finden wir in der
inneren Erfahrung der Menschen auch mancherlei Verschiedenheit

---

*) Es ist für die Leichtigkeit der Erläuterung sehr schade, daß wir
nicht neben Zeit und Weile noch ein drittes Wort besitzen, welches die
subjective Auffassung der Dauer ohne ein begleitendes, persönliches
Gefühl derselben von jenen beiden trennte.

in Betreff fremder, namentlich großer, weit über die eigene
Lebensdauer hinausreichender Zeitstrecken, welche der Beob=
achtung zu unterwerfen sind. So haben wir z. B. von einem
Jahrhundert eine leidlich bestimmte, faßliche, nach ihrem Ge=
halte unterscheidbare Vorstellung etwa im Gegensatze zu einem
halben Jahrhundert, zu einem Jahrzehnt. Viel minder deutlich
schon ist die Vorstellung eines Jahrtausends. Von einer
Million oder einer Milliarde Jahre aber haben wir im Grunde
genommen gar keine Vorstellung; die beiden Elemente, die
Vorstellung der Zahl und die des Jahres, stellen wir neben
einander, aber sie ergeben gar kein concretes, psychisches Gebilde,
es entsteht aus ihnen keine, mit wirklichem Gehalt erfüllte Vor=
stellungseinheit. Es beruht dies im letzten Grunde darauf,
daß wir von Zeit überhaupt keine Anschauung, sondern nur
eine Vorstellung besitzen, welche ihren Gehalt erst aus der Be=
ziehung zu wirklichen Anschauungen empfängt. Um zwischen
hunderttausend Jahren und einer Million Jahre in unserem
Vorstellen einen Unterschied zu machen, müßten wir unsere
Phantasie energisch anspannen und lange beschäftigen, müßten
faßbare Summen weitgedehnter Ereignisse an einander fügen;
dann erst könnte jener Unterschied in einer verdichteten Vor=
stellung wirklich gedacht werden, während er sonst fast nur
mit Worten ausgesprochen wird. — Aber alle dergleichen Ver=
schiedenheiten sind viel zu schwebend und nebelhaft fließend und
entziehen sich noch jeder psychologischen Prüfung.

Betrachten wir nun die auf eigenes Erlebniß bezogene,
oder doch an eigenem Dasein meßbare Zeit, so finden wir, daß
es auch innerhalb der Schätzung vergangener Zeit noch einen
wesentlichen Unterschied macht, ob es sich darum handelt, daß
erstens: entweder eine bis an die Gegenwart heranreichende,
oder mit ihren beiden Endpunkten in der mehr oder minder
von der Gegenwart entfernten Vergangenheit liegende Zeit=
strecke geschätzt werden soll; zweitens: entweder die Ent=
fernung eines bestimmten Zeitpunktes, zu welchem ein Er=
eigniß stattgefunden hat, oder die Länge der Zeitstrecke zwischen

jenem Ereigniß und einer späteren oder jetzigen Zeit vorgestellt
werden soll. Nur scheinbar nämlich ist der letztere Unterschied
keiner, und wir werden seine psychologische Begründung bald
kennen lernen.

Eine jüngst vergangene, an die Gegenwart heranreichende
Zeit erscheint uns als lang oder kurz je nach der Fülle von
Erlebnissen und inneren Vorgängen, mit welchen unsere Er=
innerung eben diese Zeitstrecke ausgefüllt findet; je reicher der
Inhalt, desto länger erscheint uns die Zeit, auch wenn wir ihr
objectives Maß genau kennen. Ich führe ein classisches Bei=
spiel an, dessen Gleichen wir in Bezug auf die Zeit alle erlebt
haben, in Bezug auf den Inhalt aber Wenige erleben können:
In's Tagebuch der italienischen Reise am 1. März 1788 schrieb
Goethe: „Es war eine reichhaltige Woche, die mir in der Er=
innerung wie ein Monat vorkommt. Zuerst wurde der Plan
zu Faust gemacht u. s. w." Immer wird natürlich die Schätzung
gegebener Zeit von der durchschnittlichen Masse ihrer Erfüllung
abhängig sein. Einem Anderen dürfte die Zeit, in welcher der
Plan zum Faust entworfen wurde, wie ein Jahr erscheinen;
dem Dichter desselben erscheint, nach dem Tempo seines schöpfungs=
reichen Zeitverlaufs, auch diese denkwürdigste Woche nur als
ein Monat.*)

Wäre aber die Erinnerung dürftig, hätten wir in der
Woche wenig geschaffen und wenig erlebt, so erschiene sie uns
wie Ein Tag. Es ist offenbar, daß eine solche wenig erfüllte
Zeit in der Gegenwart, während wir sie durchleben, uns sehr
lang erscheint; die Tage schleichen, wenn wir wenig oder
Nichts als nur Zeit und immer Zeit erleben; in der Schätzung
und im Gefühl dehnen sie sich. Aber eben deshalb erscheint
sie, die ehemals so langgestreckte Zeit, später in der Erinnerung
wie verschwunden, nichtig.

Aber wohlgemerkt, diese spätere Schätzung müssen wir wohl
unterscheiden von der Erinnerung an die Zeit, als wir sie er=

---

*) Ein satyrisches Gegenstück von Saphir: „Die drei Tage in R.
waren das merkwürdigste Jahr meines Lebens."

lebten, und sie so lang erschien. Zuweilen ist diese Erinnerung,
zumal wenn damals wirkliche Langeweile, d. h. das Gefühl
langer Zeit vorhanden war, so lebhaft, daß wir sie später noch
als langgedehnte Zeit gleichsam nachempfinden. Nur weil man
diese zwiefache Art des Rückblicks in einen verschwundenen
Zeitraum, d. h. ob man ihn jetzt einer Schätzung in Bezug
auf die Dauer unterwirft, oder der damaligen Schätzung sich
erinnert, meist nicht zu unterscheiden weiß, wird man von
Widersprüchen in der eigenen Meinung überrascht. So viel
über die verflossene wenig erfüllte Zeit; von der wohlerfüllten
aber ist dann noch Zweierlei zu merken.

Nicht davon allein hängt die Schätzung eines verwichenen
Zeitabschnitts ab, ob er wirklich reichhaltig an Erlebnissen war,
deren Bilder in unserem Gedächtniß ruhen, sondern ob wir
jetzt, während der Schätzung, uns dieses Reichthums auch wirk=
lich erinnern; nicht an den außerhalb des Bewußtseins im
tiefen Schacht des Gedächtnisses ruhenden, sondern an den
lebendig in's Bewußtsein steigenden und über die Fläche des=
selben sichtbar schreitenden Vorstellungen messen wir die Zeit
ihrer Bildung. Wiederum kommen daher in Bezug auf die=
selbe gehaltvolle Zeit die Widersprüche, daß wir sie bald als
sehr lang beurtheilen, weil wir uns ihres reichen Inhalts leb=
haft erinnern, bald als kurz, weil wir mit unserem Gedenken
nur flüchtig darüber hinschweifen.

Damit hängt sofort eines anderen Unterschiedes oft erlebte
Beobachtung zusammen. Eine vergangene Zeitstrecke, welche
uns damals sehr kurz erschien, weil sie von rasch wechselndem
Lebensinhalt erfüllt war, weil sie in Scherz, Spaß, Spiel und
Kurzweil dahinfloß, erscheint uns auch später nicht als lang,
sondern wie verflogen, wie nichtig, grade wie eine leere Zeit;
und zwar deshalb, weil wir zwar Viel aber wenig Denk=
würdiges, wenig, dessen wir uns wirklich erinnern, erlebt hatten.

Gilt es nun aber nicht einen vergangenen Zeitraum,
sondern die Entfernung eines bestimmten Zeitpunktes von
der Gegenwart zu schätzen, ist also die Frage, ob mir die Zeit,

seit ich den Freund zuletzt gesehen, seit ich die Heimath ver=
lassen u. dgl., lang oder kurz erscheint, so wird das Urtheil
verschieden (und weil beides nach einander möglich, wider=
sprechend —) sein: zunächst je nachdem wir entweder das ent=
fernte Erlebniß selbst oder die dazwischen liegende Kette von
Erlebnissen in's Auge fassen; aus beiden aber folgt, je nach
verschiedenen psychischen Bedingungen, ein Verschiedenes. Ist
nämlich das Bild des früheren Ereignisses, der Personen, welche
mitgespielt, der Umstände, die es veranlaßt, begleitet haben,
noch ein sehr lebendiges, tritt es uns scharf und deutlich in's
Bewußtsein, dann erscheint uns der Abstand von damals zu
heute so kurz; wir sagen: es ist mir, als wäre es gestern ge=
wesen; „ich sehe noch wie u. s. w., ich höre noch wie u. s. w.“,
und damit gibt man unbewußt, aber treffend den Grund an,
weshalb uns der zwischenliegende Zeitraum so kurz erscheint.
Ist dagegen das Bild verblaßt, können wir uns dasselbe durch=
aus nicht vergegenwärtigen, wollen sich die Vorstellungen in
der Erinnerung gar nicht zu einander finden: dann erscheint
die Sache so in weiter, weiter Ferne zu liegen, viel weiter, als
manches Andere, das doch — etwa aus den Jünglings= und
den Kinderjahren — unzweifelhaft viel länger her ist.

Jeder Mensch trägt in sich einen Durchschnittsmaßstab
für die Art, wie sich seine Vorstellungen mit der Zeit abblassen;
er wird zum Maßstab der Zeitschätzung, welcher in dem Grade
trügt und sich widerspricht, als die einzelnen Vorstellungen in
der That dem Durchschnitt sich entziehen, diese lebendiger und
frischer bleiben, jene vorzeitig das Gepräge verlieren. Aus wie
unzählig vielen Ursachen Beides geschieht, weiß uns die Psycho=
logie zu belehren; nur daß wir hier dieser Belehrung nicht
lauschen können. Müßte ich doch sonst auch die Unterschiede
verfolgen, ob das Bild des Freundes, der Heimath aus jener
längst vergangenen Zeit inzwischen oft oder minder oft sich in
unserer Erinnerung wiederholt hat, ob es (unter verschiedenen
Umständen kann nämlich Beides geschehen) durch die häufigen
Wiederholungen sich immer wieder belebt, sich geklärt und be=

festigt, oder ob es sich in vielfachen Verbindungen verzettelt,
abgeschliffen und verwischt hat; ob sich zur Erinnerung auch
die Erinnerung der Erinnerungen fügte, um sie zu verstärken.
Und wie viel hängt davon ab, ob die vielfach wiederholten
Erinnerungen mit Gefühlen begleitet waren, etwa der Sehn=
sucht. Wie lang scheint uns die Zeit, da wir immer wieder
des Freundes, der Heimath gedacht, aber immer und immer
sie aufzusuchen außer Stande waren. Darum ist ihr Bild so
deutlich und — nahe; und doch wiederum eben deshalb auch
so fern, wenn die Aufmerksamkeit der Zwischenzeit und nicht
dem Bilde selbst sich zuwendet. Soll ich noch daran erinnern,
daß neben dem Gepräge der Vorstellung selbst und seiner Dauer,
neben den Gefühlen, welche sie begleiten, auch das Verständniß
derselben zum Maßstab für die Zeitschätzung wird? Haben sich
unsere Lebensverhältnisse, die Bildung, der Wohlstand wesent=
lich geändert, dann sind wir mit unserem Ich in andere
Regionen versetzt und die Bilder aus den früheren rücken nach
dem Maße ihrer sachlichen Entfernung in ebenso ferne Zeiten
für uns. Daß der Umschwung der öffentlichen Zustände nicht
anders wirken wird, versteht sich von selbst. „Menschengedenken"
wird deshalb zu verschiedenen Zeiten, auch bei verschiedenen
Völkern, und bei den verschiedenen am Gang der Geschichte
mehr oder minder theilnehmenden Schichten der Bevölkerung
eine sehr verschiedene Strecke subjectiver und vollends objectiver
Zeit bedeuten.

Alle diese Differenzen gelten nun auch für den anderen
Fall, den wir beachten wollten, daß wir nämlich jetzt nicht an
das ferne Erlebniß, sondern an die zwischenliegende Zeit denken
und diese messen. Dann handelt es sich darum, wie viele und
wie klare und wie reichhaltige Erinnerungen auftauchen in unserem
Bewußtsein; heute finden wir, daß seit jenem Ereigniß eine
undenkbar lange Zeit verflossen ist, denn in rascher Folge treten
alle großen und ernsten Momente unserer Lebensgeschichte
hervor und wie Spitzen der Berge deuten sie auf die weiten,
weiten Abstände durch die Thalgründe; morgen eilt das Ge=

spräch aus der Vergangenheit in die Zukunft, keine Bilder aus
jener heben sich empor, und Jahrzehnte erscheinen kaum wie
Jahre. „Was ist Alles inzwischen geschehen; eine ganze Welt
liegt zwischen damals und jetzt", sagt man bei lebhafter Er=
innerung; „die Zeit ist verflogen wie ein Traum, wie ein
Nichts", wenn man nur in die Leere der Vergangenheit blickt
und ihren Inhalt übersieht.

Ich schließe aber diese Betrachtung der Schätzung ver=
gangener Zeit mit einem Beispiel, welches in gedrängtester
Weise zeigt, wie alle die berührten Gegensätze für denselben
Menschen, in Bezug auf denselben Gegenstand im raschen
wechselnden Spiel der Vorstellungen sich verwirklichen können.

In den Vagabonden läßt K. v. Holtei seinen Helden
Anton von der Wanderung heimkehrend auf der Anhöhe stehen,
vor welcher sein Heimathdorf völlig unverändert daliegt: „es
ist auch bald sieben Jahre her, daß ich fortlief; — sieben
Jahre! Mir kommt es vor als wenn es siebzig wären, so
Vielerlei ist mir begegnet, daß ich es gar nicht durchdenken
kann, ohne schwindlich zu werden; wenigstens heute nicht. Und
dann wieder, wenn ich nach dem Dorfe schaue, nach dem Kirch=
thurm, da ist mir wieder, als wär's kaum sieben Tage, daß
ich abwesend war . . ." Der Commentar dieser Stelle für
unseren Gedankengang ergibt sich aus dem Vorangegangenen
von selbst; nur dies möge noch Raum finden. Der Ring des
weitgedehnten, abwechslungsreichen Vorstellungskreises vom
Tage, da er das Dorf verlassen, schließt sich bei der Verbin=
dung des Erinnerungsbildes mit dem Anschauungsbilde desselben.
Jetzt treten in rascher Folge und heftigster Bewegung — nicht
in chronologischer Reihe, noch aus chronologischen Motiven,
sondern aus vielfachen Reproductionsgründen sich rufend und
hebend, — massenhafte Vorstellungen der vagabondenhaft reichen
und schweifenden Bilder seiner Schicksale auf; sie wallen und
wogen durch einander, abwechselnd vielleicht bald aus dem 1.,
dem 6., bald 2. Jahr, aus dem 5., wieder aus dem 1. u. s. w.;
so erscheinen es 70 Jahre, und so wird ihm schwindlich vor der

Fülle der Gesichte. Er kann es nicht durchdenken, wenigstens heute nicht; die Seele ermüdet an der schwindelnden Massen=bewegung; diese läßt nach, die Vorstellungen sinken bis auf, auch unter die Schwelle des Bewußtseins; das innere Auge wendet sich ab von der ganzen Vergangenheit; das äußere wendet sich zum Dorf, noch bestimmter zum Kirchthurm; diese Anschauung nun ruft die frühere Vorstellung desselben allein oder fast allein in's Bewußtsein; diese steht klar und fest neben jener und so nahe, so unverändert, daß die Zeit ihrer Ent=stehung nur 7 Tage fern zu liegen scheint.

Von der gegenwärtigen Zeit kann im strengen Sinne eigentlich nicht geredet werden; denn sie ist immer nur ein Punkt, durch welchen die Vergangenheit in die Zukunft geht. Unser Zeitbewußtsein aber pflegt irgend einen zusammengesetzten, in sich aber zusammenhängenden Vorgang als eine Einheit auf=zufassen und ihn, ob er gleich die jüngstverflossenen und nächst=künftigen Momente mit umfaßt, als Gegenwart zu betrachten — und sprachlich zu bezeichnen. In den romanischen Sprachen, im Deutschen wenigstens in den allemannischen Dialekten, sagt man „wirklich" für „jetzt": was auf uns wirkt ist gegen=wärtig wie im Raum auch in der Zeit. Was also von einer zusammenhängenden noch fortdauernden Wirksamkeit auf oder für uns umschlossen wird, gilt als Gegenwart.*) Also ein Schauspiel, ein Spaziergang, eine Arbeit, in deren Mitte wir uns befinden, wird als Zeiteinheit und Gegenwart vor=gestellt, welcher wir eine subjective Dauer aus psychologischen Gründen beilegen, die den vorher bei der Vergangenheit und bei der Weile besprochenen zwar nicht überall gleich, aber doch analog sind und nicht weiter ausgeführt werden sollen. Bemerken

---

*) Die innere Sprachform dieses Wortes leugnet eben so die zeit=liche Wirkung in die Ferne, wie die heutige Physik die räumliche. Ob sie berechtigt ist? Ob alle Wirkung in die zeitliche, also geschichtliche Ferne nur auf dem beruht, was von dem Entfernten noch wirklich gegenwärtig ist? Das zu zeigen wäre eine hübsche und fruchtbare Aufgabe.

will ich nur, daß wenn man sprachlich und auch in der Vor=
stellung, je nach den Gegensätzen, um die es sich handelt, auch
größere Zeitstrecken — diese Woche, diesen Sommer oder gar
dieses Jahr — als Gegenwart bezeichnet, dann die specifischen
Merkmale und Erfolge derselben für das subjective Zeitbewußt=
sein nicht vorhanden sind.

Wir schätzen alle Zeit durch die vergleichende Apperception
der inneren Vorgänge in unserer Seele, welche sie erfüllen.
Daraus folgt, daß jede zukünftige Zeit in Bezug auf die sub=
jective Dauer, die wir ihr beilegen, da sie einen wirklichen
Inhalt noch nicht hat, abhängig ist von dem Bilde, welches
unsere Phantasie über jenen Inhalt uns entwirft. Sei es,
daß wir die Entfernung eines Zeitpunktes in der Zukunft, sei
es, daß wir eine Zeitstrecke, welche vor uns liegt, fragend in's
Auge fassen: von der Lebendigkeit der Phantasie und dem
Reichthum des, meist mit Hülfe der Analogie eigener und
fremder Vergangenheit geschöpften, Materials, das ihr zu Ge=
bote steht, wird es abhängen, ob jenes Ziel uns fern oder nah,
ob der Weg zu ihm lang oder kurz erscheint.

Im Allgemeinen aber gehen weder der Anlaß, noch auch
die Gründe der Zeitschätzung in Bezug auf die Zukunft aus
solchen gleichsam rein theoretischen Anschauungen hervor; viel=
mehr überwiegen hier in den meisten Fällen die Gefühle, welche
sich für uns an diese Zeiträume und deren Ereignisse knüpfen.
Hoffen und Fürchten mit den verschiedenen Graden ihrer Innig=
keit und ihrer lebendigen Deutlichkeit entscheiden darüber, ob
uns die Zeit bis zum Eintreffen eines erwarteten Ereignisses
lang oder kurz erscheint. Angst und Sorge krümpfen die Zu=
kunft und lassen die Zeitstrecken einschrumpfen; Sehnsucht, leb=
hafte Erwartung dehnen und strecken die Dauer, die noch durch=
messen werden muß. Unser Freund soll morgen kommen; die
dazwischen liegende Zeit wird unwillkürlich zum Gegenstand
der Schätzung ihrer subjectiven Dauer. Das Bewußtsein, daß
wir an der objectiven Dauer derselben n i c h t s ä n d e r n

können, während die Sehnsucht sie verkürzen möchte, läßt sie
desto mehr als lang erscheinen.

Umgekehrt beim Fürchten.

Die Zeit bis zum October, klagt Jemand im August,
erscheint mir noch so lang. „Laßen Sie“, sagt ein Anderer,
drei Monate auf sich ziehen und Sie sollen sehen, wie die
drei Monate verfliegen werden.“ — Ich hoffe, daß viele von
den verehrten Damen, obgleich die moderne Gesetzgebung
die Courtoisie gehabt hat, sie auch im juridischen Sinne
als „wechselfähig“ zu erklären, dieses Beispiel nicht verstehen;
nehmen wir ein anderes. Der Tag, wann ein anwesender
Freund uns verlassen muß, sei festgesetzt: dann scheint uns
die Zeit bis dahin sehr kurz; umgekehrt scheint der Tag, wann
wir den abwesenden Freund erwarten dürfen, sehr fern.

Sehr bemerkenswerth ist hier noch das Gesetz fortwährender
Veränderung der subjectiven Zeitgröße, je näher das Ziel der
Gegenwart kommt; man kann das Maß der von Erwartung
erfüllten Zeit als eine Wellenlinie mit ansteigenden Curven
bezeichnen, und je näher das Ufer, desto höher die Wellen;
nur daß in der Furcht die Kürzung, in der Hoffnung die
Dehnung immer größer wird. Es sei uns ein werthvolles
Begegniß für die Zukunft, vielleicht auf Tag und Stunde, fest
bestimmt. Monate lang haben wir es mit so viel Gleichmuth
erwartet, daß wir den Aufgaben und Erfolgen des Lebens
mit vollem Interesse folgen konnten. Aber was uns 4 Monate
lang in Ruhe ließ, versetzt uns in den letzten, wenigen Tagen
in die größte Unruhe. Dem entsprechend scheint auch die Zeit
sich immer langsamer vorwärts zu bewegen. Wir haben früher,
jeweilen daran erinnert, die noch fehlende Zeit bis zur Er=
füllung nach Monaten, dann nach Wochen, später nach Tagen
und selbst nach Stunden gezählt: da erschienen denn die Wochen
wie Monde, dann die Tage wie Wochen; jetzt sagen wir selbst
von den Stunden: sie seien endlos; sie scheinen wie ein
störrisches Thier nicht von der Stelle zu wollen.

Je nach dem persönlichen Gewicht des erwarteten Er=
eignisses, je nachdem es zugleich unser Gemüth, vielleicht auch
unsere Sinne aufregt, steigt die Unruhe, und die letzten Stun=
den — oft schon die letzten Tage — finden uns unfähig, die
Aufmerksamkeit durch ein Geschäft oder durch einen Genuß
zu fesseln. Wir leben nur in der Zukunft, die Gegenwart ist
Nichts; sie ist Nichts als die Unruhe der Erwartung; weil
nun die Seele von nichts Anderem erfüllt ist, als von Warten
und Harren, von jenen ursprünglichen, psychologischen Elementen
der Zeitvorstellung, deshalb erscheint uns auch die Zeit so lang.*)

[Ich kann mir nicht versagen, hier auf eine zwar von
der Frage der Zeit fernliegende, aber höchst interessante Er=
fahrung hinzuweisen: Tritt nach so heftiger Erwartung endlich
der Moment der Erfüllung ein, wir halten den Freund nun
in den Armen u. dgl. — dann bleibt der vermuthete, so sicher
erwartete Jubel der Seele aus und es macht sich vielmehr
eine gewisse Starre des Gemüths bemerkbar. Es wird an
mannigfachen, auch physiologischen, Gründen für diese That=
sache nicht fehlen; ich will wenigstens auf einen rein psycho=
logischen Grund hindeuten. Die Lebhaftigkeit des vorauseilenden
Phantasiebildes ist unter der hochgespannten Erwartung so
groß geworden, daß der Abstand der Wirklichkeit oder des

---

*) Ich habe oben schon erwähnt und unterlasse nicht hier daran zu
erinnern, daß wir an diesem Falle den Unterschied der subjectiv langen
Zeit von der langen Weile deutlich bemerken können. Die heftigen
Gefühle des Harrens und Hoffens, an welche die Vorstellung der Zeit
sich anschließt, erfüllen die Seele ganz und dergestalt, daß ein anderes
Gefühl, also auch das Zeitgefühl neben ihnen nicht Raum findet; oder
mit anderen Worten: der persönliche Zustand besteht gänzlich nur in
jenen Inhaltsgefühlen, neben welchen das Zeitgefühl eben so wie alle
anderen abweichenden Gefühle gar nicht aufkommen können. Umgekehrt
erscheinen die drei Monate, welche der Wechsel zu laufen hat, sehr kurz,
sie sind aber gar nicht kurzweilig. Nicht eine angenehme Verkürzung
der Zeitstrecke, die wir suchten und die der ironische Rathgeber uns
verspricht, erlangen wir, sondern nur ein Heranrücken und gleichsam
Gegenwärtigsein des entfernten, aber gefürchteten Zeitpunktes der Zahlung.

realen Anschauungsbildes von demselben: viel geringer ist, als
in anderen Fällen; die Wirklichkeit der Erfüllung also bringt
die V e r ä n d e r u n g nicht, welche man nach sonstiger Erfahrung
von ihr erwartet hat. Und eben dieser Fehlerfolg, mehr oder
minder deutlich appercipirt, setzt dann auch die Seele in eine
gewisse Verwirrung. — Nicht minder interessant und weiterer
Untersuchung werth ist übrigens auch eine andere (vielleicht
ebenfalls auf dem Grunde des zum Maximum gesteigerten
Phantasiebildes ruhende) Erscheinung, daß meist gegen das
letzte Ende der Erwartung die Stärke ihrer Aufregung abnimmt
und eine Art von uns selbst auffälliger und unerklärlicher
Windstille des Gemüthes eintritt. Ja sogar die Zeitvorstellung
nimmt einen anderen Charakter und gleichsam eine rückläufige
Bewegung an. Um 7 Uhr soll der Freund oder besser die
Geliebte ankommen; wir haben in arbeits= und genußunfähigster
Muße von 3 Uhr an wer weiß wie oft auf die Uhr gesehen;
dann ist dies unterblieben, plötzlich finden wir: „Herr Gott!
es ist schon nach sechs" — und haftig geht es nach dem
Bahnhof. Gerade die eine letzte Stunde, die noch fehlt, scheint
uns wieder sehr kurz zu sein.]

Ich habe hier nur einige Bedingungen genannt, von denen
gewisse Schätzungen der Zeit abhängig sind; es gibt deren
aber noch sehr viele und an Verbindungen und Kreuzungen
derselben kann es nicht fehlen, welche die große Mannigfaltigkeit
der Erfahrungen auf diesem Gebiete zu erklären im Stande
sind. Hier ist namentlich auch nur auf solche psychologische
Umstände hingewiesen, welche aus dem inneren Vorgang sich
ganz allgemein und für Jedermann ergeben. Daß die per=
sönliche Individualität sich auch in der Begünstigung der einen
oder der anderen dieser Bedingungen und überhaupt in der
Schattirung ihres Einflusses geltend machen wird, darf man
als selbstverständlich ansehen. Zwischen der Allgemeinheit der
Bedingungen und ihrer Erfolge und der persönlichen Individualität
ihrer Erzeugung stehen jene Besonderungen des allgemeinen
Gesetzes, welche sich für verschiedene Classen und Arten als

gemeinsame aus den gleichartigen Lebensverhältnissen ergeben; nur darf man nie vergessen, daß diese Bestimmungen niemals ausschließlich gelten, sondern sowohl von dem allgemeinen Gesetz wie von der einzelnen Individualität der Personen und der Umstände bedingt und durchkreuzt werden.

Zu diesen psychologisch verschiedenen Classen gehören in Bezug auf die Zeitschätzung die verschiedenen Lebensalter. Alle Verhältnisse der Zeit, die Vorstellung, die Werthung derselben, speciell auch ihre Abschätzung, sind in jedem Alter des Menschen verschieden.

Paul Janet hat in dieser Richtung einige werthvolle Betrachtungen angestellt (Revue Philosophique, Mai 1877) und das, wie er meint, allgemeine „Gesetz" gefunden: je älter der Mensch sei, desto kürzer erscheine ihm eine gewisse Zeitdauer, und je jünger er noch sei, desto länger erscheine sie ihm. Ein Mann von 50 Jahren halte Ein Jahr für 5 mal kürzer als ein Knabe von 10 Jahren. Begründet sei diese Verschiedenheit und die Proportion der Schätzung dadurch, daß jeder den fraglichen Theil der Zeit mit der ganzen bis dahin abgelaufenen Dauer seines Lebens unbewußt vergleiche; also bedeute ein Jahr für den Knaben $\frac{1}{10}$, für den Mann aber $\frac{1}{50}$ des Ganzen. Wahrlich, einer scholastischen Psychologie muß ein so nett und scharf ausgesprochenes, in so bestimmten Zahlen sich bewegendes und scheinbar so exact begründetes Gesetz wie ein großer Fund erscheinen. Einer besonnen forschenden, den Illusionen abgeneigten Psychologie dagegen ist damit nur eine von vielen gesetzlichen Bestimmungen gegeben, welche den gewaltigsten Modificationen durch andere unterworfen ist; also ein Körnlein Wahrheit, welches um Wahrheit zu bleiben, durchaus auch als bloßes Körnlein erkannt und erklärt werden muß. In einem späteren Heft derselben Revue (August 1877) hat schon Th. Bernard mit eben so viel Recht als Nachdruck auf die voreilige Verallgemeinerung, mangelhafte Begründung der von Janet sogenannten „Gesetze" hingewiesen und statt der äußeren Bestimmung eine innere

Einsicht in den seelischen Vorgang gefordert. Wir enthalten uns hier natürlich der weitläufigen Erörterung; ein einziges Beispiel kann die schwache Seite einer solchen einseitigen und ausschließlichen Auffassung in's Licht stellen. Die Eltern im Alter von 50 Jahren bestimmen, daß die Hochzeit der Verlobten in Einem Jahre stattfinden soll. Seien die Brautleute 25 Jahre. Gewiß diesen wird das Jahr länger vorkommen als den Eltern, aber nicht noch einmal so lang, sondern vielleicht 10 mal so lang. Dagegen den Geschwistern, welche auch nur um die 25 Jahre herum alt sind, wird das Jahr kaum länger als den Eltern, aber sehr viel kürzer als den Brautleuten vorkommen. Noch eins. Seien diese anstatt 25 vielmehr 35 Jahre, dann wird ihnen das geforderte Jahr des Wartens bis zur Hochzeit nicht blos nicht kürzer, sondern vielleicht viel länger erscheinen. Kurz: das zurückgelegte Lebensalter wird wohl eine, aber auch nur Eine von den Bedingungen sein, welche die Schätzung der Zeit bestimmen; und um sie als solche wissenschaftlich zu erkennen, müßte nun noch erst der psychologische Proceß nachgewiesen werden, durch welchen es geschieht, daß die eigene, durchlebte Zeit zum Maßstab aller Zeitschätzung genommen wird.

Bleiben doch auch die Unterschiede, die wir als offenbare Bedingungen der Zeitschätzung kennen gelernt haben: Vergangenheit oder Zukunft, Fürchten oder Hoffen u. dgl. neben der Verschiedenheit des Alters unstreitig bestehen.

Und selbst dies ist nicht ausgeschlossen, daß wir bei zweien Personen von derselben Altersstufe — und sogar in Folge dieser Altersstufe — die gleiche Zeitschätzung und dennoch aus verschiedenen psychologischen Gründen finden. Wir sollen eben die Eigenartigkeit des psychischen Lebens, die wesentlich in der endlosen Fülle seiner mannigfaltig combinirten Erscheinungen besteht, nie aus den Augen lassen. Einem rüstigen, noch in vielen Aufgaben beschäftigten Greise und einem schon ganz der Muße ergebenen erscheint das Jahr auf gleiche Weise, aber aus verschiedenem Grunde sehr kurz: jenem ist das Jahr schnell in der Fülle des Wirkens von Tage zu Tage herum gegangen; er hat alle Tage kurz gefunden und findet auch das Jahr so, weil er noch vielmehr Schaffens in den Ring der Zeit drängen möchte; diesem waren die Tage leer und lang, aber das Jahr erscheint im Rückblick leer und darum kurz.

Einer bejahrten und sehr gebildeten Freundin verdanke ich von ihr selbst und ihren Freunden gemachte Erfahrungen über die Zeitschätzung der Alten. Aber nicht minder wichtig war mir die verschiedene Deutung, welche diese Alten selbst ihren Erfahrungen gegeben. Nur Einiges davon will ich nicht un= erwähnt lassen. Im Alter kommt Einem die jüngst verlebte Zeit immer sehr kurz vor; „schon wieder ein Vierteljahr; schon wieder ein Jahr herum!" Vielleicht daß man im Alter, gegen früher, weniger erlebt, weil man das Erlebte weniger tief empfindet, weil die Sachen immer weniger neu, also immer weniger ergreifend sind. Für die Abnahme der Empfänglichkeit konnte ja Herbart schon aus dem bloßen psychischen Mechanis= mus Gesetze ableiten. Von wie vielen anderen, zum Theil physiologischen Bedingungen, wird noch der Mechanismus be= gleitet und unterstützt.

Noch specifischer aber sei es, daß dem alten Menschen auch die nächsten fünf Jahre nach seiner Meinung schnell herum sein werden, während es früher schien, als ob fünf vorliegende Jahre eine sehr lange Zeit wären.

Meine Freundin meinte: die Flüchtigkeit der Zeit werde — durch die Länge der Erfahrung — immer deutlicher. Wenn dagegen der verstorbene Irrenarzt Martini glaubte: die Jahre wären gleichsam concentrische Kreise, die immer kleiner würden, weil nur noch geringere Zeit zu leben ist, folglich auch das Jahr schnell herum ginge: so deutet dies auch auf eine vergleichende Messung, aber nicht mit der bereits erlebten, sondern mit der noch erwarteten Lebensdauer. Wie verschieden müßte diese bei den Personen wieder sein nach dem Maße der Gesundheit und der Frische aller Lebensgefühle.

Doch ich breche diese Betrachtungen ab, durch welche nichts deutlicher zur Anschauung kommen konnte, als die eine Thatsache, daß die Psychologie hier vor einem Gebiete voll der unsäglich mannigfachsten Erscheinungen des inneren Lebens steht, welche nur dann auf eine befriedigende Art durchleuchtet und in ihrer Gesetzmäßigkeit erkannt werden können, wenn man nicht blos die objectiven Verhältnisse der Personen, sondern auch die inneren Vorgänge, die sich aus ihnen ergeben oder auf sie beziehen, und neben den andauernden und gleichmäßigen Bedingungen auch die augenblicklichen und wechselnden in Erwägung nimmt.

Der Erfolg dieser Bemühungen wird eine psychische Optik sein.*) Es liegt nahe, an den Vergleich mit dem Augenmaß zu denken. Durch das Augenmaß wird die Größe oder der Abstand eines räumlichen Objects anstatt durch das Anlegen eines festbestimmten Maßes durch die eigenen Bewegungen gemessen, theils des ganzen Augapfels, theils der Reizbewegung in den Zapfen der Netzhaut, theils jener feinen Muskeln im Innern des Auges, durch welche der Glaskörper platt oder rund gezogen wird. Die Schätzung der Zeit geschieht gleichfalls durch die inneren Bewegungen der psychischen Elemente; hier ist, wie der Inhalt so auch der Vorgang, durch welchen er gewonnen wird, rein geistiger Art. Wir reden und denken immer bald bestimmt, bald unbestimmt, grade wie wir auch bald scharf und bald unsicher sehen. Bringen wir irgend ein Object absichtlich zum klaren Bewußtsein, so denken wir sofort anders darüber, als im Moment vorher. Daher uns dieselbe Zeit, sofort wenn wir uns nach der Dauer fragen, anders erscheint, als im unbewachten und unbewußten Lauf der Vorstellungen.

Jede scharfe oder schlaffe Zeitschätzung aber geschieht immer nur nach inneren Processen; denn auch alle äußeren Vorgänge werden zu Maßen unserer Zeitvorstellung ja nur dadurch, daß

---

*) Paul Janet überschreibt seine Abhandlung treffend „Une Illusion D'Optique interne". Die Aufgabe einer psychischen Optik in noch viel weiterem Sinne habe ich schon in den „Ideen der Geschichte" (1863) und sonst angedeutet.

sie schließlich auf (ungemein verdichtete und durch lange Er=
fahrungsreihen auf einander geschichtete) Vergleichungen äußeren
Zeitverlaufs mit der Dauer innerer, psychischer Processe zurück=
gehen. Der wichtigste Unterschied vom Augenmaß ist dann
noch dieser: selten nur kommt es in der Zeitschätzung darauf
an, die Zeitmessung durch sie zu ersetzen, die objective Dauer
ohne künstliches und objectives Maß anzugeben. Nur zuweilen
haben wir die Absicht, ohne Uhr zu finden, welche Zeit es
sei, oder welche Zeit verstrichen sei. Auch in der Erfüllung
dieser Absicht sind die Menschen verschieden: die Einen haben
ein geschärftes Zeitbewußtsein, sie sind lebendige Uhren; selbst
mitten in der Nacht geweckt, wissen sie wie spät es sei. Anderen
ist das innere Auge stumpf, um die Zeit und ihren Verlauf
zu erkennen. Es ist aber zur Genüge oben erörtert worden,
daß es sich in der Zeitschätzung allermeist gar nicht um Er=
kenntniß der objectiven Zeit, sondern neben ihr und gegen sie
um die subjective Dauer handelt. Diese ist nun vollends
von rein innerlichen Beziehungen, welche an den inneren Be=
wegungen hervortreten, abhängig, und darum so vielgestaltig,
daß die psychische Optik eine sehr verwickelte Wissenschaft werden
und sein wird. — — —

Lassen wir uns aber nur noch einen Augenblick durch den
Vergleich mit der physischen Optik leiten und eine einzige That=
sache wird uns aus dem Reiche der Zeit in das der Ewig=
keit führen.

Wenn zwei Spiegel einander gegenüberstehen, dann sieht
man ihre Bilder und die Bilder dessen, was in der Mitte
zwischen ihnen ist, sich fort und fort wiederholen und in die
Tiefe bis zu scheinbar endloser Ferne sich fortsetzen. So steht
auch jede Vorstellung von gegenwärtiger Zeit zwischen den
psychologisch nothwendigen Fortsetzungen derselben in Vergangen=
heit und Zukunft. Die räumlichen Spiegelbilder werden nach
optischen Gesetzen, die aus dem Bau unseres Auges fließen,
immer kleiner und kleiner, die Linien neigen gegen einander,
bis sie allmählich sich schneiden, die Bilder in einem Punkte

ihre endliche Grenze erreichen. Nicht so mit der Vorstellung
der Zeit für unser inneres Auge; unser Denken findet hier
keine Schranke, in absoluter Endlosigkeit dehnt sie sich nach
beiden Seiten in die Ewigkeit. Freilich eine klare und be=
stimmte Vorstellung von ihr empfangen wir nach der Beschaffen=
heit unseres psychischen Processes ebenfalls nicht; nur dem
philosophischen Denken und auch diesem nur in abstracter, nicht
in concreter, energisch lebendiger Weise entsteht sie. Vom
reinen, weißen Licht werden wir Alle geblendet; nur das in
den Farben des Endlichen gebrochene Licht des Unendlichen
können wir mit Ruhe schauen. Einige aber leiden auch geistig
an der Farbenblindheit und sehen in Allem naturgesetzlich nur
die harten Linien der Endlichkeit und Nichts von dem Wider=
schein und Abglanz des Unendlichen in demselben.

Hüten wir uns und sorgen wir dafür, unser geistiges
Auge gesund zu erhalten. Daß über alle Zeit hinaus, vor
und nach jeder gemessenen Zeit die Ewigkeit ist, dem kann sich
ein gesundes, natürlich entwickeltes Denken nicht entziehen. Und
wenn alle Annahme von Zeit (etwa nach der von Kant ge=
setzten Möglichkeit) nur auf Täuschung beruht: der Gedanke
der Ewigkeit würde unberührt davon eine ewige Wahrheit
sein. Die Ewigkeit ist; über allen Zweifel und über alles
Denken erhaben ist sie. Und sollte der Gedanke der Ewig=
keit nur in endlichen Wesen, welche einen unendlich kleinen,
völlig verschwindenden und fast nichtigen Theil derselben mit
ihrem Leben und Denken erfüllen, sollte nur in diesen der
Gedanke der Ewigkeit entstehen? Und sollte dem denkenden
Wesen, welches die Ewigkeit denkt, von dieser nicht mehr als
ein bloßer Gedanke zu Theil werden?

Aber durchaus nicht in dem Sinne etwa, wie Spinoza es
gemeint hat, sollen wir die Dinge aus dem Gesichtspunkt der
Ewigkeit (sub specie aeterni) betrachten: als ob nämlich ihre
endliche Erscheinung und ihre zeitliche Gestaltung nichtig, als
ob sie unwahr, wesen= und werthlos wäre.

Wenn Kant nur von der Möglichkeit redet, daß alle räumliche und zeitliche Betrachtung der Dinge, weil sie eine subjective, durch die Natur unseres denkenden Wesens gesetzte ist, auch eine täuschende sein könnte, die dem wahren Wesen des Dinges an sich nicht entspringt, so gilt für Spinoza ganz bestimmt, daß alle Anschauung des Endlichen dem wahrhaft Seienden nicht adäquat ist.

Nein! die Bestimmtheit der Dinge abstreifen, heißt nicht sie auf adäquate Weise erkennen; ihre Bestimmtheit ist ihr Wesen und bildet ihren Werth. Die ganze Anschauung Spinoza's ist der Erfolg einer falschen Speculation, welche aus voreiliger Verallgemeinerung einer einseitigen Erfahrung sich ergibt, und die in dem Satze wurzelt, daß alle Begrenzung und alle Bestimmtheit eine Verneinung sei (omnis determinatio est negatio).

Ich will darauf kein Gewicht legen, daß wir psychologisch ganz unzweifelhaft zu dem Gedanken des Allgemeinen, des Unendlichen und Ewigen, des von Endlichkeit Nicht-Bestimmten nur auf dem Wege der Verneinung des Endlich-Bestimmten gelangen; daß unser erstes Erkennen, also die Quelle all unseres Erkennens im Denken des Endlichen und Bestimmten fließt. Denn möchte dies auch der Anfang sein, das Ziel des Denkens könnte im Unendlichen liegen, und in diesem allein erst die Wahrheit gefunden werden. In der That, das Unendliche, ob es gleich, wie das Wort es schon zeigt, auf dem Wege der Verneinung für unser Denken gefunden wurde, ist auch an sich ein Positives, ein Wahres und Wirkliches. Es ist zugleich die Wurzel alles Endlichen und Bestimmten.

Aber durch das Eingehen in die Bestimmtheit verliert das Unbestimmte seinen Werth und seine Wahrheit nicht, vielmehr es gewinnt sie dadurch erst. Wohl ist auch der Marmorblock ein Wirkliches in seiner Unbestimmtheit und trotz derselben; mit jeder bestimmteren Linie aber, die ihm gegeben wird, nähert er sich allmählig der gesuchten Form des Bildwerkes, in welchem er seinen höchsten Werth, seine volle Wahrheit erlangt. Oder um das hier Wichtigere zu nennen: der Weltäthernebel sei ein Wirkliches und Wahres, der wirkliche Stoff, aus dem die Welten sich gebildet: nur erst in den wirklich gestalteten, in unzähligen endlich bestimmten Formen ausgebildeten Welten hat er sein wahres Wesen erreicht, seine volle Wirklichkeit ge= wonnen.

Eine andere Betrachtung aber müssen wir noch hinzu= nehmen, um das Verhältniß von Ewigkeit und Zeit richtig auf= zufassen, welche gewiß auch Spinoza vorgeschwebt hat. Auf dem Wege der Beobachtung und der Erforschung der endlichen Dinge finden wir, daß es Wahrheiten gibt, die in diesen end= lichen Dingen verwirklicht, aber nach ihrem Inhalt und in ihrer Wahrheit von ihnen unabhängig sind. Die mathemati= schen Gesetze z. B. und alle Gesetze, welche die Dinge beherr= schen, — sie mögen in der wirklichen Welt angewandt sein oder nicht angewandt, sie mögen von denkenden Wesen einmal gedacht oder nicht gedacht sein: sie sind an sich selbst und bleiben ewige Wahrheit, von aller Erscheinung in der Zeit und von allem Denken zeitlicher Wesen unabhängige Wahr= heit.

Nicht durch die Dinge, in denen sie angewandt erscheinen, entstehen diese ewigen Gedanken, sondern jene sind nur das Abbild und der Erfolg von diesen; die Dinge sind, was sie sind, nur weil jene Gedanken in ihnen die Form der Wirklich= keit angenommen haben. Und wir Menschen, die wir dahin kommen, diese ewigen Gedanken zu denken, wir erschaffen und erzeugen sie und ihre Wahrheit nicht, denn an sich selbst, ohne uns und außer uns sind sie wahr, sondern wir finden sie nur.

Die Dinge auf die rechte, auf eine fruchtbare, erfolgreiche und unser ganzes Wesen veredelnde Art unter dem Gesichts= punkt der Ewigkeit betrachten, heißt Das in ihnen aufsuchen, Das an ihnen und durch sie erkennen, was an sich ewige Wahrheit ist.

In der dramatischen Kunst des Mittelalters *) in den Mysterien erscheinen die handelnden Personen von der Zeitgeschichte, welcher sie angehören, abgelöst; um die Charaktere allein, um die ideale Gestaltung, die in ihnen ist, handelt es sich, und diese werden in Beziehung zu einander gesetzt; da erscheinen Adam und Eva, Abraham, Samuel, David, Christus und die Apostel in gemeinsamer dramatischer Handlung, alle sub specie aeterni gedacht.

Die sittliche Weltordnung beruht jedenfalls auf der Zeit; denn der Imperativ derselben mag nach den verschiedenen sittlichen Anschauungen so oder anders lauten: immer heischt er, daß irgend Etwas gethan, geschaffen, daß gehandelt werde. Alle Handlung aber, alle Thätigkeit setzt Zeit und zeitliche Ordnung und Folge voraus: ohne dieselbe ist wohl ein Sein aber nicht ein Geschehen, eine Gestalt aber nicht eine Gestaltung, ohne Zeit ist kein Thun und Wirken und Handeln denkbar. Möchten also auch mit der Aufhebung der Zeit die metaphysische Existenz und Dignität des ewigen Seins erhalten bleiben: es gehen dadurch nicht blos die endlichen Erscheinungen des Daseins, sondern auch die unendlichen Werthe des Sittlichen zu Grunde.

Alle Rede von der Nichtigkeit des Zeitlichen, die theologische und die philosophische Rede davon, ist selber nichtig. Die Ewigkeit selbst ist werthlos, wenn sie nicht von schöpfungsreicher Mannigfaltigkeit, wenn sie nicht von unendlich vielem Endlichen und Zeitlichen erfüllt ist. Nicht die endlose Dauer, sondern die unendlich schaffende und gestaltende Kraft gibt auch dem Ewigen seine Würde. Und nicht weil es ewig ist, ist es wahr und heilig, sondern weil es wahr und heilig ist, ist es das Ewige.

Aber im Zeitlichen geboren, aus dem Zeitlichen herangereift sind dem Menschen im Ablauf der Geschichte alle edlere

---

*) Allerdings auch aus dem mitwirkenden Grunde, weil ihm der Sinn für zeitliche Folge und Verknüpfung, für geschichtliche Entwickelung überhaupt noch verschlossen war. (Vgl. von Sybel, Gesetze des historischen Wissens.)

Gestaltung der Gesinnungen, der Charaktere, der Lebensformen, und sie erheben sich zum Ausdruck eines Ewigen; aus ihrer endlichen Erscheinung wird eine unendliche Idee.

Das Mittelalter hat nach dem Lebenselixir gesucht, das des Menschen Leben verlängern, seine Endlichkeit aufheben sollte; es gibt nur Ein wahres Elixir, das ist: die Zeit verwerthen und erfüllen durch die Macht des Geistes.*) Das Maß der Zeit ist nur ein Maß des Scheins. Wenn der eine Nachbar ein thatenreiches Jahr wirklich gelebt hat, was ist dies dem anderen Nachbar, dem es nur verstrichen ist? Zeit, sahen wir zu Anfang schon, Zeit ist nichts; Thätigkeit, Regung der Kräfte, für den Menschen Sättigung des Geistes, Bewegung der Seele ist Alles. Nicht nach dem Wandel der Gestirne, sondern nach dem Schlage unseres Herzens können wir unsere wirkliche Lebenszeit messen. Der Natur läßt sich nicht gebieten und die Schranken, die sie den Wesen gesetzt hat, lassen sich nicht durchbrechen; aber das Maß und die Art, die Energie und der Inhalt, mit welchen wir die uns zugemessene Zeit erfüllen, gestalten ihre Beziehung zur Ewigkeit, können sie zum Samenkorn derselben machen.

In diesem Sinne können und sollen wir Alle unser Leben führen: in der Zeit stehend, an zeitliche Folge des Wirkens wie des Leidens gefesselt, sollen wir das Ewige erzeugen, es zur Wirklichkeit gestalten helfen, sollen wir mindestens auf bewußte und lebendige Weise Theil nehmen an der Verwirklichung der ewigen Ideen; aus der Zeitlichkeit heraus soll uns die Ewigkeit blühen; dadurch, daß wir Etwas schaffen und thun, mindestens im Geiste und im Gemüthe hegen, was uns aus der Zeit in die Ewigkeit hebt.

---

*) Jede Methode, die einen Denkproceß erleichtert, jede Erfindung, welche einen Weg verkürzt, oder eine Bewegung beschleunigt, jede Chaussee und jeder Kanal, jeder Schienenstrang und Telegraphendraht sind Ingredienzen zu diesem wahren Elixir und die Watt und Stevenson, die Oersted und Morse und Stephan sind die Schwarzkünstler, die es brauen.

Ueber Gespräche.

Vortrag, im wissenschaftlichen Verein in der Singakademie

gehalten am 24. Februar 1876.

———.———

Vorbemerkung.

—

Ich habe die Vorlesung hier nur erweitert, ihre Anlage aber nicht verändert; denn jeder Versuch, eine wirkliche Naturgeschichte oder gar Naturlehre des Gesprächs zu geben, hätte mich weit über die Grenzen geführt, sowohl der Breite des Umfangs, die ihm hier gestattet, als der Tiefe der bohrenden Untersuchung, die hier vorgelegt werden konnte.

Auch in ihrer jetzigen Gestalt durfte ich sie in eine Reihe von Betrachtungen stellen, denen ein volles Genüge geschehen sein wird, wenn gebildete Leser zum Nachdenken, oder Jünger der Wissenschaft zur Mit- und besonders zur Vorarbeit über unseren Gegenstand angeregt werden; vielleicht, daß dann beide in Gesprächen, die sie mit einander führen, für sich selbst und für den Gegenstand die Förderung gewinnen, die der Schluß dieses Vortrags erhofft.

Verglichen mit den hohen und großen Gegenständen, welche Ihnen in dieser Reihe von Vorlesungen bereits dargeboten wurden, ist der heutige vielleicht ein winziger zu nennen; denn das will ich zur Erklärung der Worte „über Gespräche" nur gleich hinzufügen: es handelt sich lediglich um Gespräche im einfachsten, engsten Sinne des Wortes, nicht um irgend welche Dialoge, die in einer Kunstform zu Gunsten der Dichtung oder der Wissenschaft literarisch erzeugt werden — um wirkliche, alltäglich, allstündlich von Jedermann geführte Gespräche. Und ich würde es nicht gewagt haben, Ihre Aufmerksamkeit dafür in Anspruch zu nehmen, wenn nicht Mancherlei mich dazu ermuthigt, vielleicht sogar verpflichtet hätte.

Vor Allem ist der Begriff des Großen und Kleinen in Bezug auf die Bedeutung eines Gegenstandes für die Wissenschaft schwankend, er ist verschieden, unter besonderen Umständen, ganz besonders dann verschieden, wenn es sich um den Gegensatz handelt, ob derselbe bereits erforscht ist, oder noch der Erforschung harrt. Es verhält sich damit genau so, wie etwa mit der Bedeutung eines Werkstücks, das zu einem großen Bau verwendet wird; es gehöre nicht zum stützenden Fundament, es gehöre nicht zur tragenden Säule, nicht zum bindenden Boden, es gehöre auch vielleicht nicht einmal zur schmückenden Zier — ein einfaches Stück Mauerfüllung. Wenn es sich an seiner Stelle befindet, gleitet der Blick darüber hin es hat keine besondere Bedeutung; aber wenn es fehlt, dann ist eine Lücke vorhanden, zum Schaden oder zur Unzier, eine merkbare Lücke. Eine solche Lücke ist es, wenn die Wissenschaft einen Gegenstand, der in das Ganze ihrer Behandlung gehört, übergangen hat. Als eine fühlbare Lücke ist es mir erschienen, daß Gespräche bisher noch niemals Gegenstand einer wissen=schaftlichen Untersuchung gewesen sind.

Weder ich selbst, noch meine kenntnißreichen Freunde haben auf dem weiten Gebiete der Literatur, nicht blos der eigenen, sondern auch der fremden, Etwas entdecken können, was eine wissenschaftliche Behandlung der Gespräche enthält. Und doch zeigen sie sich auf der andern Seite schon beim ersten Blick als sehr wesentlich und beträchtlich sowohl durch die Stelle, welche sie einnehmen, als durch den Raum, welchen sie in unserm Leben ausfüllen. Gespräche — bilden sie nicht einen ziemlich bedeutenden Theil unserer Lebensthätigkeit über=haupt? Füllen sie nicht eine lange Zeit von all' unseren wachen Stunden aus? Würde man etwa zu viel sagen, wenn man be=hauptete: ein Zehntel unseres ganzen Lebens, unserer Lebens=thätigkeit ist von den Gesprächen erfüllt, die wir neben der Arbeit oder in der Muße führen? Zieren und begleiten, ja bereiten sie nicht einen großen Theil unserer Freuden und unserer Leiden? Und die Wissenschaft sollte von Dem, was einen zehnten Theil unseres ganzen Lebens ausfüllt, gar nichts zu sagen haben? Es ist dies selbst schon psychologisch interessant und lehrreich, um zu sehen, wie schwer es der Wissenschaft wird, gerade an die alltäglichen und einfachen Gegenstände heranzu=kommen; wie schwer es dem menschlichen Geiste wird, sich zu besinnen, daß er mit seiner Forschung an das sich wende, was ihn fortwährend umgibt.

Vielleicht dient es zur Erklärung der Thatsache, daß die Gespräche bisher noch niemals Gegenstand wissenschaftlicher Untersuchung geworden sind, wenn ich darauf hinweise, daß der erste Blick, den man, herausgefordert darüber nachzudenken, auf dieselbe wirft, uns etwa dieses zeigt: alle Gespräche, welche wir führen, sind verschieden von einander. Es wird unendlich selten, vielleicht niemals bei den Billionen von Gesprächen, welche die Menschen geführt haben, vorkommen, daß zwei Ge=spräche ganz, vom Anfang bis zum Ende, Silbe für Silbe, unter gleichen Umständen und in der gleichen Weise geführt worden sind — alle Gespräche sind also schlechthin individuell. Was sollte die Wissenschaft mit einem Gegenstande anfangen, der schlechthin individuell ist? Die Wissenschaft sucht das Allgemeine, die Gespräche sind schlechthin verschieden.

Und nicht minder hat dann vielleicht ein zweiter Blick auf den Gegenstand von einer Untersuchung desselben abgeschreckt.

Zu gleicher Zeit will es nämlich scheinen, als ob die Gespräche der Menschen nun wiederum so gar nicht individuell wären. Man hört immer wieder Dasselbe bei derselben Gelegenheit.. Das Maß der Originalität der Menschen ist nicht groß, aber es zeigt sich doch in Werken, in Schöpfungen, in der Gestaltung von Institutionen; fast niederschlagend klein erscheint es in Bezug auf die Rede; dies zeigt sich sogar in allem Schriftthum, um wie viel mehr in der mündlichen Rede denn an jenem betheiligen sich doch nur die Rührigen und Productiven, an dieser aber nehmen Alle Theil. Tritt irgend eine neue Frage auf den Plan, dann zeigt sich, daß es nur wenige Componisten des Gedankens gibt, aber viele Spieler, die sie mit geringen Variationen vortragen und weiter verbreiten.*) Dafür kann man bei aller Subjectivität der Menschen doch ihre Objectivität und ihre Uebereinstimmung bewundern; man höre auf die Reden, welche die Besucher eines Trauerhauses führen; mit welch' einer unfehlbaren Sicherheit wird, je nach dem Trauerfall, hier das Glück eines schnellen Todes, dort die Erlösung nach langen Leiden gepriesen u. s. w. Oder man denke sich die Verkündigung des Krieges, ein Gerücht über den Frieden sei im Umlauf. Wer dazu verurtheilt wäre, im Dienste der Psychologie an einem solchen Tage von Haus zu Haus zu gehen und alle Gespräche wieder zu vernehmen, welche über denselben Gegenstand geführt werden — es ist die Frage, ob es

---

*) Daß auch diese Verbreitung neben der Erfüllung momentaner Zwecke ihren dauernden Werth hat, wird uns gegen den Schluß dieser Vorlesung deutlich werden.

ihm als eine lohnende Thätigkeit erscheinen wird. Was soll die Wissenschaft ausrichten, was soll sie entdecken bei einer solchen Gleichmäßigkeit, die sich immer wiederholt?

Nun könnte ich sagen, es kommt auf den Versuch an. Das klingt wie Herausforderung; ich will sie vermeiden. Ich bitte Sie statt dessen, versetzen Sie sich für einen Augenblick in die Seele eines hochgebildeten Griechen etwa aus der classischen, aus der perikleischen Zeit. Gesetzt man hätte einem solchen Griechen gesagt: Weißt Du, da ist ein Mann damit beschäftigt, eine Wissenschaft über die Pflanzen zu schaffen, er will ihr den Namen „Botanik" geben. — Wissenschaft über die Pflanzen? Was sollte diese Wissenschaft lehren? Wissen wir nicht Alles von den Pflanzen? Wer kennt sie nicht? Und wer sie nicht kennt, er gehe durch die Gärten, durch einige Felder und durch einige Wälder und er kennt die Pflanzen. Was sollte das also für eine Wissenschaft über die Pflanzen sein? Es gab damals eben noch keine Botanik. Genau so stehen wir heute in Bezug auf die Gespräche. Wir fragen auch, was soll diese Wissenschaft lehren? Wir kennen es ja Alle, wir wissen die Gespräche, welche geführt werden. Und doch war die Botanik eine Wissenschaft, welche sich sehr schwer und sehr langsam entwickelt hat. Nachdem sie eine Blüthe von etwa einem Jahrhundert noch bei den Griechen, zunächst durch Aristoteles oder seinen Schüler Theophrast angeregt, erlebt hat, ruhte sie vielleicht siebzehn bis achtzehn Jahrhunderte ziemlich auf demselben Standpunkt und brauchte dann in neuerer Zeit fast drei Jahrhunderte, um auf die Höhe emporzusteigen, auf welcher sie heute steht. Auch die Naturgeschichte der Gespräche wird nicht auf einen Wurf fallen, selbst dann, wenn der menschliche Geist anfangen wird, sich mit sich selber in derselben Weise fleißig und ausdauernd zu beschäftigen, wie er mit Naturdingen sich zu beschäftigen viel leichter geneigt ist; selbst dann wird die Naturgeschichte des Gesprächs sich ebenfalls nur sehr allmählich entwickeln, hoffentlich nicht so langsam wie die Botanik.

Vor Allem käme es bei einer solchen Naturgeschichte darauf an, Kennzeichen zu finden, Kriterien, Gleichheiten, Theilungsgründe, welche aus dieser großen ganz unbestimmten Vielheit der Erscheinungen, die an uns vorübergeht, bestimmte Ordnungen, Klassen, Arten erkennen lehrt. Der zukünftige Schreiber dieser Naturgeschichte wird also ungefähr — ich kann es nur andeuten, ich kann nur etwas davon vorahnen, wie etwa diese Wissenschaft sich gestalten wird, — er wird z. B. zunächst daran denken, die Gespräche nach dem Stoffe, welchen sie behandeln, zu scheiden. Man kann die Gespräche dahin unterscheiden, ob sie politische oder religiöse, Kunst-, insbesondere dann vielleicht Musikgespräche, die ihre Eigenart haben — ob sie pädagogische oder häusliche Gespräche, Domestikengespräche, Gespräche über Staatsangelegenheiten in allen Formen oder endlich Wettergespräche sind. Diese Trennung würde jedoch keine glückliche sein, denn es ist die Frage, wo die Wissenschaft, wenn sie nach Stoffen unterscheidet, die Grenze der Theilung finden wird; unfruchtbar aber würde auch eine solche Scheidung sicherlich nicht sein, denn bei genauerer Erwägung finden wir, daß je nach den verschiedenen Stoffen die Gespräche verschieden verlaufen. Gespräche über Politik haben je nach den historischen Umständen etwas viel Aufregenderes als die über Kunst; Gespräche über Religion sind in der einen Zeit sanft und innig, in einer anderen erregt und eifervoll geführt worden: und so ließe sich leicht zeigen, wie auch bei denselben Personen, alles Uebrige gleich gesetzt, der bloße Stoff der Gespräche sie verschieden gestaltet. Sogar ein Spiegelbild der Zeitgeschichte würde man in der Wahl des Gesprächsstoffes und dem Eifer seiner Behandlung erblicken können.

Wichtiger aber als diese Unterscheidung würde etwa diejenige sein, welche man durch eine Analogie mit den poetischen Gattungen fände. Man könnte demnach die epischen Gespräche von den lyrischen und die didaktischen von den dramatischen unterscheiden. Die epischen, welche etwas erzählen, eine Begebenheit, ein Ereigniß, aus der Gegenwart, aus der Ver-

gangenheit; die lyrischen, welche den Erguß unserer Empfin=
dungen in Folge des Gehörten darböten; didaktisch wären
die Untersuchungen, die sich daran anschließen, der Aus=
tausch der Meinungen. Die dramatischen Gespräche würden
wir vielleicht aus diesem Zusammenhang und zwar deshalb
ausschließen, weil wir unter ihnen alle diejenigen Gespräche zu
verstehen hätten, in denen das Reden H a n d e l n ist, wo irgend
ein praktischer Zweck durch die Rede erzielt werden soll. Die
Bestellung bei einem Künstler oder einem Kaufmann, die Ver=
handlung mit dem Arzte oder dem Rechtsbeistand, — —
alle diese würden durchaus als dramatische Gespräche, nicht
mehr im engsten Sinne als Gespräche der Muße anzu=
sehen sein.

Auch die Berathungen des Mannes mit der Frau, des
Finanzministeriums der Familie mit dem Ministerium des
Innern pflegen nicht die gleichsam unschuldige Qualität des
eigentlichen Gesprächs zu haben. Eine Liebeserklärung, zumal
mit der glücklichen Gegenerklärung ist wohl kein Gespräch, oder
ein solches von eminent praktischer Bedeutung; diesen Erklärungen
aber folgen — wenn auch nicht in den ersten Stunden —
doch in den ersten Tagen und Wochen desto mehrere. Die
Liebenden haben ein bis zur Leidenschaft gehendes Interesse,
einander Herz und Seele aufzuschließen. Leicht mögen da die
besten Gespräche geführt werden, welche die Menschen überhaupt,
oder wenigstens diese jemals führen können, sobald eine Seele
nur ihrem Schatz einen wirklichen Schatz zu erschließen hat.
Wohin etwa dann jene Gattung fiele, welche die deutsche
Sprache im Anfang zwar mit den zwei sehr ehrbaren Lauten
K und L (ehrbar, indem sie in allen indogermanischen Sprachen
wie auch in den semitischen den Klang bedeuten), aber mit einer
feinen Symbolik gegen den Schluß hin, mit einem dumpfen, zischen=
den Naturlaut (Klatsch) bezeichnet: das zu entscheiden, wollen wir
dem künftigen Naturgeschichtschreiber der Gespräche überlassen.

Wiederum verschieden sind die Gespräche je nach den
Personen, welche sie führen; ob Unbekannte oder Bekannte

oder gar Freunde mit einander reden — das macht für die
ganze Weise der Führung des Gesprächs einen Unterschied.
Freundschaft ist auch daran erkennbar, daß sie ein schweigendes
Beisammensein ohne Gefühl eines Mangels oder einer Un=
schicklichkeit gestattet; das Gespräch der Bekannten und Un=
bekannten dient dem Gesetz der Nützlichkeit oder gar Nothwendig=
keit; das der Freunde der Schönheit des freien Genießens.
Auch die verschiedenen Geschlechter — ob Männer und nur
mit Männern, Frauen und nur mit Frauen oder beide gemischt
sich unterhalten, machen einen Unterschied. Ein eigener Zug
und Duft haftet den Gesprächen von dem Verhältniß an, in
dem die Personen zu einander stehen. „Die Anwesenheit einer
schönen, natürlichen und gut gelaunten Frau ist, selbst wenn
sie auch keine L'Epinasse oder de Staël ist, allemal belebend.“
(Disraeli.)

Auch die verschiedenen Lebensalter — ob sie mit einander
oder ob die Alten sich mit den Jungen im Gespräch befinden —
drücken dem Gespräch ein ganz bestimmtes, eigenartiges Gepräge
auf. Alle diese Verschiedenheiten wird die künftige Natur=
geschichte zu charakterisiren haben. Ich erinnere nur noch an
Unterschiede, welche die Personen betreffen. Gespräche mit sich
selbst sind (in der Dichtung häufig) in der Wirklichkeit selten;
aber Gespräche mit Anderen führt man oft, auch wenn diese
nicht zugegen sind und zuweilen sogar auch laut.

Sodann ob das Gespräch von zwei oder drei oder mehr
Personen geführt wird — und dabei handelt es sich nicht
darum blos, wie viele Personen anwesend, sondern auch wie
viele Personen sprechen, denn ein stummer Beisitzer kann auch
die übrigen Redenden durch sein Stummsein hemmen; wenn
aber seine Augen beredt sind, kann er vielleicht mehr wirken,
als Einer, der mit der Zunge redet. Es soll nämlich vorkommen,
sagen Diejenigen, welche vorläufige Beobachtungen für die künftige
Wissenschaft gemacht haben — daß, wenn sechs Personen bei
einander sind, nur fünf zu gleicher Zeit reden, eine Thatsache,
welche psychologisch sehr interessant ist. Man sieht, wie viel

einem Psychologen entgeht, der sich nicht mit den Gesprächen
beschäftigt hat. Man macht viel Aufhebens davon, daß Julius
Cäsar vier verschiedenen Schreibern zu gleicher Zeit dictirt hat;
freilich muß es eine ziemlich anstrengende Thätigkeit sein, vier
Reihen von Vorstellungen zu produciren und ablaufen zu lassen,
während jede einzelne Reihe beständig abbricht und neue Theile
für die zweite, dritte und vierte Reihe inzwischen erzeugt werden;
aber in Bezug auf die Auffassung scheinen mir jene Personen,
deren fünf zu gleicher Zeit reden und doch auch hören, dieselbe
Thätigkeit zu erfüllen, denn unstreitig wissen am Schluß der
Stunde Alle Alles, was gesprochen worden ist. Es haben sich
also alle Glieder wieder zur Reihe gefügt, Nichts ist verloren
gegangen von all' den einzelnen Theilen — eine psychologisch
gewiß sehr bemerkenswerthe Erscheinung.

Intellectuelle Eifersucht erzeugt Langweiligkeit im Gespräch;
seine besten Gedanken will man nicht hergeben, und mit den
anderen fürchtet man zu wenig Anerkennung zu erringen.

Die vorzüglichsten Gespräche werden, wie fast alle Dichter
beweisen, unter ganz Fremden, auf Reisen, bei neuen Bekannt=
schaften geführt, oder bei völlig eingestimmten Seelen nach
langer Trennung, während welcher ein Jeder energische Fort=
schritte gemacht hat (Schulfreunde, die getrennt studirt haben,
befreundete Gelehrte, die an verschiedenen Orten gelebt haben).
Unter Fremden macht der Geist die kühnsten Bewegungen,
welche oft einen wirklichen Gewinn, eine neue Synthese ergeben;
unter wirklichen Freunden bildet der Hintergrund des sympathischen
Gemüths und reicher gemeinsamer Voraussetzungen den frucht=
baren Boden für neue Anregungen. Die Kameraden aber und
die Collegen, die sich vor einander hüten und an einander
herumtasten sind für einander weder Quellen noch Bohrer.

Gespräche haben einen verschiedenen Charakter je nach
ihrem Zusammenhange; denn obgleich sie sich aus mannig=
fachen und individuell beliebigen Beiträgen der Mitredenden
zusammensetzen, kann (und soll) ihnen doch eine gewisse Einheit
zukommen, deren Verletzung peinlich ist. Daher sagen wir

auch es sei unpassend gewesen, mit dieser oder jener Nachricht, mit der oder jener Bemerkung dazwischen zu fahren; daß Einer dasselbe zu allen Zeiten hätte vorbringen dürfen, nur eben jetzt nicht.

Dies pflegt sich besonders mit Anekdoten, Neckereien, Witz- und Spottreden zu ereignen. An sich aber geben Witz, Anekdoten und Paradoxien eine angenehme Mischung, um eine gelinde Aufregung zu erzeugen oder rasche Uebergänge in fernliegende Gebiete möglich zu machen.

Allerdings ist die Stufenleiter des Zusammenhangs eine sehr beträchtliche: von den Reden, die wie Sandkörner im Stundenglase hinter einander folgen, nur von der rinnenden Zeit zusammengehalten, durch das Anschießen krystallinischer Bildungen von gleicher Art und Gestalt — bis zu jenem organischen Wachsthum, in welchem jeder von außen kommende Stoff doch in die plastische Form lebendigen Zusammenhangs eingeht.

Wie sehr verschieden das Tempo der Gespräche sein kann, wie sehr verschieden die ganze Form der Gesprächführung in mannigfaltiger Beziehung, wie die Rede weitschweifig und knapp, weitschweifig bis zu jener Art, die der liebenswürdige Justus Möser in seiner Satire erzählt bis zu jener Knappheit, die man an einzelnen Völkern, namentlich des Alterthums bewundert hat; wie die Verkettung der Gespräche lose oder fest, straff oder schlaff; wie das Sprühen und Zuströmen der Gedanken eilig, flüchtig, schöpferisch und auf der andern Seite wieder ziemlich träge sein kann: brauche ich das Alles besonders hervorzuheben? Ich erinnere in der Beziehung nur an solche Gegensätze, wenn wir uns Gespräche vorstellen, wie sie ein Jean Paul, ein Humboldt, ein Rückert geführt hat — Gespräche, welche durch alle Weiten und Zeiten der Naturgestaltung gleichsam auf den Flügeln der Morgenröthe fliegen und welche alle Räume und Formen des Culturlebens wiederum umfassen — bis zu dem Gespräch jener beiden Bauern herab, die zusammen zu Markte gehen. Schweigend gehen sie Morgens

auf dem Wege neben einander her, bis der eine beim Anblick
der Felder sagt: „Der Roggen steht jut." Sie ziehen zur
Stadt, verrichten ihre Geschäfte und kehren wieder zurück —
immer noch schweigend — bis sie an ein anderes Stück
Feldes gelangen, und der zweite Bauer sagt: „Die Jerschte
ooch." Dieses „Doch" mit der dazwischen liegenden Zeit ist
der Maßstab für die Dauer der Entwickelung seines Gedankens,
für das Tempo seines Denkens.

Aber auch das gleiche Tempo kann verschiedene Ursachen
haben; der Pommer spricht langsam, weil er nicht schnell zu
denken vermag; der Türke, weil die Würde ihm schnell zu
reden verbietet.

So offenbaren sich denn überhaupt nicht blos Formen
der Intelligenz, sondern auch wesentliche Züge des Charakters
in der Art der Gespräche, die Einer führt. „Ein Mann ist
nie männlicher, als wenn er tief fühlt, kühn handelt, und sich
mit Feuer und Freimüthigkeit ausspricht."

Aber nicht blos Individuen, auch Stände und Völker
unterscheiden sich nach der Weise, wie sie Gespräche führen.
Eine reiche, fruchtbare Ernte für die Erkenntniß der Verschiedenheit in der Menschheit ist von einer genauen Prüfung
dieser Unterschiede zu erwarten. Aber nicht blos die Personen,
oft erzeugt der Ort, wo die Gespräche geführt werden, tief
einschneidende Modificationen. Wie anders ist das Salon-
gespräch und das Gespräch auf der Bierbank, besonders um
den Tisch der Stammgäste, wie anders die Unterhaltung im
geselligen Cirkel nachdenklicher Menschen, ob er im Palast, ob
er in der bürgerlichen Wohnung sich befindet! Es gibt einen
Hauch der Gleichheit, es gibt gewisse Verschiedenheiten, welche
zu erforschen, deren Ursprung zu erkennen, sehr fruchtbar, sehr
lehrreich werden kann. Dann aber könnte man auch in Bezug
auf die ganze Weise der Gesprächführung, alles Uebrige,
Personen und Umstände, Zeiten und Formen gleich gesetzt,
Verschiedenheiten finden. Wir kennen leichte, lose, lockere Gespräche voll Heiterkeit und Witz, voll sprühender Funken und

sprießender Blüthen des Gedankens eben nur zur glücklichen
Ausfüllung der Stunde geführt; und davon verschieden jene
schweren, strengflüssigen Gespräche, wo sich jedes einzelne Wort
hart vom Herzen ringt, wo es darauf ankommt, daß ja kein
leichtes, kein wie eine übermäßig cursirende Münze abgegriffenes
Wort auftrete, sondern wirkliche, aus dem Innern quellende
Worte; dann nämlich, wenn es darauf ankommt, und
man befähigt ist, in Gefahren Muth, in Leiden Trost, in
Verzweiflung Hoffnung zu erwecken; und wiederum jene
ernsten Gespräche, welche denkreife Menschen mit einander im
innersten Interesse Dessen führen, was sie geistig beschäftigt;
Gespräche, bei denen wir in der traulichsten Ecke in der Stille
der Winternacht einander unsere Seele erschließen und unsere
Gedanken mittheilen, oder noch lieber in stillen, lauen, sternbeglänzten Sommernächten — Gespräche, welche in die Tiefe
und zum Ganzen führen; zum Ganzen des eigenen Lebens
oder des eigenen Volkes, seiner Ziele, seiner Bestimmung,
seiner Hoffnungen; oder zum Ganzen der Menschheit oder zum
Ganzen der Zeit und Zeitlichkeit und ihrer viel umfragten
Verhältnisse, zum Unendlichen, zum Ewigen. Das sind Gespräche, welche den Menschen auf seine eigene Höhe erheben,
welche ihm einen Standort geben, auf welchem sein eigenes
Ich vormals noch nicht gestanden hat. Wer niemals an
solchen Gesprächen Theil genommen, der weiß noch nicht recht,
was geistiges Leben ist.

Wenn nun jenem Griechen der perikleischen Zeit, von
dem ich früher sprach, eine solche Andeutung gegeben wäre —
etwa dem platonischen Sokrates, wie er im Phädrus, wie er
im Philebus uns entgegentritt — so würde er erwarten, daß
diese Naturgeschichte der Gespräche künftig eine anmuthige
Erkenntniß zu bieten im Stande sein würde, besonders dann,
wenn es ihr gelingt, eine feine, treffende Charakteristik für
alle die einzelnen Arten und Gattungen von Gesprächen auf-
zustellen, deren ich nur wenige hier vorläufig umrissen habe.
Aber in unserer Zeit sind wir so genügsam nicht; fast auf

keinem Punkte erfreut uns noch die Naturgeschichte; wir wollen zu den Thatsachen auch die Ursachen, zur Naturgeschichte die Natur= lehre, wir wollen nicht blos die Erscheinungen, auch die Gesetze. Auch Gesetze soll es für die Gespräche geben? Auch eine Naturlehre? In der That. Es ist meine ernste Meinung, daß eine Naturlehre der Gespräche als ein Theil der Psychologie und der Psychophysik künftig einmal entstehen wird; heute und in diesem Augenblick kann es mir nur darauf ankommen, Ihnen eine Andeutung zu geben, was etwa diese Naturlehre der Gespräche zu lehren haben wird und wie sie sich zu dem allgemeinen Gedanken einer Gesetzmäßigkeit in Dem verhält, was scheinbar so ganz und gar das Erzeugniß der Freiheit ist. Vor Allem aber will ich historisch berichten, wie und wann, unter welchen Umständen ich auf den Gedanken geführt wurde, nach einer solchen Gesetzmäßigkeit in den Gesprächen zu suchen.

Es war im Jahre 1862, daß ich von Berlin über Paris eine Reise nach London zur Ausstellung machte, und wiederum zurück. Damals wechselte man noch häufig den Wagen und die Gesellschaft. Nach mehrmaligem solchen Wechsel kam mir der Gedanke, daß die Waggongespräche doch eine merkwürdige Regelmäßigkeit haben, und ich fing an, mich aus einem harmlosen Reisenden in einen wissenschaftlichen zu verwandeln. Ich nahm ein Buch, that, als ob ich darin läse und — notirte hinten. Je nach dem Wechsel der Gesellschaft zeichnete ich mir den Lauf des Gesprächs auf, und siehe da, nicht auf dieser Reise allein, sondern noch manche Jahre nach= her habe ich als stummer Beobachter (nur gelegentlich, um mich nicht ganz zu verrathen, einmal mitredend) im Waggon gesessen und eine stellenweise in der That zum Erschrecken große Aehnlichkeit im Ablaufe der Gespräche wahrgenommen. Die Gegenstände folgten fast regelmäßig auf einander und so oft eine Abwechselung sich zeigte, war es meist nicht schwer, die Ursache derselben zu entdecken.

Daß es sich nicht um völlige Gleichheit handelt, sondern daß an bestimmten Stellen Das eintritt, was man das allge=

meine Tagesgespräch nennt, versteht sich von selbst. Es muß
somit eine Gesetzmäßigkeit geben, vermöge deren die Gespräche
einen bestimmten Verlauf nehmen. Das, was ich durch diese
Beobachtung wahrgenommen, hätte ich allerdings im Allgemeinen
auch ohne dieselbe wissen können. Ein großer Theil Dessen,
was wir an psychischer und psychophysischer Thätigkeit voll=
ziehen, ist der psychologischen Gesetzmäßigkeit unterworfen, und
auch Das, was wir als Freiheit des Geistes, als frei schaffende
Kraft unserer Seele oder als Freiheit des Willens bezeichnen,
ist im Durchschnitt nicht blos auf ein geringes Maß, sondern
auch auf seltene Gelegenheiten beschränkt. Und auch dann noch
nimmt dieser freie Wille oder die frei schaffende Thätigkeit nur
den Mechanismus der psychischen Thätigkeit, das heißt die all=
gemeine gesetzliche Nothwendigkeit, in ihren Dienst. Wie es
um diese Naturgesetzlichkeit steht, davon will ich wenigstens
eine Andeutung geben und dann an wenigen Beispielen zu
zeigen versuchen, wie dieselbe in der Führung von Gesprächen
sich offenbart.

Auf dem Wege der Entwickelung des menschlichen Geistes
liegt die Sprache; zu ihr führt jene Entwickelung hin, von ihr
empfängt sie neue Antriebe. Ist die Sprache entwickelt, dann
zeigen sich zwei wesentliche Folgen: einmal, daß fast alle Ge=
danken, welche in unserem Innern auftauchen, in der inneren
Form der Sprache auftreten, auch wenn wir schweigen und
nur für uns denken: was wir denken, denken wir meist mit
geschwiegenen Worten; und dann, daß wir unter gewissen Um=
ständen nicht blos in der inneren, sondern auch in der äußeren
Form der Sprache denken, daß wir reden. Reden ist Natur,
Schweigen ist Kunst.

Welches sind diese Naturbedingungen?

Nur ein einziges Wort gestatten Sie mir vorher, bevor
ich die Sätze ausspreche, zu erklären. Es wird vielleicht der
einzige Kunstausdruck sein, dessen ich mich heute hier bediene;
es ist das Wort — ein deutsches Wort — die „Schwelle des
Bewußtseins". Unter der Schwelle des Bewußtseins versteht

man dieses: wenn irgend ein Gedanke von uns aufgenommen
wird, entweder von außen, indem wir in Folge einer sinnlichen
Anregung uns eine Vorstellung von dem anregenden Object
bilden, oder aber, wenn in unserem eigenen Innern früher
bereits vorhanden gewesene Vorstellungen, die aber aus dem
Bewußtsein entschwunden sind, wieder dahin zurückkehren, —
dann bezeichnen wir jenen Anfangspunkt, in welchem diese (eben
gebildete oder von früher aus dem Schachte des Unbewußten
zurückkehrende) — Vorstellung in's Bewußtsein gelangt, als
„Schwelle des Bewußtseins". Jede Vorstellung, die wir denken,
muß irgend einmal die Schwelle des Bewußtseins überschreiten,
damit sie klar von uns gedacht werden kann, damit sie sich zu
ihrer eigenen höheren Klarheit in unserem Bewußtsein ent=
wickelt. Vorstellungen, welche auf der Schwelle des Bewußt=
seins stehen, haben das natürliche Streben, zu größerer Klar=
heit und Stärke aufzusteigen; das Streben, zu dem Maximum
ihrer Klarheit sich emporzuheben. Auf diesem Wege von der
Schwelle des Bewußtseins zu ihrer Klarheit äußern wir unsere
eigenen Vorstellungen zugleich in Lauten, welche sie ausdrücken;
die Worte, welche wir denken, sprechen wir zugleich aus. —
Daß unmittelbar, ohne besonderes Zuthun, unwillkürlich und
selbst unbewußt die Vorstellungen, welche wir denken, zu gleicher
Zeit ausgesprochen werden (wenn nicht eine ganz besondere Absicht
das Nicht=Aussprechen uns auferlegt), das können wir an Kin=
dern und einfachen Naturmenschen, vielfach auch an sehr ge=
bildeten Menschen bemerken, an deren Mundbewegungen wir
sehen, daß sie eben gehörte Worte mit ihren eigenen Sprach=
organen begleiten, so sehr begleiten, daß sie sogar die letzten
Worte laut mit auszusprechen pflegen. Unwillkürlich und un=
bewußt begleiten wir alle aufsteigenden Gedanken mit dem Ton,
das heißt, wir sprechen auch unbewußt und unwillkürlich.
Indeß nicht immer; das Wesentliche ist, daß wir unter der
Begünstigung des geselligen Zusammenseins mit Anderen sprechen;
aber keineswegs so, als ob nur der gesellige Trieb allein die
Ursache wäre, daß wir sprechen; vielleicht auch umgekehrt:

weil wir sprechen wollen und sprechen müssen, deshalb sind wir gesellig. *)

Versuchen wir nun an der Hand dieses Gedankens einen Blick in das wirkliche Leben zu thun, um zu sehen, wann und wie die auf der Schwelle des Bewußtseins befindlichen Vorstellungen und Gedanken unwillkürlich auch in Sprache sich darlegen. Denken wir an jenen einfachen Fall, wo unser eigenes Gemeingefühl, das Gesammtgefühl unseres körperlichen Befindens uns zum Ausdruck desselben führt. Wir haben schweigend gearbeitet, inzwischen ist ein Anderer bei uns eingetreten oder er saß schon vorher da; jetzt sind wir mit der Arbeit fertig: unwillkürlich wird Das, was wir als Gemeingefühl an uns wahrnehmen, ausgesprochen. „Ich bin müde", „Mir ist heiß", „Ich bin durstig", alle diese Ausdrücke werden mit Naturnothwendigkeit hervorbrechen und den Anfang zu einem Gespräch bilden, indem einfach sich die Antworten des Anderen daran schließen. Oder aber wir nehmen bei einer längeren Stockung des Gesprächs etwas von der allgemeinen Wirklichkeit wahr, alsdann wird diese Wahrnehmung genügen, ein Gespräch anzuregen, jene Art von Gesprächen nämlich, die sich meist mit „doch" einleiten: „Es ist doch eine schöne Wohnung" — „Es ist doch eine schöne Straße" — „Es ist doch eine schöne Gegend". Es sei in diesem Saal, Sie sind hereingetreten, noch hat es mit Ihren Nachbarn kein Gespräch gegeben, oder das, welches es gegeben, ist abgebrochen, da sagt der Eine oder der Andere: „Es ist doch ein schöner Saal!" Und nun führt von hier mit Naturgesetzlichkeit der Weg entweder etwa in die Akustik, wenn von dieser Seite, oder in die Architektur, wenn von der Bauart und dem Bauwerth dieses Saales die Rede ist. Es kann auch auf die Vorlesungen führen, die hier gehalten werden; hoffentlich künftig einmal sogar auf diese.

*) Wie merkwürdig verschieden ist doch die Anregung, die ein Anderer dem Laufe unseres Denkens gibt: ob man blos an ihn denkt; ob man von ihm liest oder an ihn schreibt; endlich ob man sich mit ihm bespricht.

Findet aber in der allgemeinen Wirklichkeit eine Ver=
änderung statt, so werden wir ebenfalls derselben, sobald wir
ihrer inne werden, unwillkürlich Ausdruck geben. Dahin ge=
hören zunächst die viel geschmähten und viel belachten und dann
doch wieder von Allen aus allen Ständen und Geschlechtern
gepflogenen Wettergespräche. — Nur die Jugend und besonders
die Kindheit führt das Wettergespräch nicht.*) — Denken wir
uns der Einfachheit wegen eine Gesellschaft von etwa vierzig
Personen an der Wirthstafel in einem Badeorte. Vierzig Per=
sonen zerfallen in zwölf bis sechzehn Gruppen. Alle Gruppen
sind mit ihrem Gespräche beschäftigt. Plötzlich fängt es zu
regnen an — ich könnte sagen zu hageln, dann noch mehr;
zu schneien, dann noch mehr, — aber ich bin bescheiden —
(die Wissenschaft ist immer bescheiden). es regnet. In jeder
dieser Gruppen hört man sehr bald das Wort „es regnet".
Schwer kommen dagegen die früheren Vorstellungen auf, mit
denen man noch eben beschäftigt war. Nach dem Ersten in
der Gruppe sagt auch der Zweite mit derselben naturgesetzlichen
Nothwendigkeit wie draußen die Tropfen vom Himmel fallen,
drinnen die Worte: „es regnet"; endlich nach Verlauf meh=
rerer Minuten hat auch der Schweigsamste unter den Vierzigen
die Nothwendigkeit gefühlt, die Thatsache, welche von Niemand
bezweifelt wird, mit der Behauptung festzustellen: „es regnet".
Aber nicht mit einem bloßen Indicativsatz pflegt man dergleichen
vorzubringen, irgend eine Interjection geht voran: „Ah, es
regnet!" „Oh, es regnet!" durch alle Vocale hindurch und es
gehört nicht viel Scharfsinn dazu, um herauszufinden, was für
jede Gruppe, beziehungsweise für jede einzelne Person durch
diese Interjection ausgedrückt werden soll. Auch nach der Fest=
stellung der Thatsache aber kommen die früheren Gespräche

---

*) Weshalb? Das wäre genauer Untersuchung werth. Vielleicht
weil Kinder weniger von der allgemeinen als der persönlichen Wirklichkeit
in Anspruch genommen sind. Vollends die Differenzen des Wetters
haben für das Kind gleichsam nur theoretische Bedeutung; praktisch hat
jedes Wetter seinen Reiz; jedes Wetter ist schön.

noch nicht wieder auf; zunächst constituiren sich durch so viele Gruppen, wie da sind, so viele verschiedenartige strenge Zeugen= verhöre darüber, ob nicht Er, oder Sie, oder Es den Regen prophezeit hat; und selbst Derjenige, welcher in der harten Nothwendigkeit sich befindet, zugeben zu müssen, daß er ihn nicht prophezeit hat, weiß in seinem innersten Herzen, daß er ihn hätte prophezeien können.

Von dem Wetterprophezeien ist der nächste Weg, der mit ziemlicher Sicherheit eingeschlagen wird, die Wettergeschichte. Lassen wir den Regen nur ein wenig auffällig sein, lassen wir es gar, wie ich bemerkte, hageln oder schneien, so kommt der Reihe nach jeder Mann und jede Frau mit den merkwürdigen, erwarteten oder unerwarteten Wetterereignissen, welche sie vor= mals erlebt hat, hervorgerückt. Die Unterhaltung entwickelt sich weiter in dieser Richtung, von den heftigen und plötzlichen, von den Regen, welche Brücken oder Landpartien zerstört haben, bis zu den Wetterdenkwürdigkeiten beinahe jedes Ein= zelnen herab, wenn nur eben der Raum dazu gegeben ist. Erst nach dem Verlauf dieser Gewässer kehren allmählich die früheren Gespräche zurück, und wer eine unterbrochene Geschichte wieder aufnimmt, muß einen guten Athem haben, denn sonst fällt zwischen hinein immer wieder wie die letzten Tropfen vom Dach: „Wie es doch regnet!" „Es regnet noch immer!"

Dasselbe, was sich in Bezug auf den Regen begibt, begibt sich überhaupt, wenn eine Thatsache erzählt wird; es knüpfen sich an diese Thatsache für jede Person die Erinnerungen an die Vorfälle, welche mit der erzählten Begebenheit eine Aehn= lichkeit haben. Das ist der natürliche Verlauf des Gesprächs. Auf den ersten Blick könnte es scheinen, als ob sich so im Charakter der Gespräche der Egoismus der Menschen deutlich offenbarte. Erzählt Jemand ein Ereigniß, von einer Krank= heit, von einem Glücksfalle oder von einer besonderen Charakter= eigenschaft — die Antwort, welche der Reihe nach alle An= wesenden darauf geben, ist: „Ich habe das erlebt" — „Bei meinem Vater war es so" — „Wir in unserem Kreise haben

dasselbe gehabt". In jedem einzelnen Falle haben wir sogleich
eine Aufzählung aller gleichartigen Ereignisse. Dennoch ist
Nichts von besonderem Egoismus darin, es ist nichts weiter,
als die Wirksamkeit des psychischen Mechanismus. Jeder Ein=
zelne wird durch die Vorstellung, welche in sein Bewußtsein
eintritt, an die früheren erinnert; die früheren Vorstellungen
werden reproducirt, und weil sie nach dem allgemeinen vorhin
ausgesprochenen Gesetz auf der Schwelle des Bewußtseins stehen,
steigen sie empor und in diesem Steigen werden sie ausge=
sprochen. Man kann daran zu gleicher Zeit deutlich das Eine
wahrnehmen, daß die Individualität der Gespräche nicht im
Widerspruche gegen die allgemeine Gesetzmäßigkeit derselben
steht. Halten wir den Fall fest: eine kleine Geschichte wird
erzählt etwa in zwanzig verschiedenen Kreisen, wo je fünf Per=
sonen zusammen sind; in jedem Falle wird auf dieselbe Ge=
schichte von allen Personen eine gleiche oder ähnliche Geschichte,
die sie erlebt haben, reproducirt und mitgetheilt werden; viel=
leicht nach verschiedenen Reproductionsgesetzen, vielleicht sogar
nach einem und demselben Reproductionsgesetz. Dieses e i n e
u n d g l e i c h e Reproductionsgesetz ist die Ursache, daß hun=
d e r t v e r s c h i e d e n e Gespräche geführt, hundert verschiedene
Geschichten erzählt werden. Dies ist das Verhältniß zwischen
Allgemeinheit und Individualität in der Gesetzmäßigkeit alles
psychischen Lebens.

Vor Allem wirkt anregend das Neueste, es übt eine be=
sondere Anziehungskraft; nicht nur es zu erfahren, sondern auch
es mitzutheilen, ist ein gleich stark gefühltes Bedürfniß bei den
Menschen. Das Neueste zu erfahren oder mitzutheilen macht
die Menschen für den Moment nahezu gleich; der Höchste wird
leutselig, der Niedrigste wird kühn, wenn es gilt, das Neueste
zu erfragen oder zu berichten.

Die Alten haben das Gerücht als eine eigene mythische
Gestalt ausgebildet; und doch besteht es nur aus der fort=
laufenden Kette solcher gleichsam durch elektrische Reizung mit
einander verbundener Ringe von Gesprächen dieser einen Art.

Aber wir bleiben in unseren Gesprächen nicht bei der Thatsache stehen. An die Thatsache fügt sich die Beurtheilung derselben, die Meinungen für und gegen werden ausgetauscht. Mit derselben Nothwendigkeit, wie die plötzliche Erinnerung gleicher und ähnlicher Thatsachen, treten auch die Urtheile über die Dinge, die uns erzählt werden, auf die Schwelle des Bewußtseins und gehen denselben naturgesetzlichen Gang. Tiefer gehen sie in ihrer Bedeutung für das geistige Leben; viel mehr stehen sie in der Gewalt jener höheren Entwickelung des Geistigen, welches zur inneren Freiheit führt, aber zunächst verlaufen sie noch durchaus in derselben Weise wie der psychische Mechanismus überhaupt. So führen die einfachsten Mittheilungen von Thatsachen zu Beurtheilungen, die bloßen Beurtheilungen wollen dann begründet sein und auf solchem Wege steigen die Gespräche, oft von den geringfügigsten Anlässen bis zum wissenschaftlichen Streite empor. Man steigt von Dem, was man als eigene Meinung vorgebracht hat, um sie zu begründen, bis zu allgemeinen Principien hinauf. Nicht selten aber — dies darf nicht unerwähnt bleiben — ermüden die Menschen auf dem Wege der Begründung ihrer Gedanken. Vor Allem tritt der Widerspruch auf zwischen Dem, was wir als Princip hinstellen oder auffassen, und Dem, was in der wirklichen Welt sich begibt. Wir können unsere Gedanken nicht immer mit der vorhandenen Wirklichkeit vereinigen. Hier gälte es nun, mit der Schärfe des eigenen Denkens weiter fortzuschreiten. Dieser Pfad indessen ist meist zu beschwerlich und man wählt einen andern. Man wendet sich der Phantasie zu. „Ja, wenn doch die Dinge in der Welt so stünden! Dann würde dieser Punkt nicht streitig sein; dann würde Alles erklärt sein und Alles in der Welt sich in's Gleiche richten!" So nehmen dergleichen Gespräche, welche ernst anfangen, immerhin noch in ernsthafter Weise einen Verlauf in das Land der Utopie, in die reinen Wünsche und Voraussetzungen. Allmählig wird nur noch „Blech" gebracht, aber unter dem galvanischen Strom der Phantasie wird es vergoldet. Ich erinnere ferner daran,

daß zu den Anregungen, welche die Thatsachen für Meinungs=
äußerungen geben, auch noch die Erregung der Gefühle und
Affecte hinzutritt; daß man häufig nicht blos Urtheile äußert,
sondern auch sein Herz ausschüttet; daß Gefühle und Empfin=
dungen ebenfalls Gelegenheit finden, sich darzustellen und einen
nicht unwesentlichen Beitrag zu dem Ganzen eines Gesprächs
liefern.

Blicken wir auf diese verschiedenen Ursachen zurück, deren
noch viel mehrere aufgeführt werden können, so werden wir
mit einem einzigen Blick sofort überschauen: dasjenige Gespräch
wird das vollkommenste sein, welches entweder in derselben
Person oder mindestens in verschiedenen Personen die verschie=
denen mitwirkenden Ursachen vertreten sieht.

Verschieden werden die Gespräche naturgemäß sein, weil,
wenn dieselbe psychologische Gesetzmäßigkeit auf alle Menschen
wirkt, sie gleichwohl weder den Inhalt noch die Form ihres
Denkens in diesem Moment hervorbringen kann. Was Einer
zum Gespräch beitragen soll, das muß zunächst in ihm liegen;
was er nicht in sich hat, das kann er auch nicht vorbringen.
Je nach dem verschiedenen Inhalt, dann aber auch nach der
verschiedenen Form des Processes gestaltet sich sein Beitrag
zur Unterredung. Mit Hilfe unserer bloßen Absicht und Frei=
heit können wir sehr wenig ausrichten; über die Gedanken, die
uns kommen, haben wir sehr wenig Macht, noch weniger über
diejenigen, die uns nicht kommen wollen, besonders dann, wenn
es sich nicht allein um den Inhalt, sondern auch um die stufen=
weise höhere Form der psychischen Thätigkeit handelt, die sich
nur allmählig entwickelt, vermöge deren wir dem in uns vor=
handenen Inhalt eine verschiedene Gestalt geben. Nicht vom
Willen, wohl aber von der ganzen Vorbildung der Menschen
hängt es ab, wie ihr Gespräch nach derselben nothwendigen
Gesetzmäßigkeit sich gleichwohl verschieden gestaltet.

Daher sind Gespräche ein so vorzüglicher Prüfstein der
Bildung. Der Satz „der Styl ist der Mensch" gilt noch viel

mehr vom mündlichen als vom schriftlichen Styl; denn dieser ist absichtlich, jener unmittelbar, dieser nähert sich immer der Kunst, jener meist der Natur des Menschen. — Im einsamen Denken, im Dichten und Forschen können wir allerlei künstliche Mittel anwenden, um wenigstens unserer eigenen Fähigkeit Raum und Ruhe zu schaffen, daß sie sicher wirke; im Gespräche sind wir auf den natürlichen Lauf der psychischen Processe angewiesen.

Wenn sich aber auch Individuen — und selbst die Völker durch die Weise ihrer Gesprächsführung von einander unterscheiden, so bietet sie doch keinen absoluten Maßstab ihrer Bildung oder ihres Charakters. Denn zwar was in der Rede an den Tag tritt, ist Zeugniß inneren Lebens; aber eben nicht Alles, was im Innern lebt, tritt als Rede an den Tag.

Man müßte denn auch das Schweigen, mit seinen Arten und Gründen, zu den Formen des Gespräches zählen.

In dieser Beziehung kann allerdings unsere Freiheit einen sehr beträchtlichen Einfluß ausüben — und doch wiederum nicht die Freiheit allein. Hier ist es mir versagt, ausführlich auf diesen Punkt einzugehen; würde man aber die Untersuchung tiefer führen, so würde man bald entdecken, daß es für das Schweigen ebenso viele und so verschiedene Ursachen gibt, wie für das Reden. Nur Einiges will ich andeuten. Der schweigt, sehr natürlich, der Nichts zu sagen hat; aber nicht nur Derjenige, der keine oder wenig Gedanken, sondern auch Derjenige, welcher zu viele hat, schweigt, weil die Gedanken sich untereinander drängen und nicht zum Ausdruck kommen.

Von Uhland, der zu den „hartnäckigen Schweigern" gehörte, hat uns Fr. Vischer (Kritische Gänge, Neue Folge IV, S. 104) eine köstliche Deutung gegeben. „Uhland zählte zu einem Geschlechte von Menschen, das wohl in keinem Volke so häufig vorkommt, wie im deutschen*), und, wenn ich recht beob-

---

*) Vielleicht sollte man lieber sagen „germanischen"; denn bei den Engländern scheint mir die Kunst des Schweigens eben so wie die der

achtet habe, in keinem Stamme, wie im schwäbischen: tiefe ge=
haltvolle, reichgebildete Naturen, denen ein Dämon, ein Tick
die Lippen schließt; soeben will der Gedanke heraus, aber die
Schleuße ist zu, er kann nicht; sie sitzen in Gesellschaft, man
wartet und wartet, daß sie ihr Scherflein zur Unterhaltung
beitragen, sie möchten es auch, sie denken an tausend und tau=
send Dinge, von denen sie nun ganz füglich beginnen könnten,
aber unter den tausenden welches wählen? Verzweifelt! Es
ließe sich ja von jedem gleich füglich beginnen! Oder sie haben
endlich gewählt; aber wie anfangen? Man könnte so anfangen,
oder auch anders und wiederum anders — was thun? wie
dies furchtbare Gebirge der gethürmten Möglichkeiten über=
steigen? Endlich Muth gefaßt! — die Lippen öffnen, bewegen
sich, ein Laut — aber das Pulver brennt auf der Pfanne ab,
der Schuß geht nicht los." Vischer berührt dann noch den
anderen Grund des Schweigens, „weil er nicht reden wollte"!

Uns hier interessirt nur die Gattung; und es gibt aller=
dings Derer genug, welche schweigen, um die Gedanken zu
sammeln. Wie es große Redner gibt, so gibt es auch große
Schweiger, deren fast jedes Culturvolk sich zu rühmen weiß.

Reden, sagte ich, ist Natur, Schweigen ist Kunst; Wüsten=
und Säulenheilige und Alle, welche das Gelübde des Schwei=
gens ablegen, sind wider die Natur; aber die Eremitenweiber
in Scheffel's Eckehard mit ihrem unaufhörlichen Keifen sind
psychologisch treffend gedacht.

Im Reden findet zugleich eine physiologische Auslösung
der psychischen Elemente statt. Wenn wir in älteren Schriften
— (viel mehr als in neueren!!) das Schweigen so sehr ge=
priesen und empfohlen sehen, so ist es nicht Klugheit und
Schlauheit des Zurückhaltens, die damit gepredigt werden soll,
sondern vor Allem Sittigung, Beherrschung des psycho=

Rede sehr ausgebildet; und bei den Schweden — wohl aus besonderen
mitwirkenden Gründen — scheint Seltenheit neben Knappheit und
Strengflüssigkeit der Rede zu Hause zu sein.

physischen Mechanismus.*) Als Mittel der Erziehung und
Vertiefung waren die Gelübde des zeitweisen Schweigens in
den religiösen und philosophischen Orden vortrefflich gewählt.
Der Erfolg des Schweigens ist, daß die Reden der Anderen
ungestört aufgenommen, mit den eigenen Gedanken langsam und
allmählig verbunden und bereichert werden, weil die aufsteigen=
den Vorstellungen nicht in der Rede verpuffen. Die einge=
preßte Flamme des Gedankens schlägt in den Schwalch hinein,
um die Masse des inneren Lebens stetiger und steigender zu
erhitzen. Deshalb stehen Schweigen und Mystik am ehesten
in Wechselwirkung. Aber auch andere Frucht kann es zeitigen.
Nicht nur die Energie des Gedankens wächst, wenn seine Ele=
mente nicht in der Action des Sprechens sich auslösen, sondern
diese setzen sich auch leichter in Elemente des Wollens um;
Gedanken und Thatkraft werden angesammelt, um dann zur
rechten Stunde sich in productiven Formen zu entladen. Mit
Redseligkeit ist Energie des Handelns selten gepaart. Völker
mit großer Herrschaft über ihren Organismus, ohne Auslösung
der Sensationen durch Gesticulation und Rede, pflegen zugleich
schweigsam und energisch zu sein; bei den mittleren Naturen
entsteht das Steckenpferd, die Schrulle, der Spleen; bei fähigen
und edlen die hohe, kraftvolle Activität.

Im diplomatischen Gespräch herrscht die Reflexion über
den psychischen Mechanismus; man verschweigt, was natürlich
entspringt, und wählt nach Absicht den Ersatz. Schweigsamkeit
wie Redseligkeit hängen bei Individuen, aber auch bei ganzen
Classen von den physischen und mit diesen verbundenen psychi=
schen Umständen ab. Viele Beschäftigungen der Frauen: Nähen,
Stricken, Sticken, Häkeln gestatten der Seele und den Lungen
freie Rede; zugleich können sie im geselligen Kreise geübt wer=
den. Der Bauer aber hat meist einsame Thätigkeit, wie
Pflügen, Eggen, Säen; oder geräuschvolle und die Athmungs=
organe stark anspannende, wie Mähen und Dreschen. Der

---

*) Vgl. Leben der Seele. 2. Bd. S. 160 ff.

Schneider hat eine unhörbare und die freie Athmung nicht
hemmende Arbeit, welche unter dem Reden nicht leidet; indeß
der Schuster häufig den Hammer gebrauchen und meist mit
beiden Armen den Pechdraht ausziehend so hantieren muß, daß
die Sprache gehemmt wird; alles Uebrige gleich gesetzt, geht
darum jener leicht aus sich heraus, dieser in sich hinein, und
jener wird bekanntlich Politiker, dieser Mystiker. — Mit Grund
also sagt das Sprichwort: Reden sei Silber, Schweigen Gold.
Längst hat man jedoch beobachtet, daß man zu diesem Reichthum billig kommen kann, da es auch ein Schweigen der Thoren
gibt. Deshalb muß jenes Wort mindestens dahin ergänzt
werden: wessen Reden Silber ist, dessen Schweigen ist
Gold. — —

Noch Eines hat dann jedenfalls die Psychologie in Bezug
auf die Gespräche zu leisten: nicht allein ihre Arten und ihre
Ursachen, auch ihre Wirkungen soll sie darstellen. Einiges noch
von diesen. Vor Allem rede ich nicht von jener Nachtseite des
Gesprächs, von dem Mißbrauch, der mit dieser edelsten Gabe
der Natur, die uns in der Sprache gegeben ist, getrieben wird;
von jenen Gesprächen, die bald mit den feinsten Nadelstichen,
bald mit dem Secirmesser gegen den lebendigen Leib der Ehre
des Nächsten geführt werden. Verleiden wir uns den Gegenstand nicht durch solche Erinnerungen. Auch beim Geschwätz
wollen wir uns nicht lange aufhalten. Es ist bekannt, wie
schwer es hält, einen ungebildeten Menschen dahin zu bringen,
daß er nicht sage, was er von einer uns völlig unbedeutenden
Sache denkt; daß er nicht die Gründe seiner Handlung ausein-
andersetze, mit der wir ohnedies längst einverstanden sind.*)

---

*) Lichtenberg gibt uns die treffliche Definition: „Was heißt
Schwätzen? Es heißt, mit einer unbeschreiblichen Geschäftigkeit von
den gemeinsten Dingen, die entweder schon Jedermann weiß, oder
Niemand wissen will, so weitläufig sprechen, daß Niemand darüber
zum Worte kommen kann, und Jedermann Zeit und Weile lang wird." —
Neuerdings scheinen sich Schwätzen und Schwatzen sein von einander
geschieden zu haben, und jenes nur ein volles gleichsam spielendes und

Die erste, allgemeinste, vielleicht auch wichtigste Wirkung der Gespräche ist die Lebenserfüllung, Lebensbethätigung, anstatt des Schweigens; anstatt des dumpfen Daseins das Ausströmen des Innern, die Bewegung. In dieser Beziehung stehen die Gespräche den Spielen gleich; neben dem Lesen füllen Spiele und Gespräche unsere Muße aus. Auch in der Muße wollen wir nicht absolut müßig sein, sondern eine Beschäftigung, eine Bethätigung unseres Wesens haben. Darüber ist oben S. 82 f. ausführlich gehandelt.

Aber das Gespräch gibt uns nicht nur die lebenerfüllte Thätigkeit, es vermittelt uns auch das Miterlebniß in der Welt. Vieles begibt sich in der Welt, Weniges erleben wir selbst. Vieles ist vormals geschehen, Weniges ist direct zu unserer Kunde gekommen. Durch das Gespräch vermittelt sich uns die Theilnahme an alledem, was sich begibt. Und auch das, was nur flüchtig an uns vorübergegangen, das, was wir sogar selbst erlebt und wieder vergessen hatten: im Gespräch erneuert es sich immer wieder. Darauf hat Goethe seinen tiefen Spruch gedichtet:

„Worte sind der Seele Bild,
Nicht ein Bild, sie sind ein Schatten,
Sagen herbe, deuten mild,
Was wir haben, was wir hatten.
Was wir hatten, wo ist's hin?
Und was ist denn, was wir haben?
Nun, wir sprechen: rasch, im Fliehn
Haschen wir des Lebens Gaben."

Und nicht allein, daß durch das Gespräch die Theilnahme und das Miterleben uns gesichert ist, das Gespräch ist auch ein Zusammenwachsen der Wissenschaft und der Wirklichkeit — sie werden lichtvoll, lebendig, wir sehen die Welt, wie wir sie

---

jedenfalls gemüthliches Behagen an der Unterhaltung, dieses aber eben das Uebermaß im Vergleich zum Werth der Sache oder der vorgebrachten Meinung zu bedeuten.

sonst niemals sehen würden. Auch wo uns die Geschichte noch so treu und noch so eifrig erzählt: sie ist verhältnißmäßig immer abstract, sie setzt unsere Weltkenntniß voraus, welche Das, was gewissermaßen nur als Gerippe uns angedeutet wird, durch ihre eigene Thätigkeit mit Fleisch und Blut erfüllen soll. Die Gespräche sind es, welche das alltägliche Leben uns in vollen Bildern zeigen, welche alle einzelnen Ereignisse im Wechsel nach einander an uns vorüberführen und so unsere Anschauung, unsere wirkliche Weltkenntniß immer voller und reicher gestalten. Ein Wesen, das von einem anderen Gestirn auf die Erde versetzt und mit einer menschlichen Sprache begabt würde, möchte doch aus allen beschreibenden und wissenschaftlichen Büchern schwer, aus Gesprächen aber leicht ein leiblich volles Bild unseres Erdenlebens gewinnen. Gespräche knüpfen außerdem meist an das wirkliche Leben an und steigen zu allgemeinen und erheben=den Gedanken empor; während Bücher oft von uns fordern, uns der Erinnerung an die eigene Wirklichkeit zu entschlagen.

Die Wissenschaft bietet uns eine Welt von Begriffen in systematischer Ordnung, welche die Welt der wirklichen Er=scheinung und der Ideale umspannt.

Die persönlichen Auffassungen der Begriffe, die Art, wie sie von Jedem persönlich gedacht werden, ist individuell; im Grunde hat jeder energisch Denkende sein System; vielleicht als Ganzes lückenhaft, aber im Einzelnen lebendig bestimmt.

Aber die Begriffe sind allgemein; ihnen gegenüber ist die wirkliche Welt concret, individuell in ihren Gestaltungen, z. B. Aesthetik und ein Kunstwerk.

Im Gespräch nun wird das concrete individuelle Ereigniß, Kunstwerk u. s. w. auf vielfache individuelle Art angeschaut und beurtheilt.

So entfernt sich das Gespräch immer mehr von der Denkform der Wissenschaft, aber es bereichert die Gedanken=welt und ihre Fähigkeit, ein Spiegel der Wirklichkeit zu sein oder die Ideale lebendiger, deutlicher und energischer zu erfassen.

Darum werden hier in der Muße sowohl die schöpferische Kraft der Wissenschaft vermehrt, als auch die Fähigkeit, sie mit Erfolg in sich aufzunehmen.

Aber dazu kommt noch ein Anderes. Die größte Feinheit in der Durchbildung der Sprache, die zarteste Blüthe der Synonymik, mit welcher ja auch eine ebenmäßige Verfeinerung des appercipirenden Denkens Hand in Hand geht, wird durch das Gespräch erhalten, verbreitet, vielleicht sogar geschaffen. Denn hier, im Leben und Gespräch, tritt auch die reichste Casuistik hervor, um der Sprache zum Object und Mittel zu dienen, und in der Muße des freien Gesprächs gedeiht vielleicht am ehesten — oder sollte doch gedeihen — die reine, ziellose Freude an scharfem Denken und genauem Reden. Die Wissen-schaft hat meist andere und wichtigere Sorgen als diese feinste Ciselirung ihrer äußersten Ausläufer. Auch sind ja die Uebungen der Wissenschaft und der Kunst, verglichen mit denen des Ge-sprächs, verschwindend selten. Jene sollen dem Gespräch die Wege weisen; aber dieses wird das Ziel aufsuchen und den Erfolg durch die Wiederholung befestigen. Das eigentliche, natürliche, blühende, wirkliche Leben führt die Sprache also vorzugsweise in den Gesprächen. Wie groß mag die Zahl unserer Schriftsteller sein? Die der Unterredenden ist so groß wie des Volkes, von dem heute glücklicherweise kaum die Taub-stummen eine Ausnahme machen. Nicht im Geschriebenen und Gelesenen, sondern im Sprechen lebt der Volksgeist mit seiner Sprache.

Litteratur verhält sich zum Gespräch etwa so, wie eigent-liches Schaffen zum bloßen, aber wirklichen Leben. Auch verdanken wir die fortwährende Verjüngung der Sprache nicht am wenigsten den Classen des Volkes, welche am wenigsten lesen und gar nicht schreiben. An der Sprache, aber auch an den Gedanken, wie wir gleich noch sehen werden, bewährt sich die zündende und zeugende Kraft der lebendigen Action. Sokrates hat kein Buch geschrieben; aber bis zur Leidenschaft ein Freund, bis zur Kunstfertigkeit ein Meister der Gespräche, ist er ein Meister des Denkens geworden, dessen höchste Form Plato als Dialektik bezeichnet hat. Und von dem großen Staatsmann unserer Zeit berichtet man, daß er seine besten Gedanken „an einem Zuhörer hinreden" muß.

Zu gleicher Zeit aber gewinnen wir nicht nur ein tieferes Verständniß der Wissenschaft, eine vollere Auffassung des Lebens, sondern es vollzieht sich auch die Zusammenschließung der Seelen, sei es, daß die Einzelnen sich im Gespräch mit einander zusammenfinden, sei es, daß der Einzelne in den Zusammenhang mit der Gesammtheit des öffentlichen Geistes tritt, mit Dem, was man die „öffentliche Meinung", den „Volksgeist" nennt. Während sich sonst die Menschen bei ihrer Arbeit isolirt finden und ziemlich schroff und straff neben und gegen einander stehen, pulsirt durch die fortwährend umlaufenden Gespräche von Glied zu Glied geistiges, einigendes Leben.

Alle können nicht Alles lesen; aber das Gespräch vermittelt den Gewinn, den Einer aus der Lectüre gezogen, auch für alle übrigen Glieder eines geselligen Kreises; der Bildungsgrad eines Solchen wird sich daher auch nicht nach dem Gleichen bestimmen, was Alle gesammt und gesondert, sondern nach dem Verschiedenen, was Alle als Einzelne gelesen haben.

So erzeugen die Gespräche theils neben, theils durch die Presse zunächst die Kenntniß, dann aber, was noch viel wichtiger ist, gleichsam die Interpretation der Ereignisse, die sich in der Welt begeben und weiterhin die Interpretation derjenigen Interpretation, welche Litteratur und Tagespresse ihnen gegeben haben.

Aber die Gespräche befestigen nicht blos, sie läutern und heben die öffentliche Meinung; sie machen aus den vielen kleinen und mittelmäßigen Geistern den einen großen, öffentlichen Geist. Wie eine große Anzahl von Menschen, deren jeder einzeln genommen gering an Kraft und Intelligenz ist, dennoch als Masse die Wahrheit enthalten, und zwar nicht so, daß sie in der vorzüglichsten, sondern gerade in der großen Masse als solcher vertreten ist, mag man immerhin als ein

Räthsel, als ein sehr wichtiges Räthsel betrachten; aber man ist leichter im Stande, der Lösung dieses Räthsels nahe zu kommen, wenn man nur ein Dutzend mittelmäßigste Stamm=gäste um den Tisch versammelt gesehen, ihre Gespräche gehört und sie dann im Geiste verfolgt hat.

Ueber den vorliegenden Gegenstand sagt der Eine nach dem Maße seiner mäßigen Dummheit etwas mäßig Dummes; der Andere etwas mäßig Kluges, und der Dritte vielleicht ein mittleres. Hätte der Vierte **zuerst** seine Meinung sagen sollen, so wäre sie vielleicht die dümmste gewesen; aber jetzt ist sie nothwendig die klügste; er pflügt mit drei Ochsen. Er wird der Sache näher kommen u. s. w.

Wenn sie weg gehen, spricht Jeder **die Meinung** aus, welche die Diagonale ist; alle Kräfte sind in ihr enthalten!

Aber von dieser aus dem Kreislaufe der Gespräche —, gleich wie im Körper aus dem Kreislauf des Blutes, — stammen=den Lebendigkeit des Geistes abgesehen, gewinnt er durch sie eine ganz eigene Art der Vertiefung. Einmal gibt es viele Dinge, welche durch kein kaltes Buch, durch keine trockene Dar=stellung in Buchstaben vollkommen erreicht und erschöpft werden; wir dringen nicht bis in das Innerste der Sache, es sei denn, daß ein Auge ist, welches uns ansieht, eine Stimme, die zu uns spricht, ein Geist, der vor uns, in unserer Gegenwart denkt und welchem wir mit unseren Gedanken entgegentreten, den wir herausfordern können, uns zu berichtigen, uns zu er=gänzen und zu vertiefen. Es gibt viele Dinge, die absolut niemals in ihrer Vollständigkeit, Tiefe und Innigkeit von uns erfaßt werden, wenn sie nicht Gegenstand des Gespräches sind. Ich kann wiederum keinen besseren, keinen höheren Gewährs=mann für diesen Gedanken anführen, als Goethe. „Ueber die wichtigsten Angelegenheiten des Gefühls wie der Vernunft, der Erfahrung wie des Nachdenkens", sagt er, „soll man nur mündlich verhandeln. Das ausgesprochene Wort ist sogleich todt, wenn es nicht durch ein folgendes, dem Hörer gemäßes am Leben erhalten wird. Mit dem geschriebenen ist es noch

schlimmer." — Ein besonderer Vorzug des Gesprächs schließt
sich daran, daß es eben gemeinschaftliche Arbeit der
Geister ist; an das Bewußtsein also und die unmittelbare
Wahrnehmung: der Gedanke wird nicht von mir und nicht von
dir allein, sondern von uns Beiden erzeugt. Dieses Bewußt-
sein schon bietet ein erhebendes Moment, aber es führt außerdem zu einer bedeutenden Vertiefung. Was uns hemmt, die
Wahrheit zu erkennen, ist meistentheils die Individualität der
Voraussetzung, unter welcher wir stehen, das Historische und
Zufällige in dem Erwachen und in der Entwickelung des einzelnen denkenden Geistes. Wenn ich aber die Meinung des
Andern im Gespräch widerlegen will, so richtet sich meine
Kritik vor Allem darauf, dieser Zufälligkeit entgegenzutreten
und das Allgemeine, die Wahrheit zu finden. Schließlich,
wenn ich den Andern widerlege, habe ich in den meisten Fällen
mich selbst widerlegt; bin ich über seine Meinung zu einer
höheren Stufe der Anschauung hinaufgestiegen, so bin ich meist
auch über diejenige Stufe hinweggekommen, auf welcher ich
selbst vorher gestanden habe; beide haben wir einen und denselben Prozeß vollzogen: die Schlacken der Individualität ausgeschieden, um das reine Metall der Wahrheit zu finden. So
arbeitet Jeder mit dem Andern zusammen; so wird uns die
Wahrheit auch darum werthvoller und theurer, daß sie eben
nicht das Erzeugniß des Individuellen, sondern das Erzeugniß des
Gesammtgeistes ist. Diese den Geist des Anderen belebende und
schöpferisch machende Kunst besitzen freilich nicht Viele. Sie ist der
ausschließliche Besitz des Genies der Persönlichkeit, welches eben
so wie das der Kunst und der Wissenschaft selten ist. Auch
sehr gute Gesellschafter gibt es, Leute, die vortrefflich erzählen,
rasch und treffend reflectiren und dennoch nur durch eigene
Leistung zu glänzen, aber nicht die des Anderen hervorzurufen
verstehen. Bei Gesprächen wird man immer wieder an
Sokrates erinnert; er war stolz auf das Erbtheil seiner Mutter,
welche die Hebeammekunst verstanden habe. Vielleicht ist
diese Tugend des Gesprächs so selten, weil die Vereinigung des

Empfangens und des Gebens in der gleichen Natur überhaupt selten ist.

Die Kunst, habe ich irgendwo gelesen, die Kunst der Conversation besteht eigentlich nur in der Ausübung zweier schöner Eigenschaften. Man muß schaffen und sich für Vorhandenes interessiren, man muß gleichzeitig die Gabe der Mittheilung und die Gabe des Zuhörens besitzen. Ein solches Zusammen= treffen ist selten, aber dann auch unwiderstehlich.

Unwiderstehlich! denn wir empfangen aus solchen Ge= sprächen in unmittelbarer Erfahrung wenigstens eine Ahnung von jener großen und tiefen Thatsache des geschichtlichen Lebensprocesses, daß die Einzelnen aus dem Born des all= gemeinen Geistes schöpfen und daß und wie sie wiederum für den allgemeinen Geist leisten und wirken. Der eigentliche Zauber dieser Wahrnehmung aber beruht darin, daß das In= dividuum als solches mit seinem geistig individuellen Lebensinhalt den zwiefachen Gegensatz darstellt, einmal gegen das Allgemeine des Gedankens, und dann gegen die Gesammtheit der Denken= den oder den Gesammtgeist, und — daß beide Gegensätze damit gleichzeitig überwunden werden. (Vgl. „Leben der Seele", I. 2. Aufl., S. 19 ff.)

An dies Höchste im Menschenleben schließt sich so unter günstigen Umständen auch das Gespräch an. Man hat oft unsere Lectüre, den wissenschaftlichen Unterricht und dergleichen als „geistige Nahrung" bezeichnet. Wenn dies Gleichniß richtig ist, dann vielleicht noch mehr das andere: wenn dies geistige Nahrung ist, dann sind die Gespräche die geistige Atmosphäre, in welcher ein Mensch lebt und athmet.*) Wie wünschens= werth ist es, daß die Luft, die wir im Gespräch athmen, rein und frei sei! Wie haben wir Alle auch hier die diätetische Sorge zu tragen, daß wir in reiner Luft athmen, daß wir zuweilen auf die Höhen emporsteigen, um dort jene besonders

---

*) Goethe sagt deshalb einmal: „das Gespräch sei erquickender als das Licht".

reine Luft in erhebenden, läuternden und vertiefenden Gesprächen zu athmen.

Wer je das Glück gehabt hat, solcher Gespräche theilhaft zu werden, der hat an sich empfunden, und wird Allen die= selbe Erfahrung wünschen, daß die Worte des Gesprächs der Schlüssel sind, der die Herzen aufschließt; das Band, welches die Seelen verbindet, und das Licht, welches in die Geister gegenseitig hineinleuchtet und sie sehen macht. Welche Sehn= sucht empfinden wir oft nach einem solchen Gespräch! Und wenn wir es gehabt haben, wie wird unser Gemüth weit und weich, warm und voll, innig, lebendig und erlöst. Nach einem solchen Gespräch erscheint uns das Leben lebenswerth, denn alle Werthe des Lebens scheinen uns gesichert, indem sie ihr festes Gepräge in tief empfundenen Worten finden, durch welche der Geist sich darüber verständigt.

In dieser Minute empfinde ich es lebhaft, welch' einen Unterschied es macht, ob Einer einsam denkt und allein redet oder ob ein Wechselgespräch geführt wird. Ich habe hier die Betrachtung allein geführt und Sie haben sich eine gute Stunde Schweigen auferlegt. Wie viel glücklicher waren die Athenienser, wie viel glücklicher war Sokrates! Was er einsam, ernst und tief in seinem Nachdenken ersann, das hat er auch dem öffent= lichen Geiste Athens eingehaucht! Aber er that es, indem er Wechselgespräche führte, hier mit weisen Männern, dort mit edlen Jünglingen, und da mit geistvollen Frauen, und aus diesen Wechselgesprächen kamen seine eigenen Gedanken voll= kommener an den Tag.

Ihrer eigenen Phantasie überlasse ich es, sich auszu= malen, wie viel feiner, wie viel reicher und reifer die Be= trachtung ausgefallen wäre, wenn ich das Glück gehabt hätte, mit Vielen von Ihnen, mit den Einzelnen oder in Gruppen die Untersuchung über Gespräche zu führen.

Gedanken über Aufklärung.

———•———

Mit Benutzung eines am 12. Februar 1877 in der „Gemeinnützigen Gesellschaft" zu Leipzig gehaltenen Vortrages.

Vorbemerkung.

Der Gegenstand der folgenden Gedanken ist die Auf=
klärung, über welche vom heutigen Standpunkt der Wissenschaft
gehandelt werden soll. Der Gesichtspunkt, aus welchem ich
ihn betrachte, ist vornehmlich der psychologische, d. h. die Auf=
klärung wird als psychologischer Vorgang angesehen, nach ihrem
psychologischen Erfolg bezeichnet und beurtheilt.

Die Aufgabe, welche damit gestellt ist, scheint mir für
jede, insbesondere aber für unsere Zeit, auch praktisch so
wichtig, zugleich theoretisch so tiefgehend und weitgreifend, die
Leistungsfähigkeit unserer Wissenschaft in Bezug auf dieselbe
aber noch so gering, daß ich sie irgendwie erschöpfend zu lösen
mich nicht anheischig machen könnte, selbst wenn man nur den
bescheidenen Maßstab eines einzelnen Mitarbeiters in der
Wissenschaft an die Lösung legen wollte.

Ich glaubte deshalb auch darauf verzichten zu müssen,
irgend ein geschlossenes Ganze zu bieten. Wohl aber sollen,
wie ich hoffe, die „Gedanken" dem gebildeten Leser und dem
Jünger der Wissenschaft Anregung genug zu eigenem und
weiterem Nachdenken gewähren. Dieser Zweck, den ich am
meisten im Auge hatte, kann auch durch einzelne Gedanken
erreicht werden; als solche, deren mehrere bald loser, bald
fester aneinander hängen, bitte ich, sie anzusehen. Einen
einigen Gedankengang aber wird man in ihnen nicht ver=

kennen wollen; und in dem Sinne sollen sie als Ganzes und Zusammenhängendes angesehen werden, daß nur in allen zu= sammen meine Ueberzeugung vollständig zu Tage tritt, nur aus allen zusammen die Belehrung, welche sie überhaupt zu bieten haben, geschöpft werden kann.

· Gegen die leider eben so beliebte wie verwerfliche Manier, auf einzelne herausgegriffene Sätze das Urtheil, auch wohl die Verurtheilung und am liebsten die Verketzerung einer Schrift zu gründen, lege ich ausdrücklich Verwahrung ein. Gewiß kann jeder einzelne Satz auf seinen Werth und auf seine Wahrheit geprüft, aber das Ganze meiner Anschauung über Religion und Aufklärung kann nicht aus ihm erkannt werden. Es ist keine große Kunst, aus einem Uhrwerk ein Rad oder eine Welle herauszureißen und dann zu zeigen, daß die Uhr nicht richtig geht; es ist noch weniger eine Kunst, nur ein Rad oder eine Welle vorzuzeigen und zu beweisen, daß dies keine richtig gehende Uhr ist.

Schönefeld, den 20. Juni 1878.

1. Vor etwa hundert Jahren, im Jahre 1784, haben unabhängig von einander zwei Männer, welche in der ersten Reihe Derer stehen, die in Deutschland Aufklärung verbreitet haben, Kant und Mendelssohn, sich mit der Frage nach dem Wesen der Aufklärung beschäftigt. In der Berliner Monatsschrift jenes Jahres findet sich der Aufsatz von Mendelssohn: Was heißt Aufklärung? und acht Wochen später der andere von Kant (mit der Anmerkung, daß ihm das Vorgehen Mendelssohn's unbekannt gewesen sei): „Was ist Aufklärung?"

Es ist beachtenswerth, daß Beide auch sonst öfter auf einander hingewiesen, Mendelssohn auf Kant, als auf den Meister des philosophischen Denkens, von welchem eine schöpferische Erneuerung und Veredelung des öffentlichen Geistes zu erwarten sei (in der Vorrede zum Phädon); und Kant auf Mendelssohn als den Meister der philosophischen Darstellung, welcher besser wie er selbst im Stande wäre, seine Gedanken weiteren Kreisen zuzuführen (in der Einl. zur Kritik der reinen Vernunft).

Wir sind nicht undankbar. Wir wissen, nicht blos was jene Abhandlungen für ihre Zeit bedeutet haben, sondern auch wie sie heute noch zu schätzen sind. Aber es wäre eine falsche Bescheidenheit, wenn man sagen wollte, das heutige Zeitalter könnte sich mit den Erklärungen begnügen, welche damals vom Wesen der Aufklärung gegeben worden sind. Oben S. 254 ist von der Analogie der psychischen Optik mit der physischen die Rede gewesen; wir begegnen hier wieder einer solchen Gleichung; steht man mit dem leiblichen Auge mitten unter den sinnlichen und sichtbaren Dingen, dann verdecken die nächsten die ferneren. Im Bereiche des Geistes ist es nicht anders.

Die Unvollkommenheit der Erklärungen bei Kant und Mendelssohn wäre ohne diese Thatsache kaum begreiflich; sie wird es aber durch dieselbe.

Sie standen mitten darin, mitten in der stärksten Bewegung der Aufklärung haben sie die Frage nach ihrem Wesen aufgeworfen; sie waren neben Lessing die weitaus hervorragenden Vertreter derselben; sie haben die Sache wesentlich gefördert, theilweise geschaffen; aber eben deshalb, weil sie in der concreten Fülle der Thatsachen sich bewegten, haben sie die analytische Deutung derselben nicht ganz getroffen. Sie wußten, könnte man fast sagen, zu viel von der Sache, um dies Wissen in genügend deutliche Form zu bringen. Denn um die concrete Fülle dennoch auf das Allgemeine zu bringen, stiegen sie wiederum zu hoch hinauf, entfernten sich von demselben zu weit in's Abstracte.

Dazu kommt, ehrlich gesagt, daß die Sache selbst nicht minder noch vielfach abstract, in ihrem eigentlichen Wesen unentwickelt und darum auch theoretisch unerkannt war.

Das Fundament haben sie gelegt, aber den Ausbau, den die Geschichte theils bereits vollzogen hat, theils noch weiter vollziehen muß, konnten sie damals auch nur theoretisch nicht vorausnehmen.

2. Mendelssohn definirt die Aufklärung als einen, und zwar den theoretischen Theil der Bildung; er sagt:

„Je mehr der gesellige Zustand eines Volks durch Kunst und Fleiß mit der Bestimmung des Menschen in Harmonie gebracht worden, desto mehr Bildung hat dieses Volk.“

„Bildung zerfällt in Cultur und Aufklärung. Jene scheint mehr auf das Praktische zu gehen: auf Güte und Feinheit und Schönheit in Handwerken, Künsten und Geselligkeitssitten (objective); auf Fertigkeit, Fleiß und Geschicklichkeit in jenen, Neigungen, Triebe und Gewohnheiten in diesen (subjective).

Je mehr diese bei einem Volke der Bestimmung des Menschen entsprechen, desto mehr Cultur wird demselben beigelegt...."

„Aufklärung hingegen scheint sich mehr auf das Theoretische zu beziehen."

„Auf vernünftige Erkenntniß (objective) und Fertigkeit (subjective) zum vernünftigen Nachdenken, über Dinge des menschlichen Lebens, nach Maßgebung ihrer Wichtigkeit und ihres Einflusses in die Bestimmung des Menschen."

Kant sagt:

„Aufklärung ist der Ausgang des Menschen aus seiner selbstverschuldeten Unmündigkeit. Unmündigkeit ist das Unvermögen, sich seines Verstandes ohne Leitung eines anderen zu bedienen. Selbstverschuldet ist diese Unmündigkeit, wenn die Ursache derselben nicht am Mangel des Verstandes, sondern der Entschließung und des Muthes liegt, sich seiner ohne Leitung eines anderen zu bedienen. Sapere aude! Habe Muth, Dich Deines eigenen Verstandes zu bedienen! ist also der Wahlspruch der Aufklärung." (Die Verwerthung und Umbildung dieses Gedankens bei Schiller im 7. und 8. der Briefe über die ästhetische Erziehung des Menschen ist sehr interessant.)

3. Von der Definition Mendelssohn's werden wir uns sehr bald überzeugen, — und ich bemerke, daß in der ganzen Abhandlung eine weitere oder genauere Erklärung nicht hinzugefügt, sondern nur allerlei sonstige Reflexion daran angeknüpft wird — daß sie viel zu weit ist; sie paßt auf das Wissen und die Wissenschaft überhaupt. Es wird nicht gelehrt, in wie fern Aufklärung etwa von Denken überhaupt oder Wissen als Function oder Wissenschaft, als Erzeugniß derselben sich unterscheide.

Kant trifft zwar einen, wenn man will, vielleicht den Hauptpunkt: den Muth, dessen man bedarf, sich der Arbeit seines eigenen Verstandes zu bedienen. Gleichwohl ist die Definition Kant's zugleich zu eng, wenn wir nämlich nach dem Wortlaut den Muth allein betonen, und auch zu weit, wenn wir den „Gebrauch des Verstandes" mit hervorheben.

Denn hierbei hören wir Nichts von der besonderen Eigen=
thümlichkeit, von dem Specifischen und Bestimmten der Ver=
standesthätigkeit, die sich grade in der Aufklärung zur Geltung
bringt. Denn unmöglich kann man jede Verstandesthätigkeit,
wie sie im Rechnen, im Dichten, in den Gewerben, in den
Wissenschaften zur Anwendung kommt, als einen Theil der be=
sonderen Aufgabe der Aufklärung betrachten.   ·

Wohl ist es ein durchaus kernhafter, zum innersten Wesen
der Sache gehöriger Gedanke, die Mündigkeit und den
Muth derselben zu betonen. Aber einen Anderen aufklären,
heißt doch nicht blos, ihm Muth machen, sich seines Verstandes
zu bedienen; wichtiger und wesentlicher ist eben doch, ihm das
Verständniß dessen, worüber er aufgeklärt werden soll, zu ge=
währen, ihm den Verstand zu geben, zu schaffen oder zu ent=
wickeln, dessen er sich bedienen soll und kann. Der Fehler in
der Fassung der Sache hängt mit dem weiteren und bedeuten=
deren zusammen, den wir in den verschiedensten Wendungen in
jener ganzen Zeit wiederfinden, und welcher in der psychologisch
unvollkommenen Anschauung liegt, daß „der Verstand" — oder
„die Vernunft" eine fertige Sache, eine gegebene Kraft, ein
angeborenes Vermögen sei (sogar mit einem bestimmten an=
geborenen Inhalt), dessen man sich eben nur zu bedienen
braucht, wie eines Instruments. Von einem Eingehen in den
inneren Proceß, um den es sich — bei dem Werden und
Wachsen, wie bei dem Anwenden des Verstandes — handelt,
ist mit diesem „Sich bedienen" vollends gar keine Rede.

4. Es ist wahr: sich seines Verstandes bedienen und den
Muth dazu haben, sind nothwendige Kennzeichen auch für die
Aufklärung. Schwerlich werden wir sagen dürfen, daß sie allein
die Sache erschöpfen; denn wir finden Beides oft genug in der
Seele Derer, welche der Aufklärung schnurstracks gegenüber
stehen und dieselbe nicht blos verläugnen, sondern bekämpfen.
Ich berufe mich hierbei auf eine Summe von Erfahrungen,
welche nicht blos in der Vergangenheit, sondern auch in unseren
Tagen leider sehr groß ist. Nur um anzudeuten, welchen

Kreis von Erfahrungen ich meine, erinnere ich an ein bestimmtes
Beispiel aus der Vergangenheit: Man sehe sich einmal die
geistige Arbeit in dem Werke des Jesuiten Johannes Ferrandus
an, welches eine Untersuchung über die Reliquien enthält. Er
will auseinandersetzen, daß man sich so oft und so vergeb=
lich und fälschlich darüber aufgehalten habe, daß man die=
selbe Dornenkrone, dasselbe Kreuz, oder dieselben Nägel zum
Kreuz, die Knochen, die Röcke so häufig wiederfindet; denn er
beweist in dieser Schrift, daß der liebe Gott, da er allmächtig
ist, auch die „Fähigkeit in sich entwickelt habe, ein und die=
selben Reliquien zu vermehren und zu wiederholen".

(Joh. Ferrandus Disquisitio Reliquiaria, sive de
suscipienda et suscepta earundem numero Reliquiarum
multitudine Leyden. 1647. 4. p. 2.)

(Unum mihi sat erit in praesentia dicere, supremum
numen dubio procul explicuisse potentiam in iis nominatim
Reliquiis multiplicandis seu replicandis.)

Ich zweifle nicht daran, Kant würde zugestehen müssen,
daß nicht wenig Verstandesarbeit zu einer solchen Leistung ge=
hörte, aber auch nicht wenig Muth, sich eines solchen Ver=
standes zu bedienen. Und fehlt es etwa in der Gegenwart bei
Denen, welche auf der der Aufklärung entgegenstehenden Seite
sitzen, an ähnlicher Arbeit des Verstandes oder an Muth, sich
desselben zu bedienen? — Und wenn diese in vielen Gedanken
der „Leitung" eines Anderen folgen, thut es nicht auch Der=
jenige, welcher aufgeklärt wird, Dem gegenüber, welcher ihn
aufklärt? — Sind sie nicht, so sehr wie man es nur wünschen
mag, mündig, findig, klug und selbstständig in ihrer geistigen
Thätigkeit? Wie erfinderisch und wie muthig zugleich sind sie
im Gebrauche ihres eigenen Verstandes gegen die Aufklärung!

Wir werden uns also nach anderen, bestimmteren Kenn=
zeichen dessen, was Aufklärung ist, umsehen müssen. Zuvor
nur noch einige allgemeine, einleitende Bemerkungen.

5. Von einer Geschichte der Aufklärung, welche viel
weiter hinaufreicht, als man gewöhnlich anzunehmen geneigt

ist *), ist das Beste für dieselbe zu erwarten. Sie wird durch
Thatsachen zeigen, wie die bevorzugten Geister in allen Na=
tionen von je her auf eine Vertiefung und Befreiung der
befangenen Dogmatik, auf eine Läuterung der religiösen Ge=
sinnung vor allem durch den Kampf gegen immer wieder sich
erhebenden natürlichen und religiösen Materialismus hin=
gearbeitet haben.

Durch eine Geschichte der Aufklärung wird die Nothwen=
digkeit derselben am ehesten überzeugend werden; wahrhaft
fruchtbar aber für den Fortschritt derselben kann ihre Geschichte
nur erst werden, wenn sie aus eindringenden psychologischen
Gesichtspunkten dargestellt wird. Noch ist Alles, was in dieser
Beziehung geleistet worden, ohne die Fähigkeit, ja selbst ohne
die Absicht geleistet, die inneren Vorgänge in den vorleuchten=
den Geistern einerseits und in der nachfolgenden — aber auch
träge zurückbleibenden — Volksseele andererseits zu erkennen.
Zu einer durchsichtigen Analyse der inneren Vorgänge ist bis
jetzt kaum die individuelle Psychologie genügend ausgerüstet;
die völkerpsychologische Analyse der historischen Thatsachen steht
vollends noch in den ersten Anfängen. Hier muß es genügen,
auf das Wünschenswerthe einer solchen Arbeit hinzuweisen
und hin und wieder eine solche Thatsache innerer Geschichte
zu berühren.

Es ist wohl kaum nöthig, auf die besondere Schwierigkeit
einer solchen Geschichte hinzuweisen, welche sich aus dem Um=
stande ergibt, daß die Aufklärung selbst bei einem einzigen

---

*) Ich verweise z. B. auf W. Adolf Schmidt's vorzügliche „Ge=
schichte der Denk= und Glaubensfreiheit im ersten Jahrhundert der
Kaiserherrschaft und des Christenthums" (Berlin 1847); auf Herrmann
Reuter's „Geschichte der religiösen Aufklärung im Mittelalter" (vom
8. bis 14. Jahrhundert, Berlin 1875). Siehe auch unten Nr. 60.
Lecky's „Geschichte der Aufklärung" bezieht sich auf spätere Zeiten, soll
aber hier nicht ungenannt bleiben. Speciell zur Entstehungsgeschichte
der Aufklärung in Deutschland bietet die Monographie „Johann Konrad
Dippel" von Wilhelm Bender (Bonn 1882) einen ebenso interessanten
wie lehrreichen Beitrag.

Volke nicht immer einen inneren historischen Zusammenhang
hat. Die späteren Thatsachen sind oft ohne Anknüpfung an
die früheren, sogar ohne Kenntniß derselben; auf spontane
Weise und sporadisch, zwar nach den Gesetzen der Entwickelung
des menschlichen Geistes überhaupt, aber durchaus abhängig
von dem jedesmaligen Gegentheil der Aufklärung, welches sie
zu bekämpfen haben, treten die Thatsachen an's Licht. Die
nationale Oekonomie eines Volkes, ob sie gleich an vielen
Stellen von den auftauchenden Erfindungen, von der Aus=
breitung des Verkehrs, von der politischen Geographie, von den
Rechtsordnungen und socialen Instituten abhängig ist, bietet
doch immer einen innerlichen historischen Zusammenhang der
von Tag zu Tag gegebenen realen Lage der ökonomischen Ver=
hältnisse; jede neue Thatsache, die eine Veränderung herbeiführt,
beruht auch meist auf der Kenntniß der Zustände, die davon
getroffen werden. Eben so in der Erziehung darf bei jeder
Veränderung eine Kenntniß der voraufgehenden Thatsachen,
wenigstens der unmittelbar früheren Lehrzwecke und Lehrmittel
vorausgesetzt werden, und eben so in der Rechtsgeschichte.
Ueberall sind hier continuirlich vorhandene und gekannte That=
sachen die Glieder, aus denen die historische Kette der Ereignisse
sich zusammensetzt. Daß eine solche Kette inneren und objec=
tiven Zusammenhangs auch für die Geschichte der Aufklärung
gegeben sei, ist nicht anzunehmen. Desto wichtiger ist es, die
Art, wie die Erscheinungen der Aufklärung mit den Thatsachen
der Cultur=, Sitten= und überhaupt geistigen Entwickelungs=
geschichte sich verketten, zu erforschen.

6. Was Kant und allen seinen Zeitgenossen fehlt, ist der
historische Gesichtspunkt in der Beurtheilung dessen,
was da ist und geschieht, was geschehen kann und geschehen soll.

Praktische Vernunft, reine Vernunft u. s. w. werden nur
als fertige Formen und Inhalte betrachtet.

Wie seltsam ist es, daß Kant als „öffentliche"
Thätigkeit nur die schriftstellerische, dagegen die Thätigkeit im
Amt, auch im Staats= und Kirchenamt, als Privatsache

ansieht. Von dem Leben des Gesammtgeistes also und von der Entwickelung desselben, vom historischen Werden der führenden Geister und ihrer Schöpfungen wie von dem Einfluß derselben auf die breiten Massen, herrschen ganz unbestimmte, am wenigsten auf wirkliche Thatsachen begründete Vorstellungen. In Kant's Abhandlung über „Geschichte in weltbürgerlicher Absicht" blitzen fruchtbare Gedanken auf, aber sie gewinnen auf die übrigen Gedankenkreise seines reichen inneren Lebens keinen Einfluß. Diese Thatsache zu erörtern und sie psycho= logisch zu begründen, würde eine werthvolle Aufgabe sein.

7. Mitten im Getriebe der wirklichen Welt und der Nothwendigkeit, praktisch zu wirken, wird es der Theorie schwer, nicht blos sich Gehör zu verschaffen, sondern auch es nur zu fordern. Nun ist zwar unsere Frage eine eminent praktische, aber nicht im unmittelbaren Sinne der Praxis kann der Einzelne sie zutreffend beantworten. Alle wahren und wirksamen Einflüsse auf den Volksgeist können nur von einer größeren Schaar zusammenstehender, einander erleuchtender und treibender Geister vollzogen werden.

Die Philosophie nimmt das Martyrium auf sich, Be= trachtungen zu führen, und ihre Resultate zu verkünden, welche unmittelbar und für sich allein Nichts zur Gestaltung und Fortbildung der Welt beizutragen scheinen; aber sie weiß, daß diese Gedanken einen wirksamen Einfluß üben sollen und üben, wenn auch Diejenigen, durch welche und an denen er ver= wirklicht wird, sich desselben nicht bewußt sind.

8. Gegenüber der abstracten Betrachtungsweise des vorigen Jahrhunderts, welches vom Menschen immer als von dem zeitigen und von dem fertigen Menschen geredet hat, bilden die der speculativen und der historischen Schule des unserigen einen wesentlichen Fortschritt.

Die eine bringt zur Erkenntniß, daß es Stufen der Entwickelung im objectiven Geiste der Menschheit gibt. Aber von dem Werden dieser verschiedenen Stufen macht sie sich eine abstracte, eine scholastisch=formalistische Vorstellung, welche

nichts von dem wirklichen Proceß der Entwickelung erkennen läßt.

Eine Thatsache vor Allem, hier für unsere Frage die
wichtigste, wird dabei entweder geläugnet oder als unrichtig
zur Seite gestellt; die Thatsache nämlich, daß nicht alles
Geschehen Stufe der Entwickelung gewesen ist; auch Bornirt-
heit, Unverstand, ethischer Mangel war und ist da; dies muß
auch nach seinen Gründen erkannt, es muß ausgeschieden, für
die Norm der Gegenwart, für das Ideal der Zukunft vermieden
werden. Nicht alles Vernünftige ist wirklich, nicht alles
Wirkliche ist vernünftig; Beides soll es werden. Nimmt man,
um die scheinvollen Sätze zu retten, den Begriff der Ver-
nünftigkeit im Sinne der Gesetzmäßigkeit, dann muß man freilich sagen, alles Wirkliche, alles Geschehene ist vernünftig, denn
auf gesetzmäßige Weise ist es geschehen. Aber auch Krankheit,
Zerstörung geschehen auf gesetzmäßige Weise.

Blicken wir nur auf die bereits abgelaufene Geschichte,
dann müssen wir bekennen: welche menschliche oder göttliche
Ideen unser Geist dem bisherigen Gang der Entwickelung zu
Grunde legt, sie zeigen sich nicht durchgehends verwirklicht;
und wie er die Thatsachen des wirklichen und ursächlichen
Geschehens ordnen und verknüpfen mag, sie werden in keine
Form der Idee sich vollkommen fügen. Denn auch fern von
jenem Pessimismus, der im Lauf der Welt nur ein tolles
Spiel von Selbstsucht, Wahn, Leidenschaft und Zufall sieht,
in welchem bessere Regungen und Strebungen nur auftauchen,
um vom Uebel erdrückt, vom Bösen überwuchert, von Willkür
zertrümmert und verhöhnt zu werden; in dem guten Glauben
vielmehr, daß dennoch ein Sinn und Zweck in der Geschichte
waltet, daß auch die tiefsten Schatten, die wir sehen, mit
Lichtern, die unserem Standort entrückt sind, zu einem harmonischen Bilde des Lebens sich vereinen: werden wir doch
jedenfalls bekennen müssen, daß wir die Harmonie des wirklichen Geschehens mit den Ideen ethischer und ästhetischer Art,
die uns als letzte und höchste Formen der Anschauung er-

scheinen, nicht zu entdecken vermögen. Einzig und allein das
Gesetz der Nothwendigkeit und die Nothwendigkeit der Gesetze
scheint übrig zu bleiben, nach denen der Lauf der Ereignisse
sich vollzieht, das Gesetz der Causalität, vor welchem zwar
Zufall und Ohngefähr, wie Schatten am hellen Mittag unter
unseren Füßen, verschwinden, das aber rastlos und allgewaltig
vorschreitend in alle Formen, in die des Geistes edelster Trieb
das Leben der Menschheit fassen möchte, eindringt und sie
zersprengt, etwa wie die Fluth des glühenden Erzes, wenn
sie die menschliche Form zerbricht, die sie fassen sollte, zwar
überall gesetzlich, aber nur nach eigenem (physikalischem)
Gesetz sich ergießt und wild und regellos in Ecken und Zacken
sich verhärtet.

Blicken wir aber auf die Zukunft und auf die jedesmalige gegenwärtige Aufgabe, sie zu gestalten, dann haben
wir nach bestem Wissen und Gewissen die ideale Form immer
wieder zu suchen, welche rein und edel genug ist, den Werth
des Lebens zu erhöhen, anziehend und stark genug, die gemeine
Wirklichkeit zu bändigen. Daß beide, Gesetze der Idealität
und Gesetze der Wirklichkeit oder der Causalität, im Leben
der Menschheit thätig sind, wird Niemand mit Fug bestreiten
können; wie im Kampfe mit einander scheinen sie begriffen
und die Bestimmung des Menschen darin zu bestehen, den
Ideen zum Siege zu verhelfen. Von der genauesten Einsicht
in die Natur dieses Kampfes, von der Erkenntniß wie die der
Idee widerstrebenden Kräfte nicht sowohl zu vernichten, als
vielmehr zum idealen Ziel zu leiten sind, ist der Sieg
abhängig.

In diesem Sinne und in dieser Absicht sollen wir die
Gesetze des Aufbaus, des Wachsens, des Fortschritts erforschen.
Für die Praxis sollen die Gesetze der Idealität und nicht die
der Wirklichkeit unsere Führer sein; und jene sollen diese
durch Erkenntniß derselben beherrschen und in den Dienst
nehmen. Die Kraft der Ideen müssen wir durch Klarheit
des Geistes erhöhen, durch Energie der Gesinnung befestigen;

die wirksame Macht derselben aber können wir nur durch Erforschung und Beherrschung der Causalgesetze begründen.

. Die Folge jener schielenden Auffassung des Begriffs der Vernunft, jener Verwechslung von Wirklichkeit des Gesetzes und Forderung der Idee, tritt dann auch in der Stellung hervor, welche dies philosophische Denken zur wirklichen Geschichte sich gibt. Das System, das auf der einen Seite so stolz ist, sein glänzendes, aber immerhin menschlich enges und endliches, obendrein abstractes Begriffsgerüst den „Gott vor der Schöpfung" zu nennen, wird dann so bescheiden, nur das Abgelebte „Grau in Grau malen" zu wollen, „die Eule" zu sein, welche erst bei einbrechender Nacht ausfliegt. Möchte doch statt dessen die Weisheit die Rolle wieder antreten, die ihr so naiv in den Sprüchen Salomonis zugetheilt ist: an den Thoren zu stehen und auf den Gassen zu predigen, daß alle Welt sie höre und ihr zu folgen sich aufraffe. Zwar unbeirrt, weder ange= zogen noch abgestoßen von den Begebnissen und den Fragen des Tages, wird sie weder vom Tage schöpfen noch für den Tag schaffen; aber sie wird nicht nur aus der vergangenen Wirklichkeit, sondern auch für die zukünftige Wirklichkeit Ge= danken suchen, welche dieser als Ziele voranleuchten sollen. — Auch die Denker vergangener Zeiten — ja auch Hegel und seine Schule selbst eben so wie die von Vielen heute verachteten Männer der Aufklärung im prägnanten Sinne — haben nicht nur das in der That Vollendete in Gedanken gefaßt; sie sind Vorläufer, sind Hebel der Geschichte der neueren Zeiten gewesen.

9. Die historische Schule hat den Gedanken schon angeregt, welcher immer weiter sich ausbreitet, immer tiefer sich bewährt, daß Alles in der Welt, insbesondere Alles im und am Menschen historisch ist; daß es deshalb um so viel wichtiger wird, die Geschichte der Vergangenheit r e i n und o b j e c t i v zu erkennen.

Wohl soll man deshalb der Mahnung der eigentlichen „Historischen" folgen: bei Allem und vor Allem den Geist in die Geschichte zu versenken; aber man hüte sich auch, daß nicht der Geist darin versinke.

Alle Cultur, jeder Zustand der Menschheit oder
eines Volkes hat in der Geschichte seine Wurzeln,
aber auch seine Fesseln.

Grade weil Alles historisch ist, muß die Gegenwart
ihrerseits thätig sein, muß sie frei und befreiend zu denken,
sich in That und Gedanken von den Fesseln der Vergangenheit
frei zu machen suchen. Es gilt einen Maßstab an die Geschichte zu legen, den man nicht ihr selbst, sondern nur der
gegenwärtig errungenen Vernunft und Einsicht und den Idealen
entnehmen kann, welche die Hoffnungen und Bestrebungen für
die Zukunft ausmachen.

10. Wahrlich es ist Zeit, daß wir uns einmal wieder
gründlich die Augen reiben; daß wir erwachen und erkennen,
daß die Träume vergangener Jahrhunderte, die so Viele unter
uns noch fortträumen, nur — Träume sind. Es ist Zeit, daß
wir wieder einmal, wie zu den Zeiten der Aufklärung, in weiteren
Kreisen, in den breitesten Schichten der Gebildeten offen und
ehrlich, laut und deutlich bekennen, was an den Ueberlieferungen
der Vergangenheit vernünftig und was unvernünftig ist. Die
Gegenwart muß wieder einmal den Muth gewinnen, über die
Vergangenheit zu richten, schlank und kühn ein Urtheil über sie
zu fällen, den Irrthum, den Unverstand, die Träumerei und
die sittliche Unvollkommenheit beim rechten Namen zu nennen.
Es ist Zeit, daß wir wieder einmal aufhören, zu verschweigen,
zu vertuschen, zu vermitteln; daß wir aufhören, vor uns und
vor Andern zu heucheln und zu deuteln, die Last von einer
Schulter auf die andere zu schieben, anstatt sie abzuwerfen;
das eine oder das andere Auge zuzudrücken, anstatt beide zu
öffnen und klar zu sehen.

Ja, wenn Geschichte nur Geschichte, das Vergangene vergangen wäre! Aber wir leben von den Meinungen der Vergangenheit und in den Institutionen derselben. Diese Meinungen
zu prüfen und nicht blos zu kennen, die Anschauungen zu beurtheilen und nicht blos zu wiederholen, das ist unser Recht
nicht blos, das ist unsere Pflicht. Wir leben von der Ver-

gangenheit, aber wir erhalten und vererben sie auch), wir gründen die Zukunft. Darum dürfen, darum sollen wir das Historische prüfen und wägen, ehe denn daß wir es annehmen und weiter tragen.

Die Sachen stehen heute bei uns so: daß tausende und abertausende von gebildeten Leuten zu einer unsichtbaren Kirche der Zukunft gehören, daß sie Anderes für Wahrheit halten, als was öffentlich als solche gilt, daß sie Anderes als sittliche Anforderung und menschliche Bestimmung erkennen, als was aus der Vergangenheit herüber als solche gelehrt wird. Wenn sie allein in ihrer Studirstube, wenn sie unter Freunden zu zweien oder zu fünfen zusammen sind, dann erkennen sie diese Verwerfung aller Traditionen, die Verachtung niedriger Denkweisen, die tiefinnerste Verschmähung verrotteten Aberglaubens als selbstverständlich an. Aber öffentlich hat man sich seit lange in anständigen Kreisen daran gewöhnt, davon zu schweigen; in den maßgebenden gelehrten und ungelehrten Kreisen gilt die stillschweigende, prüfungslose Erhaltung des Alten weil es alt ist, des Bestehenden weil es besteht, des Geglaubten weil es Glaube ist, als eine ausgemachte, ja als eine heilige Sache. Wahrlich, das Zeitalter braucht nur wieder einmal an den Fesseln zu rütteln und viele werden brechen; an jenen selbst geschmiedeten Fesseln des Geistes, die morsch und rostig geworden sind; die nur halten, weil wir verlernt haben, sie zu brechen. Es brauchen nur alle Die, welche sich zu dem Geist der Prüfung einzeln bekennen, laut ihre Stimme zu erheben, sie brauchen nur ein lautes und offenes Bekenntniß daraus zu machen, und die Macht des Geistes ist groß, die Schaar ist zahlreich genug, um wieder einmal zu siegen über die Dumpfheit und Dummheit, über Nacht und Finsterniß. — —

11. Aufklärung gibt es auf verschiedenen, auf allen Gebieten des geistigen Lebens. Man hat längst unter derselben vorzugsweise die religiöse verstanden. Mit Recht; und aus vielen Gründen; besonders deshalb, weil sie die wichtigste und

wesentlichste, aber auch weil sie eben deshalb die am meisten umstrittene ist.

Zweierlei will ich vorweg über den Standpunkt anmerken, den dieselbe heute einzunehmen hat.

Von der Nothwendigkeit der Pflege der Religion für die Erhaltung eines gedeihlichen und gesunden Lebens in der Volks= seele ist in diesem Buche schon an einer anderen Stelle die Rede gewesen (oben S. 30). Die Aufklärung hat sich heute vornehmlich auf eine positive, erhaltende, schöpferische Thätigkeit zu wenden, um religiöse Gesinnung in dem nachwachsenden Geschlechte zu erzeugen. Jene Klärung und Vertiefung des Geistes, jene Erhebung und Erwärmung des Gemüthes, jene ideale Stimmung der Seele, welche wir Religion nennen, muß erhalten oder wiedergewonnen werden.

Damit hängt das Zweite zusammen: religiöse Aufklärung, die wahre, wirkliche und echte Aufklärung ist nur diejenige, welche aus religiösen Motiven hervorgeht, welche im Sinne und im Dienste der Religion selbst geführt wird. Keinen anderen, insbesondere aber keinen höheren Zweck soll die Auf= klärung haben, als: die Reinheit, die Erhebung, den Fortschritt der Religion selbst herbeizuführen. Wohl gestaltet sich noth= wendig jede Aufklärung durch die Natur dessen, welcher und der Sache worüber er aufgeklärt werden soll, zu einem Kampfe, aber sie ist ein Kampf nicht gegen, sondern für die Religion.

Alle Zwecke des Lebens, denen die Menschen naturgemäß und nach ihrer historischen Ausbildung nachgehen, haben ihre Spitze und empfangen ihre Weihe von der Religion. Aufklärung nun ist das Geschäft, welches die Vorsorge einschließt, daß die Menschen diese Spitze ihrer Lebenszwecke erreichen, diese Weihe erlangen; welches eben deshalb darin besteht, der Religion die Reinheit und Hoheit zu geben, vermöge deren sie über alle anderen idealen Bestrebungen sich erheben, dieselben harmonisch in sich aufnehmen und sie befruchten und veredeln kann.

12. Wenn demnach irgend Etwas für sich selbst oder für Andere, für Einzelne oder für die Gesammtheit zu thun, ein Anliegen des Menschen ist, so ist Aufklärung zu gewinnen und zu verbreiten das höchste Anliegen eines jeden Menschen.

Einen eigenen, selbstständigen Willen zu haben behauptet Jedermann als sein Recht; aber es ist nicht blos sein Recht, sondern auch seine Pflicht, als die eines selbstverantwortlichen Wesens.

Psychologisch aber ist der eigene und selbstständige Wille des Menschen von der eigenen und selbstständigen Meinung un= trennbar. Darum ist auch diese zu erlangen nicht blos das Recht, sondern auch die Pflicht eines Jeden, eine Pflicht frei= lich, die nicht Jeder und Jeder nicht leicht erfüllen kann, weil seine Kräfte unzulänglich und weil nur in der stetigen Uebung und Ausbildung derselben das Ziel erreicht werden kann. Aber wie bei jeder anderen moralischen Pflicht ist sie darauf zugleich gerichtet, sich ihrer Erfüllung allmählig zu nähern, sie stufenweise durch Fleiß und Ausdauer zu erfüllen.

Man ist hüben und drüben, bei Denen, welche selbst auf= geklärt sind und bei Denen, welche der Aufklärung wider= streben, so leicht zu der Meinung geneigt: die wahre, die heil= same Aufklärung können wenige Menschen erlangen; dieselbe sei voller Gefahren, deshalb müsse eine Verbreitung derselben vermieden werden. Als ob in den anderen Gebieten mensch= licher Thätigkeit, in der Wissenschaft, in der Kunst, in der Bil= dung nur Vollkommenes erzeugt, nur Heilsames geschaffen würde! Vielmehr wird alles Menschliche, vor Allem alles Edle im Menschen nur schwer und langsam erreicht. Je schwerer aber das Geschäft ist, desto mehr muß ihm Eifer und Ausdauer gewidmet werden.

Man liebt es aus einseitiger, flüchtiger und oberflächlicher Erfahrung den Satz abzuleiten: halbes Wissen, halbe Bildung sei gefährlich. Gewiß; wer kennt — auch an sich selbst, das wolle nur ein Jeder auch eingestehen! — diese Gefahren nicht? Aber noch viel gefährlicher ist es, daraus den falschen Schluß zu ziehen, daß mit dem Wissen und der Bildung nicht begonnen werde. Wer ist es, der hintreten will und sagen: ich habe ganzes Wissen und ganze Bildung!

Halbes Wissen und halbe Bildung ist gefährlich; aber man vergleiche sie nicht blos mit der ganzen, sondern mit der Unwissenheit und der Unbildung; diese sind — darüber täuschte sich jene einseitige Erfahrung — Unwissenheit und Unbildung sind noch viel gefährlicher. Freilich nicht immer für die Anderen (obwohl auch dies zuweilen); willige Werkzeuge werden Diejenigen, welche dem willenlosen Mechanismus sich am meisten nähern. Aber für sich selbst und für die Stellung, die er in der Gesammtheit einnimmt, ist Rohheit und Unbildung, Mangel an jeglicher Aufklärung dem Menschen die größte Gefahr.

Und dann, die über das Meer fahren begeben sich in Gefahr aber wir preisen als Culturträger die Muthigen, die es dennoch thun, obgleich nicht alle die Küste erreichen. Alle Aufklärung ist eine Meerfahrt, um das für den Unaufgeklärten jenseitige Land der Cultur zu erreichen. Ich könnte im Bilde fortfahren, von der Kenntniß und der Wachsamkeit des Piloten, von der Festigkeit des Fahrzeugs reden; aber das sei der Phantasie des Lesers überlassen. Ohne Bild will ich noch sagen, daß dies freilich die schwierigste Seite in der Aufgabe der Aufklärung ist: die Gefahren der ansteigenden Bildung zu verringern und ihr stufenweise Erfolge zu sichern. Nur daß die Schwere der Erfüllung an der Heiligkeit einer Pflicht Nichts ändert.

Versuchen wir nun einige weitere Merkmale der Aufklärung zu gewinnen.

13. Aufklärung ist nicht ein System, sondern eine Methode; nicht der Denkinhalt, sondern eine Denkweise wird durch sie bestimmt.

Es handelt sich gar nicht um einen bestimmten Lehrgehalt, welcher durch · dieselbe uns überliefert werden soll; vielmehr nur um eine Form geistiger Arbeit, um den specifischen psychologischen Proceß des Aufklärens, den wir an uns oder Anderen vollziehen sollen. So wenig ein System, so wenig ein bestimmter Lehrgehalt, daß man vielmehr sagen muß: von welcher Art eine Lehrmeinung auch wäre: sie würde immer des Processes der Aufklärung bedürfen, wenn sie nicht in ihr Gegentheil verkehrt werden soll. Nehmen wir die allerfrei= sinnigste Welt= und Lebensanschauung, wie etwa die eines Spinoza oder Kant oder Herbart und überliefern sie dem Anderen in einer festen Tradition, dergestalt, daß sie ihm dog= matisch anhaften, daß er zu ihr unbedingt sich bekennen soll: so versetzen wir ihn in den geistigen Zustand, welcher das Gegentheil der Aufklärung ist. Die Art also, wie wir den Gedankeninhalt aufnehmen, wie wir innerlich von ihm erfüllt werden, gehört zu den Kennzeichen der Aufklärung.

14. Hieraus folgt, daß es der Aufklärung unaufhörlich bedarf. Denn sie ist nicht eine geistige Thätigkeit, welche in einem Volke oder gar in der Menschheit vollzogen wird und nun abgeschlossen und ein Fertiges ist, sondern jede Generation muß von Neuem aufgeklärt werden.

Die Nothwendigkeit der Aufklärung fließt aus der psycho= logischen Natur des Menschen, aus der Art, wie er überhaupt seine Erkenntnisse von der äußeren Welt und seinem eigenen Innern gewinnen kann; sie besteht in der Anleitung über die naturgesetzlichen Bildungen in seinem Geiste auf selbstbewußte Weise hinauszuschreiten.

15. Eben so wie zu dem natürlichen, naiven, aus un= reflectirten Processen hervorgehenden Vorstellungsinhalt, verhält sich dann die Aufklärung zu dem durch Andere überlieferten geistigen Gehalt.

Alle Aufklärung bedeutet hier im innersten Grunde nichts Anderes und soll nichts Anderes bedeuten, als daß die Ge= danken eines Menschen aus seinem eigenen Denken hervorgehen, sein eigenes Urtheil sein sollen, im Unterschiede von bloßen Erinnerungs= oder Ueberlieferungsurtheilen. Prüfen wir näm= lich den Schatz unseres Denkens, so finden wir, daß ein großer

Theil, namentlich des religiösen und ethischen Inhalts aus Gedanken besteht, die wir überkommen haben, die wir nicht selbst gedacht haben, auch nicht gedacht hätten, wären sie nicht überliefert. Aufklärung heißt also, nicht Altes verwerfen oder Neues fordern, sondern nur jedes Alte als ein Neues in sich selbst wiederherstellen. Damit ist selbstverständlich gegeben, daß nicht alles Alte wiederhergestellt wird, sondern nur was sich in dem Proceß des Denkens, der Erneuerung, der Prüfung als wahr und giltig erweist.

Schon dies wäre freilich eine schiefe Auffassung, eine, welche die Folge zur Ursache, eine Nebensache zur Hauptsache macht, wenn man sagte: die Aufklärung besteht in der Kritik des Alten, Ueberlieferten. Zwar mit kritischem Auge, aber nicht mit Argwohn und Zweifel sollen wir unseren eigenen, aus der Ueberlieferung stammenden Lebensinhalt betrachten; vor Allem nach Klarheit, Bestimmtheit und Bewußtheit desselben sollen wir ringen.

Weil die Wissenschaft im weitesten Sinne sich oft und auch jetzt vielfach im Widerspruch befindet mit mancherlei positiven Satzungen (besonders der Religion) der Vergangenheit, so meinen Alle, die sich in Opposition gegen Religion und Satzung überhaupt befinden, sie stünden auf Seiten der Wissenschaft. Die Wissenschaft aber, wenn sie mit ihrem eigenen Maßstabe mißt, hat dann allen Grund, sich solche Genossenschaft ernstlich zu verbitten.

Wir haben den Inhalt unseres Culturlebens nicht selbst geschaffen, sondern geerbt von der Vergangenheit; das ist nicht blos thatsächlich, sondern nothwendig; eine einzige Generation würde immer nur unendlich Geringes schaffen, nur aus der anwachsenden Tradition geht Reichthum und Vertiefung hervor. Aufklärung heißt also nicht tabula rasa machen und die Gesetzestafeln der Cultur von Neuem beschreiben wollen; und wenn es geschähe — wie etwa Rousseau wollte — so wäre es eine Täuschung; die Buchstaben, mit denen wir schrieben, würden die alten erinnerten oder aus ihnen zusammengesetzte sein.

Aber aus derselben Quelle, aus welcher unsere Vorfahren
die Cultur, die Ideen und Formen des Lebens geschaffen, aus
eben derselben sollen wir sie für uns, wie von Neuem schöpfen;
in einem leichteren, abgekürzten Verfahren erwerben wir den
geistigen Inhalt, aber als ein ursprünglicher, aus denselben
Gründen, aus welchen er langsam und allmählig früher ge=
schaffen wurde, soll er in uns von Neuem erstehen. (S. „Leben
der Seele", II, 4. Cap.)

16. Nehmen wir ein Beispiel. Das Recht gilt für uns
nicht, weil die Vorfahren es geschaffen haben, sondern weil
wir, was sie geschaffen haben, als Recht erkennen; weil wir es
selbst eben so als Recht erkennen, wie sie selbst es erkannten,
indem sie es schufen. Es wurde ja ursprünglich nicht Recht,
weil es geschaffen, eingesetzt wurde, sondern es wurde eingesetzt,
weil es Recht war, weil man es für Recht erkannte. Und
genau so verhalten auch wir uns noch dazu: es gilt uns als
Recht nicht weil es besteht, sondern weil es uns als Recht
gilt, besteht es.

Können wir nun aber nicht mehr Recht darin erkennen,
sagt uns dieselbe Autorität, welche früher das Recht geschaffen
hat, nämlich das Rechtsbewußtsein und Rechtsgefühl, daß es
nicht mehr Recht sei, dann sind wir nicht blos berechtigt,
sondern verpflichtet, ein neues Recht zu schaffen, das unserem
(durch das frühere erzogenen) Rechtsbewußtsein eben so
entspricht, wie das frühere dem seiner Zeit. Dies muß auf
dem Wege der Gesetzgebung, nicht der Uebertretung oder Um=
wälzung geschehen; denn der Einzelne hat dem bestehenden, ob=
jectiven Geist gegenüber kein Gewicht und kein Recht; die
Sache des Einzelnen ist nur die Rechtlichkeit, d. h. der
Gehorsam gegen das geltende Recht. Stimmt seine Ueberzeu=
gung damit nicht, so soll er seine Meinung sagen, die Gesammt=
heit auffordern, interpelliren, überzeugen rc.; handeln aber muß
Jeder nach dem bestehenden Recht. Es sei das Bestehende
Unrecht, so nützt es Nichts, von ihm zur Rechtlosigkeit über=
zugehen, sondern zu neuem Recht. Der Einzelne und die

vielen Einzelnen, als solche, sind jedem objectiven Geiste gegen=
über gebunden; nur die Gesammtheit ist in dem Sinne frei,
daß der objective Geist kein Vorrecht hat vor dem subjectiven,
daß das lebendige Leben und Denken jeder Gegenwart eben
so unbedingt, so absolut gilt, wie das jeder Vergangenheit.*)

Nicht eine Aufhebung des Alten folgt aus der Aufklärung,
wohl aber eine Erhebung und Vertiefung desselben. Dankbar=
keit z. B. ist eine Tugend, zu welcher wir auch zunächst durch
die Ueberlieferung angeleitet werden; aber ein durch sie er=
zogenes dankbares Gemüth wird diese Tugend nicht aus Ueber=
lieferung, sondern mit derselben Fülle und Frische der Ur=
sprünglichkeit üben, mit welcher sie jemals in des Menschen
Herz zuerst eingezogen ist. — Es wird dankbar auch gegen
die Vergangenheit und wie für alle geistige Schöpfungen auch
für die Schöpfung dieses Zuges der Sittlichkeit sein.

Die Ausdrücke (und Meinungen) von rationell und positiv,
natürlich und historisch beruhen alle auf falschen Gegensätzen,
auf einseitigen Auffassungen. Auch das Naturrecht und die
Kenntniß desselben entwickelt sich historisch und unter Anleitung
des historischen Rechts; das Historische ist aus Naturrecht ge=
worden. Das Positive ward Solches, weil es einmal rationell
war, damals mehr oder minder bewußt; aber auch das Ratio=
nale ist heute mehr oder minder von Positionen getränkt, mehr
oder minder bewußt.

Es gibt für den Menschengeist keinen archimedeischen Punkt
und wir suchen keinen solchen; sondern nur den festen Boden

---

*) Gewiß wird in manchen Fällen Egoismus und Leidenschaft
gegen bestehendes Recht ankämpfen und der Fortschritt deshalb in ab=
steigender Linie sich bewegen; aber in vielen anderen Fällen haben
Egoismus und Leidenschaft, wie ja eben in der Voraussetzung zugegeben
ist, bei der früheren Rechtsschöpfung mitgewirkt und heischen eine Reini=
gung in der Gegenwart. Keine Zeit, vergangene oder gegenwärtige,
hat einen absoluten Vorzug, eine absolute Autorität; auch die Gegen=
wart nicht vor der Vergangenheit; aber die Gegenwart ist für sich selbst
verantwortlich und darum muß ihre Ueberzeugung zur Geltung
kommen, so wie die Vergangenheit die ihrige zur Geltung gebracht hat.

unter unseren Füßen und helle Erleuchtung desselben, um die Wege zu finden. Wir wollen die Culturwelt nicht aus den Fugen heben, sondern nur dafür sorgen, daß die Fugen nicht einrosten und die freie Bewegung erhalten bleibt.

Die ideale Formel des aufgeklärten Denkens lautet demnach so: welche Vorstellung wir auch von der Welt und ihrem Urgrund, von Dingen und Menschen uns machen, so müssen die Gedanken in uns ausgebildet werden. Nicht als ob wir sie ursprünglich schüfen; die meisten werden uns ganz oder doch theilweise überliefert; aber die überlieferten Gedanken sollen in uns wiedergeboren werden, dergestalt, daß, obgleich sie uns von Fremden kommen, wir sie dennoch so denken, als ob wir selbst sie ursprünglich gefunden hätten.

Zweierlei aber ist es, wodurch überlieferte Gedanken so angeeignet werden, daß sie den persönlichen Werth und die Wirkung von ursprünglichen und eigenen erlangen können. Einmal die Klarheit und Energie des Denkens; sodann als die wesentlichste Bedingung derselben: die Kenntniß der Voraussetzungen, der keimfähigen Vorstellungen, aus denen sie ursprünglich hervorgegangen sind. Mit anderen Worten, nicht blos die logischen Gründe, sondern die psychologischen Wurzeln der überlieferten Gedanken müssen in uns wiederholt werden.

17. Also: Nicht aufgeklärt sein, sondern werden ist das Wichtigste; der Proceß ist der wesentlichste Gewinn für die Veredelung des Geistes, ist seine Erhebung auf die Höhe wahrer Menschlichkeit.

Wenn schon in allem Wissen das Lernen, in aller Erkenntniß das Forschen und Aneignen, diese bestimmte Lebenserfüllung, dieses Aufsteigen auf eine höhere Stufe den vorzüglichsten — um nicht mit Lessing zu sagen, den alleinigen — Werth ausmacht: so ist dies bei der besonderen Thätigkeit der Aufklärung noch viel mehr der Fall. Denn sie erst verleiht dem edlen Metall eines Gedankens das werthbestimmende Gepräge individueller Freiheit und persönlicher Mitwirkung.

18. Den Culturgehalt in der Form der Aufklärung ge= winnen, heißt nicht blos die fertigen Resultate, sondern ihr Werden erkennen, die Ideen im Fluß ihrer historischen Ent= faltung in sich aufnehmen.

Der vorzügliche Werth derselben besteht dann darin, daß nicht blos objectiv dieser historische Vorgang erkannt, sondern daß er subjectiv und persönlich in seiner werthgebenden Bedeu= tung nachgeahmt, wiederholt wird. Der Spätergeborene soll nicht blos auf der erstiegenen Höhe stehen, sondern er soll die= selbe selbst ersteigen; er soll das Leben der Geschichte persön= lich erleben, neben dem Erfolg auch die Arbeit derselben als Erbschaft antreten, jenen durch diese erst wahrhaft erwerben.

19. Der Proceß ist das Werthvolle. Dies heißt aber nicht etwa, daß wir zuerst im Kinde, im Volke als solchen er= kannten Aberglauben auf künstliche Weise, trotz besseren Wissens, pflanzen sollen.*) Aber es ist von Natur aus gesorgt, daß die Thätigkeit der Aufklärung an jedem Menschen geübt wer= den muß. Die gleichen Quellen, welche ursprünglich in der Jugend der Völker Aberglauben und Wahnvorstellungen erzeugt haben, fließen in jeder Menschenseele heute noch, jedes Kind hat die Kindheit der Menschheit durchzumachen; und Aufklärung heißt die Wiederholung und Durchbildung der Cultur in jedem Zeitalter und in jedem Individuum.

Auch die freiesten Lehren und Principien, auch die letzten Resultate freiester Entwickelung, die wir übertragen, sind nicht davor geschützt, daß sie in subjectiver Weise Tradition, Aber= glaube, Fanatismus werden; nur der Proceß der Aufklärung befreit sie von dieser Gefahr, und er ist das allezeit nothwen= dige Ferment, um Verfall und Entartung zu verhüten.

20. Wie sehr dies auch den Anschein hat, es liegt doch nicht am Dogmeninhalt, am Lehrgehalt weder des Judenthums,

---

*) Ueber Anbequemung der Religionslehrer enthält „Deutsches Protestantenblatt" 1884, Nr. 48, einen einschlägigen vorzüglichen Auf= satz von Dr. M. Schwalb.

des Chriſtenthums oder des Mohammedanismus, falls ſie uns in der Form des Gegentheils von Aufklärung begegnen, ſondern nur in der perſönlichen Stellung zu ihm. Jeder denkbare, allerfreieſte Lehrgehalt würde bei gleichem Proceß faſt alle die Eigenſchaften offenbaren, welche jene Religionen in der Geſchichte zeigen. Das wahrhaft Große am Proteſtantismus iſt das Proteſtiren geweſen, nicht das veränderte Dogma. (Nur daß etwa eine ſolche Lehre, wie die vom „allgemeinen Prieſterthum", eben jenes Recht oder beſſer jene Pflicht des Proteſtirens, wo Glaube und Geſinnung es heiſcht, einſchließt.)

Alles wahrhaft freie Forſchen, das heißt alles Forſchen, ohne ſich vorher an ein beſtimmtes Ziel zu binden, iſt Proteſtantismus, iſt Proteſtiren gegen Stillſtand der Wahrheit und ihrer Erkenntniß.

Proteſtiren freilich aus eigenem Forſchen und eigenem Wiſſen iſt nicht Jedermanns Sache, und ſoll es auch nicht ſein. Aber Jedermann ſoll ſich auf die Seite Derer ſtellen, welche die freie Forſchung vertreten und auch ihm das Recht derſelben zuerkennen.

21. Die Aufklärung kennt nur Einen allgemeinen, abſoluten, d. h. ſchlechthin geltenden Grundſatz, welcher in Wahrheit nur eine von der ganzen Geſchichte der Menſchheit bezeugte Thatſache iſt: nämlich die **Möglichkeit und die Nothwendigkeit des Fortſchritts** auf allen Gebieten des Geiſtes in allen Arten des inneren Lebens **durch fortgeſetzte Arbeit.**

22. Ein Gedanke, der ſich aus den vorſtehenden ergibt, muß dennoch ausdrücklich hervorgehoben werden. Die Macht der Aufklärung und das Ziel derſelben liegt nicht in der Negation. Nicht in Dem, was man nicht glaubt, ſondern in Dem, was man glaubt oder verehrt oder bewahrt, ſoll man aufgeklärt ſein.

Gewiß wird durch den Proceß der Aufklärung manche Erzählung als Dichtung erklärt, manche Lehre als Irrthum

verworfen, manche Vorschrift als kleinlich, eng und niedrig ver=
urtheilt. Daß aber nicht das Läugnen, Bestreiten oder Be=
zweifeln gewisser Glaubenssätze allein die Aufklärung ausmacht,
dafür gibt es sogar einen strengen Beweis. Wir glauben die
Sätze nicht, welche die Moslemen glauben; vielleicht verlangen
wir deshalb, daß uns die Türken für aufgeklärt halten sollen.
Aber diese glauben wiederum die Sätze nicht, welche die Juden
oder die Christen glauben; halten wir darum die Türken für
aufgeklärt?

Vielmehr gibt es einen blinden Unglauben eben so, wie
es einen blinden Glauben gibt, und zwar aus den gleichen
Gründen wie der Glaube Unglaube und aus den gleichen
Gründen blind.

Lassen wir die Religion einmal beiseite; Allopathie und
Homöopathie sind zwei medicinische Lehrsysteme. Wer nun
weder das eine noch das andere genau kennt, wer von der
Natur der Gesundheit, der Krankheit und der Heilung keine
vollständige, auf Erfahrung beruhende, zusammenhängende Ein=
sicht besitzt, dennoch aber an Homöopathie glaubt oder nicht
glaubt: der hat einen blinden Glauben oder einen blinden Un=
glauben.

Ein psychologischer Blick in die aufgeregten Massen der
Gegenwart zeigt uns, daß blinder Glaube an das Neue und
blinder Unglaube an das Alte gleich sehr verbreitet sind.

23. Treten wir nun dem Proceß der Aufklärung näher.
In erster Linie bedeutet er eine bestimmte Form der Erkennt=
niß, welche wir zunächst an der Erkenntnis der Natur er=
läutern wollen.

Die allgemeine wissenschaftliche Formel für dieselbe würde
lauten: Aufklärung ist die Einsicht in das concrete jedesmalige
Verhältniß von Apperception und Perception bei der Auffassung
einer Naturerscheinung.

Nicht die psychologische Erkenntniß, meine ich, dieses Pro=
cesses gehört zur Aufklärung, sondern nur die concrete Voll=

ziehung desselben; daß jene eine Festigung und Steigerung dieses herbeiführen wird, kommt hier nicht in Betracht.

Ich verzichte auch darauf, an dieser Stelle eine ausführliche Darlegung dieses Verhältnisses von Perception und Apperception im Allgemeinen zu geben; die specielle Darstellung seiner Anwendung wird genügen, um das Wesen der Aufklärung über Naturereignisse zu verstehen. (Ich verweise den wißbegierigen Leser nur auf das „Leben der Seele", II. Bd., 2. Aufl., S. 41—55 und S. 251—275 und auf den Aufsatz von L. Weis in den „Grenzboten" vom Juli 1876.)

Die Vorstellungen, welche der Mensch sich im natürlichen und unaufgeklärten Zustande von den Erscheinungen der Natur macht, beruhen nicht auf den objectiv gegebenen und wahrgenommenen Thatsachen (Perceptionen), sondern auf eigenen und früheren Gedanken, mit welchen er jene Thatsachen verknüpft, durch welche er diese umgestaltet oder die er gradezu an die Stelle der Thatsachen setzt (Apperceptionen). Das, was man in diesem Zustande Erfahrung nennt oder für Erfahrung hält, besteht nicht sowohl aus wirklichen Wahrnehmungen, als aus einem freien Denken, einem Spiel der Phantasie, welches nur durch wirkliche Wahrnehmungen angeregt wird, und sich naturgesetzlich abspielt.

Wird gelegentlich und auf Anregung einer (sinnlichen oder inneren) Wahrnehmung eine Vorstellung gebildet, so wird diese für die angemessene Vorstellung des Dinges gehalten, welches die Wahrnehmung veranlaßt hat. Ganz allgemein kann man sagen, die allermeisten Irrthümer der Menschen beruhen auf der Verwechslung, daß eine thatsächliche Wahrnehmung für eine wahrgenommene Thatsache gehalten wird. Ich habe es wirklich gesehen, heißt ihnen so viel als: ich habe etwas Wirkliches gesehen. Davon zu schweigen, daß sie gar oft nicht wirklich gesehen, also auch die scheinbare Meinung, sie hätten gesehen, auf Täuschung beruht, vergessen sie, daß das Urtheil, welches sie über das Gesehene aussprechen, ihr Begriff, ihre Vorstellung davon nicht sowohl das

in's Geistige übersetzte Bild ihres Sehens, sondern ein freies,
eigenes, subjectives Gebilde ist, welches an die Stelle des Ge=
sehenen gesetzt wird.

24. Die irreleitenden Folgen dieses Vorgangs in der
menschlichen Seele treten je nach den Umständen in ver=
schiedener Gestalt auf, deren wir die wesentlichsten uns ver=
gegenwärtigen müssen.

Bloße Erscheinungen oder Ereignisse, welche an oder von
irgend welchen Dingen vollzogen werden, ja bloße Beziehungen,
welche an den Dingen beobachtet werden, treten als selbst=
ständige Wesen oder Kräfte auf. Wir sind in der vorigen
Abhandlung über „Zeit und Weile" schon einem Beispiel be=
gegnet; Zeit, die wir als ein bloßes Verhältniß der Abfolge
in Vorgängen und Ereignissen erkannten, wurde für ein beson=
deres Wesen, dann für eine wirkende, vornehmlich für eine
zerstörende Kraft gehalten. Dort ist auch bereits des anderen
Beispiels Erwähnung gethan, daß das Feuer, welches die
Wissenschaft heute unzweifelhaft als einen bloßen Proceß, der
an Dingen sich ereignet, erkennt, selbst als ein Wesen, als ein
Element neben anderen Elementen angesehen wurde. Kaum
mehr als hundert Jahre sind verflossen, seit man ernstlich der
Meinung war, daß der Flamme des Feuers auch Willkür zu=
geschrieben werden müsse; dies lediglich, weil man für die un=
säglich wandelbare und wechselvolle Form derselben keinerlei
Grund zu entdecken vermochte.

„Das Fieber" betrachten wir heute als einen Krankheits=
proceß, also als einen physiologischen, vom Gesichtspunkt der
zweckdienenden Gesundheit abnormen, an sich aber gesetzlichen
Vorgang im thierischen Körper. Wie lange ist es her, daß fast
für alle Menschen, oder wie weit ist der Kreis derselben, für
welche heute noch das Fieber ein besonderes Wesen ist, das den
Betroffenen überkommt, das „in ihn gefahren" ist, und „aus=
getrieben" werden muß. Wohlgemerkt: nicht als ob man ge=
dacht hätte, Fieber, dies sogenannte bestimmte Wesen, der
Dämon, welcher in den Menschen gefahren, bewirkte einen

solchen Zustand, wie er im Fieber wahrgenommen wurde; nein! dieser Dämon w a r das Fieber; er ist im Menschen, folglich h a t er das Fieber; er wird ausgetrieben, dann ist der Mensch geheilt, er hat es nicht mehr.

Mindestens sprachlich hegen wir dergleichen Anschauungen Alle noch (und wie Viele thun es auch gedanklich), indem sie an des Wortes strengem Sinne haften!), wenn wir beim Anblick eines Menschen, der aus der Ohnmacht erwacht, sagen: die Lebensgeister kehren wieder. Dies und sehr vieles Aehnliche, ja Alles was sich auf die physiologischen Vorgänge des Organismus bezieht, war ehedem keine metaphorische Redensart; es war die ehrliche Meinung, daß die Munterkeit eines Menschen darin besteht, daß die Lebensgeister in ihm sind; sie verlassen ihn, dann ist er eben ohnmächtig.

25. Aber nicht blos was fälschlich für ein selbstständiges Wesen gehalten war, wird durch die aufklärende Betrachtung als ein Proceß erkannt, sondern viele Vorgänge, welche wahrgenommen zugleich als ein Letztes, Ursprüngliches erschienen, werden aufgelöst; an die Stelle der dumpfen, völlig unverständlichen Vorstellung von dem Ereigniß tritt die in ihre Theilvorgänge zerlegte, oder überhaupt durchsichtig gemachte Anschauung desselben.

Ich hörte eine Dame dagegen streiten, daß Wasser in einem warmen Zimmer aufgestellt seine Partikelchen an die Luft abgibt; hingewiesen auf die zweifellose Thatsache, daß des Wassers im Gefäß allmählig weniger wird, meinte sie: „ja, es trocknet ein.“ Daß sonst Nasses oder Feuchtes allmählig trocken wird, ist eine Thatsache, welche ja aus wirklicher und wahrgenommener Erfahrung stammt; allein das „Eintrocknen“ (welches in der That nur eine an der Hand der Sprache aus der Bezeichnung des Endresultats geschöpfte, abgekürzte Gleichung für den Proceß der Verdunstung ist) wird als eine l e t z t e Thatsache angesehen, und deshalb die wirkliche Thatsache weder nach ihrer Ursache, noch nach ihrem Erfolge richtig gedacht.

26. Die Rolle, welche falsche Apperception, bis hin zu völlig freier Phantasie, gelegentlich verbunden mit voreiliger Verallgemeinerung einzelner Wahrnehmungen, spielt, ist noch viel größer da, wo es sich um die Annahme von Ursachen für geschehene Wirkungen handelt.

Eine Ursache für dieses oder jenes Ereigniß war entweder gar nicht wahrgenommen und sie wird völlig erdichtet, d. h. in einem unwillkürlichen Proceß der Apperception wird das Ereigniß an irgend eine Vorstellung als an die Ursache desselben angeknüpft; der psychologische Proceß, in welchem das Ereigniß jene Vorstellung gesetzmäßig und ursächlich hervorruft, wird zur Ursache der Verwechslung, der subjectiv gesetzliche Vorgang wird für den objectiv begründeten Inhalt genommen. So entstand gleichsam eine zweite Welt von Wesen und Erscheinungen, die man als wirkende und regierende Kräfte ansah, welche die Erscheinungen der wirklichen Welt zu einem großen Theile herbeiführen. In des Engländers Lecky „Geschichte der Aufklärung", in des Franzosen Salgues „Des Erreurs etc.", am reichsten und naivsten in unseres Thalander „Schauplatz ungereimter Meinungen" (3 Bände, 1740) und in noch vielen anderen Werken findet man unzählige Beispiele.

27. Wir wissen es meist nicht mehr und müssen es glücklicherweise durch historische Studien oder ländliche Wanderforschungen lernen, — und die Feinde der Aufklärung wissen es noch viel weniger oder wollen es nicht wissen — was wir und auch sie bereits der Aufklärung verdanken. Auch der flüchtigste Blick in das wirkliche innere und geistige Leben des Mittelalters — das noch in unsere Zeit hereinragt — zeigt uns eine von der unserigen völlig verschiedene Welt. Vor aller positiven Erkenntniß, die wir gewonnen haben, besteht der Umschwung darin, daß eine Welt von Erdichtungen und Erfindungen verschwunden ist. Chiromantie, Nekromantie, Hexen, Zauberei, Gespenster, Zaubertränke, Schicksals-Zeiten und -Orte, Dämonen ohne Zahl, Zeichen und Wunder ohne Ende, Hoffen und

Harren, Angst und Zagen ohne Unterlaß. Die Phantasie der Menschen hatte die Erde, den Himmel, die Gestirne, das menschliche Gemüth bevölkert mit Wesen, Dingen, Kräften und Ereignissen, welche nie und nirgends existirt haben; die wirkliche Welt war erfüllt, durchzogen, umschlungen von Nichtigkeiten bis zum Ersticken; fast niemals ist die Seele an die wirkliche Sache gekommen; vor jedem Bilde hing ein Schleier, vor jedem Auge war eine farbige und in Farben wechselnde, aber nimmer weichende Brille, jede Fiber des Hirnes war erhitzt und gereizt.

Das Spiel der Phantasie hätte man sich ja können gefallen lassen? Gewiß! Das Spiel der Phantasie, wenn es als solches, vom Ernst und von der Wahrheit unterschiedenes Spiel erkannt ist. Aber diesem geistigen Zustand fehlte der Unterschied zwischen der Realität und der Erdichtung; dennoch nahm diese Erdichtung sehr reale Kräfte in den Dienst und führte eine Verwirrung der Wirklichkeit herbei. Leib und Leben, Ehre und Beruf waren in einer stetigen Gefahr vor diesen Phantasien, als ob sie wirkliche Dämonen wären.

Heute erscheint uns dies ganze Gebiet des Aberglaubens sehr poetisch, eine heitere Randglosse zum ernsten Buch des Lebens; es war früher entsetzlich prosaisch; die ganze Weltanschauung war irr und wirr, sie war es auch in ethischer Beziehung, sie war grausam und blutdürstig auf eine uns kaum noch verständliche Art.

28. Der Reiz und die verhängnißvolle Wirkung einer solchen von Wundern und Dichtungen durchzogenen Weltanschauung tritt besonders dann hervor und wird dann uns am meisten psychologisch verständlich, wenn irgend eine geistig über dem Volke stehende Genossenschaft, irgend ein blindes oder blendendes, ein betrogenes oder betrügendes Schamanenthum dieselbe in ein festgeschlossenes System verwandelt.

Am meisten verhängnißvoll ist der Wahnsinn mit Methode. Wir begreifen seine gewaltige Macht und seine zündende Ausbreitung aus einfachen psychologischen Gründen. Wir haben

früher („Das Herz", f. oben S. 99 und 104) das natürliche
Interesse des Menschen für alles Auffällige, Abweichende, Selt=
same, Räthselhafte, Wunderbare, kurz für alles Ungewöhnliche
und darum Unverständliche kennen und verstehen gelernt. Völlig
verschieden und fast entgegengesetzt ist diesem Interesse das an
jeder Harmonie, an Zusammenhang und Folgerichtigkeit in
unseren Anschauungen und Vorstellungen. Beide zusammen
aber geben eine Fessel des Geistes, welcher er sich unsäglich
schwer entwindet. Alle Arten von Wahnsinn mit Methode,
wie ich kurzweg die künstlichen Systeme des Irrthums und der
Fiction genannt habe, zeigen diese ihre Macht auf allen dunklen
Seiten der Culturgeschichte.

29. Unsere Schulbildung hat Ungeheures gewirkt und sie
thut es noch, nicht sowohl durch Das, was sie lehrt, sondern
durch Das, was sie nicht lehrt. Sie führt gar keinen Kampf
und sie soll ihn gar nicht führen; aber dadurch allein, daß
von Gott und der Welt, von dem Menschen, seinem Leben und
seiner Geschichte die Rede ist, ohne daß der Engel und Teufel,
der Dämonen und Zauberer eine Erwähnung geschieht, werden
diese in des Wortes schönster Bedeutung todtgeschwiegen; sie
verscheiden aus der Welt, weil sie aus dem Ideenkreis der
Menschen verschwinden.

Sind aber die Vorstellungen erst aus den oberen Kreisen
der Intelligenz, — nämlich im persönlichen Sinne aus den
Kreisen der gebildeten Menschen, und in sachlichem Sinne aus
denjenigen Kreise von Gedanken, welche den Unterricht, also
den Bildungskern des Menschen ausmachen — sind sie, sage
ich, aus diesem doppelsinnig oberen Kreise verschwunden, dann
weichen sie auch allmählich von den unteren; wenn die Sonne
steigt, dann senkt sich das Licht immer tiefer in die Thäler
und Schluchten und die Schatten der Nacht werden verscheucht.

Wie viele solcher Schatten noch verbreitet sind, wollen
wir später hervorheben, um jetzt zunächst in der Charakteristik
der Thatsachen fortzufahren. Nur dies will ich hier als ein
günstiges Zeichen hervorheben, daß es auch im Lager der Ultra=

montanen schon schwer wird, die Phantasie zu reizen und zu fesseln, und daß man deshalb zu so groben Mitteln greifen muß, wie Lateau, Lourdes und Marpingen.

30. Einiges, was psychologisch besonders interessant ist, möge hier noch hervorgehoben werden. Von jeher gab es in jeder Dämonologie neben den Teufeln auch Engel. Aber fast immer, insbesondere aber in neueren Zeiten macht man sich viel mehr mit dem Teufel als mit den Engeln — zuweilen sogar mehr als mit Gott — zu schaffen. Es wäre hart und unwahr, zu behaupten, daß wohl das Böse in jenen Advocaten des Teufels so viel mächtiger ist, daß sie den Bösen aus besserer Erfahrung kennen. Vielleicht aber kommt es von der natür= lichen Eigenliebe der Menschen. Man mag, auch wenn man sehr gläubig ist, nicht gern seine guten Gedanken und Thaten den Engeln zuschieben; für die bösen aber sieht man gern den Teufel als Ursache an.

31. Von der tiefen nicht blos religiösen, sondern auch ethischen und historischen Bedeutung aller Beziehung zu den Verstorbenen ist oben (S. 167) die Rede gewesen. Der letzte Rest des Glaubens wendet sich den Todten zu; aber auch vom Aberglauben ist Alles, was den Tod betrifft, am längsten und am reichsten umschwebt. Das tiefe Dunkel, mit welchem unser Geist in Bezug auf den Tod geheimnißvoll umnachtet ist, regt die Thätigkeit der Phantasie am meisten an. Wo objectiv so wenig deutlich zu erkennen ist, hat das subjective Denken und Dichten so viel freieres Spiel, und neben der Freiheit wächst auch die Sehnsucht, das Bedürfniß der subjectiven Regung der Seele, die hier so stark wie vielleicht nirgends zugleich von Gefühlen bewegt ist.

Auf keinem Gebiete des menschlichen Lebens tritt auch so deutlich wie hier die Thatsache hervor, wie schwer es dem Menschen wird, die objective Wirklichkeit von seinem subjectiven Denken zu scheiden. Immer wieder versetzt hier auch der sonst gebildete, aufgeklärte und besonnene Mensch sein subjectives Denken, seine jetzt vor sich gehende innere Thätigkeit, in eine

nach Zeit und Raum und Kraft fernliegende Wirklichkeit. Wie
Viele haben nicht den Wunsch, an einer bestimmten Stelle,
neben bestimmten Personen beerdigt zu sein. Auch im Entferntesten nicht denken sie etwa an Diejenigen, welche einst die
Gräber besuchen werden; nein! für sie selbst ist dies ein tröst-
licher, ein nothwendiger Gedanke, weil — was sie jetzt fühlen
und denken objectivirt, in die künftige Zeit an den anderen
Ort hineingetragen wird.

Nichts Anderes ist die Ursache so vieler Sitten, so vielen
Aberglaubens. Das „pardon sire", die am Sarge ausgesprochene
an den Todten gerichtete Bitte um Verzeihung macht aus dem
eigenen Gefühl, aus der Sehnsucht, vom Todten gehört, verstanden zu sein, eine gehoffte Thatsache. Gewiß glaubt man
nicht ganz daran, daß die Bitte gehört wird; aber man würde
sie nicht aussprechen, wenn man gar nicht daran glaubte.
Gefühl und Gedanke schweben eben in der Mitte zwischen
Sehnsucht und Wirklichkeit, zwischen subjectiver Regung und
objectiver Realität.

Eine der extremsten Formen dieser Verwechslung subjectiven
Denkens und objectiver Thatsachen finde ich im folgenden Fall.
Die Juden vieler Gegenden haben die Sitte, Leichen nicht in
festgefugten Särgen, sondern in Brettergehäusen zu beerdigen,
welche in der Grabhöhle sargförmig zurecht gelegt werden; die
Leiche wird mit freien Händen hinuntergehoben. Aus meiner
Kindheit erinnere ich mich des Falles, daß ein großer starker
Mann beerdigt wurde; die Bestatter ächzten unter der Schwere
des Leichnams; ein alter Mann, der zur Seite stand, rief
ihnen zu: „sagt doch, er solle sich leicht machen" und „macht
Euch ein Bischen leicht!" riefen die Gräber dem Todten in's
Ohr. — — Die Vorstellung, daß die Seele den Leib noch
umschwebt, hat etwas Denkbares und ist weit unter den Menschen
verbreitet; daß sie aber den Leib noch regieren, nun gar, daß
sie seine Last verändern solle, ist der schrankenlose Widerspruch
der Phantasie gegen die eigene Erfahrung, welcher aber dennoch
geglaubt wird, weil man in anderen Fällen der eigenen letzten

Kraftanstrengung beim Heben die Mitwirkung des schweren Leichnams untergeschoben hat.*)

32. Ganz allgemein und erklärlich ist — wenn überhaupt einmal dunkle, geheimnißvolle, unsichtbare Mächte angenommen sind — die Neigung, an die Stelle greifbarer und verständ= licher vielmehr geheimnißvolle und unbegriffene Ursachen für gegebene Wirkungen anzunehmen oder zu suchen. Dies ist die Quelle aller sympathetischen Mittel im weitesten Sinne.

Genährt wurde diese Quelle nicht am wenigsten auch durch die rationellen Vorkehrungen der Heilkunst. Fast alle Mittel, welche angeordnet wurden, waren dem Laien unverstanden; auch die offenbaren Mittel waren wie geheime. Der Erfolg mußte um so stärker sein, wenn die Wissenschaft selbst den Zusammenhang zwischen der Ursache und der Wirkung nicht kannte. Wie viele Mittel, deren die Heilkunst sich bedient, tragen auch heute noch denselben Charakter; Chinin heilt oder vertreibt das Fieber; aber auf welche Organe wirkt denn das Chinin? welche Veränderungen bringt es in ihnen hervor, um schließlich die Krankheit zu beseitigen oder den Proceß der Ge= nesung herbeizuführen?**)

*) D. h. die eigene Kraftanstrengung wurde nicht appercipirt, wohl aber der ganze Vorgang durch die Vorstellung des mitwirkenden Leichnams.

**) Man muß wohl bedenken, daß noch in unserem Jahrhundert, grade unter dem bedrückenden Einfluß der Ueberzeugung, wie schwer es sei, die Therapie auf wissenschaftliche Gründe zu bauen, ein be= wußter, gleichsam verzweifelter Empirismus sich geltend gemacht hat. So jung ist wahre Aufklärung auch noch innerhalb der naturwissen= schaftlichen Kreise, und so groß war die Gefahr, daß auch diese immer wieder einer dogmatischen Empirie verfielen, wie die theologischen Kreise einer empirischen Dogmatik. (Vgl. dazu Helmholtz, „Das Denken in der Medicin“, Berlin 1877, u. A. S. 19.) Welch' Wunder also, daß in den weiten Massen der Laien eine wahrhaft entsprechende Anschauung von Naturproceß und Naturgesetz noch so selten ist? Der Umblick in der Gegenwart und der Rückblick in die Vergangenheit muß fort und fort die Nothwendigkeit der Aufklärung vor Augen stellen und

Immerhin wird hier, ich meine in allen geheimen und
wunderbaren, wie in den offenen und verstandenen Mitteln,
das Gesetz der Causalität anerkannt; es ist ein auf wirklicher
oder vermeintlicher Erfahrung begründeter Zusammenhang zwischen
einer Ursache und einer Wirkung angenommen.

33. Für die Möglichkeit einer Aufklärung und das Ver=
ständniß ihres Gegentheils ist es sehr wichtig, die Thatsachen
des Aberglaubens in's Auge zu fassen, in denen zwar ein Zu=
sammenhang einer Erscheinung, welche vorangeht, mit einer
anderen, welche — nach der Voraussetzung — regelmäßig und
nothwendig nachfolgt, angenommen wird, ohne daß doch in der
Seele, welche diese Annahme hegt, irgend eine Meinung oder
Vermuthung vorhanden ist, weshalb denn nun eigentlich das
Eine die Folge des Anderen ist; die Art und der Grund der
Verbindung beider Erfahrungen bleibt dem Geiste überhaupt
fern, die Verbindung allein wird als Thatsache geglaubt. Daß
sie sich für die Gläubigen auf vermeintliche, in Wahrheit er=
schlichene und erdichtete Erfahrungen gründet, versteht sich
von selbst. Die Entstehung aber sowohl der Erdichtung der
Erfahrung als der Annahme der in ihr vorhandenen Verbin=
dung ist nicht schwer auf bloße Reproductionen, auf Analogien
und entsprechende Apperceptionen zurückzuführen. Die im
subjectiven Proceß entstandenen Vorstellungen werden als ein
objectives Verhängniß angesehen. Die Geschichte der Menschen
ist überreich an Massen verschiedenartigster Beispiele. Ich führe
nur eins aus neuester Zeit zur Erklärung an. „Der Maurer=
geselle B. hatte sich, als er vor einigen Jahren während Ver=

---

den Weg derselben zeigen helfen. „Die Aerzte", sagt Helmholtz a. a. O.,
S. 35 mit Recht, „sind berufen, in diesem Werke der wahren Auf=
klärung eine hervorragende Rolle zu spielen. Unter den Ständen,
welche ihre Kenntniß der Natur gegenüber fortdauernd handelnd be=
währen müssen, sind sie Diejenigen, welche mit der besten geistigen Vor=
bereitung herantreten und mit den mannigfachsten Gebieten der Natur=
erscheinungen bekannt werden." Nur sollen sie auch die Mahnungen
das. S. 25 f. und S. 31 sich zu Herzen gehen lassen.

büßung eines Diebstahls einmal die Effecten des Scharfrichters von der Post holen mußte, geäußert, er müsse sterben, denn er habe den Block des Scharfrichters von der Post geholt." (Nat.-Zeitung.)

34. Neben den Verhältnissen der Vorstellungen und ihres Verlaufs sind es dann insbesondere die menschlichen Gefühle, welche sich nothwendig oder ˑzufällig an die Wahrnehmungen von Objecten knüpfen. „Ein ˑintensives Gefühl in Betreff unserer selbst läßt den Abendstern uns drohend anblicken und den Segen eines Bettlers uns ermuthigen." Ethische Vorstellungen und Gefühle im guten und im bösen Sinne wirken, wie das ebengenannte Beispiel deutlich zeigt, wesentlich mit.

35. Hierher gehört auch das ganze große, reichhaltige Gebiet der angenommenen Wirkung des Wortes, des eigenen und des fremden, die ausgesprochene Befriedigung oder Befürchtung; alles Berufen oder den Teufel an die Wand malen in allen Variationen. Das Wort, das so offenbar und deutlich uns selber entstammt, dessen Tragweite und Wirkungsart wir deshalb am ehesten kennen sollten, wird von diesem Glauben dennoch mit einer fast ˑabsoluten Macht bekleidet, außer uns und gegen uns Kraft zu werden und zu wirken. Es waltet hier kein anderer Grund als die unwillkürliche Uebertragung des inneren eigenen Vorgangs im Gedanken auf die äußere objective Wirklichkeit. Im Bewußtsein Dessen aber, der abergläubisch diese Uebertragung vollzieht, fehlt meist auch jeder Versuch, sie zu begründen; nicht eine falsche, sondern meist gar keine Vorstellung ist vorhanden über den Grund der Verbindung des Wortes mit seinen vermeintlichen Folgen. Auch die eingreifende Macht der neidischen oder rächenden Götter, welche durch das unbedachte Wort in wirksame Bewegung gesetzt wird, ist mehr die Folge als der Grund für die Wirksamkeit des Wortes.

Schon im Alterthum hat Ueberlegung und besonnene Erfahrung gegen diese wunderweise Wirkung des Wortes angekämpft

(„kein Wort zu Nutz geredet, ist schlimm", heißt es in der Elektra von Sophokles); aber vergeblich bis auf den heutigen Tag, weil sich die Menschen schwer den natürlichen Folgen des psychologischen Processes entwinden.

Hier darf auf einen Erfolg der Aufklärung erst dann gerechnet werden, wenn sie nicht blos die Thatsache der will= kürlichen Verknüpfung, sondern auch die psychologische Ursache derselben zur Erkenntniß bringt.

36. Wir haben die Einsicht in das Verhältniß von Ur= sache und Wirkung als die Aufklärung im Gebiete der Erkennt= niß der Natur bezeichnet; das Gesetz, daß es keine Erscheinung als Wirkung gebe, welcher nicht eine andere Erscheinung als Ursache entspricht, anzuerkennen und sich bemühen, für jede Wirkung die alleinigen und wahrhaften Ursachen derselben zu erforschen, und in wie fern dieselben vielfach und zusammengesetzt sind, sie in allen ihren Theilen und in ihrer auf einander folgen= den Gliederung zu erkennen, ist der Act der Aufklärung.

Wir haben verschiedene Formen der Abweichung von diesem Gesetz und der ungenügenden Auffassung und Anwendung desselben kennen gelernt. Den schneidendsten Gegensatz aber gegen dasselbe haben wir jetzt in's Auge zu fassen. Er besteht nämlich darin, daß neben, außer und selbst gegen das Ver= hältniß von Ursache und Wirkung unter den Ereignissen, welche sich begeben, ein anderes Verhältniß steht, nämlich das von Vorzeichen und Erfolg. Keine Thatsache, kein Verhältniß ist für das Wesen und die Nothwendigkeit der Aufklärung wichtiger als dieses, daß die Menschen geglaubt haben und zum Theil noch glauben: wenn uns jetzt und hier irgend eine Erscheinung, irgend ein Ereigniß gegeben ist, so sei dies das Zeichen, daß ein anderes Ereigniß ein=, eine andere Erscheinung auftreten werde. Den Grund aber, weshalb dieses Verhältniß so wichtig ist, werde ich (Nr. 39 ff.) erörtern, nunmehr aber die Thatsachen desselben in den wesentlichen Zügen genauer darstellen.

37. Ganz allgemein ist das Verhältniß auf folgende Art charakterisirt: Eine Gruppe von Erscheinungen sei uns gegeben, welche als Ursachen und Wirkungen, als Bedingungen und Erfolge mit einander verbunden sind; gänzlich außerhalb dieser Gruppe, ohne jede causale Beziehung zu ihr, befindet sich eine Erscheinung, welche eine Veränderung in einem Gliede der Gruppe ankündigt; tritt jene auf, dann wird diese folgen; die eine gegebene und wahrgenommene Thatsache ist das Zeichen dafür, daß auch die andere eintreffen wird.

Diese Vorzeichen nun sind entweder makrokosmische oder mikrokosmische; der Stand der Gestirne z. B. während der Geburt eines Menschen bestimmt das Schicksal desselben; oder irgend eine näherliegende Erscheinung auf Erden tritt auf, wie der Flug eines Vogels, das Geschrei eines Thieres u. s. w. und deutet ein Ereigniß, sei es allgemeiner Art, das eine ganze Gegend, viele Personen, oder einen Einzelnen betrifft.

Ferner sind diese Zeichen entweder allgemeine, regelmäßig wiederkehrende oder einmalige und besondere für diese Person oder für diesen Fall.

Zu jenen gehört also, daß gewisse Zeiten zu gewissen Geschäften geeignet, andere ungeeignet, jene Glück, diese Unheil verkündend sind. Im Wechsel der Zeiten also war ein gewisses Jahr ein Jahr des Heils oder des Unheils, des Segens oder Unsegens; dann konnte man vorher schon wissen, daß es so sein wird. Oder in der regelmäßigen Wiederkehr der Tage im Monat, oder in der Woche haften bestimmte Schicksale an bestimmten Tagen. Es versteht sich von selbst, daß diese Tage sich nach der Zeiteintheilung eines jeden Volkes richten und mit alten vergessenen historischen und mythologischen Beziehungen in Verbindung stehen. Die neuere Zeit, welche wenig mehr von den Monden, und höchstens vom Neumond oder den anderen Vierteln weiß, knüpft sonst Alles an die Wochentage. Bei Hesiod „Werke und Tage" finden wir noch keine Wochen, aber Monddrittel von je 10 Tagen.

„Neumond erst ist heilig, der vierte und siebente gleichfalls,
Dran einst Leto den Goldschwertträger Apollo geboren;
Auch so der acht' und neunte; das sind im wachsenden Monat
Traun zwei treffliche Tage, der Menschen Geschäft zu besorgen;
Eilf und Zwölf sind wiederum auch zwei wackere Tage,
Jener zur Schafschur, dieser erquickliche Früchte zu mähen;
Aber der zwölft' ist weit an Güte doch über den eilsten.
Ziehet die Fäden an ihm ja die schwebende Spinne den vollen
Tag, wann jetzt die kundige Ameis sammelt in Haufen;
Stelle den Webstuhl jetzt zum fleißigen Werke das Weib auf *);
In dem Verlaufe des Monds ist dreizehn (!) wohl zu vermeiden
Bei dem Beginne der Saat; Pflänzlinge — die nähret er herrlich.
Aber der sechste der Mitt' **) ist schädlich an allen Gewächsen,
Treffliche Knäblein gibt er jedoch; nur ist er den Mädchen
Für die Geburt nicht hold, auch nicht zum Feste der Hochzeit."

Dies wird genügen, um den heutigen Aberglauben damit zu vergleichen, daß die Einen am Freitag nicht reisen dürfen, und wenn Andere mit Vorliebe gerade am Freitag reisen, es am Montag nicht wollen. Nur dafür, daß diese von dem bestimmten Tage ausgehende Bestimmung des Schicksals sich auch auf die geistigen Zustände der Charakterbildung erstreckt, will ich noch aus Hesiod anführen:

„Auch so der sechste zuvor ist für die geborenen Mägdlein
Nicht gut; aber . . . . . .
Hirtengehege zu baun, mag's wohl ein freundlicher Tag sein,
Bringt auch wackere Knaben; sie lieben es — spöttliche Reden,
Lug und schmeichelnde Wort' und heimliches, süßes Geflüster."

Gleich den Zeiten sind dann auch Räume, Orte, Plätze, glückliche oder unheilvolle; sie sind immer gesegnet oder segenlos, verhext, gebannt u. s. w., oder nur jetzt, für diesen

---

*) Hier wird die psychologische Beziehung zu einer natürlichen Thatsache durchsichtig; ob aber diese Thatsache selbst auf irgend einer Erfahrung und Wirklichkeit beruht, scheint mir mehr als zweifelhaft; die Erdichtung dieser ist vielleicht jünger als die Tagesregel, welche durch sie begründet werden soll.
**) Also der 16. des Monats.

Menschen und diese Sache. Der Spieler verläßt den Platz, oder wechselt nur den Stuhl, wenn die Karten ihm allzulange widrig fallen.

Den Zeiten und Räumen gleich haben gewisse Er=eignisse feststehende, regelmäßig wiederkehrende und Jedermann bekannte Bedeutung; das alte Weib, das dem Jäger be=gegnet, der Hase, der über den Weg läuft, und der Funke, der an der Kerze glüht.

Andere Erscheinungen dagegen sind theils nur für den individuellen Fall als Vorzeichen bestimmt, theils werden sie nur von den kundigen Deutern verstanden. Der Opferflamme Form und Kraft, der Vögel Flug, ihr Fressen und ihre Ein=geweide sammt dem ganzen Wirr= und Irrsal des vielgestaltigen Schamanenthums der rohesten wie der gebildetsten Völker.

Aber nicht blos in die Sterne, sondern auch in den eigenen Leib ist dem Menschen das Vorzeichen seines Schick=sals gezeichnet, in die Proportionen seiner Glieder, in die Falten seiner Stirn, in den Fall und die Farbe seiner Haare, wieder nur dem Kundigen verständlich in die Linien seiner Hand.

Endlich sei noch daran erinnert, daß man, auch wenn das Schicksal ein Zeichen nicht gegeben, die Frage an es richten und für jede Person entweder Ereignisse von vorher feststehender Bedeutung oder bloße Disjunctionen von ja und nein herbeiführen kann; Kartenlegen und Loosewerfen aller Art.

38. Wenn man diejenige Weltanschauung, welche alle Erscheinungen nach Regel und Gesetz ihrer ursächlichen Ver=knüpfung mit einander betrachtet, nach dem hervorleuchtenden Gebiete ihrer Durchführung die „astronomische" genannt hat, dann dürfen wir diejenige, in welcher es sich um die Ver=knüpfung von Vorzeichen und Erfolg handelt, ebenso nach dem hervorleuchtenden makrokosmischen Gebiete ihrer Anwendung die „astrologische" nennen. Dem psychologischen Grunde dafür, daß die Menschen von so lange her unter allen Vorzeichen

22*

am liebsten die der Gestirne erforscht haben, gibt Byron einen
prachtvollen Ausdruck (Child Harold III, 88):

> „Ihr Sterne, Poesie des Himmels! Ja,
> Daß wir der Reich' und Menschen Glück und Leid
> In eurer Goldschrift lesen, liegt so nah:
> In unsrem Durst nach Größe schwingt sich weit
> Der Geist hinweg von unsrer Sterblichkeit
> Und heischt mit euch Verwandtschaft. Ihr entfacht,
> Ihr, die ihr Schönheit und Geheimniß seid,
> So tiefe Lieb in uns, daß Glück und Macht
> Und Ruhm und Leben „Stern" sich nennt in unsrer Nacht."

Auf die Verwandtschaft dieses Gedankens mit der Art,
wie Lessing Recha's (und der Menschen) Neigung seine Rettung
einem übernatürlichen Wesen zu verdanken erklärt, brauche ich
nur hinzudeuten. Daß aber die theoretischen Vorstellungen
der Astrologie von den beiden Hebeln der Furcht und Hoffnung
in Bewegung gesetzt wurden, bedarf wohl keiner genaueren
Erörterung. Ob wohl Jemand auch an die Umkehrung des
Verhältnisses oder der Beziehung gedacht? daß nämlich, so
oft ein Brief ankommt, auch ein Leuchtfunke am Docht ge=
wesen sein müsse, oder jedes Menschenschicksal auch einen be=
stimmten Stand der Gestirne voraussetzt? Es scheint viel=
mehr, der Mensch ist immer als Zweck, das Vorzeichen als
Mittel gedacht, so daß jener das Letzte ist, dem das Andere
nur vorangeht.

39. Die Astrologie ist durch viele Jahrhunderte eine
Wissenschaft gewesen, welche neben der Astronomie betrieben
wurde; was sage ich, neben der Astronomie, welche vielmehr
von denselben Personen betrieben wurde, die sich mit dieser
beschäftigt haben. Sie haben nicht daran gezweifelt, daß das
Eine eine Wissenschaft sei wie das Andere und es fehlt nicht
an Zeugnissen, daß die Astrologie als die höhere und be=
deutendere angesehen wurde, und nicht etwa deshalb allein,
weil sie die dunklere, sondern weil sie die wichtigere ist.

Und sind es etwa nur die mittleren und beschränkten Köpfe unter den Astronomen gewesen, welche an Astrologie geglaubt, auf ihre wesenhafte Bedeutung gehofft und gerechnet haben? Ich nenne einen Namen, der uns Alle mit Ehrfurcht und Bewunderung erfüllt; ich nenne einen Mann, welcher, wenn die Astronomie den Stolz des menschheitlichen Geistes begründet, zu den ersten Begründern dieses Stolzes gehört: Kepler.

Kepler hat mit dem ganzen Jahrtausend, welches ihm voranging und mit dem Jahrhundert, in welchem er lebte, an Astrologie geglaubt.

Was wir aus dieser Thatsache nicht nur für das Wesen der Aufklärung, sondern für die Erkenntniß und die Geschichte des menschlichen Geistes überhaupt lernen sollen, ist vornehmlich Dieses:

Die Aufklärung des vorigen Jahrhunderts bezeichnet immer als den Gegensatz gegen Aberglauben, gegen bloße Tradition, gegen Offenbarung: „die Vernunft". Immer und immer wieder kommt es darauf hinaus, daß alles Andere im menschlichen Geiste, was ihr widerstreitet oder nicht von ihr ausgeht, außer und neben der Vernunft sei; sie selbst aber, die Vernunft, wird als etwas Festes und Fertiges, bald zwar als Fähigkeit und Vermögen des Menschen, bald als der durch diese Fähigkeit erworbene Denkinhalt, bald endlich als der auch außerhalb des menschlichen Geistes gleichsam objectiv gedachte und für sich bestehende Gedankeninhalt, immer aber als ein Bestimmtes, Abgeschlossenes, Sich-selbst-Gleiches betrachtet. Also „die Vernunft" denkt, findet und erfindet Gedanken; aber auch die Summe der Gedanken, die Einer gedacht, die Wahrheiten, die er gefunden, oder auch eines Buches Inhalt sind „seine Vernunft"; aber endlich auch irgend ein Gedanke, eine Thatsache, ein Lehrsatz stimmt mit „der Vernunft" überein oder nicht.

Auch bei Kant finden wir durchaus dieselbe Anschauung. Die Vernunft und der Verstand sind eben fertige und fest=

bestimmte Vermögen des menschlichen Geistes, deren Functionen in der Anwendung bestimmter und gegebener Kategorien bestehen. Diese Kategorien bilden und erzeugen den Inhalt des menschlichen Denkens, sie sind die Formen, in denen die Thätigkeit desselben sich bewegt.

Aber eben diese Formen sind auch für alle Menschen, waren zu allen Zeiten gleich; in ihnen ist ja der menschliche Verstand, die menschliche Vernunft ausgeprägt und gegeben.

In den Kategorien des menschlichen Verstandes, in den Formen und Denkweisen der menschlichen Vernunft, wie Kant und seine Genossen in der Aufklärung sie gedacht haben, hatte die Astrologie, hatte das Verhältniß von Vorzeichen und Erfolg keine Stelle.

40. War nun Kepler unvernünftig oder unverständig? entbehrte er des Verstandes oder der Vernunft? oder hatte er einen anderen Verstand?

Wie leicht ist es mit Worten zu sagen, in diesem Stücke, in Bezug auf diese Frage war Kepler unverständig; wer diese Antwort auf obige Fragen geben könnte, entbehrt selbst noch alles Verständnisses innerer Vorgänge. Sind denn dies nicht auch allgemeine Kategorien? hatten sie nicht ein eben so weites Gebiet der Anwendung wie Ursache und Wirkung, wie Zweck und Mittel u. s. w., und wurden sie nicht auf ganz gleiche Art auf den Inhalt des Denkens, auf die Erfahrung angewendet?

Der Gedanke der Astrologie, welcher unserer naturgesetzlichen Auffassung der Welt so fern zu stehen scheint — und an den wir auf den ersten Blick nicht ohne Verwunderung oder Spott glauben denken zu können — ist ihr doch im Innersten verwandt; denn er dringt wesentlich auch darauf, aus dem chaotischen Spiel zufälliger und wechselnder Erscheinungen, welche die Erfahrung uns darbietet, zu einem geordneten, regel- und gesetzmäßigen Geschehen zu kommen.

Der psychologische Gedankenstamm, dem auch die Astrologie entsprießt, ist ebenfalls eine feststehende Gesetzmäßigkeit der Erscheinungen; nur in anderer Art werden auch hier die einen zu vorangehenden Bedingungen, die anderen zu nachfolgenden Erfolgen. Die einzelne Thatsache, z. B. das Schicksal eines Menschen, deren Ursache unbekannt, und die deßhalb außer jedem Zusammenhang steht, wird hier in einen gesetzlichen und regelmäßigen Zusammenhang gesetzt; nur daß dieser ein ganz abstracter, unbegriffener und wissentlich unverstandener ist, daß das Band, welches die Erscheinungen an einander bindet, eine abstracte Regel, aber keine deutliche Verknüpfung ist.

Die Nothwendigkeit und die strenge Ordnung derselben ist Kern und Ziel auch dieser Weltanschauung ebensowohl, ob auch in anderer Art, wie bei Spinoza. Von ähnlicher Art ist die strenge Prädestinationslehre, welche jedoch eine andere (theologische) Wurzel und viel dürftigere Erfolge hat; denn hier ist nur von Nothwendigkeit der Erscheinungen, aber gar nicht von einer verknüpfenden Ordnung oder geordneten, gesetzlich geregelten Verknüpfung derselben die Rede, wie bei der Astrologie. Indessen werden doch die Erscheinungen, z. B. die menschlichen Handlungen, ob durch Prädestination, ob durch causale Determination, allem Zufall und aller Willkür von außen oder von innen entzogen.

41. Werthvoll bleibt eine Beziehung des Makrokosmus oder des Unendlichen auf die endlichen Erscheinungen immer für die Würde und den Adel einer Weltanschauung; selbst die völlig haltlose Form derselben, wie sie in der Astrologie gegeben ist, wird deßhalb für die Dichtung immer anziehend bleiben.

Aber die wahrhafte Beziehung tritt da erst hervor, wo einerseits die ausnahmslose Bedeutung eines jeden Theilchens im All, und andererseits nicht die einer Erscheinung zu einer anderen, sondern jeder einzelnen und individuellen sowohl zum Ganzen alles Daseins, wie zum absolut Allgemeinen und Unendlichen, nämlich zum allgemeinen Gesetz offenbar wird.

Alle Aufklärung über Naturereignisse besteht deshalb darin, zunächst für irgend eine angenommene Verknüpfung der Erscheinungen die auf streng beobachteten, wirklichen (nicht blos vermutheten und erdichteten) Thatsachen gegründete Feststellung zu finden; sodann nicht blos eine feste Ordnung, sondern eine deutliche und erkennbare Beziehung der Glieder auf einander zu suchen, welche daher auch nicht eine allgemeine, abstracte, eine Vielheit in Eins zusammenfassende — wie z. B. das Horoskop und der verwickelte Lebenslauf eines Menschen, — sondern eine in den kleinsten Theilen sowohl des Raumes als der Zeit sich bewegende sein muß.

Je weniger man aber von der concreten, gleichsam punktuellen causalen Verknüpfung in der Welt wußte, desto größer mußte die Sehnsucht sein, durch abstracte makrokosmische und vorzeichnende Ordnung den Gedanken der Nothwendigkeit und Gesetzmäßigkeit auszuprägen.

42. Gewiß hatte die Kategorie von Ursache und Wirkung zu allen Zeiten einen größeren Wirkungskreis in der Seele der Menschen, als die von Zeichen und Erfolg, weil die praktische Bethätigung des Lebens viel unmittelbarer davon abhing. Wie groß indessen der Umfang menschlicher Abhängigkeit von den Zeichen gewesen ist, darf ich als bekannt voraussetzen. In theoretischer Beziehung aber, in Bezug auf die Erkenntniß fester Ordnung und Regierung der Welt mochte die Kategorie des Vorzeichens von gleichem, vielleicht von höherem Werthe sein; am ehesten aber für solche schöpferische und mit Sehnsucht in die innerste Tiefe ihrer Beziehungen dringende Geister, wie etwa Kepler es war.

Es hat Astrologen genug gegeben, welche mit Nachdruck die praktische Bedeutung der Kenntniß der Vorzeichen hervorhoben. Du Bois=Reymond hat („Culturgeschichte und Naturwissenschaft“, S. 8) mit Recht bemerkt: „Des gefesselten Prometheus Schilderung seiner Verdienste um die Menschheit ist ein treues Bild der antiken Naturwissenschaft, wenn er mit Sternkunde, Zahlenlehre, Buchstabenschrift, Thierzucht, Schiff=

fahrt, Bergbau und Heilkunde in einem Athem als gleichwerthige
Gabe Deutung der Träume, des Vogelfluges und der Zeichen
aus den Eingeweiden der Thiere nennt."

Große und tiefe Geister des Mittelalters aber werden
vor Allem die theoretische und, wenn ich so sagen soll, die
religiöse Bedeutung der Astrologie in der Beziehung des Mikro=
kosmus zum Makrokosmus empfunden und hervorgehoben haben.
Ich bin in der astrologischen Litteratur nicht bewandert; aber
es sollte mich ganz und gar nicht wundern, darin den Ge=
danken anzutreffen: das Verhältniß von Ursache und Wirkung
zu erkennen, habe der Mensch mit den Thieren gemein —
denn auch diese rennen nach der Speise und fliehen vor dem
Stock, weil sie die Wirkungen derselben kennen —, aber ein
Zeichen am Himmel oder auf Erden als solches, als Vor=
boten eines kommenden Ereignisses erkenne nur der Mensch,
aber kein Thier.

43. Aus alle dem folgt, daß die Anschauung von der
Vernunft und dem Verstande als von jeher und für immer
im menschlichen Geiste gegebenen, in sich abgeschlossenen Ver=
mögen, vollends als objectiv vorhandenen Denkinhalten oder
als in Allen und zu jeder Zeit vorhandenen Denkformen eine
durchaus ungenügende und unhistorische ist. Vielmehr kommt
es darauf an, zu erkennen, wie sich die verschiedenen Kategorien,
vermöge deren wir die objective und wahre Natur der Dinge
und Ereignisse appercipiren, nach und neben einander entwickelt
haben, und wie sie mit fortschreitender Klarheit und Bestimmt=
heit erkannt und zur Anwendung gebracht werden, sowohl im
Ablauf der Geschichte, wie in der Entwickelung der Individuen.

Die verschiedenen Kategorien bilden verschiedene Formen
der Auffassung der Dinge; aber diese verschiedenen Formen
gehören demselben Geiste an und verfolgen das gleiche Ziel
wahrer Erkenntniß. Sie dürfen sich deshalb überhaupt nicht
im Widerstreit mit einander befinden, oder wenn sie es dennoch
thun, so muß entweder der Widerspruch derselben gelöst oder

der Sieg der einen über die andere bis zur Gewißheit durch=
gekämpft werden.

Am wenigsten ist damit gedient, daß man diese verschie=
denen Kategorien oder Denkformen verschiedenen Seelenvermögen
zuschreibt; der Widerspruch wird dann nur aus dem Inhalt
in die Person, aus der Denkform oder dem Denkinhalt in das
denkende Subject verlegt.

44. Die Kategorie von Ursache und Wirkung, welche am
meisten durch Spinoza, den Paladin der causalen Nothwendig=
keit (nicht ohne Uebertreibung und nicht ohne gewaltsames
Zurückdrängen anderer Kategorien, wie etwa der von Zweck
und Mittel), zur ausschließlichen Anerkennung gebracht ist, hat
zunächst über die des Vorzeichens und Erfolges den vollständigen
und berechtigten Sieg davongetragen. Nicht so fast durch den
speculativen oder absoluten Vorzug dieser Kategorie der Cau=
salität, als durch die fortschreitend und ausnahmslos sich be=
währende Anwendbarkeit derselben auf alle erkannten Vorgänge
und Ereignisse. Alle Wiederholung und aller Fortschritt in
der Wahrnehmung der immer feiner und bestimmter aufgefaßten
Thatsachen bestätigt die Wahrheit des Causalnexus bis zu dem
Grade, daß er über alle Grenzen der Erfahrung hinaus zur
allgemeinen Voraussetzung in unserem Denken über gegebene
Objecte sich gestaltet hat.

Das Gesetz der Abfolge aller gegebenen Erscheinungen
nach ihrer Verkettung als Ursachen und Wirkungen ist zum
Eckstein im Aufbau unseres Denkens derselben geworden und
damit zugleich ist die Möglichkeit der Uebereinstimmung mit
dieser Kategorie zum Maßstab der Geltung geworden, welche
wir anderen Kategorien zugestehen.

An und für sich würde jede andere Kategorie, welche sich
unserer Denkthätigkeit aus der Beobachtung der Dinge unab=
weislich aufdrängt, dieselbe Nothwendigkeit der Uebereinstimmung
aller übrigen mit ihr auferlegen; wenn beispielsweise Lichten=
berg Recht hätte, daß „wir mit weit mehr Deutlichkeit wissen,
daß unser Wille frei ist, als daß Alles, was geschieht, eine

Ursache haben müsse", dann würde das Problem der Uebereinstimmung der Causalität mit der Freiheit nichts an seiner Schärfe verlieren, aber in umgekehrter Richtung seine Lösung suchen müssen. *) Die historische Thatsache der Entwickelung des menschlichen Denkens aber hat dem Causalnexus das Vorrecht der Unbedingtheit erobert.

Für die Verbreitung dieses Vorrechts im Geiste der großen Massen haben die praktischen Erfolge der auf Causalität gebauten Wissenschaft vielleicht das Meiste beigetragen.

45. Neben der Kategorie von Ursache und Wirkung stehen auch heute noch die von Grund und Folge, von Zweck und Mittel. Noch finde ich das Verhältniß von Grund und Folge in seinem Unterschiede von und in seiner Beziehung zur Causalität selbst in den philosophischen Schulen bei Weitem nicht zu der Klarheit entwickelt, welche sie fähig machen würde, mancherlei Probleme zu lösen. Um die Kategorie von Zweck und Mittel aber, um die Grenzen und den Umfang ihrer Berechtigung und um die Möglichkeit ihrer Harmonie mit dem Gesetze der Causalität wogt noch in den Schulen der Denker ein lebendiger Kampf, und fortgesetzte neue Versuche ihre Einstimmung herbeizuführen, sind sichere Zeichen und edle Zeugnisse einer andauernden Vertiefung des menschlichen Geistes. Mitten im praktischen Getriebe des menschlichen Lebens ist der Zweck des Geschehens dem Geiste ebenso unentbehrlich, wie seine Ursache nothwendig ist; aber auch für das Ganze des Lebens, der Individuen wie der Menschheit, und weiterhin für alles Dasein und Wirken ist die Voraussetzung eines Zweckes eine unabweisbare Forderung des Geistes, welche sich vorzugsweise auf gewisse Bedürfnisse des Gemüthes gründet, von deren Erfüllung wiederum alle Werthe des Lebens sich abhängig erweisen.

---

*) Lichtenberg selbst fügt hinzu: „Könnte man also nicht einmal das Argument umkehren und sagen: Unsere Begriffe von Ursache und Wirkung müssen sehr unrichtig sein, weil unser Wille nicht frei sein könnte, wenn sie richtig wären?"

46. Deßhalb ist auch wahrhafte Aufklärung, indem sie einerseits die theoretische und praktische Fruchtbarkeit und un= abweisliche Nothwendigkeit des Causalnexus in allen Dingen anerkennt, doch andererseits nicht auf einen festbestimmten Lehr= gehalt, noch auf eine absolut abgegrenzte Denkform, sondern darauf gerichtet: die Zuverläſſigkeit aller gegebenen und fort= schreitend sich entfaltenden Denkformen unausgesetzt zu prüfen, und um ihrer Geltung willen die Harmonie aller, welche un= abweislich sind, zu erstreben.

Das Wesen der Aufklärung ist deßhalb allerdings nicht so einfach, wie es scheinen mochte und möchte. Sie ist eine unendliche Aufgabe, welche, wie man sieht, mit jedem wirk= lichen Fortschritt, mit jeder umfassenden Leistung durch die Wirksamkeit irgend einer Kategorie oder Denkform *) des mensch= lichen Geistes zu einem Theile gelöst, mit jeder Lösung aber von Neuem begründet wird.

Zu den Bedingungen ihrer Erfüllung aber gehören un= bedingte Freiheit, Unabläſſigkeit und schrankenlose Wahrhaftigkeit der Forschung.

47. Demnach ist auch die Frage, ob ein Zeitalter, ob das unserige den Ehrentitel des aufgeklärten verdiene, nicht so einfach zu beantworten. Indeſſen wird man nach allen Kennzeichen, die wir kennen gelernt, der europäischen Wiſſenschaft im Großen und Ganzen die Richtung zur Aufklärung nicht absprechen können; die breite Maſſe des Volkes aber und auch manche gebildete Kreise entziehen sich wenigstens in vielen Beziehungen noch den wohlthätigen Folgen der durch die Wiſſenschaft that= sächlich gebotenen Aufklärung.

---

*) Darüber, daß sich die durch Thätigkeit errungenen und in der Anwendung bewährten Formen des Denkens wie Organe, welche ihm zuwachsen, im menschlichen Geiste verhalten und seine nachfolgende höhere Thätigkeit ermöglichen und bestimmen, findet sich in unserer Zeitschrift für Völkerpsychologie und Sprachwiſſenschaft Bd., I, S. 17 f. eine genaue Erörterung.

In den höchsten, edelsten und schwersten Dingen entbehren die Menschen oft der Bescheidenheit und wollen nur anerkennen, was ihrem Geiste vollkommen einleuchtet; kommt aber das eigene Ich mit seinem dunklen Schicksal in's Spiel, verfallen sie einer übergroßen Bescheidenheit, die sich nicht anmaßt, überlieferten Vorstellungsweisen entgegenzutreten. Es gibt Leute genug, die es mit der Aufklärung in ihrem Sinne so ernsthaft nehmen, daß sie das ganze Jahr keine Kirche besuchen; dieselben gewissenhaften Aufklärer aber würden sich schlechterdings nicht ihrer dreizehn zu Tische setzen. Vom Glauben sind sie frei, vom Aberglauben gefesselt. Nun haben sie zwar ganz recht, nicht in die Kirche zu gehen, wenn sie innerlich nun einmal kein Verhältniß zu ihr haben; mit dem Heiligen soll man nicht spielen noch heucheln, oder mit äußerem Schein sich begnügen. Der letzte Tribut, den ein Mensch Dem, was Anderen heilig ist und ihm selbst einmal heilig war, zu zollen hat, ist: wenn nach seiner innersten Ueberzeugung redlich zu ihm zu stehen unmöglich ist, redlich von ihm zu lassen. — Nur soll sich, wer sich des Aberglaubens schuldig weiß, nicht wegen seiner negativen Haltung gegen den Glauben für aufgeklärt halten.

48. Es ist sehr der Mühe werth, die Thatsache und ihre Begründung in Erwägung zu ziehen, daß auch völlig aufgeklärte Menschen, die ihrerseits vom Aberglauben frei sind, als Wirthe, es ihren Gästen nicht zumuthen, sich mit ihnen zu dreizehn an den Tisch zu setzen. „Daß sie nicht die Erzieher ihrer Gäste seien, denen es nun doch einmal zu dreizehn unbehaglich sein könnte", mag ein schwacher Grund sein, der vielleicht doch noch auf einen kleinen verborgenen Rest des eigenen Aberglaubens zu schließen erlaubt.

Wichtig aber ist der andere und treffende Grund. Der Wirth mag seine Gäste, obgleich abergläubisch zu sein ihre eigene Schuld ist, doch nicht den etwaigen nachtheiligen Folgen der Zuwiderhandlung gegen den Aberglauben aussetzen. In der That, die abergläubische Vorstellung, ist sie einmal in der

Seele vorhanden, übt ihre nachtheilige Wirkung aus; sie ist
eine reale Thatsache, welche je nach der Verfassung des Indi=
viduums und dem Zusammentreffen mit anderen wirkenden Ur=
sachen, ihren mehr oder minder nachtheiligen Einfluß geltend
macht; nicht darauf kommt es an, ob sie objectiv begründet,
sondern daß sie subjectiv wirksam ist.

Aber aus eben dieser Erwägung geht auch die Mahnung
hervor, der abergläubischen Vorstellung entgegen zu
wirken, ihr Aufkommen und ihre Geltung im Gemüthe
zu verhindern, sie nicht nach der Schwäche ihres Grundes
wie ein unschuldiges Spiel zu betrachten, sondern nach der
Stärke und Nothwendigkeit ihrer Wirkung auf alle Weise ernst=
lich zu bekämpfen.

49. Desto nothwendiger ist der Kampf, je schwerer der
Sieg ist. Denn jede abergläubische Vorstellung allein deshalb,
weil sie einmal in der Volksseele gegeben, weil sie den Indi=
viduen zu Bewußtsein gekommen ist, ist eine schwer zu über=
windende Macht. Furcht und Hoffnung für das eigene Ich
sind bei den meisten Menschen stärker als alle Gründe für
oder wider; man folgt also den Geboten des Aberglaubens,
auch wenn der eigene Verstand ihn zu verachten geneigt ist.
Die „Fliegenden Blätter" haben neuerdings einen köstlich er=
fundenen Dialog gebracht, welcher der Seele unsäglich vieler
Menschen einen Spiegel vorhält. „Liebe Julie, komm' mit
zur Kartenschlägerin und laß Dir die Zukunft prophezeien!"
— „„Das thu' ich grundsätzlich nicht, liebe Bertha, denn erstens
glaub' ich nicht daran und zweitens fürcht' ich mich
davor."" Jede ungünstige Weissagung erregt mindestens ein
unbehagliches Gefühl, selbst wenn wir sie verspotten, und
dieses Gefühl wird bald als Ursache, bald als Wirkung, vielleicht
sogar als Beides, mit jener unwillkürlichen Objectivirung auch
offenbar subjectiver Vorstellungen sich verknüpfen, deren oben
bereits gedacht ist.

„Der Aberglaube", sagt Goethe (Sprüche in Prosa),
„flüchtet sich, wenn man ihn ganz und gar zu verdrängen

denkt, in die wunderlichsten Ecken und Winkel, von wo er auf
einmal, wenn er einigermaßen sicher zu sein glaubt, wieder
hervortritt." Die psychologische Analyse, von welcher wir nur
einige Andeutungen gegeben haben, ist im Stande, diese Er=
fahrung zu begründen. Ob sie aber auch geneigt sein wird,
in einem anderen Sinne als in dem des hier besprochenen
Gedankens, daß der Aberglaube eine aus guten psychologischen
Gründen schwer zu überwindende Macht sei, den anderen Satz
Goethe's, welcher jenem unmittelbar vorangeht, zu bestätigen;
nämlich: „Der Aberglaube gehört zum Wesen des Menschen" — ?

„Zum Wesen des Menschen" meine ich höchstens in dem Sinne,
in der Art und aus den Gründen, wie auch Krankheit zum
Wesen des physischen, Irrthum zum Wesen des geistigen Men=
schen gehören. Krankheit und Irrthum gehören zum Wesen
des natürlichen, Heilung und Belehrung aber zum Wesen
des auf dem Grunde und in den Grenzen der Natur idealen
Menschen.

50. Was man aber aus der eben gedachten Controverse
lernen sollte, scheint mir Dieses: Der Kampf gegen den Aber=
glauben muß unabläſſig geführt werden; wenn nun aber
für alle oder mindestens für die meisten Menschen beim mecha=
nischen Calcül der gesammten Weltauffassung ein Reſt übrig
bleibt, dann sei er für die Religion und den Glauben
verwendet, anstatt für den Aberglauben, dem er sonst an=
heimfällt.

51. Kaum wage ich es, den eben ausgesprochenen Ge=
danken stehen zu lassen, obgleich er aus meiner innersten Ueber=
zeugung von dem psychischen Zustand der Menschen geschöpft
ist. Aber er beruht auf dem Unterschied von Religion und
Glauben einerseits und Aberglauben andererseits. Dieser Unter=
schied ist in der Theorie leicht zu fassen und in der Wissen=
schaft deshalb sehr geläufig. Weit anders aber steht die Sache
in der Praxis des Lebens. Nicht nur stehen Religion und
Aberglaube in einem und demselben Geiste neben einander,
sondern sie gehen auch in einander über.

Selbst neben der Wissenschaft, neben Physik und Mathematik, wie neben philosophischer Reflexion, besteht auch Aberglaube. Ein Mann wie Lichtenberg bekennt von sich, daß er fortwährend sowohl für Furcht und Hoffnung und für Willensentscheidungen nach Vorzeichen sucht, als auch jede beliebige Erscheinung zum Vorzeichen macht.

„Einer der merkwürdigsten Züge in meinem Charakter", heißt es, „ist gewiß der seltsame Aberglaube, womit ich aus jeder Sache eine Vorbedeutung ziehe, und in Einem Tage hundert Dinge zum Orakel mache. Ich brauche es hier nicht zu beschreiben, indem ich mich hier nur allzuwohl verstehe. Jedes Kriechen eines Insects dient mir zur Antwort auf eine Frage über mein Schicksal. Ist das nicht sonderbar von einem Professor der Physik? Ist es aber nicht in der menschlichen Natur gegründet, und nur bei mir monströs geworden, ausgedehnt über die Proportion natürlicher Mischung, die an sich heilsam ist?" (Werke, I, S. 14 f.) Die Erklärung dieses Räthsels wird bei ihm nicht so einfach sein, als etwa bei Kepler (s. Nr. 39); aber bei der scharf hervortretenden ächten und tiefen Religiosität desselben*) werden ähnliche Gründe mit

---

*) Ich glaube als Beweis für dieselbe nur folgende Stelle (I, S. 9 f.) anführen zu dürfen: „Welch' ein Unterschied, wenn ich die Worte: „„Ehe denn die Berge wurden, und die Erde und die Welt geschaffen worden, bist du Gott von Ewigkeit zu Ewigkeit"" — in meiner Kammer ausspreche, oder in der Halle von Westminstersabtei! Ueber mir die feierlichen Gewölbe, wo der Tag immer in einer heiligen Dämmerung trauert, unter mir die Reste zusammengestürzter Pracht, der Staub der Könige, und um mich her die Trophäen des Todes! Ich habe sie hier und dort ausgesprochen; in meinem Schlafgemach haben sie mich oft erbaut; ich habe sie von Kindheit an nie ohne Rührung gebetet, aber hier durchlief mich ein unbeschreibliches, aber angenehmes Grauen; ich fühlte die Gegenwart des Richters, dem ich auf den Flügeln der Morgenröthe selbst nicht zu entrinnen vermöchte, mit Thränen, weder der Freude noch des Schmerzes, sondern mit Thränen des unbeschreiblichen Vertrauens auf ihn. Glaubt nicht, ihr, die ihr überall muthmaßet und mehr muthmaßet als leset, daß ich aus modischer Schwermuth dieses dichte . . . ."

wirkt haben, um seine Denkweise zu erzeugen. Nicht unwahr=
scheinlich aber ist es, daß neben dem Zuge zu einer objectiv=
mystischen Weltauffassung zugleich das ganz Entgegengesetzte
thätig war, nämlich ein subjectives Spiel mit den eigenen Ge=
danken. Als er die ererbte Thatsache des Zeichenaberglaubens
in sich vorfand, hat er sie vielleicht mit halber Absichtlichkeit
gehegt, als eine ihm selbst und an ihr selbst wunderbare That=
sache; und er hat sich in der Erhaltung derselben vielleicht um
so mehr gehen lassen, je mehr er sie zu b e o b a c h t e n geneigt
war. (Vgl. dazu oben S. 132.)

Wie viel krauser und bunter nun werden die Mischungen
psychischer Elemente in der großen Masse derer sein, welche
so viel weniger empfindlich gegen den Druck der inneren Wider=
sprüche sind, als der Philosoph und Physiker Lichtenberg. Es
ist überaus wichtig und werthvoll für Lichtenberg und jeden
seiner Genossen, zu wissen, daß sein Aberglaube eben — Aber=
glauben ist; aber es ist lehrreich, zu bemerken, daß er dennoch
fortbesteht. Aberglaube ist ein vergifteter Pfeil; wird er als
solcher erkannt, so ist ihm das Gift entzogen und die Spitze
abgebrochen; schaden kann er dennoch Jedem, der von ihm ge=
troffen wird; auch ohne Gift ist er ein Pfeil.

52. Diejenigen, welche an der Aufklärung ein wahres
Interesse nehmen, sollten viel weniger blos auf die literarischen
Erscheinungen und theoretische Auseinandersetzungen ihre Auf=
merksamkeit richten; vielmehr sollten sie die inneren Seelenzu=
stände beachten, die uns das alltägliche Leben in der großen
Mehrzahl der, sei es gebildeten, sei es ungebildeten Menschen
entgegenbringt. Sie werden viele Thatsachen wahrnehmen,
welche Räthsel enthalten und Aufgaben stellen, — Aufgaben
für die Kinder= und Volkserziehung, — von deren Lösung der
Fortschritt des Menschengeschlechts abhängig ist.

An dieser Stelle will ich nur auf ein allgemeines Problem
hinweisen.

Oben S. 17 ist die Ansicht eines so scharfen Beobachters
wie Talleyrand über die öffentliche Meinung angeführt; gewiß

hat sie die Zustimmung Aller, welche das öffentliche Leben kennen. Ja, die öffentliche Meinung ist klüger als Voltaire und als Napoleon.

Nun wissen wir aber doch, daß sich in der Gesammtheit aller Derer, welche zusammengenommen die Träger der öffent= lichen Meinung sind, Wenige finden, welche auch nur entfernt so gescheidt wären als Napoleon oder Voltaire. Wir wissen vielmehr zugleich, daß weitaus die größte Mehrzahl jener In= haber und Vertreter der öffentlichen Meinung voll Irrthum, Aberglaube, Einseitigkeit sind. Kurz also: Die öffentliche Mei= nung ist klug, sie trifft das Wahre und Rechte, sie zeigt die Höhe des zeitigen Volksgeistes, die Tiefe seines Gehalts, den Adel seiner Gesinnung; die große Masse der Einzelnen aber als Einzelner sind — namentlich gemessen an der Fülle von lichtvollen Gedanken, welche bevorzugte Geister in Forschung und Wissenschaft erzeugt haben — dumm, träge, schwach im Geiste, und sie entbehren der harmonischen Energie und des durchgehenden Adels der Gesinnung.

Vielleicht begegnet man einigen Funken zur Lichtung dieses Räthsels auf dem Wege folgender Betrachtung:

Man hat oft und in besonnenen Grenzen immer mit Fug und Erfolg den öffentlichen Geist eines Volkes mit dem eines Einzelmenschen verglichen. Dann verhalten sich die einzelnen Personen zum Gesammtgeist, wie die einzelnen psychischen Ele= mente (Gedanken, Gefühle, Willen u. s. w.) zur individuellen Seele. Gesetzt nun, wir finden im Individuum einen bestimmt ausgesprochenen Charakter, oder auch nur in Bezug auf eine wesentliche und weitgreifende Frage eine bestimmte Ueberzeu= gung, so sind diese das Resultat aus sehr vielen, sehr verschie= denen, einander oft entgegenstehenden Elementen des geistigen Lebens; verschiedene und widersprechende Thatsachen, Argumente für und wider, Gefühle und Neigungen aus einander strebender Art u. s. w. finden sich zusammen und wirken auf einander, um aus ihnen allen einen bestimmten Erfolg hervorgehen zu lassen. Diese einzelnen Elemente aber enthalten für sich allein nicht die Wahrheit des Gedankens; nur aus dem Kampfe der einen, aus dem Zusammenwirken der anderen, aus der schließlichen Gesammtwirkung aller geht das Resultat hervor. Und nicht anders hat man sich die Sache im Gesammtgeist eines Volkes vorzustellen; aus dem Widerstreit, dem Kampfe und dem Zusammenwirken aller Individuen geht die Wahrheit hervor, welche nicht in den widersprechenden, unvollkommenen Gedanken der Einzelnen besteht, aber doch in ihnen seine Quelle hat. Seien die einzelnen Individuen im Irrthum, wie die einzelnen einseitigen Meinungen Irrthümer sind: nur aus den gegen einander wirkenden Extremen wird der Geist in ihre Mitte gelenkt und wenn jene vom Wege der Wahrheit abweichen, findet er das Ziel derselben durch die Vermeidung ihrer Bahnen.

Auch im einzelnen Geist verschwinden ja die irrigen und für sich allein unwahren und unklaren Elemente nicht aus der Seele des denkenden Individuums; sie bestehen, aber sie gewinnen durch ihre Vereinigung einen anderen Charakter, wie anorganische Molecüle einen anderen und höheren Charakter gewinnen, wenn sie in einen Organismus eintreten und durch die Thätigkeit desselben assimilirt werden.

53. Es fehlt nicht an neuen Schwierigkeiten, die sich aus dieser Auffassung ergeben. Ich will sie nicht ausführlich erörtern; statt dessen verweise ich auf die Abhandlung über das Verhältniß des Einzelnen zur Gesammtheit (im 1. Bande des „Leben der Seele", 2. Aufl. 1876). Aber auf ein zweites Gleichniß will ich hinweisen, welches Gedanken, die sie zu heben geeignet sind, auf die Bahn bringen kann. Es seien fünf Personen zusammen, welche sich über einen Gegenstand, etwa des Wissens, unterreden und zehn andere hören ihnen zu. Jene fünf haben zu Anfang sehr verschiedene, einander widerstrebende Meinungen; Jeder weiß zum Theil andere Thatsachen, auch aus den gleichen ziehen sie verschiedene Schlüsse; die Ansichten Aller seien unwahr, weil sie alle unvollständig, einseitig und deshalb auch unklar sind. Die Zuhörer kommen mit Ansichten,

welche alle diese Mängel, nur vielleicht in noch stärkerem Maße
haben; besonders deshalb, weil sie, sich von denselben feste
Rechenschaft zu geben und sie auch darlegen zu können, zu träge,
von der Tradition, durch welche sie ihre Ansichten meist empfangen
haben, zu abhängig sind. (Vgl. oben „Gespräche", S. 292 f.)

Wie steht es nun am Schluß der Unterredung? Wohl
selten so, daß nun Alle eine und dieselbe Meinung haben und
Alle alle Argumente durchdringen, aus denen die Widerlegung
der Unwahrheit und die Begründung der Wahrheit hervorgeht;
denn dies ist das Ideal einer Unterredung und ihres Erfolges.
Im mittleren Durchschnitt, in jenem Durchschnitt, aus welchem
der Kern der öffentlichen Meinung eben hervorgeht, dürfte es
etwa so sein: Die Unterredenden haben auch jetzt Jeder eine
e i g e n e Meinung; aber Keiner hat, wenn wir ihre innere Aus=
führung und Begründung beachten, dieselbe, die er zu Anfang
hatte; und hätte er sie, wäre sie aus dem Kampfe gegen die
anderen Meinungen, gegen ihre Thatsachen und Schlüsse, gegen ihre
Argumente, gleichbleibend und siegreich wenn auch nur für
seine eigene Ueberzeugung hervorgegangen: sie wäre nach ihrem
ethischen und praktischen Werth, wie nach ihrem psychologischen
Gewicht nun erst recht eine andere.

Denn Alle kennen nun Thatsachen und Schlüsse in mannig=
facher Verkettung und eines Jeden eigene Meinung enthält
Elemente und ist der Erfolg des Denkens zugleich aller An=
deren. In ihnen Allen sind, — zwar nicht zu dem gleich=
artigen und gleichförmigen Niederschlag gekommen, oder nicht
zu dem gleichen organischen Gebilde gestaltet, — doch gleiche
Elemente vorhanden, und die Wirksamkeit dieser Elemente auf
einander, die noch nicht eingetreten ist, ist für die Folge mög=
lich geworden.*)

---

*) Wegen ihrer häufigen Widerspiegelung im Kampfe der Parteien
verdient hier die Erfahrung erwähnt zu werden: Mancher trennt sich
von dem Kreise der Streitenden, indem er seine frühere Meinung bis zum
Schluß behauptet. Einen Tag später kann man in einem anderen Kreise
hören, wie er (der Quelle seiner Umwandlung sich bewußt oder — was

Und die Zuhörer? Je weniger sie fähig und je weniger sie geneigt sind, ihre ursprüngliche, nunmehr in ihrer Unvollkommenheit erkannte Meinung, fest zu halten, und je mehr sie gewöhnt sind, dem Denken Anderer zuzuschauen und deren Gedanken aufzunehmen, die Zuhörer werden williger noch (und in gewisser Beziehung fähiger) alle Thatsachen und den wahren gemeinsamen Erfolg des Denkens derselben als ihre schließliche Meinung gewinnen. Passiver aber unparteiischer, leistungsarmer aber theilnahmsvoller sind sie allen Seiten des Gedankens zugewendet. Brauche ich noch zu sagen, daß die große Masse Derer, die den öffentlichen Geist vertreten, den Zuhörern gleichen?

Noch Eins: die öffentliche Meinung — eben so wie die individuelle Ueberzeugung — hat nicht in lauter solchen Gedanken, die man als ganze und fertige bezeichnen könnte, ihren Ursprung. Vielmehr hat man sich der schon von Leibniz gemachten Entdeckung zu erinnern, daß unsere bestimmten Vorstellungen von einer unendlichen Menge anderer „kleiner Vorstellungen" umflossen sind, wie die Inseln von Meereswogen. Auf ähnliche Art wenigstens kann man sagen: in den bei großen Anlässen schnell und heftig umlaufenden zahllosen Gesprächen werden von sehr Vielen solche Sporen, Keime, Partikelchen neuer Gedanken zu den bekannten, individueller zu den allgemeinen, hinzugefügt, die für sich allein gar nicht darstellbar, und als leise Modificationen schon bekannter Gedanken einer Darstellung niemals würdig wären. Aber auch diese

wohl häufiger ist — unbewußt) die Ansicht seiner Gegner oder ihre Argumente als die seinigen vorträgt und vertritt. — Beachten wir es wohl: schließlich haben die widerstreitenden Gedanken, aus welchem Geiste sie auch stammten, in jedem der Geister den Kampf mit einander kämpfen müssen. Jeder Gedanke aber in den Geist eines Anderen so eintretend, daß er dort wirklich activ wird, daß er auf andere Gedanken reagirt, mit ihnen kämpft, empfängt, er mag siegen oder unterliegen, gewissermaßen das Indigenat auf diesem neuen Boden seiner Existenz. So bildet sich eine Art geistigen Gemeinguts, bei dem sein Ursprung bald gänzlich vergessen wird.

gleichsam imponderablen Theilchen und Anfänge von Gedanken üben eine Anziehungskraft auf einander aus, durch deren Wirksamkeit aus den unsäglich vielen, getrennt unsichtbaren, plötzlich und deutlich ein Allen sichtbarer Gedanke zu Tage tritt. Hätte man wenige Tage, ja vielleicht wenige Stunden vorher die Aussprüche und Meinungen Aller fixiren können: sie würden ein ganz entsetzliches und schier absolutes Einerlei gezeigt, sie würden sammt und sonders jeder zündenden Kraft entbehrt haben, weil das Maß ihrer Besonderheit und Ursprünglichkeit unendlich klein gewesen ist. Im lebendigen Fluß des Austausches aber haben sich in wenigen Stunden die getrennt unsichtbaren und unwirksamen Punkte zusammengefunden, um eine nach geometrischen Progressionen angewachsene Macht auszuüben.

54. Zweierlei aber wollen wir aus diesen psychologischen Thatsachen lernen: erstens, daß die Führer der Parteien, die Vorkämpfer der verschiedenen Principien, die schöpferisch thätigen Forscher der Wahrheit verantwortlich sind für die Fülle und Lebendigkeit, auch für den Werth oder Unwerth, für die Fruchtbarkeit und Dürre, für den Segen und Unsegen der geistigen Elemente, welche in die Volksseele gebracht werden.

Zweitens: daß kein Element, im geistigen Leben wie in der Natur und noch weniger als in dieser, gleichgültig ist. Weicht es von der theoretischen Wahrheit oder von der sittlichen Würde, oder von der Reinheit des Geschmacks ab, so mag es zwar seine gegenwirkenden Elemente mit ihrer heilenden und ausgleichenden Reaction finden; aber es bedarf dann eben dieses Kampfes und dieses Kraftaufwandes, der anderenfalls zu anderem und besserem Ziel verwendet werden kann.

55. Wenn nun aber vollends die Spreu des Aberglaubens in den Weizen der Wissenschaft gemischt wird? Wenn unter der schützenden Flagge der Religion die Contrebande des crassesten Aberglaubens eingeschmuggelt wird? Die clericalen Blätter Frankreichs vom December 1876 haben triumphirend hervorgehoben, daß 22 Schüler der katholischen Universitäten

glücklich durch das Examen gekommen, weil sie vor der Prü=
fung ihre Federn in Wasser von Lourdes eingetaucht und sich
dadurch des Schutzes der Patronin dieser Quelle versichert
hätten. Wo in aller Welt gibt es ein Schamanenthum, das
sich mit diesem messen kann? Die Schamanen Mittelafrika's
und Nordasiens sind vielleicht eben so kühn, Mittel zu ersinnen,
eben so glücklich, Gläubige für dieselben zu finden; können sie
sich aber wohl rühmen, auf Universitäten gebildete Jünger der
Wissenschaft zu ihren Gläubigen zu zählen?

56. In Bezug auf Naturereignisse würde der praktisch
und auf Thatsachen begründete Gedanke der Causalität wahr=
scheinlich viel eher und allgemeiner siegreich geworden sein, wenn
nicht unglücklicherweise eine Anzahl von alten religiösen Er=
zählungen und Heiligengeschichten Erscheinungen berichteten, welche
den erkannten physikalischen Gesetzen widersprechen, wenn nicht
manche darunter diesen Gesetzen ausdrücklich widersprechen
sollten und wollten, um eben als Wunder zu gelten.

Daraus hat sich ein zwiefaches Uebel ergeben: einmal,
daß sich auch für die gegenwärtige Erkenntniß der Natur=
erscheinungen neben den Begriff des Wissens der des Glaubens
gestellt hat, daß man auch in der Gegenwart von außer= und
übernatürlichen Thatsachen redet, weil man dieselben ja für die
Vergangenheit glaubt; sodann, daß man umgekehrt, um dem
wankend gewordenen Glauben an ehemalige Wunder neue
Stützen zu schaffen, neue, gegenwärtige Wunder fabricirt und
in Scene setzt.

Schon die bloße Frage: glaubst Du an Tischrücken, an
Klopfgeister u. dgl., beruht auf einem Denkfehler. Ueber Er=
scheinungen der Natur gibt es absolut gar nichts zu glauben;
man weiß es oder man weiß es nicht. Fragt wohl Jemand:
glaubst Du an Isomorphie oder an Elektricität? Die Wissen=
schaft arbeitet daran, die Erfahrungen festzustellen, die Wahr=
nehmungen durch Wiederholung, künstliche Anordnung, Messung
und Isolirung vor Irrthum zu schützen, und die Abhängigkeit
der einen als Erfolge von anderen als Bedingungen offenbar

zu machen; an keiner Stelle aber verlangt oder bedarf sie des
Glaubens. Vielmehr, wenn man eine Thatsache nicht genau
kennt, oder die Ursache derselben noch nicht gefunden hat, dann
gehört das offene Bekenntniß dieses Nichtwissens eben so zur
Aufgabe der Wissenschaft, wie die Verkündigung des Erkannten.

Auch gibt es für Erkenntniß von Naturerscheinungen keine
andere Quelle, als die denkende Beobachtung und Verknüpfung
derselben. Entsteht über Thatsachen des Naturlaufs ein Zweifel
(und er kann gegenüber irgend einer Behauptung selbst nur auf
Grund einer am gleichen, oder ähnlichen oder causal damit
verknüpften Gegenstande gemachten Wahrnehmung entstehen),
so kann er ebenfalls nur durch erneute denkende Beobachtung
gelöst werden.

Von irgend einer persönlichen Autorität ist die Ent=
scheidung nicht zu erwarten; auch von der höchsten und würdig=
sten nicht.

Am wenigsten dürfen und sollen irgend welche werthvolle
moralische, religiöse, kurz heilige Schriften, in denen gelegent=
lich auch ein Naturereigniß erzählt oder eine Naturlehre vor=
getragen wird, als Quelle der Belehrung über solche angesehen
werden. Ich sage am wenigsten; weil dies im Interesse
der Würde und Heiligkeit dieser Schriften und ihrer unge=
schmälerten Wirkung auf das Gemüth der Leser nicht geschehen
soll. Wird nämlich eine Solidarität des gesammten Schrift=
inhalts behauptet, und deshalb die moralische und religiöse
Autorität auch für Naturerscheinungen als bewährtes Zeugniß
in Anspruch genommen: dann ist die Festhaltung dieser Soli=
darität des Inhalts auch nach der negativ kritischen Seite die
natürliche psychologische Folge, und wenn unabweisliche und
völlig unbezweifelte Thatsachen das Zeugniß über die natur=
geschichliche Erzählung vernichten, zerstören sie zugleich den
moralischen und religiösen Werth.

Von den modernen, künstlich hergestellten, trügerischen oder
durch blöden Aberglauben wirklich vermeinten, dennoch von
der Kirche gutgeheißenen und ausgenutzten Wundern will ich

gar nicht reden. Sie sind kein Gegenstand weder einer philo=
sophischen, noch einer psychologischen Betrachtung; kaum der
pathologischen Abtheilung der Völkerpsychologie bieten sie heute
noch einiges Interesse; sie sind nur noch das Object der Cri=
minaljustiz und — der Satyre.

57. Wie viel ist doch von Seiten der Kirchen seit Jahr=
hunderten und schier bis auf die neueste Zeit geschehen, um
die biblischen Schriften zu entwerthen und ihren moralisch=reli=
giösen Einfluß zu entkräften!

Angesichts der seit Jahrhunderten fort und fort steigenden
Anerkennung und zweifellosen Begründung der Naturerkenntniß
im Geiste der Menschen sollte es kaum noch nöthig sein, ein
Wort hierüber zu reden.

Selbst das königliche Consistorium der Provinz Brandenburg in
seinem Erlaß an die Mitglieder der Friedrichswerderschen Kreis=
synode vom 15. Juni 1868 „hat es in hohem Grade befrem=
den müssen, daß die beiden Geistlichen, ihres theologischen
Standpunktes ungeachtet, von der Annahme ausgegangen zu
sein scheinen, als könne die heilige Schrift als Quelle der
Norm naturwissenschaftlicher Erkenntnisse und Ueberzeugungen
betrachtet und behandelt werden, während dieselbe doch den all=
gemein anerkannten Grundsätzen der evangelischen Kirche gemäß,
lediglich Quelle und Norm der christlichen Heilswahrheit ist
und sein soll."

Aber eben dieser Erlaß war doch hervorgerufen durch den
berühmten Pastor Knak, welcher, noch wenige Tage vor dem=
selben, am 12. Juni 1868 in einer — von ihm selbst an die
Kreuzzeitung mit der Bitte um Abdruck gesendeten — „Erwi=
derung auf ein amtsbrüderliches Schreiben von außerhalb in
Betreff seiner bekannten Aeußerung gegen den Prediger Lisco"
u. A. sagt:

„Denn meine Ueberzeugung, daß die Sonne sich bewegt,
beruht nicht etwa auf jenem Worte im Buche Josua allein,
sondern auf der ganzen biblischen Anschauung von den
Lichtern, die Gott der Herr an den Himmel gesetzt hat

(1. Mose 1, 14—18) und von deren Verhältniß zur Erde. Ich kann und darf es nicht aussprechen, was andere Knechte Gottes, die ich weit entfernt bin deshalb richten zu wollen, auch jetzt wieder öffentlich ausgesprochen haben, daß die heilige Schrift in den Stellen, die von einer Bewegung, einem Laufe, einem Aufgehen und Niedergehen der Sonne reden (wie z. B. Psalm 19), sich der menschlichen Anschauungsweise (die doch eigentlich unrichtig und irrthümlich sein soll) accommodire, zumal, wenn ich aus dem untrüglichen Munde des Sohnes Gottes, durch Welchen alle Dinge gemacht sind (Joh. 1, 3) und der Sich Selbst „die Wahrheit" nennt, Aussprüche höre, wie z. B. Matth. 5, 45, wo Er von Seinem himmlischen Vater sagt: „Denn Er läßt Seine Sonne aufgehen", oder, wie es eigent=lich heißt: „Er macht und bewirkt, daß sie aufgehe über Böse und Gute" (vgl. Matth. 13, 6).

Im Propheten Jesaia 66, 2 stehet geschrieben: „Meine Hand hat Alles gemacht, was da ist, spricht der Herr. Ich sehe aber an den Elenden und der zerbrochenen Geistes ist und der sich fürchtet vor Meinem Wort." Dieser heilige Respect vor des HErrn Wort ist es ganz allein, was meine Ueber=zeugung bestimmt. Von Copernicus habe ich keine Silbe ge=redet, sondern ich bin gefragt worden: ob ich mit der Bibel glaube; daß die Erde stehe und die Sonne sich bewege? und ich habe gewissenshalber antworten müssen: „Ja, das thue ich, ich kenne nur die Weltanschauung der heiligen Schrift." Und ich habe diese Antwort gegeben im klarsten Bewußtsein Dessen, was ich that. Denn ich stehe schon lange in dieser Ueberzeugung, welche dadurch, daß das „im Fleisch geoffenbarte Wort" (Joh. 1, 1—14), Jesus Christus Selbst „der Aufgang aus der Höhe" heißt, „der uns besuchet hat" (Luc. 1, 78) und „die Sonne der Gerechtigkeit, die aufgehen sollte (und Gott=lob! aufgegangen ist) mit Heil unter desselbigen Flügeln" (Mal. 4, 2), nur immer tiefere Bestätigung findet.

„Der Spott, den ich mir dadurch zugezogen, berührt mich kaum; ich bin vergnügt wie ein Kind und schmiege mich nur desto fester an meinen Gott und Heiland an. Uebrigens stehe ich mit meiner Ueberzeugung nicht allein, sondern ich habe auch wissenschaftliche Autoritäten auf meiner Seite, die es für die herrlichste Aufgabe der Wissenschaft erachten, wenn diese als Magd des majestätischen Wortes Gottes demselben in aller Demuth dienen darf."

Deutlicher als durch diesen Beleg kann der Beweis für den unter 56 ausgesprochenen Gedanken wohl nicht geführt werden.

58. Wie schlimm die Verlegenheiten sind, welche die Kirche sich selbst bereitet, wenn sie ihrer Beurtheilung Thatsachen unterwirft, deren Prüfung sie der Naturwissenschaft überlassen und wegen deren sie auch die Gläubigen einfach an diese verweisen sollte; wie sehr sie die eigene Autorität durch die Wider=sprüche, in welche ihre hohen Würdenträger dabei gerathen, untergräbt, dafür will ich ebenfalls nur einen Beleg anführen.

Der Bischof von Mans veröffentlicht am 11. März 1854 einen Hirtenbrief gegen das Tischrücken. Er sagt: Diese That=sachen kann man nicht der physischen Natur beilegen, eben so wenig kann man sie als eine Manifestation Gottes, der Engel oder der Heiligen betrachten, weil das ihrer unwürdig wäre. Man kann sie also durch keine andere Ursache als durch den Einfluß des großen Verführers der Welt und seiner scheuß=lichen Satelliten erklären. — Der Bischof glaubt also an die Thatsache und den Teufel als Ursache derselben.

Der Bischof von München erläßt um dieselbe Zeit einen Hirtenbrief; er seinerseits glaubt nicht daran, vielmehr erklärt er den Glauben an Tischrücken als „eine Folge des Rationalismus und des naturwissenschaftlichen Strebens."

Den mystisch = naturalistischen Behauptungen oder For=schungen gegenüber ist die Kirche natürlich rathlos; sie besitzt hier schlechterdings kein Kriterium der Erkenntniß; Klugheit sowohl als heilige Weisheit und Wahrhaftigkeit sollten ihr des=halb gebieten, diesen Dingen einfach aus dem Wege zu gehen.

59. Bevor wir das Verhältniß der Aufklärung zur Er=
kenntniß der Naturerscheinungen verlassen, ist nur noch Eins
zu erwägen. Die verschiedenen Kirchen pflegen irgend welche
reale Thatsachen, welche geschehen sind oder geschehen sein sollen,
und welche entweder mit dem Lauf der Natur und den bis
jetzt erkannten Gesetzen desselben übereinstimmen oder auch nicht
übereinstimmen, nicht blos als Artikel des Glaubens zu be=
trachten, sondern als Zeugnisse für irgend welche moralische
oder religiöse Wahrheiten.

Selbst in dem (57) angeführten Erlaß des Branden=
burgischen Consistoriums heißt es weiterhin:

„Wir wünschen, daß der Synodal=Vorstand von diesen
theils rügenden, theils erläuternden Bemerkungen der Kreis=
synode Mittheilung mache. Wie uns selbst, so wird es der
Synode niemals einfallen, sich den berechtigten Forschungen
der menschlichen Wissenschaft, so lange sie sich auf dem ihnen
eigenen Gebiete bewegen, hemmend, beschränkend oder verwerfend
gegenüber zu stellen. Vielmehr wird die evangelische Kirche
und das evangelische Kirchenregiment stets die reifen und un=
zweifelhaften Ergebnisse dieser Forschungen in gebührender Weise
anzuerkennen und zu ehren wissen. Dagegen ist es, unbeschadet
der Freiheit subjectiver Ueberzeugung auf Seiten Einzelner in
Dingen, welche die christliche Heilswahrheit nicht unmittelbar
und wesentlich berühren, unsere heilige Pflicht und Obliegenheit,
die übereinstimmende Lehre der heiligen Schrift und der evan=
gelischen Kirche, namentlich auch in so fern es sich von den in
der Bibel berichteten Wundern, Weissagungen und Gebets=
erhörungen handelt, bekennend, schützend und fördernd aufrecht
zu erhalten und unausgesetzt ernste und gewissenhafte Sorge
zu tragen, daß die gesunde Lehre sowohl in der Predigt vor
den versammelten Gemeinden, als auch im Religions= und
Confirmanden=Unterricht der Jugend verkündigt, begründet und
verbreitet werde.“

Es ist natürlich nicht meine Sache, über das Dogma der
evangelischen oder irgend einer Kirche als solcher zu urtheilen.

Vom psychologischen und historischen Standpunkt ist in Bezug auf diese Frage Folgendes zu sagen:

60. Irgend eine natürliche (oder übernatürliche — wenn es dergleichen geben könnte), materielle oder geistige Thatsache kann andere materielle oder geistige Vorgänge in derselben Person oder in anderen Personen hervorbringen; dahingegen auf irgend einen anderen geistigen Inhalt, der mit der That= sache in keiner Verbindung steht, kann sie — als Zeichen oder Zeugniß — so wenig einen Einfluß üben, wie ein Proceß in einem Körper auf einen räumlich von ihm schlechthin getrennten anderen.

Jede Wahrheit kann nur aus ihrem eigenen Inhalt und nur durch ein Denken eben dieses Inhalts begründet werden.

Auf einem niederen Standpunkt menschlicher Entwickelung soll die Wahrheit nicht durch ihre Begründung, sondern durch die Autorität Dessen, der sie vorbringt, bewiesen werden; diese Autorität selbst aber soll wiederum nicht durch die Macht des Denkens und des Beweises, sondern durch irgend welche andere ungewöhnliche, am liebsten übernatürliche Leistung erzeugt werden.

Der Standpunkt der Aufklärung gründet sich dem gegen= über auf den einfachen Gedanken, daß auch die wunderbarsten Thatsachen, auch wenn sie geschehen sind, wenn sie gesehen wurden und geglaubt werden, gar keinen Beweis und keinen Grund für irgend einen Gedanken enthalten; daß vielmehr der Gedanke. nur aus seinen Gründen begriffen und. bewiesen werden muß.

Dieser höhere Standpunkt, diese auf die i n n e r e N a t u r d e r W a h r h e i t gegründete Ansicht, von der Art, wie sie be= wiesen werden kann, ist keineswegs neu, ist nicht etwa das Erzeugniß unseres oder des vorigen Jahrhunderts, obwohl sein Gegentheil, nämlich die Annahme, daß irgend ein Wunder, welches geleistet ist, die Wahrheit eines von der Thatsache des= selben seinem Inhalte nach unabhängigen Gedankens bezeugen soll, bis auf den heutigen Tag noch bei einer großen Anzahl von Menschen in Geltung steht. Vielmehr schon in den ältesten

Zeiten, in jenen Zeiten, als die Methode einen moralischen
oder religiösen Gedanken durch Zeichen und Wunder zu beweisen, im Großen und Ganzen noch die herrschende war, tritt
die Verwerfung derselben bei tiefer schauenden Geistern bereits
deutlich hervor. Im 5. Buche Mosis, Cap. 13, V. 2—4
heißt es: „Wenn aufsteht in deiner Mitte ein Prophet oder
ein Träumer und **gibt dir ein Zeichen** oder ein Wunder,
**Und es trifft ein das Zeichen und das Wunder,
welches er dir gesagt hat,** er spricht aber: wir wollen
anderen Göttern nachgehen, die du nicht kennest, und ihnen
dienen; **Höre nicht auf die Worte dieses Propheten
oder dieses Träumers**" . . . .

Hier tritt also bereits im Gegensatz zu allen Denen, welche
damals geglaubt haben oder auch heute noch glauben, es könne
irgend eine Wahrheit, eine Lehrmeinung, ein Idealgehalt, durch
Zeichen und Wunder, welche wirklich geschehen sind, bewiesen
werden, der Gedanke scharf und deutlich hervor, daß nur in
dem Gedankengehalt, in dem Lehrinhalt das Kriterium seiner
Wahrheit gefunden werden kann, ja nur in diesem gesucht
werden darf. Freilich nur als ein Blitz aus dunklem Ge-
wölk, als ein kurzes scharfes Licht in der Finsterniß tritt hier
der tiefere Gedanke auf; rings umher und hinterher ist es wieder
dunkel. Schon im 18. Capitel, V. 22 desselben Buches wird
auf dieselbe so wichtige und einschneidende Frage: wie man
erkennen solle, ob die Lehre eines neuen Lehrers auch die wahre
sei, offenbar von einem anderen Autor die Antwort gegeben:
„Was der Prophet reden wird im Namen des Ewigen, und
das Wort geschieht nicht und trifft nicht ein: das
ist das Wort, welches der Ewige nicht geredet."

Der Verfasser jener ersten Antwort, — welcher das innerste
Wesen der Wahrheit, wenn auch nur in einem einzigen, aber
wesentlichen Zuge, blitzartig beleuchtet hat, — ist über den der
zweiten weit erhaben; er ist ihm, dies kann man mit aller
Bestimmtheit, nicht etwa bloß im figürlichen, sondern Angesichts
der Thatsache, daß der zweite Autor auch heute noch seine

zahlreichen Anhänger hat, im eigentlichsten Sinne behaupten: er ist ihm um mehr als zwei Jahrtausende voraus; und um wie viele Jahrhunderte mehr noch wird er auch Denen voraus sein, welche in der Zukunft immer noch anstatt den moralischen oder religiösen Gedanken selbst durch denkende Thätigkeit zu prüfen, idealen Gehalt und ideale Werthe nur an dem Maßstab der Idee allein zu messen, danach fragen, ob der Verkünder einer Wahrheit irgend eine von Erkenntniß, von Weisheit und Gedankenschöpfung völlig unabhängige wunderbare That vollbracht hat.

Die „Theologie der Thatsachen" kennt ihren Gegensatz gegen die des Gedankens und seiner Begründung sehr wohl; aber sie ist unfähig, die einfache und große Lehre zu fassen, welche der erhabene Denker jenes 13. Capitels bereits vor dritthalb Tausend Jahren verkündet hat.

61. Bewußt oder unbewußt war im Ablauf der Zeiten dieser Gegensatz immer wieder hervorgetreten; erleuchtete Geister haben immer wieder den Kampf gegen den Rückfall des Menschen auf den kindlichen Standpunkt der Autorität der Zeichen und Wunder aufgenommen. Schon im Talmud finden wir eine lehrreiche allegorische Geschichte, welche den Streit dieses Gegensatzes zur Anschauung bringt.

Zwei Parteien einer Schule, wird erzählt, stritten einst um eine Frage des Gesetzes von nicht besonderer Wichtigkeit. Da sagten die Einen, nachdem lange aus der Sache hin und her gesprochen war und Keiner den Gegner überzeugen konnte: „Wenn wir recht haben, dann mögen dessen zum Zeichen die Wände dieses Lehrhauses zu wanken anfangen." Und die Wände wankten. Die anderen aber riefen: „Nicht den Steinen und nicht dem Mörtel wurde die Lehre gegeben, sondern den menschlichen Geistern; mögen jene wanken, wir wanken nicht, so lange unsere Gründe feststehen."

Darauf Jene wiederum: „Wenn wir in der Wahrheit stehen, dann soll ein Engel vom Himmel kommen und es bezeugen." Und es kam ein Engel vom Himmel! Diese aber

erwiderten: „Gott hat seine Lehre den Menschen gegeben und
nicht den Engeln; mögen diese für sich als Engel denken, was
ihnen recht scheint: wir Menschen werden mit unserem Urtheil
feststellen, was uns recht scheint."

Da wollten die Anderen, daß Gott selber ihnen ein Zeichen
geben möge, ob sie recht haben; diese aber widerstanden und
meinten: „Ruft nicht das Zeichen herbei; Gott hat uns das
Gesetz gegeben, daß wir es auslegen sollen; nicht mit Zeichen
und Wundern soll der Auslegung nachgeholfen, sondern durch
die Thätigkeit des Geistes soll sie gefunden werden."

62. Mit Einem Worte noch: Der eigentliche Werth und
die wirkliche Macht eines Gedankens besteht darin, daß er mit
seinem Inhalt gedacht, als Wahrheit erkannt, also auch aus
seinen Gründen begriffen wird. Wie kein Gedanke, auch der
höchste nicht, für sich allein seinen vollen Werth besitzt, sondern
erst dadurch gewinnt, daß er auf andere Gedanken seinen er=
leuchtenden und erweckenden Einfluß und seine Gefühl erregende
Macht ausübt: so besitzt er diese Kraft wiederum nicht aus sich
allein, sondern aus seinem begründeten und beleuchteten Zu=
sammenhang mit anderen Gedanken, die seine Wahrheit ent=
weder völlig erzeugt haben oder doch bezeugen.

Einen Gedanken durch ein Zeichen oder Wunder bekräftigen
heißt also, ihm seine beste Kraft nehmen, ihm seine eigentliche
und werthvolle Wirksamkeit im Gemüthe rauben. Gewiß würden
auch heute noch die meisten Menschen in einem Wunder, welches
zur Bewährung eines Gedankens geschähe, eine Bekräftigung
seiner Autorität finden; aber sie beweisen damit nur, daß sie
die Hoheit und Reinheit jener Vorschrift über die Prüfung der
Wahrheit aus ihrem Inhalt noch nicht erreicht haben.

63. Ethische — und meist auch religiöse — Gedanken
werden durch ihren eigenen Inhalt, durch die ihnen unmittelbar
und ursprünglich anhaftende überzeugende Kraft begründet.
Aus der unmittelbaren Wirkung der Idee des Guten auf unser
Gemüth, in der Stimme des Gewissens, als kategorischer
Imperativ, oder wie man sonst jene innere Nothwendigkeit be=

zeichnen mag, welche, unabhängig von allen Voraussetzungen, uns mit unwiderstehlicher Gewalt zwingt, das Sittlich = Gute um seiner selbst willen anzuerkennen, geht es für uns hervor. Nicht durch andere Gedanken kann es begründet zur Gewißheit gebracht werden, da es vielmehr selbst in sich ein absolut Ge= wisses und Begründendes für uns ist.

Die Nothwendigkeit der Aufklärung aber in Bezug auf Sittlichkeit und Religion ergibt sich aus folgenden historischen und psychologischen Thatsachen:

1. Die sittliche Idee ist eine objectiv und schöpferisch wir= kende Macht in jedem Individuum und in jeder Gene= ration; ihre Wirksamkeit aber geht immer auf eine Ge= sammtheit und auf den Zusammenhang in der Geschichte.

2. Daraus folgt, daß kein Geschlecht, vollends kein Indivi= duum den sittlichen Gehalt, von welchem sie erfüllt sind, — die Zwecke, die sie dem Leben setzen, die Grundsätze, zu denen sie sich bekennen, die Gesinnungen, welche sie hegen, und selbst die Gefühle, von denen sie erregt wer= den, — aus sich selber allein schöpfen.

3. Vielmehr wie ursprünglich, frei, eigen und selbstständig auch die sittlichen Gedanken, Gefühle und Willensregungen in einer Menschenseele hervorbrechen, so sind sie in der= selben doch zugleich durch die Ueberlieferung erzeugt; nicht ohne die eigene Thätigkeit, aber auch nicht durch sie allein sind sie gegeben. —

Ein Mensch mag sich willig und völlig zum gehorsamen Organe der bloßen Tradition machen, er mag ihren Inhalt durchaus auf Treu und Glauben annehmen, so ist und bleibt es doch immer er selbst, der diesen Inhalt zu dem seinigen macht. Mag er sich gegen das Gebot und den Lehrgehalt irgend eines Lebenden, oder einer Vergangenheit oder einer überlieferten Schrift perinde ac cadaver — passiv wie ein Leichnam — verhalten: aus ihm selbst muß der Entschluß sich so zu verhalten stammen, wie er von ihm ausgeführt werden

muß, und für den Entschluß und die Ausführung bleibt er
sittlich verantwortlich.

Mag umgekehrt Einer alle Ueberlieferung in Zweifel
ziehen, alle Voraussetzung von sich abweisen und aus sich allein,
aus seinem Denken, Fühlen und Wollen die idealen Forde=
rungen des Lebens aufbauen: das Material zu diesem Bau ist
ihm dennoch durch die Geschichte gegeben. Die Fähigkeit und
die Function aller eigenen seelischen Thätigkeit ist am über=
lieferten Inhalt erwachsen, und die Fragen, über welche er frei
durch eigenes Denken entscheidet, werden allermeist durch die
Vergangenheit ihm gegeben.

Es gibt nicht eine „praktische Vernunft" (oder eine reli=
giöse Vernunft), welche als selbstständiges Organ in einem
einzelnen Menschen oder in dem Volksgeist eines Zeitalters
vorhanden ist und frei aus sich den sittlich=religiösen Inhalt
erzeugt, oder gar diesen Inhalt als ein Fertiges in sich ent=
hält, sondern als Organ betrachtet, ist sie, die praktische Ver=
nunft, im Laufe der Geschichte entwickelt, als Inhalt ist sie
durch die fortschreitende und aufsteigende Thätigkeit vergangener
Geschlechter erzeugt, und wird durch die eigene Thätigkeit jedes
Zeitalters und jedes Individuums wieder erzeugt und im gün=
stigsten Falle weiter fortgebildet.

64. Aus diesen historisch=psychologischen Thatsachen ergeben
sich bestimmte Aufgaben für die wahre und gedeihliche Aufklä=
rung über das sittliche und religiöse Leben.

Schon die bloße Hinweisung auf die Geschichte, auf die
geschichtliche Natur, auf die zeitliche Entstehung, Veränderung
und Fortentwickelung des Glaubens und alles Idealgehalts ist
ein Hebel und ein Erzeugniß der Aufklärung.

Nicht als ob man viele historische Thatsachen nicht auch
vorher gewußt hätte; aber dies Wissen war ein todtes Wissen,
es hatte keinen Einfluß auf das Denken, auf die Auffassung
und Auslegung des überlieferten Inhalts. Man lebte trotz der
offenbaren und nicht geläugneten Thatsache allmähliger Ent=
wickelung dennoch wie in Traum und Bann gefesselt, man lebt

dennoch in der Meinung, als ob dies Alles, was man für
Wahrheit hält, von aller Ewigkeit her und absolut wäre. Wie
blöde das Auge der meisten Menschen noch in Bezug auf das
Historische ist, zeigt sich namentlich in der völlig unerträglichen
Zusammenfassung irgend einer vergangenen Zeit oder einer
vielfachen Ueberlieferung zu einer soliden und solidarischen
Einheit.

Vom „alten Bunde" und vom „neuen Bunde" ist so oft
die Rede und für irgend eine Meinung, ein Urtheil über ihn
oder einen Gegenstand aus ihm wird irgend ein beliebiger Vers
aus einer biblischen Schrift citirt. Daß aber die Schriften des
neuen Testaments mehr als ein Jahrhundert, die des alten fast
ein Jahrtausend der Entstehung umfassen, daß in diesen historische Gegensätze, innere geistige Umwälzungen sich darstellen,
gegen welche solche Gegensätze, wie Lutherisch und Reformirt,
ja wie Evangelisch und Katholisch, und ich behaupte streng und
fest, Gegensätze wie Judenthum und Christenthum als kleine
Differenzen erscheinen, das wird auch von Denen vergessen,
welche schon geschichtlich zu reden meinen.*)

---

*) Wie seltsam nimmt es sich aus, wenn selbst historische Fragen
ohne historische Kenntniß, angeblich aus den Quellen, aber gegen dieselben erledigt werden. Fort und fort kann man hören, daß gewisse
moralische Regeln oder religiöse Anschauungen der einen von beiden
Religionen ausschließlich zugeschrieben und Belegstellen dafür citirt
werden, welche der anderen Religion und ihren Schriften ebenfalls
zukommen.

Die Sache könnte für komisch gelten und Lachen erregen, wenn
die falsche Darstellung dieser Unterscheidungslehren nicht schon so oft
ihre tragischen Spitzen gehabt hätte. Die Juden könnten, um immer
noch stark verbreitete Irrthümer zu zerstreuen und die sittliche Gemeinschaft von Judenthum und Christenthum zu beleuchten, nichts Besseres
thun, als ein neues Testament drucken lassen, in welchem die Parallel-
stellen nicht blos, wie es in guten Ausgaben der Lutherischen Bibel
schon geschieht, hinter jedem Verse angezeigt, sondern wörtlich abgedruckt
würden.

Soll ich nicht, um zur Widerlegung des falschen Schlusses, als ob
so oft wiederholte Irrthümer doch einigen Grund haben müßten, ein

Es geschieht in Bezug auf ethische und religiöse Fragen genau Dasselbe, wie in Bezug auf Rechts- und Staatsgeschichte. Jeder jüngste Zustand gilt der großen Masse der Regierenden wie der Regierten auch, als wäre er absolut und von je her.

Die Menschen haben ein ganz erstaunlich kurzes Gedächtniß; dem real Gegebenen gegenüber schläfern sie es so bald ein. Jeder Bauer meint, die Geräthe, die Handgriffe, die Ordnungen, die er in seiner Jugend vom Vater gesehen, seien vor uralten Zeiten dieselben gewesen. Von dem stetigen Fluß der Entwickelung in theoretischen wie in praktischen Dingen haben die wenigsten Menschen eine rechte Vorstellung. Die sich mit dem Anspruch besonderer Würde die Conservativen nennen, was wollen sie denn conserviren? meist das eben jetzt Bestehende, das in diesem oder vor einem Menschenalter Geschaffene, das doch zweifellos der Erfolg sehr mannigfacher Umwandlungen, die vorangingen, gewesen ist.

wenig beizutragen, auch was selbst dem großen Philologen Scaliger begegnet ist, erzählen. Er will beweisen, daß die unter dem Namen des Phokylides gehende Schrift aus christlicher Zeit stammen und nicht einen jüdischen, sondern einen christlichen Verfasser haben müsse. Neben vielen äußeren und inneren Gründen soll die christliche Gesinnung desselben es beweisen; für diese wiederum wird angeführt, daß er lehre „mitzuhelfen, wenn der Esel des Feindes unter seiner Last erliege"; nun aber sei Feindesliebe christliches Gebot; im Pentateuch dagegen heiße es nur 5. B. Mos., Cap. 22, 4: Wenn du deines Bruders Esel ꝛc. Daß es aber im 2. B. Mos., Cap. 23, 5 heißt: Wenn du deines Feindes Esel ꝛc., das hat ein Scaliger übersehen. Hat Scaliger nie die 5 Bücher Mosis ganz gelesen? Leidet auch das Gedächtniß unter dem feindseligen Vorurtheil? Mußte, bei seiner wahrscheinlich traditionellen Meinung vom Judenthum, ihm, als er an diese Stelle kam, dieselbe nicht höchst auffällig erscheinen, so daß er sie kaum hätte vergessen dürfen? Denn daß ich statt aller anderen Antwort auf diese Fragen annehmen sollte, dem großen, durch das classische Alterthum in der Humanität geschulten Scaliger hätte hier die bona fides gefehlt, — das wäre doch gar zu schmerzlich. Auch hat Scaliger in der zweiten Ausgabe des Thesaurus temporum diese Argumentation aufgegeben. S. Jacob Bernays, Phok., S. III—V.

Die gelehrten und romantischen Conservativen aber wissen es besser; das Bestehende ist ihnen nicht das zu Recht Bestehende; sie wissen, daß man nicht immer conservativ gewesen, daß das Gegenwärtige aus Umwandlungen hervorgegangen. Diese nun wählen nach ihrem Gutdünken, nach ihren Meinungen, Ueberzeugungen, auch nach ihren Interessen irgend eine vergangene Zeit als die berechtigte, irgend einen historischen Zustand der Vergangenheit als den wahren aus. Sie sind im eigentlichsten Sinne revolutionär, sie sind das Gegentheil des Conservativen in Bezug auf das Gegenwärtige, zuweilen in Bezug auf ein ganzes, oder auf viele jüngste Jahrhunderte. Sie vergessen, oder wollen nicht wissen, daß auch ihre erwählte ideale Zeit grade so wie die Gegenwart der Erfolg von Umwandlungen oder Umwälzungen gewesen ist.

Sie machen, dies ist das Wichtigste, einen eigensinnigen und eigenwilligen beliebigen Einschnitt in die Geschichte, da wo sie ihr Ideal anzutreffen meinen (meist mit einer irrigen oder heuchlerischen Schilderung der damaligen wirklichen Zustände).

65. In Bezug auf die Religion ist es üblich: fast allgemein in irgend einer hinter uns liegenden Zeit, in irgend welchen Büchern und Ueberlieferungen die Entstehung der Wahrheit anzunehmen; und wenn Zweifel über die Auslegung wegen ihrer historisch thatsächlichen Verschiedenheit entstehen, wiederum in einer bestimmten Zeit, bei bestimmten Personen und in bestimmten Büchern die Quelle der absoluten Auslegung zu finden.

Nur die engste Einseitigkeit eines angenommenen Bekenntnisses erzeugt auch hier das Beharren auf einem beliebigen Einschnitt in die fortlaufende Entwickelung aller Wahrheit.

Die Vielheit der religiösen Bekenntnisse unter den Menschen in jeder beliebigen historischen Zeit neben einander und die allmählige Abwandlung aller dieser Bekenntnisse in der Geschichte nach einander ist eine durchaus unläugbare Thatsache und diese lehrt den Grundsatz der Aufklärung: daß an keinem Punkte der Vergangenheit die Wahrheit als eine fertige gefunden, sondern nur durch Prüfung und Forschung gesucht werden kann.

66. Aufklärung erkennt keine Meinung als Wahrheit an, ja kaum legt sie ihr eine Würde bei, blos weil sie alt ist.

Die einfache Thatsache der Geschichte, daß einer jeden Wahrheit ohne irgend eine Ausnahme in der Geschichte der menschlichen Entwickelung der Irrthum über den gleichen Gegenstand vorangeht, beweist, daß der Irrthum allemal älter ist als die Wahrheit. Alle Naturanschauung ist zuerst dürftig und irrig, alle Religion ist zuerst eng und niedrig, alle Moral ist zuerst beschränkt im Umkreis ihrer Geltung und unvollkommen im Inhalt ihrer Gebote.

Aber auch keine Meinung gilt deshalb allein als wahr, weil sie jung oder die jüngste ist. Zwar ist es mehr als ein bloßer Witz des Radicalismus, daß die jüngsten Gedanken dem bisher höchsten Alter der Menschheit entstammen, daß sie die längste Dauer zu ihrer Entwickelung gehabt haben. Aber wenn die bloße Jugend der Meinungen ihnen als Tugend angerechnet werden, wenn deshalb die Erforschung des Alten, die Prüfung der Tradition unnöthig sein soll, dann zerfließt jener Vorzug in Nichts.

Mögen immerhin im Ablauf der Geschichte die geistigen Organe des Menschen veredelt, mögen die Functionen erleichtert sein; nur durch die emsige und wahrhaftige Arbeit des Geistes wird die Wahrheit gefunden und die Prüfung der Traditionen ist eine der wichtigsten Aufgaben, wie jede Beschäftigung mit ihr ein Bildungsmittel der geistigen Kräfte ist.

Alles Uebrige gleich gesetzt wird auch nicht die jüngste Meinung die bessere sein, sondern diejenige, welche am meisten aus den objectiven und subjectiven, den organischen und den methodischen Mitwirkungen der Ueberlieferung geschöpft sind.*)

---

*) Ueber das Verhältniß der geistigen Organe, Functionen und Inhalte in der Vererbung und Fortbildung unter den Menschen, dessen

67. Keine Meinung, sagte ich, hat einen wahren Vorzug darin allein, daß sie alt ist. Als Kennzeichen ihres wahren, inneren Werthes mag es gelten, ob sie, seit sie aufgestellt wurde, unangefochten, unbezweifelt war; hat sie aber nur im Kampfe gegen den Zweifel sich gefristet: so muß man erst prüfen, ob sich hier nicht die Blindheit gegen die Weisheit verschlossen und erhalten hat. Dann erst ist ein geistiger Gehalt durch Alter ehrwürdig, wenn die Jahrhunderte in ihm Erhebung und Vertiefung gefunden, wenn der Zeiten edelste Geister daran sich gebildet, wenn die Weisen vieler Völker, auch bei kritischer Abweichung von ihm, seine erweckende Gewalt, seine erhebende Würde anerkannt haben. Von solcher Art sind die Reden der Propheten, das Lehrgedicht Hiob, manche Psalmen, die Lehren und Gleichnisse Jesu, und die meisten Briefe der Apostel.

68. Aber nicht diese allein, die eine unbedingte Anerkennung seit ihrer Entstehung genießen, sondern die ganze heilige Schrift ist zugleich im Sinne und im Dienste der Aufklärung ein Buch von unübertroffenem Werthe. Wohl ist der Idealgehalt derselben im Wesentlichen längst in die Substanz des Volks= geistes der gebildeten Nationen Europa's übergegangen; in den Schöpfungen der Litteratur und der Kunst, in den Einrichtungen der Gesellschaft, in den Gesinnungen, in Gedanken und Ge= fühlen, kurz in der Cultur ist er enthalten und wirkt er mittel= bar fort. Aber nicht nur das nachwachsende Geschlecht in seiner Jugend und während der Erziehung, sondern auch alle Erwachsenen sollen immer wieder aus der ursprünglichen Quelle schöpfen.

Unser gegenwärtiges Geschlecht hat es viel zu sehr verlernt, in der Bibel zu lesen; dies ist nur ein Symptom dafür, daß es überhaupt verlernt hat, sich auf den Idealgehalt seiner Lebensführung zusammenhängend und vertiefend zu besinnen. Aber nicht im Sinne und mit der Forderung einer dog= matischen Anerkennung, einer unbedingten Zustimmung zu

Erörterung uns hier zu weit führen würde, will ich wenigstens auf „Leben der Seele", Bd. 2, S. 213—222 der 2. Aufl. verweisen.

Allem und Jedem, was darin geschrieben steht, vollends deshalb,
weil es eben geschrieben steht, sondern zunächst im Sinne der
edlen und erhebenden Beschäftigung mit den Erzeugnissen der=
jenigen Geister, welche auch uns die Wege der Gesinnung und
der Gesittung gewiesen haben.

69. Es muß immer wieder darauf hingewiesen werden,
daß es sich bei diesem Buche wie bei allen Büchern, bei dieser
lebendigen Quelle des Geistes wie bei allen Quellen desselben
nicht darum allein handelt, daß eine Wahrheit darin gefunden
und auf passive Weise angenommen wird; vielmehr darum
zumeist handelt es sich, daß der Proceß der Aneignung der
Wahrheit, die anziehende wie die abstoßende Kraft derselben
innerlich erlebt wird.

Nicht Diejenigen sind die Meister des Denkens oder die
Helden des Glaubens gewesen, welche Wahrheiten auf passive
Art angenommen, sondern Diejenigen, welche sie aus innerem
Kampf und Widerstreit sich errungen haben. Männer wie
Augustin, Luther, Lessing haben unter heftigsten Seelenkämpfen
und tiefeindringender, langandauernder Geistesarbeit ihre Ueber=
zeugungen gebildet; aber sie haben sie in der hingebenden Be=
schäftigung mit den ererbten Quellen sittlichen und religiösen
Lebens, insbesondere auch mit den heiligen Schriften gebildet.

Das Große und Vorbildliche an diesen Männern ist nicht
die schließliche Meinung, die sie sich errungen haben, sondern
das Ringen um dieselbe.

70. Die biblischen Bücher haben mehr als irgend welche
andere den Vorzug, bei freier Forschung in ihnen immer
wieder eine neue Erhebung und Vertiefung des Geistes bereiten
zu können. An der Hand des objectiven Inhalts, bei der
hingebenden, aber unbefangenen Prüfung findet die immer
bedeutendere subjective Entwickelung des Gemüthes und des
Geistes statt. An der Interpretation und Kritik der alten
Classiker hat sich der moderne Geist emporgearbeitet; an der
Forschung, auch an der Kritik bis zur Verurtheilung manchen
Inhalts der Bibel steigt die ethisch=religiöse Entwickelung empor.

Zur Kritik und Forschung sind nicht Viele berufen; aber an den Ergebnissen derselben, an dem wogenden Kampfe um sie theilzunehmen, ist Jeder befähigt. · Es war eine arge Vornehmheit unserer gebildeten Classen, mit der sich so Viele von den Forschungen aus und über die biblischen Schriften fern gehalten; erst in den letzten Jahren hat sich mit dem steigenden Interesse für die Studien der idealen und überhaupt der geistigen Seite des Menschen auch hier eine Neigung zum Besseren gezeigt.

Wie thöricht war die Einbildung, über alle jene Gegen=sätze mit seiner Bildung weit hinaus zu sein, welche doch die ethisch=religiöse Grundlage unseres Volksgeistes betreffen; an der bloßen Beschäftigung mit Naturwissenschaft, an dem er=weiterten Einblick in die Causalität der äußeren Natur, ver=bunden allenfalls mit etlichen ästhetischen Regungen, durch Kunst und Dichtung und dem Interesse am politischen Leben ein Genüge zu finden; dagegen eben jene ethisch=religiösen Grundlagen der menschlichen Gesellschaft der besonderen Classe der Theologen und allenfalls auch Philosophen gänzlich zu überlassen.

Ehrwürdig erscheint daneben der Schneider oder Schreiner, welcher selbst bei geringer Bildung in seiner einsamen Kammer oder in einem separatistischen Cirkel über die Worte eines Propheten oder Apostels seine Meinung festzustellen sucht; ein nach Aufklärung strebender, · vielleicht gar ein aufgeklärter Mann ist er, — etwa im Vergleich zu dem Handwerker, dem Kaufmann, selbst zu dem Arzt, zum Künstler oder Juristen, welcher mit oder ohne Glauben, ohne Kenntniß der sittlichen Probleme, der religiösen Bewegungen und Strebungen im Gleise der geltenden Culturvorstellungen unbedacht und unbe=wußt dahinwandelt — wenn er über sittliche und religiöse Hauptgedanken sich zu verständigen, wenn er das Maß der Wahrheit und Unwahrheit mit seinem eigenen Maßstab zu messen, Grund und Ungrund einer Lehre mit eigenen Gründen festzustellen bemüht ist. Und wie kraus und bunt auch seine

Ueberzeugungen bei geringer Bildung und Fähigkeit sich ge=
stalten mögen: er ist eine individuelle, lebendige Frucht am
Lebensbaume des ethisch=religiösen Volksgeistes, indeß jene
Andern nur in's Holz geschossene Zellen desselben sind.

71. Jedoch nur ein liebevolles aber selbstständiges, pietäts=
volles aber freies Eindringen in den Geist der heiligen Schriften
zeitigt die Furcht derselben.

Um was es sich bei der Prüfung derselben handelt, will
ich sogleich erörtern, aber vorher noch einmal die Nothwendigkeit
derselben in Erwägung ziehen. Denn hier stehen wir vor
einem der innersten Gegensätze der Aufklärung und ihres
Gegentheils. Den Inhalt einer Ueberlieferung annehmen,
weil er überliefert ist, war der Grundsatz des Mittelalters;
er wird bis heute noch schwer überwunden. Weil das Dogma
geglaubt wurde und überliefert war, galt im Mittelalter
alle Ueberlieferung als Dogma und mußte geglaubt werden.
Die Vorkämpfer der Aufklärung aber schon im Mittelalter
haben wenigstens dies vollkommen eingesehen, daß die that=
sächliche Verschiedenheit der Meinungen eine Prüfung der=
selben erheischt.

72. Wir wiederholen also:

Wäre irgend ein Gedankenzug ein Jahrtausend oder zwei
alt, dergestalt, daß er zu keiner Zeit und von keinem hervor=
ragenden Geist angezweifelt, daß er niemals anders gedeutet
und ausgelegt und angewendet worden, dann freilich würde
uns solche Gedankenreihe nicht blos ehrwürdig erscheinen,
sondern die Pflicht auferlegen, nur mit der allergrößten Vor=
sicht an ihr zu rütteln und zu zweifeln, viel eher an unserer
als an ihrer Unzulänglichkeit zu glauben. So verhält es
sich z. B. mit den logischen Grundgesetzen der Identität und
des Widerspruchs, gegen welche man in unserem Jahrhundert
scheinbare Einwände erhoben hat, die nur durch eine unvoll=
kommene Betrachtung entstanden und bald in sich selbst zu=
sammengesunken sind.

Anders aber verhält es sich mit Gedanken, die zwar vor grauen Zeiten dem menschlichen Geiste aufgegangen, deren Gestalt und Gehalt aber ein Gegenstand fortlaufenden Streites und immerwährender Veränderung gewesen ist, über deren Fassung sich in jedem Volke und in jedem Jahrhundert immer neue Parteien und Secten gebildet, die einander bekämpft haben. Nicht ohne Weiteres verwerfen werden wir solche Gedanken, um des willen, daß sie niemals eine dauernde Festigkeit erlangt und immer wieder Streit erregt haben; sondern grade weil sie ein nicht abzuweisendes Element der Untersuchung und Verständigung gebildet haben, werden auch wir ihnen die ringende Betrachtung nicht entziehen; aber wir werden uns deshalb ungefesselt fühlen von dem Streben früherer Zeiten, sie zu fixiren, wir werden sie, mit freiem Geiste, der Prüfung unterwerfen, in welchem Sinne sie für uns eine Wahrheit enthalten.

Man sieht aus diesen Gründen, daß die Grundgedanken der Religion für uns eben ein nothwendiger Gegenstand der Forschung sein werden, daß aber diese Forschung durchaus eine freie sein muß. Wir nehmen damit kein anderes Recht in Anspruch, als welches die Völker zu allen Zeiten geübt haben. Wenn zu allen Zeiten die griechische Kirche der römischen, und die orientalische beiden widersprochen hat, wenn die Reformation gegen alle angekämpft, innerhalb ihrer selbst aber sich eine beträchtlich lange Reihe von Secten gebildet hat, wenn diese mannigfaltigen Gestaltungen der religiösen Grundgedanken allerdings weniger in der Form der Kritik und Forschung, wohl aber in der Form positiver Satzung gegen einander aufgetreten sind, wenn jede dieser Secten zu ihrer eigenthümlichen Fassung aus Gründen sich entschloß, sie mögen nun gute oder schlechte Gründe sein, sie mögen auf die Vernunft, auf die Schrift, auf Eingebung des heiligen Geistes gestützt sein: warum sollte denn nicht auch in jeder Secte wiederum jedes Zeitalter, in jedem Zeitalter jeder Einzelne sich berechtigt, was sage ich berechtigt? warum sollte nicht Jeder sich verpflichtet fühlen: zu prüfen und zu forschen, ob die Lehre, wie sie ihm überliefert wird, auch die Wahrheit enthalte?

Gäbe es nur Eine Religion, wäre auch diese Eine durchaus katholisch, d. h. allumfassend, ohne Scheidung in Secten, für Alle die eine und gleiche, gäbe es nur Eine Religion so wie es nur Ein Einmaleins, nur eine Mathematik gibt: wahrlich auch dann dürfte, auch dann müßte jeder Denker von Neuem die Wahrheit derselben nach besten Kräften prüfen, um sie aus der Form der Ueberlieferung zur Form der Ueberzeugung zu bringen, um sie nicht blos äußerlich an= zunehmen, sondern innerlich sich anzueignen und Das, was für Alle als Wahrheit gilt, auch zur innerlich ergriffenen, erkannten Wahrheit zu machen. Und fruchtbar wie in der Mathematik würde auch in der Religion die immer erneute Forschung sich erweisen. Man hat an der Wahrheit der geometrischen Lehr= sätze nie gezweifelt, aber weil man nach einer immer tieferen Begründung, nach einer immer klareren Auffassung strebte, ist die Wissenschaft von Geschlecht zu Geschlecht immer reicher und reicher geworden. Und die Religion, die sich mit den erhabensten und ewigen Gegenständen des menschlichen Geistes beschäftigt, sollte nicht immer tiefer, klarer, weiter, reicher an Gehalt werden?

Nun aber gibt es nicht Eine Religion, sondern viele, und jede ist in Secten gespalten, und wir sollten nicht ihren Inhalt immer wieder prüfen? Wer will auftreten und sagen: ich habe die Wahrheit!? ich allein und kein Anderer!? Es komme dem Menschen die Wahrheit durch den Glauben: wer will sagen: ich allein habe den rechten Glauben!? wer will es wagen, sich über seine Brüder zu erheben und zu behaupten: obwohl unbeweisbar und unerkennbar, besitze er allein, was allen Anderen fehlt, den rechten Glauben!? Oder es komme die Wahrheit durch Eingebung des heiligen Geistes: wer will auftreten und sagen: mir allein ist diese Eingebung geworden, allen Anderen aber hat Gott sich unbezeugt gelassen? wer will es wagen, das Maß der Gnade Gottes einzuschränken auf sich und seine Genossen; wer will es wagen, zu behaupten: die Hand Gottes reiche nicht zu oder ziehe sich zurück, an Allen seine Gnade zu erweisen?

Es ist nicht anders: nur aller Demuth, die dem Menschen ziemt und die jede Religion fordert, zum Trotz, kann ein Mensch oder eine Secte behaupten: wir allein haben den rechten Glauben oder die rechte Gnade.

Oder endlich, es komme die Wahrheit aus der Vernunft und Erkenntniß durch gute Gründe: wohl! dann müssen wir unsere Vernunft anstrengen, dann müssen wir den Gründen nachforschen; dann handelt es sich nicht mehr um Hochmuth und Demuth, sondern um die Treue und den Ernst der Arbeit des Geistes. Und welcher im Geiste der Stärkere ist, der wird siegen, und die Anderen werden gern und frei sich beugen, um der Wahrheit, die er lehrt, die Ehre zu geben. *)

73. Nicht blos in den theologischen Kreisen, welche eine frühere, absolute, für alle Zeiten gültige Feststellung von Wahrheiten behaupten, die man deshalb auf bloße Ueber= lieferung hin annehmen müsse, sondern auch in weiteren Kreisen, die von unwahren (scholastischen) psychologischen Vorstellungen erfüllt sind, wird man oft behaupten hören:

Was vernünftig ist, das muß auch ewig sein; die Ver= nunft des Menschen bleibt immer dieselbe. Was wahr ist, bleibt wahr; die Wahrheit ist ewig, das Wahre bleibt sich selbst gleich; u. dgl. m. All' dies ist aber meist nur Redens= art; soll darunter etwas Bestimmtes gedacht werden, so sind

---

*) Was Lessing mit seinem Nathan will und was er von ihm hofft, zeigen die Worte, die er (18. April 1779) an seinen Bruder Carl darüber schreibt. (W. 12, 636.) „Es kann wohl sein, daß mein Nathan im Ganzen wenig Wirkung thun würde, wenn er auf das Theater käme, welches wohl nie geschehen wird. Genug, wenn er sich mit Interesse nur lieset, und unter tausend Lesern nur Einer daraus an der Evidenz und Allgemeinheit seiner Religion zweifeln lernt."

alle diese Sätze nur in einer Einschränkung wahr, an welche man bei der Berufung auf sie gewöhnlich nicht denkt.

„Wahrheit." Das ist eine bloße Abstraction; der Mensch besitzt nicht die Wahrheit, sondern Wahrheiten, wahre Lehren, wahre Sätze, zu denen neue, ebenfalls wahre Sätze hinzu= kommen können; ja die wahren Sätze können allmählich falsche werden. Aber die Vernunft bleibt doch sich selbst gleich? „Die Vernunft" existirt nirgends; es existirt nur menschliche, individuelle und historische Vernunft. Vernunft ist kein System von Ideen, nichts Objectives, Feststehendes sondern ein Vermögen; aber auch dies nicht im Kant'schen Sinne. Vernunft ist ein bestimmter psychologischer Proceß, eine Art der Zusammenfassung und Bearbeitung der Vor= stellungen und Begriffe. Deshalb ist sie nicht in jedem Zeit= alter dieselbe. So gewiß nicht alle vernünftige Gedanken von jeher gedacht waren und etwa nur überliefert und wiederholt worden, so gewiß vernünftige Gedanken also im Laufe der Geschichte erzeugt wurden: so gewiß ist auch die Vernunft selbst, als Organ oder als Function des Geistes gedacht, im Laufe der Geschichte allmählich und stufenweise aus= gebildet.

Die Vernunft, das Vernünftige als Resultat dieses Pro= cesses gründet sich auf bestimmte Voraussetzungen, Erkenntnisse, Vorstellungen; ändern sich diese, kommen neue Erkenntnisse, Entdeckungen hinzu, so ändert sich das Vernünftige nothwendig; Vernunft wird Unsinn. Was früher vernünftig war, ist eben deshalb jetzt unvernünftig; es war früher vernünftig, zu glauben, die Sonne bewegt sich; nach den früheren Prämissen wäre es geradezu unvernünftig gewesen, zu behaupten: die Erde bewegt sich. Grade so wie es bei der jetzigen Kenntniß der Prämissen unvernünftig wäre zu sagen: die Erde steht still. Der wesentlichste Erfolg fortschreitender Vernunft besteht in der Enthüllung und Widerlegung früherer Irrthümer.

Hört damit alle Sicherheit der Erkenntniß auf? Keines= wegs. Der Fortschritt allein ist nothwendig! Jede Ent=

deckung eines früheren Irrthums erschüttert die Wahrheit nicht, sondern befestigt sie; denn diese Entdeckung selbst ist Wahrheit.

Der Mensch, das zeitliche Wesen, besitzt keine absolute Wahrheit, aber es gibt für ihn durchaus nothwendige, für ihn absolute Wahrheit. Auf dem jetzigen Punkte ist nur dies und nicht sein Gegentheil wahr. „Hier stehe ich, ich kann nicht anders."

74. Steht nun etwa der Zweifel neben unseren Ueber= zeugungen, um sie zu entwerthen? Mit nichten! Wir wissen, daß vergangene Zeiten die Einsicht in die Dinge, welche wir erworben, noch nicht besessen haben, noch nicht besitzen konnten; aber auch ohne Prophetengabe, auf Grund des bisherigen Entwickelungsganges aller menschlichen Erkenntniß können wir mit aller Zuversicht annehmen, daß künftige Zeiten nicht die= selben Ansichten haben werden, die wir haben.

Allem und jedem Dogmatismus, dem philosophischen und dem theologischen, dem positiven und dem negativen Dogma= tismus zum Trotz steht es für Jeden, der auf das Zeugniß der Geschichte zu hören geneigt und befähigt ist, fest, daß die Erkenntniß der Wahrheit über die jeweilig erreichte Stufe der Feinheit, der Sicherheit, der Tiefe und der Ausbreitung fort= schreiten wird. Wir verlangen mit Recht von dem gemeinen Mann, wir verlangen von der Jugend, daß sie uns, die wir eine Sache reichlich und reiflich mit fleißiger Forschung er= wogen haben, sich anvertrauen, daß sie nicht auf unsere Autorität hin glauben, aber daß sie unserer Führung, wegen unserer zweifellosen Ueberlegenheit folgen sollen; wir verlangen von ihnen diese Bescheidenheit. Wahrlich, diese Bescheidenheit ziemt uns Allen; sie ziemt uns nicht blos der Vergangenheit gegen= über, die uns mit ihrer Ueberlieferung belehrt, sondern auch Angesichts der Zukunft, welche über uns noch viel weiter fortschreiten wird, als die Erwachsenen über das Kind, die Gelehrten über den gemeinen Mann fortgeschritten sind. Die Wahrheit ist ein fortschreitendes Unendliches! dessen ist jedes

Blatt in der Geschichte ein redendes Zeugniß, und weder be=
sitzen wir, noch auch besaßen vergangene Zeiten die Voll=
kommenheit, sondern in der Zukunft allein kann sie liegen.

Dies aber demüthigt und entmuthigt uns nicht. Wir
stehen fröhlich und fest auf unserer Stufe der Erkenntniß, die
wir auf dem Grunde und nach Erforschnng der Ueberlieferung
mit eigener Geistesarbeit erstiegen haben. Und wir haben,
was nach dem unbeugsamen Gesetz menschheitlicher Entwickelung
allein für uns möglich ist, erreicht, wenn wir die Ueberlieferung
nach der Fülle ihrer Fruchtbarkeit erkannt und sie bereichert
haben, wenn wir auf dem Wege zu den Zielen des Geistes
einen Schritt weiter gegangen sind. Wir bezweifeln die
Evidenz einer bisherigen Erkenntniß nicht, wenn sie unserem
Geiste mit Nothwendigkeit sich aufdrängt. Aber dies ist der
Standpunkt der wahren Aufklärung, einzusehen: daß nicht
um den Gegensatz von Evidenz und Nichtevidenz in
der Erkenntniß allein es sich handelt, sondern vielmehr
darum, daß Wahrheit, Erkenntniß, Einsicht aus geistigen
Gebilden besteht, welche immer reicher, feiner, edler
werden können und werden sollen; daß Inhalt und
Fähigkeit der Erkenntniß immer höhere Gestalt an=
nehmen. Erst wenn man diesen Gedanken anerkennen wird,
hat das Mittelalter ein Ende; erst dann hört der Dogmatismus
auf. Denn auch die Kant'sche Kritik ist ein kritischer Dogma=
tismus oder eine dogmatische Kritik. Er mißt mit dem
Maßstabe seiner inneren Erfahrung die Vermögen des mensch=
lichen Geistes aus; aber er ist denn doch ernstlich der Meinung,
daß der Erfolg dieses seines Denkens absolute Wahrheit
ist. Und so wie er daran nicht denkt, daß diese Vermögen
der Seele, diese Formen der geistigen Thätigkeit ein Erzeugniß
geschichtlicher Entwickelung sind, so und noch viel weniger
fällt es ihm ein, daß der menschliche Geist andere und höhere
Formen der Erkenntniß ausbilden könnte.

Auf gleiche Art hat Hegel zwar in einer großartigen —
wenn auch nicht eben objectiv historischen, doch formalistisch=

dialektischen — Weise die aufsteigende Entwickelung des mensch=
lichen Geistes gelehrt; nur ob denn der menschliche Geist mit
der Erzeugung des Hegel'schen Gedankenkreises wirklich am
Ziele seiner — was sage ich seiner, auch des absoluten Welt=
geistes — Entwickelung angekommen und von jetzt ab nur
Tradition desselben die Aufgabe aller zukünftigen Generationen
sein werde, — diese Frage hat er sich nicht vorgelegt.*)

Nicht als ob nun die geistige Arbeit von Kant oder Hegel
vergeblich gewesen wäre, als ob sie der Wahrheit in dem
einzigen Sinne, in welchem wir Menschen sie erringen können,
entbehrten. Aber durch sie selbst, durch Kant und Hegel haben
wir gelernt, über sie weiter hinaus zu neuen Fragen — da=
durch auch zu neuen Antworten fortzuschreiten. Der wäre
nicht ein hoher Meister, welcher durch seine Lehre die Jünger
nur ausrüstete, seine Gedanken wieder zu denken, und nicht
auch befähigte, eigene und neue Gedanken zu finden. Grade
der Kant'schen Kritik z. B. verdankt das heutige Geschlecht die
Richtung, in welcher es nothwendig und möglich wird, Kant
selbst zu kritisiren.

Kein Erfolg des Lehrers ist größer, als daß die Schüler
von ihm selbst lernen, ihn zu übertreffen; keine Nachfolge des
Schülers treuer, dankbarer, pietätsvoller, als daß er gleich dem
Lehrer den Weg zur Vollkommenheit weiter verfolgt.

Würde man es nicht als einen Vorzug preisen, ja wird
man es nicht als eine Forderung hinstellen, daß der Mann
von 50 Jahren in seinem eigenen Denken über den Stand
sich erhoben habe, auf welchem er zu 30 Jahren gestanden
hat? würde man nicht gestatten und fordern, daß seine Ge=
danken reicher und tiefer, seine Ueberzeugungen klarer und fester
seien? Kann der Jünger inniger seinem Meister hingegeben
sein, als wenn er wie die identische Persönlichkeit, sein Denken
fortentwickelt?

---

*) Ein Theil seiner Jünger sind anstatt auf dem Wege der Dialektik
fortzuschreiten über diese Frage bewußt oder unbewußt gestolpert und
in den — Nihilismus gefallen.

Dem einzelnen Menschen, von welchem wir auf abstracte Weise fordern, daß er fort und fort sich innerlich entwickele, ist nach Gesetzen der Natur darin ein Ziel gesetzt; der Mensch= heit aber ist kein Ziel gesetzt, und leichter als in der Einheit einer Persönlichkeit schreitet der Geist im Wechsel der Gene= rationen von Stufe zu Stufe fort.

Es kommt Alles darauf an, und dies ist der eigentliche Sinn und das Ziel dieser Betrachtung, daß man nicht bei dem Gegensatz von Wahrheit und Unwahrheit haften bleibe, sondern daß man einsehe, wie gefundene Wahrheit erhöht und verfeinert, gefundene Einsicht vertieft, gefundene Erkenntniß er= weitert werden muß. Nicht als ein Unwahres und Negatives erscheint frühere Anschauung gegen die spätere, sondern nur als ein Unvollkommenes; und die jetzige wird, das hoffen wir, un= vollkommen erscheinen neben der künftigen. Wenn unsere Alt= vordern eine Eiche angesehen haben, dann wußten sie, daß dies ein Baum, und daß es ein Baum von dieser bestimmten Beschaffenheit ist, welche ihn als Eiche von allen anderen, ihnen bekannten Bäumen unterscheidet; dies Wissen war ein positives und ein wirkliches Wissen; aber sie hatten noch keine Ahnung von den Gesetzen, nach denen das Werden, die Er= nährung und das Wachsthum des Baumes von Statten geht; dies ist ein Wissen, welches spätere Zeiten hinzugefügt, wobei sie auch wohl wirklichen Irrthum über vermeintliche Vorstellung vom Wachsthum berichtigt haben.

Soll ich Dasselbe noch einmal im Gleichniß sagen? Die junge Eiche von sechs Schuh Höhe ist ein ganz Positives, Reales, ein wirklicher Baum; aber von Jahr zu Jahr in lauter positiven Fortsetzungen seines Wachsthums beharrend und immer seine wirkliche Gestalt wechselnd, zeigt dieser Baum erst nach hundert Jahren die schützende Laubkrone, welche des Menschen Herz erfreut. So wechselt und wächst auch der Lebensbaum der Erkenntniß.

Das Wichtigste, was dabei noch in's Auge zu fassen ist, ist Dieses: daß jeder einzelne Zweig der Erkenntniß, indem sein Wachsthum fortschreitet, die Ursache wird, daß andere, oft daß alle anderen Zweige des Wissens ebenfalls fortschreiten. Ja man wird wenige Fortschritte in der menschlichen Erkenntniß antreffen, welche nicht vorzugsweise dadurch bedingt waren, daß man das eine Gebiet des Erkennens mit dem anderen in Verbindung gebracht hat. Sei es durch die bloße Analogie der Betrachtung, sei es durch die Uebertragung der Methode, sei es endlich durch den Nachweis des wirklichen objectiven und thatsächlichen, aber vormals unerkannten Zusammenhanges der verschiedenen Gebiete — immer zeigt uns die Geschichte mit der fortschreitenden Verbindung des Wissens auch eine Be-reicherung und Vertiefung desselben.

75. Was nun von allen Arten geistigen Besitzes und geistigen Inhaltes gilt, soll es von dem Tiefsten, Feinsten und Edelsten, von der Religion nicht gelten? Sollten hier die Fortschritte des Geistes auf anderen Gebieten nur den Streit und den Bruch und nicht ebenfalls eine gegenseitige Erhebung und Vertiefung herbeiführen helfen? Sollte der unvergleichlich erweiterte Blick in den Makrokosmos, der ungemein ge-schärfte Blick in den Mikrokosmos, nicht die religiösen Be-griffe des Endlichen und Unendlichen klären und erhöhen? Und sollten die Jahrtausende von Erfahrung im sittlichen, politischen und religiösen Leben der Menschen völlig nutzlos gewesen sein für die Fragen nach dem Heil und Ziel derselben? Sollten nicht, wie alle anderen Begriffe einander beleuchten, auch die religiösen Begriffe durch jene an Licht gewinnen? — und wenn an Licht, nicht auch an Wärme? — Wir wissen es ja, der Gedanke, man kann sagen die Methode des Dogmatismus ist auf dem Gebiete der Religion zuerst ausgebildet worden. Die Wissenschaften und die Philosophie haben den Dogmatismus der Gegenwart, die Theologie hat den der Vergangen-heit gelehrt.*) Nicht als ob dies an sich und ursprünglich

---

*) Ich vermuthe, daß man im ganzen Mittelalter nirgends die Gedankenwendung antreffen wird, daß irgend Etwas, was man selbst nicht weiß, die Zukunft wissen werde, daß man irgend ein Wissen

aus der Natur der Religion sich ergäbe. Wie viele hervor=
ragende, tiefreligiöse Menschen haben gegen die Fessel der
Tradition sich gestemmt und mit oder ohne Anlehnung an die
Schrift eine innere Erhebung über die bestehende Lehre, eine
innere Vertiefung in den göttlichen Geist, mit heißer Sehnsucht
erstrebt; sie bilden nicht die Schatten, sondern glänzende Licht=
punkte in der Geschichte der Religionen.

Aber auch die Theologie, auch die Kirchen haben wenig=
stens in Bezug auf die Deutung der Quellen und die Fest=
stellung des in ihnen gegebenen Lehrgehalts nicht den Dogma=
tismus der Vergangenheit, sondern (wie die ehemalige Wissen=
schaft) den der Gegenwart anerkannt; nur die Zukunft sollte
kein Recht haben, sich auch als Gegenwart zu fühlen, sie allein
sollte an diese neugegründete, willkürlich fixirte Vergangenheit
gebunden bleiben. Beispiele dafür wären aus allen Kirchen zu

---

erst künftig aus eigener Erfahrung und eigenem Denken schöpfen werde.
Vielmehr wenn Menschen es wissen können, dann hat man es f r ü h e r
einmal gewußt und durch Interpretation wird man es wiederfinden.

Gewiß hängt dies mit dem allgemeinen, durch viele Motive psycho=
logisch begründeten Zuge der Menschen zusammen, die Vergangenheit
unbedingt höher zu schätzen, als die Gegenwart. Aus diesem war bei
vielen Völkern, auch bei den Griechen, die Sage von verschiedenen Zeit=
altern mit abnehmendem Werthe von dem goldenen als dem ältesten
hervorgegangen. Nur auf dem Boden des Monotheismus sollte man
das Gegentheil erwarten; denn hier haben, im alten und im neuen
Bunde, der Gedanke des messianischen oder des Gottesreiches das Heil,
das da kommen soll, die höhere Stufe menschlichen Daseins in die Zu=
kunft gesetzt. An die Stelle des — wenngleich idealistisch — irrenden
Mythus tritt hier historische Weisheit. Nur der sowohl e t h i s c h ver=
pflichtende, als h i s t o r i s c h b e g r ü n d e n d e Gedanke einer fortschreiten=
den Entwickelung des Menschengeschlechts für diese ideale Zukunft fehlt
auch hier noch; das messianische oder das Reich Gottes wird kommen,
aber von außen, von oben her, nicht von innen her bereitet. Die Erde,
dies ist die edelsinnige Hoffnung, „die Erde soll dann voll sein der
Erkenntniß, wie Wasser das Meeresbett bedecken", aber daß diese Er=
kenntniß errungen, erarbeitet, daß sie durch menschliche, fortgesetzte
aufeinandergebaute Thätigkeit e r z e u g t werden muß, davon hat der
Prophet noch keine Vorstellung.

wählen; ich nenne nur die „ſymboliſchen Bücher". Hier wird
der Lehrgehalt, welcher in der heiligen Schrift enthalten ſein
ſoll, firirt; er wird firirt für alle Zukunft in demſelben Augen=
blick, in einem Athemzuge, mit welchem man frühere, über=
lieferte Auslegung verwirft. Gewiß nach beſtem Wiſſen
und Gewiſſen verwirft man, und nach beſtem Wiſſen und
Gewiſſen firirt man; aber der innere Widerſpruch im Princip,
nach welchem man Beides zugleich thut, entzieht ſich dem Be=
wußtſein.

Das, was darin vollkommen berechtigt war und für alle
Zeiten berechtigt ſein wird, iſt nur das Eine, immer wieder
auf die urſprünglichen Quellen zurück zu gehen und ihren Inhalt
mit allem Fleiß zu erforſchen.

76. Der Gründe, weshalb insbeſondere die Religion im
Laufe der Entwickelung des menſchlichen Geiſtes dem Princip
des Dogmatismus der Vergangenheit gefolgt iſt, gibt es ſehr
viele. Ich will hier nur den edelſten, werthvollſten anführen
Auf dem Gebiete der ethiſch=religiöſen Wahrheit haben vergangene
Zeiten Erzeugniſſe von einer ſo überwältigenden Fülle und
Tiefe hervorgebracht, daß ſie einerſeits eine ungewöhnliche Macht
der Pietät in den empfänglichen Gemüthern folgender Zeiten
gegründet, andererſeits das Maß der Originalität in dieſen
ungemein verringert haben. Iſt doch alles Epigonenthum der
beglückende, aber auch hemmende Erfolg der voraufgehenden
Claſſiker. In Sachen der Religion ſind wir Alle und ſeit
langen Zeiten Epigonen.

Deshalb iſt das Zurückgehen auf jene ſchöpferiſchen
Leiſtungen des religiöſen Geiſtes nicht blos in der Pietät und
Dankbarkeit wohl begründet. Das aber, ſollte man meinen,
werden alle Verehrer dieſer Quellen zugeſtehen, daß von einer
redlichen Prüfung und hingebenden Beſchäftigung mit ihnen
Nichts zu fürchten iſt. Daß nun bei dieſer Prüfung neue Ge=
danken aus ihnen und über ſie entſtehen, wer wollte das
fürchten? Vielmehr das darf man hoffen und erwarten, das

muß man eben aus dem innersten Grunde wahrhafter Pietät
voraussetzen, daß auch jene Fülle und Tiefe der religiösen Ge=
danken, wie hoch sie auch über anderen Gebilden des Geistes
stehen mögen, diesen doch darin gleichen, darin nicht hinter
ihnen zurückstehen werden: daß auch sie keimfähig und fruchtbar
seien, dergestalt, daß sie nicht blos wiederholt, sondern bereichert,
vermehrt, vertieft, geklärt und auf alle Weise weiter entwickelt
werden können.

77. Nicht besser als auf dem Wege der Prüfung der
religiösen Quellen können Fortschritte auf dem Gebiete der
Religion angebahnt werden. Diese Prüfung aber kann in
mehrfacher Beziehung geschehen und Aufklärung über sie ver=
breiten. Für die Herstellung der Texte und Auslegung der
heiligen Schriften gilt zunächst der Grundsatz, der in der
wissenschaftlichen Theologie des Protestantismus fast durch=
gehends bereits anerkannt ist, daß sie nach allen Regeln der
Kunst zu geschehen hat, welche auch auf anderen Gebieten gelten
und angewendet werden. Die Hülfsmittel und Methoden,
welche die forschenden Geister für die Interpretation deutscher
und französischer, lateinischer und griechischer Classiker allmäh=
lig ausgebildet, müssen auch für die Bibel verwendet werden.
Man soll auch in Sachen des Geistes nicht zweierlei Maß
und zweierlei Gewicht haben. Dieser Grundsatz sollte als
selbstverständlich gelten; denn der Zweck aller Auslegung ist
hier wie dort der gleiche, die wirkliche Meinung des Autors zu
ergründen. Als in den letzten Jahrzehnten die Erleuchtung mit
Gas aufgekommen war, hat die griechische Kirche die Frage,
ob diese Art der Erleuchtung auch in den Gotteshäusern statt=
finden dürfe — eine Frage, über welche natürlich keinerlei
Traditon entscheiden konnte —, verneint, und die archaistische
Beleuchtung mit Wachskerzen für ausschließlich berechtigt erklärt.
Soll aber die Erfindung des menschlichen Geistes, die der
Natur einen besseren Weg, künstliches Licht zu erzeugen, gewiesen
hat, nur dem Markt und den Gassen, den Salons und den
Kaufläden und nicht auch den Gotteshäusern zu Gute kommen?

Und gilt nicht von dem künstlichen Licht wissenschaftlicher Methoden das Gleiche?

78. Wir kennen wohl die unerweisliche Behauptung, es solle an dem Gegenstande der heiligen Schriften liegen, daß sie eine andere Methode der Auslegung erheischen; verschieden von der in anderen Gebieten wirkenden Kunst, die auf steigende Vollkommenheit, also auch nothwendigen Wechsel der Auslegung gerichtet ist, geht auch ihre Absicht darauf, daß eine schlechthin einheitliche, für alle Gläubigen gültige und bindende Auslegung stattfinden soll. Nur einerlei Meinung soll es über den Sinn geben, in welchem die heiligen Worte zu nehmen, nur einerlei Gedanke soll bei denselben gedacht werden. Aber wie? ist denn das überhaupt irgendwie möglich? hat dies jemals stattgefunden? Ist nicht das Schicksal eines jeden überlieferten Gedankens zugleich von Demjenigen abhängig, der ihn denken soll? nicht von seiner Fassungskraft und Vorbildung?

Haben denn damals, als die Propheten ihre Reden gehalten, die Apostel ihre Briefe geschrieben, alle Leser und alle Zuhörer denselben Sinn mit ihren Worten verbunden? verbinden können? Sind nicht bei Jedem von ihnen durch die empfangenen Worte Gedanken und Gefühle entstanden durchaus nach dem Maße ihrer Erkenntniß, ihrer Herzenswärme, ihres sittlichen Charakters? Nun kann man aber, um diese nothwendige Verschiedenheit dennoch zu beseitigen, zu den Worten der Schrift eine bestimmte Erklärung hinzufügen. So meint man. Aber trifft nicht jedes Wort der späteren Erklärung dasselbe Schicksal, dem das Wort des Textes ursprünglich und zu aller Zeit unterworfen war?

Zwar viele Reden der Propheten und insbesondere die Gleichnisse Jesu besitzen den ungeheuren Vorzug — und gewinnen dadurch eine wunderbare Kraft — daß die Form der Gedanken aus dem Allgemeinsten und Breitesten des Lebens genommen ist und dadurch Allen fast auf gleiche Weise verständlich werden. Aber wird nicht auch dieser Worte Sinn von den Männern eines gewaltigen und vorleuchtenden Geistes anders, tiefer und lehrreicher gefaßt, als von uns Anderen, die wir schwächeren und beschränkteren Geistes sind?

79. Was ist nun die Lehre, die wir aus dieser natur= gesetzlichen, psychologischen Unmöglichkeit in allen Lesern und Hörern einerlei Meinung, einerlei Art geistiger Gebilde durch Worte zu erzeugen, ziehen sollen? Zweierlei: einmal, daß man keinem der forschenden, der suchenden und ringenden Geister, die sich um die wahrhafte, objective Bedeutung des Schrift= wortes mühen, eine Schranke setzen, einen Zaum anlegen soll. Hat die Geschichte von zwei Jahrtausenden denn nicht deutlich gezeigt, daß jene heiligen Schriften eine schier unerschöpfliche Quelle von Gedanken enthalten? daß sie nicht sowohl immer von Neuem dieselben, sondern auch immer noch neue, reichere, tiefere Gedanken erweckt haben? Dies ist dadurch allein und dadurch mit Nothwendigkeit geschehen, daß bewußt oder un= bewußt, gewollt oder ungewollt, alle Quellen der fortschreitenden Intelligenz, alle Veredelung der Gemüther, aller Reichthum der anwachsenden Erfahrung auch der Auffassung und Auslegung dieser Worte zugeflossen sind. Und auf der anderen Seite hat im Ablauf der Zeiten aus demselben Grunde alle Enge des Geistes, alle Kleinheit und Niedrigkeit den Sinn dieser selben Worte klein und eng und niedrig gestaltet.

Und daraus folgt zweitens: daß wir Alle, wir mögen Geber oder Empfänger der Auslegung sein, an uns fort= während arbeiten müssen, an der Weite und Klarheit unseres Denkens, an der Tiefe und Innigkeit unserer Gefühle, an der Reinheit unserer Gesinnung, um die Belehrung und Weisung und Erhebung daraus zu schöpfen, die sie uns gewähren können. Was aber bedarf es dafür eines weiteren Beweises, als die Hinweisung auf das Gleichniß vom Samenkorn!

80. Ist nun alle Auffassung oder Auslegung von Worten der gemeinsame Erfolg des Saatkorns und des Erdreichs, in welches dasselbe gelegt wird, so wird daraus einerseits die That= sache begriffen, daß im Ablauf der Zeiten so unsäglich viele und verschiedene Auslegungen stattgefunden haben, andererseits

die Lehre gewonnen, daß aus der Kenntniß und Prüfung aller dieser historischen Auslegungen die sicherste Gewähr für diejenige Auffassung zu finden, welche wir nach dem Maße unserer Gaben geben können. Jede historisch vorhandene Deutung bildet gleichsam eine eigene Frage, die wir an das Wort zu richten haben, und nach dem Maße unseres Verstandes werden wir seine Antwort darauf hören. Nicht jeder Deutung werden wir zustimmen; aber aus allen Deutungen zusammen werden wir am meisten lernen, welche die rechte ist. Am sichersten aber werden wir dies lernen, wenn es uns gelingt, auch den Grund jeder bestimmten Deutung in einer bestimmten Zeit und bei einer bestimmten Person einzusehen, sie aus den objectiven historischen Umständen und den persönlichen Fähigkeiten und Beziehungen zu begreifen, also das Verhältniß des geistigen Erdreichs zum Samenkorn psychologisch zu ergründen.

81. Was für die späteren Erklärungen gilt natürlich eben so sehr von den ursprünglichen Schriften. Statt aller Auseinandersetzung kann ich hier auf ein bereits vorhandenes reiches Feld wissenschaftlicher Forschungen hinweisen, welche die Personen, Zeiten und Umstände, in denen die Schriften entstanden sind, festzustellen suchen. Noch besteht der Kampf um die bloße Frage, ob diese Untersuchungen geführt werden sollen. Von vielen Theologen wird in durchaus unwissenschaftlicher Art eine Autorität für die Schriften, und auch eine Autorität in Bezug auf die Entstehung beansprucht. Man vergißt, oder will vergessen, daß schon in sehr früher Zeit, schon um die Feststellung des Kanons, die jetzt geltende Annahme aus dem Streit verschiedener Meinungen hervorgegangen ist. Auf der anderen Seite im Kreise vieler Laien und oberflächlicher Schriftsteller wird mit den Begriffen des Unächten, der Fälschung, eine Entwerthung der Schriften gesetzt, welche dem religiösen Sinne widerspricht.

Künftige Zeiten werden ruhiger und vernünftiger darüber denken; künftige Zeiten werden nicht blos als selbstverständlich betrachten, daß man mit eifriger aber, freier Forschung, nach

bestem Wissen und Gewissen über historische Thatsachen urtheilen muß, sondern sie werden auch einsehen, daß die Wirksamkeit
dieser Quellen unter einer unwahrhaftigen, gewaltsam behaupteten
Autorität nur leiden. Man wird einsehen, daß in Sachen der
Religion die Realität der Thatsachen*) wenig, der gegebene
und der zu erzeugende Gedanke desto mehr in's Gewicht fällt.
Künftige Zeiten werden über alle biblischen Bücher so unbefangen
urtheilen, wie man heute schon etwa über das Buch Hiob urtheilt.
Nur ein ganz blöder Autoritätsglaube wird heute noch läugnen,
was schon in den ältesten Zeiten, schon in den Schulen der
talmudischen Rabbinen behauptet wurde: daß die einleitende
Erzählung eine Dichtung sei. Aber nicht darauf kommt es an,
zu behaupten oder zu beweisen, daß sie eine Dichtung ist, sondern darauf, einzusehen, daß es schlechterdings gleichgültig für den Werth des Buches ist, ob die wunderbare Tiefe und reiche Kette von Gedanken sich an eine wirkliche
oder an eine erdichtete Geschichte angeknüpft hat.

Man wird dann einsehen, daß diese Schriften nicht weil,
sondern obgleich sie wunderbare, unglaubhafte, übernatürliche
Geschichten erzählen, eine Quelle religiöser Weisheit und Ge-
müthstiefe sind. Wie die Forderung, daß heute noch Wunder
geschehen, daß die alten wunderthätigen Personen durch die
materiell fortdauernden Reste ihres Leibes, ihrer Kleidung u. s. w.
heute noch Wunder verrichten sollen, nur ein Erzeugniß des
religiösen Materialismus ist, so ist auch das Bedürfniß
und die Meinung, den religiösen Lehren der Vorzeit durch geschehene Wunder eine Autorität zu verleihen, nichts Anderes,
als religiöser Materialismus. (S. oben S. 29.)

82. Die wahre Religion wird in dem Maße erhöht
werden, als sie sich dieses Materialismus entkleidet, und ihren
Gedankenkreis auf die ganze und gesetzmäßige Natur und
Geschichte erweitert, anstatt ihn auf ein enges Gebiet natür-

---

*) Sie mögen litterarhistorisch den Ursprung oder historisch den
Inhalt von Erzählungen betreffen.

licher und historischer Thatsachen voll Ausnahmen vom Gesetz
zu beschränken.

a. Vergangenen Zeiten galt das Wunder, das man gesehen
zu haben vermeinte, oder auf die Erzählung hin glaubte,
als Zeugniß der Erscheinung und Wirkung einer göttlichen
Kraft. Der aufgeklärte Geist sieht wirklich und alltäglich
die wirklichen und alltäglichen Wunder der ganzen Natur,
deren Zeugniß von der göttlichen Kraft sicherer und im
Gemüthe folgenreicher ist.

b. Vergangenen Zeiten galt der Glaube an eine bestimmte
Tradition, der sich mit Absicht des Zweifels enthält oder
ihn künstlich, z. B. bei widersprechenden Erzählungen,
überwindet, als religiös; der aufgeklärte Geist hat in
der Erkenntniß unserer Aller Abhängigkeit von
der Tradition der früheren Entwickelung eine viel
wichtigere und allgemeinere Quelle religiöser Erhebung.

c. Vergangene Zeiten glaubten auf die Entwickelung und
Anwendung der Vernunft verzichten, die Vernunft der
Religion zum Opfer bringen zu müssen. Von ihnen gilt
auch das Wort des Propheten: „Ihr bringet das Blinde
und Lahme zum Opfer, bringet es einmal eurem Pascha,
ob er es wohlgefällig aufnehmen werde." — Der auf=
geklärte Geist strebt nach der höchsten Entwickelung seiner
Seelenkräfte; keinerlei Vernichtung, sondern die höchste
Anspannung aller Kräfte im Dienste der Wahrheit und
der Sittlichkeit ist ihm das einzig würdige, einzig reli=
giöse Opfer.

d. Vergangenen Zeiten galt als gläubig: die Schrift für
heilig, Psalmen nach der Tradition für Davidisch halten
und sie als Litaneien unverstanden herzubeten; dem auf=
geklärten Geiste ist es eine religiöse Thätigkeit: die Schrift
auf ihren wahren Inhalt und wirklichen Ursprung historisch
zu erforschen, an ihrem Idealgehalt und durch diese
Forschung sich zu erbauen.

83. Endlich aber ist die Aufklärung darauf zu richten, nach der Erforschung des wahren Sinnes und der historischen Entstehung der Schrift, auch die letzten, die inneren Quellen derselben, ihren psychologischen Ursprung zu ergründen.

Es gibt keine Beschäftigung, keine geistige Thätigkeit, welche mehr als diese eine religiöse zu heißen verdient, und welche sicherer als diese zur wahren Religiosität hinführt. Denn sowohl Das, was auf den früheren und in mancher Beziehung noch niederen Stufen des Geisteslebens Enges und Kleines in der Religion hervorgebracht, als auch Das, was Großes, Erhabenes erzeugt hat, tritt dadurch an den Tag. Licht und Klarheit, Finsterniß und Dämmerung sollen sich von einander scheiden; was groß und tief ist, was aus dem Geiste und der Wahrheit stammt, soll gehegt, ausgebildet, wirksam erhalten werden; was kindlich, dumpf und blöde war, was aus der Schwäche und Unfähigkeit stammt, soll historisch erkannt, als vergangen und verwest dahinten gelassen werden. Diese Arbeit hat erst begonnen. Noch fehlt es selbst an den wissen=schaftlichen Vorarbeiten für dieselbe. Die Selbsterkenntniß des Geistes in Bezug auf seine menschheitliche Entfaltung ist in den Anfängen. Was aber für das specielle Gebiet der Religion bisher versucht worden ist, das leidet darunter, daß es im Kampfe gegen anmaßende Autorität, gegen eigenwillige, viel=spältige, in sich selbst widersprechende Tradition geschaffen worden ist.

Die wahre Religion wird mit der wahren und freien Wissenschaft von der Natur des menschlichen Geistes und von der Geschichte seiner Entwickelung wachsen.

Dieser Aufklärung letztes und höchstes Ziel ist es: die Religion wieder neu zu beleben. Aber es sei denn, daß wir die wahren und wirklichen, die inneren Quellen alles Dessen, was groß und gut, was tief und beseligend in der Religion ist, erkennen; daß wir diese Quellen, die vielfach verschüttet sind, wieder befreien, die vielfach getrübt sind, wieder klären: sonst wird die Religion ihre ergreifende Gewalt und ihren erhebenden

Einfluß im fortschreitenden Geiste der Wissenschaft und der
Bildung nicht wiedergewinnen.

84. Hier hat eine falsche Aufklärung, oberflächliche Forschung
und seichtes Raisonnement die idealen Aufgaben am meisten
geschädigt.

Es ist so thöricht, es ist so historisch gemein und kleinlich,
mit so viel voreiliger Uebertragung und Uebertreibung gedacht,
wenn man behauptet, die Priester, priesterlicher Eigennutz und
Herrschsucht, Lug und List, Trug und Täuschung haben die
Religion geschaffen. Nicht als ob es an diesem Allem im
Umkreis der Religionen gefehlt hätte, oder in Neapel oder
Lourdes, in Einsiedel oder Marpingen noch daran fehlte; aber
die religiösen Gedanken, die erhebenden und ergreifenden Ideen,
die sittlichen Lehren sind überhaupt nicht von Priestern erzeugt,
von diesen nur verbreitet, bei guter Gelegenheit auch mißbraucht
worden. Alle schöpferischen Geister in den Religionen waren
die Blüthe ihres Zeitalters, durch Tiefe und Adel der Ge=
sinnung haben sie nicht nur ihm, sondern auch folgenden Jahr=
hunderten, oft Jahrtausenden voran= und vorausgeleuchtet.

85. Oder der ideale Kampf gegen die Autorität, welche
eine Prüfung nicht aushält oder gar nicht zuläßt, steigert sich
(oder schwächt sich) zu einem bloßen Kampf gegen die bestehende
Autorität.

Genußsucht, Eigenwille, Frivolität, d. h. die Freude an
dem Spiel mit dem Erhabensten, der Witz, der sich gegen das
Höchste, der Spott, der sich gegen das Heiligste wendet — sie
suchen Alle nur eine subjective, persönliche Befriedigung des
Individuums. Sie kämpfen einen argen Kampf, nicht für,
sondern nur gegen eine Sache, um der Lust an der eigenen
Kraftäußerung willen.

Weit entfernt, voraussetzungslos zu verfahren, treten hier
nur andere Voraussetzungen auf; nicht einmal immer neue, aber
beliebte, dem Genuß und der Eitelkeit schmeichelnde. — Man
bewegt sich in den mittleren Regionen des Denkens, bringt
weder rückwärts noch vorwärts zu einem festen Punkte vor;

daher mit dieser Art von Aufklärung allerlei Aberglauben neben
Unglauben, Autorität der Gelüste neben der Autorität der Ver=
nunft wirksam sind.

Nicht am wenigsten wirkte ein absoluter Trieb nach Frei=
heit, um die Aufklärung in falsche Bahnen zu lenken. „Frei=
geist" ist der Ehrentitel, der gesucht wird, oder der „starke
Geist" bei unseren Nachbarn. Die Ausläufer dieser Richtung
sind das absolute Gegentheil wahrer Aufklärung; anstatt der
Festigkeit der Ueberzeugung, die aus hingebender Thätigkeit folgt,
nur Abkehr, Ausweichen und Abweisen jeder ernsten Frage;
schwankende Meinung über alles Sittliche, schwebendes Belieben.
Ordnungslose Gedanken aber hemmen und fesseln den Menschen
mehr als jede feste Ordnung — so wie die äußeren Dinge,
ohne Ordnung aufgestellt, die Freiheit der Bewegung hemmen
anstatt sie zu fördern.

86. Soll ich noch von der Art der falschen Aufklärung
reden, die einfach aus der Schwäche und Ohnmacht entspringt?
Was man nicht sogleich begreift, das will man nicht gelten
lassen. Wie die Einen den Glauben annehmen und festhalten,
um nicht denken zu müssen, so verwerfen ihn die Anderen aus
gleichem Grunde. Glauben und Nichtglauben ist leicht, aber
Prüfen und Denken ist schwer.

In diesen Schwachen und Ohnmächtigen liegt die große
Gefahr der Aufklärung; aber keine andere Gefahr, als welche
in ihnen auch für den Glauben liegt. Jene verlieren mit der
Auflehnung gegen die Autorität des Glaubens auch den Gehor=
sam gegen die Autorität der sittlichen Ideen und — es hat
an Beispielen nicht gefehlt — selbst der logischen Gesetze; diese
nehmen auch den Aberglauben und den blöden Fanatismus
als Glauben an, und meinen den sittlichen Ideen wie den
logischen Gesetzen trotzen zu dürfen.

Wer mag entscheiden, welche von beiden Gefahren die
größere ist?

87. Nur so viel ist sicher, daß die Aufklärung absolut
nothwendig wird, wie sie auch absolut berechtigt ist, sobald die

Autoritäten des Glaubens von sittlicher Rohheit und Niedrig=
keit befallen werden. Hier liegt auch historisch der gewaltigste
Aufschwung und die siegreiche Ausbreitung der Aufklärung
neuerer Zeiten. Die Hexenprocesse und die Ketzerverfolgungen,
die Autodafé waren die stärksten Hebel derselben. Als Gewinn=
sucht, Herrschsucht und Blutdurst in die Kutte des Glaubens
schlüpften und ihr Zetergeschrei erhoben — da erwachte auch
das moralische Gewissen wieder. Der Mensch darf für seine
metaphysischen Meinungen bescheiden sein, für sein sittliches
Gewissen darf er es nicht; ein Mensch mag seine eigene Mei=
nung gefangen geben, mag es auf Treu und Glauben seines
Priesters annehmen, daß ihn Engel und Teufel umschweben:
wenn aber dieser Glaube von ihm fordert, daß er anderen
Menschen, um ihres Glaubens willen, weil sie einen andern
haben, nicht anders als haben können — Ehre, Gut und Leben
rauben soll, — dann muß er diesen Glauben von sich werfen.

88. Es kann und soll meine Aufgabe nicht sein, an dieser
Stelle die wahren, inneren Quellen der Religion, der niederen
und der allmählig höher steigenden Formen derselben darzu=
legen. Nur hindeuten will ich noch auf die lichtesten, unauf=
hörlich wirkenden Gründe der religiösen Gedankenschöpfung,
welche eine wahre Aufklärung durch fortschreitende psychologische
Forschung an den Tag bringen wird. Vor Allem wird vom
Standpunkt der Aufklärung dieses eingesehen: Jede Schrift, die
wir lesen, ist von Menschen geschrieben, jedes Wort, das wir
hören, ist von Menschen gesprochen, jeder Gedanke, den wir
denken, ist von Menschen gedacht, von gegenwärtig lebenden
oder von solchen, die früher gelebt haben. Eine Schrift, ein
Wort, ein Gedanke mag göttlich heißen, wenn sie aus der Ge=
sinnung und dem Denken stammen, welches mit Gott oder dem
Unendlichen, mit dem Urgrund aller Dinge sich beschäftigt oder
welche izu solcher Gesinnung und solchem Denken hinführen.
Jede Behauptung, einen Gedanken, eine Meinung, eine Erzäh=
lung von einem anderen als menschlichen Wesen empfangen zu
haben, ist eine bloße unerwiesene und schlechthin unerweisliche

Behauptung. Eine Eingebung, Ueberlieferung, Offenbarung in dem Sinne, daß der Inhalt in unserem Geiste ohne unsere Thätigkeit entsprungen ist, beruht, wenn nicht auf wissentlicher, dann auf unwissentlicher Täuschung.

Wohl können wir unsere menschlichen Gedanken als eine göttliche Gabe ansehen; aber genau in demselben Sinne, in welchem auch unsere leibliche Kraft und deren Ausübung, kurz wie all unser Thun und Schaffen und die Kraft dazu eine Gabe Gottes sind. Aber die Betrachtung der Art und Natur unseres innerlichen Lebens führen uns am meisten zu Gott.

89. Metaphysische Reflexionen sind nicht die höchsten und nicht die sichersten Quellen der Gotteserkenntniß.

Die Menschen werden dennoch, wenn ihr Geist nicht in den Interessen des Tages und der Stunde versinkt, nicht aufhören, über den Urquell ihres und alles Daseins nachzudenken; sie werden immer die allumfassende, das Universum zu einer Einheit gestaltende, den Zufall ausschließende und die Nothwendigkeit und Gesetzmäßigkeit des Geschehens einschließende Kraft suchen; und dieses ernste und eifrige Suchen Dessen, was über aller einzelnen Endlichkeit ist, wird immer Religion sein oder erzeugen. In dem Maße, als die Erforschung der endlichen Erscheinungen glücklich von Statten geht, nimmt zuweilen das Interesse, sich vom Endlichen zum Unendlichen zu erheben, ab; eine kindliche Meinung aber ist es, zu glauben, daß die Sehnsucht, das Unendliche zu denken, stille stehen wird, daß die Formen dieses Denkens erschöpft seien. Vielmehr jede Epoche, welche neuere und tiefere Einblicke in das Reich des Endlichen gewonnen hat, gewinnt dadurch auch neue Bedingungen, um das Unendliche edler und tiefer zu denken.*) Kind-

---

*) Wenn eine Geschichte des Gottesbegriffs geschrieben würde, welche mit psychologischer Genauigkeit den jedesmaligen Gehalt desselben in den verschiedenen Zeiten aus vorhandenen Zeugnissen erschließen und darstellen könnte, dann würde man finden, wie viel höher und reiner und reicher derselbe allmählig und auch in den letzten Zeiten noch geworden ist. Daß daneben eine nihilistische Strömung den Blick von dem Unend-

lich), sage ich, ist die Meinung, die nicht glaubt, daß auch in kommenden Jahrhunderten Geister wie Spinoza und Kant erstehen, und gleich diesen auf neuen Wegen Gott suchen und finden, in neuen Formen das Unendliche denken werden. Viele Römer der Kaiserzeit meinten auch, daß es mit dem Begriff des Göttlichen, und viele Männer der ersten Renaissance, daß es mit dem Begriffe Gottes zu Ende sei, weil ihnen der Priesterglaube schaal und sad geworden war; und doch haben neue sittliche Mächte mit der Reformation in Theologie und Philosophie eine Befestigung und Vertiefung der Gottesidee erzeugt, welche vielleicht alle früheren Formen derselben an Licht und an Wärme übertroffen haben.

90. So und noch viel mehr werden das sittliche Gefühl und die sittlichen Ideen immer wieder die alten religiösen Vorstellungen erwecken und neue ausbilden.

Jeder Versuch, die Quelle des Gottesgedankens auf ein einziges Gefühl zurückzuführen, beruht auf einer psychologischen Täuschung. Nicht nur nach, sondern auch neben einander führen verschiedene ideale Bedürfnisse des Gemüths den Menschen zu Gott. Das Gefühl der Furcht, das der Hoffnung, das der Abhängigkeit haben gewiß bei der Entstehung des Gottesgedankens mitgewirkt; aber wie irrig ist es, auf eine Kritik oder Widerlegung der Berechtigung und Zulänglichkeit dieser Quelle eine Kritik des Gottesgedankens selber zu bauen.

Der Name der Gottheit und dann Gottes ist bei den Völkern durch Jahrtausende derselbe geblieben; aber der Gedanke, der sich damit verbindet, hat sich verändert, hat sich er-

---

lichen auf's Endliche abgelenkt, daß andere Richtungen wenigstens den Einfluß des Gottesgedankens eingeschränkt haben, ist eine bekannte Thatsache. Zu den Ursachen derselben gehört es aber gewiß, daß Viele auch hier frühere und niedere Denkformen gewaltsam festgehalten, auch hier das archaistische Kerzenlicht dem Gas- und elektrischen Licht vorgezogen haben. Die Schaar Derer ist gewiß nicht klein, die mit dem Dichter zu keiner der Religionen sich bekennen mögen aus — Religion.

höht und vertieft, je nachdem andere und andere Quellen den Gedanken erzeugt und ausgebildet haben.

Die Idee der Vollkommenheit, sie, die uns zwingt, über jedes Gegebene hinaus ein Höheres zu denken, für jedes Maß ein Größeres, für jedes Hohe ein Höheres, sie führt in ihrer Art zu Gott.

Auch die Dankbarkeit. Keine Freude ist dem edlen Men= schen eine vollkommene, es sei denn, daß er Gelegenheit findet, auch seinen Dank dafür an den Tag zu legen. Wenn ein psychologisches Gesetz die Menschen gezwungen hat, den Gegen= stand ihrer Gefühle zu hypostasiren, dann mag dieser Zug im Gottesgedanken, der aus dem Bedürfniß zu danken hervorgeht, mit zu den edelsten gehören.

Das Wichtigste nun ist, daß überhaupt die sittliche Idee eine Quelle des Gottesbegriffs ist. Man täusche sich nicht: die religiösen Vorstellungen sind überall nicht die Ursache, sie sind die Wirkung des Sittlichen. Einmal erzeugt, wird die religiöse Vorstellung auf die sittliche, namentlich auf das sitt= liche Handeln auch zurückwirken. Ursprünglich aber wird der Mensch Gott so denken, wie sein sittliches Ideal ihn gestaltet; er wird ihn so denken, wie er durch sein sittliches Gewissen ihn zu denken getrieben und befähigt wird. Das Gute als Existenz und als Forderung ist die tiefste und die edelste Quelle der Gottesidee. Gott als Gesetzgeber, als Urheber des Sittengesetzes ist der erhabenste und der sicherste Gottesbegriff.*)

---

*) Hier mag noch der Ausspruch eines Religionsphilosophen aus dem 12. Jahrhundert eine Stelle finden. Abraham ibn Daud, der zu Toledo dem Fanatismus als Opfer gefallen ist, sagt in seinem arabisch geschriebenen, unter dem Titel „Emunah ramah" ins Hebräische, von Simon Weil neuerdings ins Deutsche übersetzten Werke: „Der erhabene Glaube" (S. 94): „Durch die Vernunftgebote (Sittengesetze) werden Menschen, die sonst von den verschiedensten Ansichten beherrscht werden, vereinigt, weil hinsichtlich jener alle Nationen übereinstimmen. Daher kommt es, daß in einem und demselben Lande die verschiedensten Reli= gionsgesellschaften, wovon die eine den tradirten Glauben der andern

Nicht blos als Herrscher im Reiche zugleich der Vernunft und der Natur, der zwischen sittlicher Würdigkeit und Glückseligkeit die Harmonie herstellen soll, fordert das moralische Bewußtsein Gott, wie Kant meinte, sondern als den Urheber des Sittengesetzes selbst.

Die Philosophie, will mir scheinen, hat diesen Gedanken zu sehr vernachlässigt, vielleicht weil er ein — von dieser selbst nicht eben sehr gepflegtes — altes Erbtheil der Theologie war.

Der Mensch, als Gattung, findet in sich die Forderungen des Sittengesetzes, mit unentrinnbarer Nothwendigkeit (als kategorischen Imperativ) stehen sie in seiner Seele ihm selbst gegenüber. Aber er hat sich dies Gesetz nicht selbst gegeben, er hat die Idee nicht geschaffen.*) Deshalb wird der Mensch die Quelle, den Ursprung des Sittengesetzes immer außer ihm selbst denken müssen. Und wenn wir uns den Ursprung und die Entwickelung des Menschen noch so sehr naturalistisch vorstellen: immer bleibt dieser Gedanke keimkräftig genug, um dann auch mindestens eine naturalistische Religion zu erzeugen, daß jene letzten Naturkräfte, denen er entstammt, zugleich von der Würde des Sittlichen erfüllt sind, das im Laufe der Entwickelung aus ihnen mit Nothwendigkeit entspringt.

Vollends nun für denjenigen Menschen, welcher dem Sittengesetz eine über alles zufällige und endliche und historisch gewordene Denken hinausgehende, absolute Bedeutung und Geltung beilegt, wird der Gottesgedanke einen universalen Charakter annehmen, er wird ihn als die Quelle wie des Guten so alles Guten, aller Weisheit, Gesetzmäßigkeit, weiterhin aller Wirkungskraft und alles Daseins ansehen.

Nichts desto weniger müssen wir, auch auf dem Boden der Religion stehend, nie vergessen, daß das S i t t l i c h e in

---

sogar bestreitet, Lügen straft und für nichts erklärt, durch das vereinigende Band der Vernunftreligion sich zu einem Staatskörper verschmelzen können.“

*) Auch nicht als Ding an sich, als Noumenon, wie Kant, vielleicht mit einer der schwächsten seiner Hypothesen meinte. —

uns die letzte Quelle auch unseres Gottesbewußtseins sei; daß
es von all unserem übrigen, auch dem religiösen Denken völlig
unabhängig, rein in sich selbst gegründet, ein Letztes und Ab=
solutes ist. Und wenn uns Gott das Sittengesetz gegeben,
dann war es seine unendliche Weisheit, die uns dasselbe als
ein durchaus unbedingtes, von allem sonstigen Denken unab=
hängiges und über Allem stehendes in's Herz gelegt hat. Un=
abhängig auch vom Gedanken seines Urhebers; denn nicht weil
von Gott Etwas geboten wurde, ist es sittlich, sondern weil
es mit absoluter Nothwendigkeit verpflichtend und sittlich ist,
erscheint es uns als von Gott geboten. Und keine Qualität
können wir mit unserem endlichen Denken von Gott aussagen,
die Seiner würdig wäre, als daß die Majestät des Gesetzes in
ihm allein ihren Grund habe.

Register.

406 Register.

Gedruckt bei E. Polz in Leipzig.